다르마키르티와 불교인식론

다르마키르티와 불교인식론

초판1쇄 펴냄 2010년 05월 15일
초판5쇄 펴냄 2022년 12월 26일

지은이 권서용
펴낸이 유재건
펴낸곳 (주)그린비출판사
주소 서울시 마포구 와우산로 180, 4층
대표전화 02-702-2717 | **팩스** 02-703-0272
홈페이지 www.greenbee.co.kr
원고투고 및 문의 editor@greenbee.co.kr

편집 이진희, 구세주, 송예진, 김아영 | **디자인** 권희원, 이은솔
마케팅 육소연 | **물류유통** 유재영 | **경영관리** 유수진

저작권법에 의하여 한국 내에서 보호를 받는 저작물이므로 무단전재와 무단복제를 금합니다.
책값은 뒤표지에 있습니다. 잘못 만들어진 책은 구입처에서 바꿔 드립니다.
ISBN 978-89-7682-347-2 94100

學問思辨行: 배우고 묻고 생각하고 판단하고 행동하고

독자의 학문사변행을 돕는 든든한 가이드 _그린비 출판그룹

그린비 철학, 예술, 고전, 인문교양 브랜드
엑스북스 책읽기, 글쓰기에 대한 거의 모든 것
곰세마리 책으로 크는 아이들, 온가족이 함께 읽는 책

그린비

다르마키르티와 불교인식론

권서용 지음

그린비

머리말

불교는 철학이자 종교이다. 철학의 핵심이 '인식'이라면, 종교의 뿌리는 '수행'이다. 인식은 지혜智慧를 추구하며, 수행은 자비慈悲를 지향한다. 그런데 지혜 없는 수행이란 맹목盲目이며, 수행 없는 지혜란 공허空虛이다. 그래서 불교는 자비의 철학이자 지혜의 종교이어야 한다.

인식이란 아는 것이다. '아는 것'이란 이것저것에 대한 앎이 아니라 '바르게 아는 것'이다. 바르게 안다는 것은 인식과 대상의 일치이다. 이 인식의 대상일치를 '대상에 대한 정합적 인식'이라 한다. 대상을 정합적으로 인식할 때 그 인식은 '효과적 작용'을 발휘하게 된다. 이처럼 바른 인식이란 단순히 대상과 인식의 대응에 그치는 것이 아니라 그 대응이 우리 인간에게 이로움을 주어야 하는 것이다. 인식의 주체에게 아무런 인과적 효력을 미치지 않는 인식을 불교인식론은 추구하지 않는다.

그런데 바른 인식은 '대상에 대한 정합적 인식'보다 '미지의 대상에 대한 인식'이 더욱 본질적이다. 미지의 대상인식이란 새로움의 인식이다. 달리 말하면 미지의 대상에 의해 우리의 인식이 새롭게 생기한다는 것이다. 인식의 새로움은 존재의 자기 전환이자 새로운 자기의 출현이기도 하다.

대상을 새롭게 알아 간다는 것은 새로운 자기가 형성되어 간다는 것이다. 따라서 바른 인식에서 더욱 근원적인 것은 대상에 대한 정합적 인식이라기보다는 미지의 대상에 대한 인식 즉 새로움의 인식이라 할 수 있다.

인식은 지혜를 추구한다. 지혜란 밖(대상)을 아는 것[智]이자 동시에 안(자신)을 아는 것[慧]이다. 밖을 아는 것은 대상인식이며 안을 아는 것은 자기인식이다. 그렇다면 우리는 대상을 어떻게 알 수 있으며, 자기 자신을 어떻게 알 수 있는가? 우리는 대상 그 자체를 직접적으로 알 수 없을 뿐만 아니라 자기 자신도 직접적으로 알 수 없다. 왜냐하면 눈에 보이는 꽃이 대상이 되어 밖에 존재하는 것이 아니며 또한 꽃을 보는 자기 자신이 안에 존재하는 것도 아니기 때문이다. 다만 실제로 존재하는 것은 '인식'뿐 인식대상이나 인식주체는 일상언어 차원에서만 존재한다. 이런 의미에서 대상과 자기 자신을 알 수 있는 것은 바로 '인식'이다.

그렇다면 자기 자신을 어떻게 알 수 있는가? 올바른 인식수단을 통해서 알 수 있다. 다르마키르티는 자기 자신을 알 수 있는 올바른 인식수단을 프라마나pramāṇa라 한다. 프라마나에는 두 가지가 있다. 하나는 지각이며 또 하나는 추리이다. 지각은 자상自相을 대상으로 하는 직접적 인식수단이며, 추리는 공상共相을 대상으로 하는 간접적 인식수단이다. 이 지각과 추리를 통해 우리는 자기 자신을 알 수 있는 것이다. 남(밖)을 아는 사람은 똑똑한 사람이지만, 자기 자신(안)을 아는 사람은 지혜로운 사람이다. 그러므로 올바른 인식수단을 통해 자기 자신을 아는 지혜를 체득하는 것이 불교인식론의 목적이다.

종교란 행하는 것이다. 무엇인가를 행할 때 거기에는 믿음이 전제된다. 믿음이 전제되지 않는 행위란 일회성으로 끝나거나 용맹할 수 없다. 그런데 그 행위의 지속성과 용맹성을 담보하는 확신, 즉 그 믿음이 곧 신에 대한 믿음이나 확신일 필요는 없다. 세속에서는 신에의 믿음으로 자신의 행위에 대해 위안을 받거나 확신을 갖기도 한다. 이런 차원에서 신의 의의는 간과할 수 없다. 하지만 불교라는 종교는 신을 전제하지 않는다. 신이 없어도, 신에 대한 믿음이 없다고 해도 얼마든지 인간은 확신을 갖고 행할 수 있다는 것이 불교의 가르침이다. 이런 차원에서 불교를 무신론이라고 해도 할 수 없다. 하지만 신을 전제한 종교만이 참 종교이며 신을 부정한 가르침은 사교邪敎란 통념은 이제 불식되어야 한다.

종교는 자비를 지향한다. 자비란 모든 중생에게 즐거움을 주는 것[慈能與樂]이자 동시에 중생의 고통을 덜어 주며 근본적으로 그 근심, 걱정과 슬픔의 뿌리를 뽑아내어 주는 것[悲能拔苦]이다. 그런데 모든 중생에게 즐거움을 주는 자慈의 수행도, '자기와 남이 본래 없는 줄 **보지 못하거나**', 중생의 근심, 걱정과 슬픔의 뿌리를 뽑아내어 주는 비悲의 수행도 '구제할 중생이 따로 없는 줄 **보지 못한다면**' 업을 짓게 될 뿐이다. 이렇게 자기와 남이 본래 없는 줄로 **보는 것**, 구제할 중생이 따로 없는 줄로 **보는 것**을 무아견無我見, nirātmadṛṣṭi 혹은 공견空見, śūnyatādṛṣṭi이라 한다. 무아無我의 인식 없이 행하는 자비는 업을 증장시키는 것이며, 공空의 인식 없이 행하는 자비는 죄를 일으킬 것이라는 것이 불교인식론의 주장이다.

인식은 아는 것이요, 종교는 행하는 것이다. 아는 것은 행하는 것을 지시하며 행하는 것은 아는 것에 힘을 부여한다. 이렇듯 아는 것과 행하는 것은 같은 것이다. 만약 아는 것이 전제되지 않는 행함이 있다면 그것은 맹목으로 갈 수 있을 것이며 행함이 전제되지 않는 앎은 공허할 수 있을 것이다. 그러나 언제나 출발은 앎이다. 또한 앎의 과정이 바로 행함의 과정이기도 하다. 아는 것이란 자기 자신에 대한 앎이며 행하는 것이란 자기를 버리는 자비를 행함이다. 자기 자신의 앎[知]과 자기 자신을 버리는 자비의 함[行]은 불교의 두 개의 수레바퀴이다. 전륜轉輪이 가능하기 위해서는 자기 자신에 대한 지知라는 바퀴와 자기 자신을 버리는 자비의 행行이라는 바퀴, 이 두 바퀴가 있어야 한다. 따라서 불교는 신에 대한 맹목적 믿음을 지양하고 자신의 올바른 인식을 통하여 성스러운 행위로 나아가게 한다는 점에서 대단히 합리적인 종교라 할 수 있다.

다르마키르티가 활약했던 시대, 자신의 분신과도 같았던, 고통과 용맹정진을 통해서 태어난 7부의 논서가 개의 꼬리에 매달려 조롱의 대상이 되었던 시대는 이미 세속으로서의 종교가 지배적인 시대였다. 이 종교는 영원하고 완전한 신에의 믿음을 강조한다. 이 종교는 신을 믿고 신을 경배하며 신에게 제사지내는 것이 곧 구원의 길이라고 전도한다. 교회는 세속화해 갔으며, 인간은 더욱 의타적이었고, 종교는 타락해 가기 시작했다. 교회와 종교는 있으되 사람은 없는 형국이었다. 사람이 없는 교회, 사람이 떠난 종교, 바로 그 자리에는 성직자만 있고 신만이 박제화하여 놓여 있을 뿐이었다. 올바른 인식은 맹목적 믿음으로 대치되어 버리고 자비의 실천은 기복의 신앙으로 대체되어 버렸다. 이미 종교는 합리성을 상실하고 비합리적 길을 걸어가고 있었던 것이다.

아이러니하게도 세속의 종교는 인간을 세속으로부터 더욱 멀어지게 했다. 아니 세속을 부정해 버렸다. 세속의 부정이란 곧 나의 삶의 부정이기도 했다. 삶의 부정이란 곧 타락을 의미한다. 타락한 자란 스스로를 버리고[自棄] 스스로를 포기[自暴]한 자이다. 다르마키르티는 자기自棄한 자와 자포自暴한 자는 궁극적으로 비합리적 인식과 비합리적 종교에서 비롯되었다고 보았다. 왜냐하면 비합리적 인식과 비합리적 종교는 우리의 일상적 삶에 주의와 관심을 기울이지 않기 때문이다. 그들에 의하면, 그것은 스쳐 지나가는 바람처럼, 정처 없이 떠도는 구름처럼, 한바탕 꿈처럼 허무한 시뮬라크르에 지나지 않는 것이었다. 하지만 다르마키르티는 세속의 삶을 가상이나 환영이라 하여 물리치지 않는다. 그는 세속의 삶을 가상이나 환영이라고 **바로 볼 때**, 그 순간 성스러운 삶(깨달음)이 열린다고 보는 것이다. 세속의 삶을 가상이나 환영으로 보는 것이 중요하다. 이렇게 일상적인 우리의 경험을 올바르게 이해할 때 우리는 비로소 성스러움에로 나아갈 수 있다고 다르마키르티는 보았던 것이다.

2010년 4월

권서용

CONTENTS

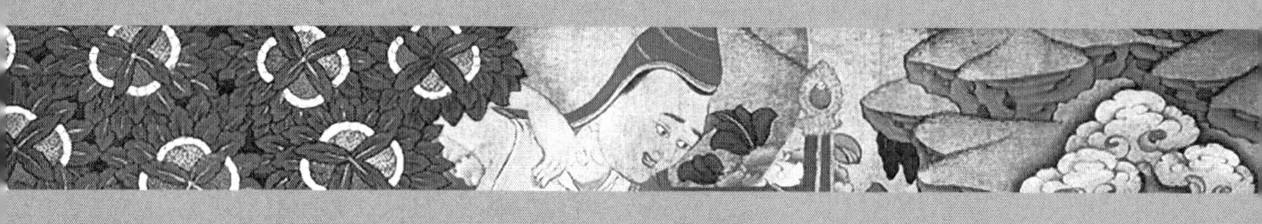

다르마키르티와 불교인식론

1장_다르마키르티의 기본 입장

불교의 삼법인三法印 가운데 '제행무상'諸行無常이 있다. 이 명제는 '모든 것은 무상[1]이다'라는 의미이다. 그런데 이것은 불교 특유의 가르침은 아니다. 생성의 철학자 헤라클레이토스Heracleitos는 '모든 것은 흐른다'라고 하였고, 난세의 철학자 장자莊子는 '모든 것은 변화한다'[物化]라고 하였으며, 유가의 최고 경전인 『주역』周易은 아예 모든 것의 '변화'[易]가 주 테마가 될 정도이다. 따라서 '모든 것은 무상이다'라는 것은, '체계화하지 못한 채 가까스로 분석된 인간의 직관이 낳은 최초의 막연한 일반화'[2]이다.

---

1) 무상(anitya)은 항상(nitya)의 부정형이며 유사한 개념으로 많이 사용하고 있는 것은 '찰나멸' 혹은 '순간적 존재' 등이다. 그러나 무상을 그대로 찰나멸이나 순간적 존재로 등치해서는 안 된다. 이에 대해 무상·찰나멸 사상을 깊게 연구한 다니 다다시(谷貞志)는 다음과 같이 말한다. "'항상'의 부정형으로서의 '무상'과 '찰나멸/순간적 소멸' 혹은 '순간적 존재'는 반드시 겹치는 것은 아니다. '무상'은 원시불교에서 인도불교의 최종기에 걸쳐서 사용되며 개념으로서는 가장 외연이 넓다. '찰나멸/순간적 존재'는 보다 한정된 형태로 부파불교 이후에 사용된다. 논증에서는 공상(共相)으로서 '무상성/찰나성/순간적 존재성'이라고 원칙적으로 표현된다. 일반적으로 초기의 텍스트에서는 '무상', 부파불교 이후는 '찰나멸'이 출현하며 특히 다르마키르티는 주로 '찰나성/순간적 존재성'을 많이 사용한다. 포스트 다르마키르티안은 '찰나멸/순간적 소멸'을 사용한다." 谷貞志, 『利那滅の研究』, 春秋社, 1999, 3쪽.
2) 화이트헤드(Alfred N. Whitehead, 1861~1947)는 그의 주저 『과정과 실재』 10장 「과정」에서 다음과 같이 말한다. "'모든 사물은 흐른다'(all things flow)는 것은, 체계화하지 못한 채 가까스로 분석된

'인간의 직관이 낳은 최초의 막연한 일반화'인 '무상'을 설명하는 데는 두 가지 방식이 있다. 하나는 무상한 존재를 넘어 상주常住하는 영원한 실체permanent substance를 상정하고서 설명하는 방식이고, 다른 하나는 무상한 존재의 근저에 상주하는 영원한 실체를 상정하지 않고서 설명하는 방식이다. 전자의 설명방식이 전제하는 것은 '실체와 속성substance and quality의 사유도식'[3]이며, 후자의 설명방식이 전제하는 것은 '비실체non substance의 사유도식'이다.

그런데 이 '실체와 속성의 사유도식'은 '주어와 술어subject and predicate의 언어형식'에 의해 필연적으로 도출된다. 가령, "너는 누구야?" "사람이지" "이것은 무엇인가?" "나뭇잎" "나뭇잎은 녹색이다"라는 일상적인 대화에서도 기본적인 사유도식이 전제되어 있다. 여기서 사람과 나뭇잎은 술어

인간의 직관이 낳은 막연한 일반화이다. 그것은 [성서의] 「시편」 가운데 들어 있는 몇몇 가장 뛰어난 히브리 시가의 주제이다. 그것은 그리스 철학이 성취한 최초의 일반화 가운데 하나로서, 헤라클레이토스의 격언의 형식으로 나타나 있다. 그것은 또 미개 상태에 있던 후기의 앵글로·색슨적 사고 속에, 노섬브리아 왕의 대연회장을 가로질러 훨훨 날아가는 참새의 이야기로 다시 그 모습을 나타내고 있다. 그리고 그것에 대한 회고는 문명의 모든 단계에서 시가에 비애감을 심어 준다. 만일 우리가 궤변에 의해 왜곡됨이 없는 저 궁극적인 통합적 경험(ultimate, integral experience)으로, 그것의 해명이 곧 철학의 최종 목적이 되는 그런 경험으로 되돌아갈 수 있다면, 사물의 유동(flux of things)이, 우리가 그 주변에다 철학 체계를 구축해야 할 하나의 궁극적인 일반화라는 것은 의심의 여지가 없다." 화이트헤드, 『과정과 실재』, 오영환 옮김, 민음사, 1991, 382쪽.

3) 실체와 속성의 사유도식은 화이트헤드의 또 하나의 중요한 저서 『과학과 근대세계』에서 자세하게 기술되어 있다. 화이트헤드는 말한다. "실체와 속성의 사유도식은 단순정위(simple location)와 마찬가지로 인간 정신이 극히 자연스럽게 품기 쉬운 관념이다. 그것은 우리가 사물을 생각할 때의 사고형식인 동시에 그런 사고형식이 없이는 일상적 용도에 직접 필요한 관념을 얻을 수 없다는 것이다. 다만 문제가 되는 것은, 우리가 이러한 개념들을 통해서 자연을 고찰할 때 과연 얼마만큼 구체적으로 사고하고 있느냐가 문제이다. …… 우리는 한 대상을 일정한 특성을 갖는 것으로 보며, 그 위에 각 개별적인 것은 그 특성을 통해서 이해된다. 가령, 어떤 물체를 관찰한다고 하자. 거기에는 우리의 주의를 끄는 무엇이 있다. 굳는다든가, 푸르다든가, 둥글다든가, 소리가 난다는 등의 성질을 가진 것으로 관찰한다. 이런 물질들을 떠나서는 전혀 아무것도 관찰할 수 없다. 따라서 사물이란 여러 성질을 그 속성으로 하는 기체 내지 실체를 말한다. 성질의 어떤 것은 본질적인 것이며, 그 밖의 성질은 부수적이며 가변적이다." 화이트헤드, 『과학과 근대세계』, 오영환 옮김, 서광사, 1989, 88쪽.

로서 '너'와 '이것'의 본질이다. '너'와 '이것'은 주어로서 '사람'과 '나뭇잎'
이라는 본질을 지니고 있는 한, '너'와 '이것'은 불변의 실재이자 실체이다.
단지 변하는 것은 '너'와 '이것'에 속하는 우연적 성질일 뿐이다. 또한 '나뭇
잎은 녹색이다'라는 명제에서도 마찬가지로 '실체와 속성의 사유도식'이
전제되어 있다. 이 명제는 특칭명제이며, 이것을 술어논리학으로 풀면 다
음과 같다.

이 나뭇잎은 녹색이다.

녹색의 어떤 것(X)이 존재한다.

적어도 하나의 것이 존재하며(E_x),

그것은 나뭇잎(D_x)이며 또한 녹색(G_x)이다.

위의 명제를 술어논리학의 양화^{量化}기호로 표시하면 다음과 같다.

$$(E_x)(D_x \cdot G_x)$$

여기서 알 수 있는 것은, 어떤 X가 존재한다는 것, 그것이 나뭇잎이라
는 것, 또한 그것이 녹색이라는 성질을 지니고 있다는 것이다. 다시 말하면
'이것'은 나뭇잎이라는 보편개념과 녹색이라는 성질을 담지하고 있는 그
'무엇'으로서의 'X'가 존재한다는 사실이다. 가을이 되어 나뭇잎의 색깔이
변해 녹색의 성질이 사라진다 하더라도 나뭇잎임에는 변함이 없다. 나뭇
잎만이 그런 것은 아니다. 친구를 십 년 만에 만났을 때, 그 친구의 모습이
확연히 변했음에도 불구하고 우리가 '그'임을 아는 것은 변화된 외관의 모
습을 넘어 불변의 '그'이게 하는 본질이 있음을 암묵적으로 전제하기 때문

에 '십 년 전의 그'와 '지금의 그'를 동일하다고 판단한다.

이렇게 변하는 현상 아래에^{sub} 있는 불변의 존재^{stance}를 실체^{substance}라 한다. 그리고 변하는 것은 실체에 속한 성질^{quality}이다. 아리스토텔레스는 『형이상학』에서 모든 현상의 근저에 있는 불변의 궁극적 실재를, 스스로는 운동하지 않지만 모든 것을 움직이게 하는 원동자^{原動者}라는 의미에서 '부동의 원동자' 혹은 '제1실체'라 부른다. 아리스토텔레스에 의해 명료하게 구축된 '실체와 속성의 사유도식'이 서양의 정신과 문명을 2천 년간 지배해 왔다고 해도 과언이 아니다.

인도는 서양과 같은 인도유럽어족에 속한다. 인도유럽어족의 특징은 변하지 않는 기체^{dharmin}를 지시하는 주어와 변하는 우연적 속성^{dharma}을 기술하는 술어의 구조를 갖는다는 것이다. 서양사상이 '주어와 술어의 언어형식'에 의해 귀결되는 '실체와 속성의 사유도식'에 근거하듯이, 인도사상 특히 우파니샤드 사상도 '주어와 술어의 언어형식'에 의해 귀결되는 '실체와 속성의 사유도식'[4]에 기반한다. 인도불교사상 연구의 선구자 가운데 한

---

4) 이 '실체와 속성의 사유도식'을 산스크리트로 기술하면 '다르민(dharmin, 기체)과 다르마(dharma, 속성)의 사유도식'이다. 이것은 '기체와 속성의 사유도식'이라고도 한다. 그런데 바이세시카 학파의 육구의(六句義) 가운데 하나인 드라비야(dravya)도 실체라고 번역된다. 그런데 이것은 넓은 의미에서 다르민과 같다. 그런데 불교인식논리학파도 화이트헤드와 마찬가지로 '실체와 속성의 사유'는 실재 그 자체의 관계가 아니라 실재에서 추상된 혹은 파생된 관념의 체계라는 관점을 견지한다. 가령 '청색의 연꽃'에서 청색은 속성이며 연꽃이라 지칭되는 것은 실체이다. 따라서 우리의 일반적 관념으로는 연꽃 속에 청색이라는 성질이 속해 있다고 생각한다. 하지만 디그나가(Dignāga)와 다르마키르티의 아포하(apoha)론에 의하면, 청색과 연꽃 등의 언어는 부정되는 존재의 차이에 의해서 지시대상을 달리하지만 그것이 각각 사유에 의해서 개념적으로 구성된 보편을 자신의 지시대상으로 하고, 그 보편에 소속하는 특수한 개체의 이해에 대해서는 애매하다. 그러나 그들 언어는 동일한 존재, 즉 비청(非靑)도 아니고, 비연꽃[非蓮]도 아닌 것에 대해서 따로 나눌 수 없는 효력을 갖고 있기 때문에 한정사·피한정사의 관계에 있는 것이다. 따라서 궁극적으로 존재하는 것은 인과적 효과성을 지니고 있고, 찰나멸인 현실적 계기에 대해서 사유에 의해 실체와 속성으로 체계화한 것에 지나지 않는 것이다. 결국 실체와 속성의 구별은 실재하는 것의 구별에 근거한 것이 아니라 관념 내에서 현현한 대상의 분석적 사유에 의한 변별에 지나지 않는 것이다. 赤松明彦, 「ダルマキールティのアポーハ論」, 『哲學研究』 540, 1980, 963~991쪽.

사람인 나카무라 하지메中村元는 "우파니샤드의 사유에 의하면 인간과 우주의 궁극적 실재는 브라만brahman과 아트만ātman이다. 브라만은 원래 신성하고 주력呪力이 충만한 『베다』의 말을 가리킨다. 즉 베다의 찬가·제사·주사呪詞 나아가 거기에 내재하는 신비력까지도 의미하였다. 『브라흐마수트라』에서 제사는 일정한 규칙에 따라 『베다』의 말을 이용하여 비밀의 주력에 의해 신들과 인간을 강제하는 의례였다. 여기서 비인간적인 『베다』의 말 내지 비밀의 주력 쪽이 신들보다 우월한 입장에 서게 되었다. 따라서 브라만은 특별히 중요시되어 마침내 '세계의 근본원리', '절대자'의 명칭으로까지 높여졌다. 브라만이 객관적·중성적 원리임에 반해, 아트만은 원래 호흡·생기·신체의 의미에서 생명원리·자아·자기·영혼·본체·만물에 내재하는 영묘한 힘의 의미로 형이상학화하여 간 술어이다. 그래서 아트만에 의하여 세계 창조가 이루어졌고, 동시에 '아트만이 곧 브라만'이라는 사실이 강조되기에 이르렀다. 후세의 많은 학자들은 아트만과 브라만이 동일하다는 범아일여梵我一如가 우파니샤드의 중심 사상이라고 해석하고 있다. 결국, 우파니샤드 전반에 흐르는 유력한 사상은 현상세계의 근저에는 최고원리인 유일자가 있다고 상정하고, 이 현상세계는 이 유일자로부터 분화하여 이것에 유래하며 혹은 이것에 의해 지배되고 이것에 의존해서 성립하고 있다"[5]라고 한다. 다시 말하면 이 세계는 궁극적 실재인 아트만의 현현顯現이거나 전변轉變이며 인간의 본질은 불변의 아트만이라 설명한다. 따라서 아리스토텔레스가 말하는 부동의 원동자인 제1실체나 우파니샤드가 제시하는 아트만이라는 궁극적 실재를 근거로 현상세계의 구조와 변화를 설명한다는 측면에서 이러한 사상을 아트만바다ātmanvāda(이하 '아론'我

---

5) 나카무라 하지메, 『인도사상사』, 김용식 옮김, 서광사, 1983, 32쪽.

論) 혹은 실체 존재론substance ontology(실체론)이라 할 수 있다.[6]

　　인도 델리대학의 저명한 학자인 바트S. R. Bhatt의 『불교인식론』에 의하면, 실체론에서 상정하는 실재의 유일한 기준은 상주성이나 지속성의 관념이다. 즉 상주성이나 지속성을 자기의 본질로 갖는 것이 실체이며, 따라서 실체만이 실재하는 것이다. 반면 실체에 속한 가변적인 성질이나 양태는 외관상의 현존이거나 혹은 파생적 현존에 불과하다. 바트는 이러한 실체론의 구체적 사례를 인도육파철학印度六派哲學을 통해서 설명한다. "아드바이타 베단타에 따르면 단일하고 동질적이며 순수한 의식인 실체만이 실재이며, 모든 속성들이나 양상들은 그것들의 환영(실재도 아니고 비실재도 아닌)이라는 의미에서 현상적이다. 상키야 체계와 니야야·바이세시카, 미망사 체계들은 약간의 실재를 변화라고 하지만 이 경우에도 단지 물질이 변화의 주체로서 간주되는 한에서이다. 다양하고 다른 복합체를 생성시킬 때, 세계는 하나의 물질로부터 전개된다는 전변설轉變說에서나 아니면 다른 물질적 요소의 조합으로 이루어진다는 적취설積聚說에 의하는 한 실재를 변화라고 인정하고 있을 뿐이다. 그러나 중요한 것은 실재론적 성향을 가진 이 학파들은 실체의 근원성과 실체의 상주하는 본질을 강조한다는 것이다."[7] 이러한 점에서 인도육파철학은 동일한 사유구조를 공유하고 있다고 할 수 있다.

　　비실체적 사유를 열었던 고타마 붓다Gautama Buddha는, 모든 고통이 욕망에, 그리고 모든 욕망은 상주성이라는 잘못된 견해[邪見]에 집착하는 것에 기인한다고 설파하였다. 그는 고통의 미로를 벗어나는 길을 제시하고

---

6) S. R. Bhatt and Anu Mehrotra, *Buddhist Epistemology*, Greenwood Press, 2000, pp. 1~2.
7) *Ibid.*, p. 1.

자 했으며 고통을 극복하는 관건으로서 무상성과 비실체성에 대한 정견正見을 제시했다. 일반적으로 물질과 의식이라고 이해된 모든 실재는 붓다에 의하면 변화하는 순간의 연속으로 이해된다. 순간이라는 말은 시간 속에 새겨지는 것만이 실재하고 현존한다는 사실을 표현한 것이다. 이러한 존재의 순간성, 비실체성, 무상성을 정형적으로 표현한 것이 다음의 무상게無常偈이다.

실로 제행諸行은 무상無常이다.

여기서 '제행'은 우리의 경험세계 전체를 의미하며, 우리가 경험하는 세계가 상주常住하는 것이 아니라 언제나 순간적으로 변한다는 것이 '제행은 무상이다'라는 명제의 의미이다. 우리가 경험하는 세계는 궁극적 존재 dharma 또는 vastu인 5요소[五蘊]들의 결합이거나, 12영역[十二處], 18요소[十八界], 75요소[(五位)七十五法]들의 연기적 관계에 의해서 성립되며, 이 관계가 단절되는 순간 소멸하기 때문이다. 또한 아론我論에 의해서 제시된 변화를 가능하게 하는 아트만과 같은 정신을 주재하는 부동의 원동자나, 프라크리티 prakṛti와 같은 물질을 구성하는 근원적 물질도, 이러한 요소들의 집합을 개념화한 추상적 관념에 지나지 않기 때문이다. 따라서 궁극적으로 존재하는 것은 요소[法]들뿐이라는 의미에서 아트만과 같은 정신적 실체나 프라크리티와 같은 물질적 실체가 부정된다.

그렇다면 우리의 경험세계를 구성하는 요소로서의 법法은 '있는 것'이 아닌가? 라고 반문할 수도 있을 것이다. 사실 병, 꽃, 나무와 같이 요소에 의해 형성된 것들은 무상하다고 할지라도 그것을 구성하고 있는 요소는 '있는 것'이어야만 '있는 것'에서 '사물'들이 구성된다는 우리의 상식적 경험에 부합되기 때문이다. 하지만 무상게는 '모든 것은 무상이다'라는 명제에 이어 다음과 같이 우리의 통념을 뒤엎는다.

[그것은] 생성과 소멸이라는 본질을 지니고 있으며, 생성하기 때문에 소멸한다.

이것과 동일한 의미를 지니는 내용이 『율장』律藏「대품」大品에도 보인다. 다음과 같다.

어떤 것이든 생성을 본질로 하는 것은 모두 소멸을 본질로 한다.

생성을 본질로 하는 것을, 다르마키르티 이전에는 법法, dharma 으로, 다르마키르티는 현실적 존재vastu, actual entity로 명명한다. 따라서 위의 명제는 '현실적 존재는 모두 소멸을 본질로 한다'고 할 수 있다. 다시 말하면 현실적 존재는 지속하는 것이 아니라 생성하자마자 소멸하는 찰나적 존재라는 것이 위 게송의 의미이다. 그런데 현실적 존재를 지속하기 위해서는 자신 속에 자기동일성self identity을 최소한 한 찰나 이상 유지해야 한다. 하지만 현실적 존재가 생성하자마자 소멸한다고 하는 것은 자신 속에 자기동일성이 내재하는 것이 아니라 끊임없이 자기를 소멸하는 자기차이성self difference이 내재하기 때문에 가능하다. 이렇게 존재가 자기동일성을 본질로 하는 것이 아니라 자기차이성을 본질로 한다는 면에서 위의 명제들은 비실체론의 선언이다. 이것은 초기불교에서 자주 언급되고 있는 '무상無常인 것은 고苦며, 고苦인 것은 무아無我'라는 붓다의 말씀을 보다 구체화한 것이다. 이렇게 '실체와 속성의 사유도식'을 거부하고 모든 존재의 무상·찰나멸을 존재론적 근거로 하여 세계를 해석하려는 불교적 사유체계를 안아트만바다 anātmanvāda (이하 '무아론'無我論) 혹은 비실체 존재론non substance ontology (비실체론)이라 한다.

아론과 대립하는 무아론은 두 개의 사유 도식을 기둥으로 축조된다. 하나는 무상(=찰나멸)이며, 또 하나는 연기緣起(=인과적 효과성)이다. '주어와 술어의 언어형식' 속에서 도출되는 '실체와 속성의 사유도식'을 전제로 하는 사유체계에서는 'A는 A이며, ~A가 아니다'라는 동일률과 'A는 A임과 동시에 ~A일 수 없다'라는 모순율을 존재론적 원리로 설정한다. 즉 존재하는 것은 존재하는 것이다. 이것은 변화하는 현상 너머에 불변의 실재, 불변의 '자기동일성'이 있다는 논리이다. 불교도 현상 너머에 궁극적 실재가 있다는 것을 부정하지 않는다. 다만 그 실재의 존재 방식이 자기동일성으로서 존재하는 것이 아니라 부단히 찰나멸하는 '자기차이성'으로서 존재한다고 본다. 다시 말하면 실재는 '있는 것'을 본성으로 하는 것이 아니라 '없는 것' 혹은 '소멸'을 본성으로 한다는 의미이다. 즉 'A는 A가 아니다' 혹은 'A는 ~A를 본성으로 한다'라는 것을 존재론적 원리로 한다. 따라서 모든 존재가 순간적으로 소멸한다는 것은 불교의 존재론적 원리를 선언한 것이라 할 수 있다.

하지만 존재가 무상하다는 것은 궁극적 실재의 비실체성을 적절하게 설명하지만 현상세계의 생성과 그것에 대한 우리의 인식적 경험을 설명할 수는 없다. 그래서 이 현상세계의 생성과 인식적 경험을 설명하는 범주로서 연기설이 제시되었던 것이다. 연기는 '있는 것이란 다른 것의 생성을 위한 가능태'라는 의미이다. 어떤 것이 생성하기 위해서는 다른 것의 존재가 전제되어야 한다. 이렇게 존재가 다른 것과 관계를 맺어 가면서 미시적 세계와 거시적 세계가 구성됨을 합리적으로 설명하기 위한 것이 연기설이다. 그런데 연기설은 두 가지 원리, 즉 연기의 제1원리와 제2원리로 분석 가능하다. 연기의 제1원리는 "이것이 있음으로 인해 저것이 생긴다"이다. 이 원리는 "다수의 존재로부터 하나의 현실적 존재가 생성되는 실재적인 합생에 있어 요소가 될 수 있다는 가능성은, 모든 현실적 존재와 비현실적 존재가 지니고 있는 하나의 일반적인 형이상학의 성격이며, 그 우주에 있어서의 모든 항목은 각 합생 속에 포함되어 있다는 것, 다시 말하면 **있는 것**의 본성에는 모든 **생성**을 위한 가능성이 있다"[8]는 화이트헤드의 '상대성 원리'와 상통한다. 그리고 연기의 제2원리는 "이것이 생김으로 인해 저것이 생긴다"이다. 이 원리는 "'현실적 존재가 어떻게 생성되고 있는가?'라는 것이 그 '현실적 존재가 어떤 것인가'를 결정한다는 것, 따라서 현실적 존재에 대한 두 가지 기술(즉 하나는 다른 현실적 존재의 생성에 있어서의 객체화의 가능성을 분석하는 기술이고, 또 하나는 그 자체의 생성을 이루고 있는 과정을 분석하는 기술)이 서로 독립해 있는 것이 아니다. 현실적 존재의 있음이 그 생성에 의해 구성된다"[9]는 화이트헤드의 '과정의 원리'와 상통한다. 따라서 불교의 무아론은 존재는 비존재, 즉 찰나멸을 본성으로 한다는 '존재론적 원리', 있는 것의 본성에는 모든 생성을 위한 가능성이 속해 있다는 '상대성 원리' 그리고 현실적 존재의 있음이 그 생성에 의해 구성된다는 '과정의 원리'를 토대로 구축되어 있다고 할 수 있다. 이 세 가지 원리는 존재론뿐만 아니라 인식론과 종교론에까지 일관되게 적용된다.

　궁극적 실재는 '존재'를 자기 본질로 하는 실체라고 주장하는 인도의 실재론자뿐만 아니라 '소멸·비존재·찰나멸'을 자기 본질로 하는 연기적

---

8) 화이트헤드, 『과정과 실재』, 80쪽.
9) 같은 책, 81쪽.

緣起的 존재라고 간주하는 불교사상가들은 공통적으로 다음과 같은 인식
론적 테제를 수용한다. "인식되는 것은 존재하는 것이다."[爲境生覺眞是有] 이
것은, 서양 근대 인식론의 역사에서 주관적 관념론자라고 불리는 버클리
George berkeley 주교의 "지각되는 것은 존재하는 것이다"라는 말을 떠올리게
한다. 일반적으로 위의 언명에서 확인할 수 있는 것은, 우선 인식과 무관한
존재는 없거나 또는 그들의 관심 밖에 있다는 것, 다음으로 대상 없는 인식,
즉 무無에 대한 인식은 불가능하다는 것이다.

　　그런데 '인식되는 것은 존재하는 것'이라는 우리의 인식적 경험을 설
명하는 데 아론과 무아론은 극명하게 대조된다. 우선, 설일체유부說一切有部
(이하 '유부')를 포함한 인도의 아론에 의하면 위에서 말하는 '인식'은 감관
에 의한 지각뿐만 아니라 의식을 매개한 사유까지도 포함하는 개념이다.
그리고 그들은 지각의 대상과 사유의 대상이 동일하며, 또한 지각은 개념
구성을 떠난 인식[無分別]이 아니라 개념구성을 지닌 인식[有分別]이라 간주
하여 지각과 사유의 차이성을 인정하지 않는다. 다음으로, 인도의 아론에
의하면 위에서 말하는 '존재'란 '개념적'으로 존재하는 것이 아니라 '실재
적·객관적'으로 존재하는 개념이다. 이 실재적·객관적으로 존재하는 것이
바로 인식의 대상이라는 것이다. 따라서 우리가 인식의 주체를 사유하는
한 인식의 주체는 객관적으로 존재하며, 또한 대상이 우리의 감관에 의해
지각되는 한 그 대상도 객관적으로 존재한다. 따라서 그들이 말하는 인식
이란 이미 객관적으로 존재하는 인식주체가 감관을 매개로 객관적으로 존
재하는 인식대상을 파악하는 것이다. 이러한 대상 파악은, 마치 흰 당구공
과 붉은 당구공이 외부의 충격에 의해 관계를 맺는 것과 같이, 혹은 사람이
지팡이를 짚는 것과 같이, 외적인 관계맺음 혹은 현상적 관계맺음만 설명
할 뿐 그 어떠한 본질적 연관, 즉 존재와 인식의 연기적 관계에 대한 어떠한

설명도 불가능하다. 이렇게 인식을 완결된 주체가 갖는 객체의 인식활동이라 간주하는 인식론을 '아견ātmagrahaṇa에 근거한 인식론'이라 한다. 이러한 인식론은, 현상세계의 생성은 자기동일성을 본질로 하는 궁극적 실재의 현현이거나 집적이며, 변하는 것은 현상세계일 뿐, 변화의 근저에 있는 궁극적 실재는 불변이라고 하는 존재론적 원리에 기반하고 있다. 우리는 이러한 인식론을 '아견에 근거한 인식론'이라 부르는 것이다. 이러한 '아견에 근거한 인식론'은 아론 혹은 실체론의 필연적 귀결이다.

그런데 위에서 언급한 것처럼 지각과 사유가 동일한 대상에 의해 형성된다는 인도 아론자들의 주장에는, 인식론적 관점에서 보면, 인식의 근거로서 지각보다는 사유를 가장 확실한 근거로 보고 있다는 것을 전제한다. 그런데 그들이 말하는 사유는 개념구성[分別]이다. 개념구성이란 대상을 나누어서 아는 것을 의미한다. 여기서 나눈다는 것은 분석한다는 것을 말한다. 그리고 분석한다는 것은 사유라는 칼을 갖고 시간 속에서 흘러가는 과정으로서의 존재를 잘라 내어 공간화·대상화한다는 것이다. 이것은 베르그손이 말하는 우리의 사유가 범하기 쉬운 일반적인 오류인 '시간의 공간화'이다.[10] 다시 말하면 우리의 개념구성은 시간의 과정 속에 있는 대

---

10) "물질의 순간적 도형배치가 단순정위를 점거한다는 것은 그것이 시간에 관한 한, 또 그것이 구체적 자연의 근본적 사실로 생각되는 한" 베르그손은 그것을 지성에 의한 "시간의 공간화"라 한다. 그는 주저 『창조적 진화』에서 시간의 공간화를 다음과 같이 기술한다. "그러므로 그것들은 여전히 시간을 백지화하는 데서 일치하고 있다. 실재적 지속은 사물들을 갉아먹고 거기에 자신의 잇자국을 남기는 어떤 것이다. 만약 모든 것이 시간 속에 있다면 모든 것은 내적으로 변화하며, 동일한 구체적 실재는 결코 반복되지 않는다. 따라서 반복은 추상 속에서만 가능하다. 반복되는 것은 우리의 감관, 특히 우리의 지성이 실재로부터 떼어낸 이러저러한 국면들이다. 우리 지성이 모든 노력을 집중하고 있는 행동은 반복들 속에서만 움직일 수 있기 때문이다. 그와 같이 지성은 반복되는 것 위에 집중하고 같은 것을 같은 것에 접합시키는 데만 몰두해서 시간의 시야에 등을 돌린다. 지성은 흐르는 것을 혐오하고 자신이 접촉하는 모든 것을 고체화(공간화, 사물화)한다. 우리는 실재적 시간을 사유하지 않는다. 그러나 우리는 그것을 체험한다. 생명은 지성을 넘어서기 때문이다." 베르그손, 『창조적 진화』, 황수영 옮김, 아카넷, 2005, 86~87쪽.

상을 공간화하고 고정시켜서 공간화한 사물의 세계를 만들어 낸다. 결국 우리의 개념구성이라는 칼은, 하나의 전체의 과정으로 생성되는 존재와 인식과 종교적 실천을 실재하는 사물, 즉 실재하는 객관적 존재(대상), 실재하는 인식(주체), 이미 존재하는 인식(주체)의 대상에 대한 행위(작용) 등으로, 하나의 전체의 과정으로 생성하는 존재와 인식과 실천을 완벽하게 분리해 버린다. 이렇게 분별적 사유에 의해 분리된 대상과 인식, 행위 등은 우리 경험의 초기 단계에서 발생하는 구체적 존재가 아니라 경험의 후기 단계에서나 발생하는 추상적인 존재이다. 이처럼 고도의 추상의 단계에서나 등장하는 개념인, 감각여건인 대상과 '정신'인 인식(주체)을 전제하고서 우리의 경험을 설명하게 되면 '잘못 놓인 구체성의 오류'the fallacy of misplaced concreteness[11)]를 범하게 되어 경험의 계기를 적절하게 분석하려는 작업은 치명적인 손상을 입게 된다.

이러한 '잘못 놓인 구체성의 오류'는 '명제적 경험'을 가장 근원적인 경험으로 잘못 놓은 '아견에 근거한 인식론'의 필연적 귀결이다. 이것은 설명이 필요하다. 가령 지금 여기서 꽃을 보고 있는 우리의 경험을 분석한다고 하자. '아견에 근거한 인식론'에 의하면 '나는 꽃을 본다'I see the flower라고 하는 명제적 경험을 가장 기본적인 경험으로 전제하는 것이다. 여기서

---

11) 화이트헤드는 추상적인 개념으로 구체적 경험을 설명하려 할 때 '잘못 놓인 구체성의 오류'를 범한다고 한다. 이러한 오류의 대표적인 사례 가운데 하나는 '실체와 속성의 사유도식'이며 또 하나는 단순정위하는 물질이라는 개념이다. 단순정위하는 물질이란 어떤 속성이 인식될 때 그 속성이 주관의 산물이 아닌 한 객관적 사물 속에 근거해야 한다. 그 궁극적 근거는 복잡한 존재가 아니라 더 이상 나눌 수 없는 단위 존재로서 단순하게 그 위치를 점하는 물질일 것이다. 화이트헤드는 이러한 물질을 우리의 직접적 경험의 산물이 아니라 고도의 추상의 산물로 간주한다. 그는 가장 궁극적 단위존재인 현실적 존재를 다음과 같이 정의를 내린다. 현실적 존재란 '복잡하고도 상호 의존적인 경험의 방울들'이다. 여기서 '방울들'이라는 표현은 복합적 존재를 의미하며 '상호 의존적'이라는 표현은 '존재'가 아니라 '과정'이자 '연기'임을 암시한다. 보다 자세한 것은 화이트헤드의 『과학과 근대세계』, 85~86쪽.

명제적 경험을 구성하는 기본적 요소는 '나'와 '꽃' 그리고 '본다'이다. '나'는 인식주체이고 '꽃'은 인식대상이며, '본다'라는 인식작용은 주체의 대상에 대한 작용이다. 이러한 설명에는 이미 보는 주체인 '나'가 전제되어 있고, 또한 보이는 대상인 '꽃'도 전제되어 있다. 또한 실제로 있는 것은 '나'와 '꽃'이라는 두 개의 항[item]만이 있을 뿐 두 항을 연결하는 관계로서의 '본다'라는 작용은 '나'라는 주체의 '꽃'이라는 대상에 대한 작용이라는, 주체의 속성에 지나지 않는다. 따라서 꽃과 나의 관계는 '외재적·현상적 관계'로 전락한다. 이러한 인식론에서는 꽃이 어떻게 생성되고 그 꽃이 나에게 어떠한 양태로 진입하며, 또한 인식의 주체인 나는 어떻게 형성되는가 하는 것에 대해 아무런 정보를 제공하지 않는다. 다만 제공되는 정보는 거울에 비친 꽃의 영상과 같이, 우리의 눈에 비친 꽃의 영상뿐이다.

결국 '실체와 속성의 사유도식'에 기반한 아론에 의해 필연적으로 귀결되는 '아견에 근거한 인식론'에서 발생하는 문제는 다음과 같다.

첫째, '아견에 근거한 인식론'에서는 대상이 어떻게 생성되고, 그 대상이 인식주체에게 어떤 계승의 경로를 통해 진입하며, 또한 인식의 주체에게 어떻게 수용되는가, 대상에 대한 우리의 느낌[苦·樂·不苦不樂 등]은 어떻게 설명할 것인가, 대상에 의해 인식주체가 어떻게 형성되는가, 우리의 바른 인식은 종교적 실천과 어떤 관계를 맺는가, 라고 하는 것에 대해 어떠한 정합적 설명도 하지 못한다. 이것은 인식을 완결된 주체가 갖는 객체의 인식활동으로만 보았을 뿐 생성하는 주체가 갖는 자기구성활동이나 객체를 자기화하는 존재론적 활동, 즉 연기적 관계로 파악하지 못했기 때문이다. 이렇게 해서 '아견에 근거한 인식론'은 우리의 존재에 대한 경험이나 인식상의 경험, 종교상의 경험을 파편화·분절화시켜 인간의 일상적 경험에 대한 정합적 설명을 하는 데 실패하고 만다.

둘째, 이렇게 '주체'와 '대상'과 주체의 대상에 대한 '작용'을 우리 경험의 근원적 요소로서 간주하고 우리의 경험을 설명할 때, 존재와 인식 그리고 행위(실천)에는 파편화하고 단절되어 건널 수 없는 간격이 놓이게 되어, 그것을 연결하기 위해 형이상학적으로 추상된 아트만과 같은 순수정신이나 절대정신을 끌어들이거나 아니면 우리의 경험 밖에 있는 신과 같은 절대적 존재를 요청하여 형식적이고 강제적으로 연결하게 되는 무리가 발생하게 될 것이다. 아트만과 같은 순수정신이나 신과 같은 절대적 존재가 우리의 일상적·구체적 경험에 개입하게 되면, 한편으로 우리의 일상적 삶은 정당한 평가를 받지 못하고 극복되어야 할 세계로 전락하게 되며, 또 한편으로는 절대적 존재에 대한 맹목적 신앙을 통해 구원을 추구하는 비합리적 종교의 도래를 초래하게 된다는 것이다.

다르마키르티^{Dharmakīrti, 法稱}가 활약한 시대인 7세기 전반은 인도의 아론이 득세하던 시대였다. 그러나 이러한 시대에 그는 앞에서 언급한 것과 같은 무아론의 존재론적 원리와 상대성 원리를 수용하고 또한 그러한 원리에 기반한 인식론을 받아들여 그의 사유체계를 구축한다. 다르마키르티는 앞의 테제에 나와 있는 인식과 존재에 대해서 근본적으로 다른 관점 위에 서 있다.

우선, 다르마키르티에 의하면 '인식'은 지각과 사유, 둘뿐이라는 것에 대해서는 의견을 같이하지만 지각 대상과 사유 대상의 동일성을 부정하고 지각 대상과 사유 대상의 차이성을 강조한다. 즉 그가 말하는 지각의 대상은 자상^{自相, svalakṣaṇa}이며, 사유의 대상은 공상^{共相, sāmānyalakṣaṇa}이다. 지각과 사유가 대상을 달리하기 때문에 지각이라는 인식과 사유라는 인식은 본질적으로 다른 인식이라고 생각한다. 아울러 지각과 사유는 이미 존재하는 것이 아니라 자상과 공상에 의해서 생성되는 것이다. 또한 그것은 생성하자마자 소멸하는 찰나적(순간적) 존재이다.

다음으로, 그에 의하면 '인식되는 것은 존재하는 것'이라는 위의 테제에 있어서 '존재'는 지각의 대상인 자상만이 존재하며 사유(분별)의 대상인 공상은 존재하지 않는다는 입장을 취한다. 사유의 대상에 진정한 실재성을 부여한 아론과는 달리 다르마키르티가 지각의 대상에 실재성을 부여하고 있다는 것은 인식론의 역사에서 굉장히 중요한 의미를 갖는다. 왜냐하면 사유는 존재와 인식의 단절을 가져오는 인식수단이지만, 지각은 존재와 인식의 인과적 관계를 매개하는 인식수단이기 때문이다. 따라서 다르마키르티가 말하는 인식이란 이미 존재하는 인식주체가 감관을 매개로 객관적으로 존재하는 대상을 파악하는 것이 아니라 대상에 의해서 인식주체가 생성되는, 역으로 말하면 인식주체에 의해서 대상이 파악되는 연기적 과정이다. 이렇게 인식을 완결된 주체가 갖는 객체의 인식활동이라 하지 않고 생성하는 주체가 갖는 자기구성활동이나 객체를 자기화하는 존재론적 활동으로 보는 인식론을 '무아견^{nairātmyadṛṣṭi}에 근거한 인식론'이라 한다. 비실체론의 입장에 서서 우리의 인식적 경험을 설명할 때, '무아견에 근거한 인식론'은 필연적으로 귀결되는 인식론인 것이다.

다르마키르티의 '무아견에 근거한 인식론'에 의하면 '나는 그 꽃을 본다'^{I see the flower}라는 '명제적 경험'을 인식의 근원적인 경험이라 생각하지 않고, '꽃을 보고 있는 나의 지각'^{my seeing flower}이라는 '지각적 경험'을 근원적인 경험이라 생각한다. 여기서 꽃은 나에 의해 보이는 것이며, 나는 꽃과의 관계맺음에 의해 생성되는 존재이다. 따라서 실제로 있는 것은 꽃에 대한 인식적 경험, 즉 '봄'^{seeing}만이 있을 뿐이다. 이 인식적 경험에는 단순히 꽃의 색깔이나 모양과 향기와 같은, 우리의 감각에 걸리는 단순하고 명쾌한 감각의 자료만이 있는 것이 아니라 이러한 감각을 형성하게 하는 근원적인 느낌이 있는 것이다. 만약 단순한^{mere} 감각 자료만이 일차적 내용이라고 한다면 어린아이가 보는 꽃, 화가 나 있는 사람이 보는 꽃, 생일날 받게 되는 꽃, 시인이 보는 꽃, 선사[禪師]들이 보는 꽃에 대한 경험의 다양성을 설명할 수 없게 된다. 이러한 다양한 경험을 정합적으로 설명할 수 있는 인식론이 바로 '무아견에 근거한 인식론'이다.

　'무아견에 근거한 인식론'에 의하면, 인식대상이란 인식주체인 결과[果]에 대한 원인[因]이며, 인식주체란 인식대상인 원인[因]에 대한 결과[果]라는 관계론적 그물망 속에 있는 연기적 존재들이다. 꽃은 무수한 다양한 요소들과의 연기적 관계를 맺으면서 부단히 생성·소멸하는 것이며, 인식의 주체는 이러한 대상과 관계를 맺을 때에만 생성되는 찰나적·순간적 존재에 지나지 않는다. 다시 말하면 인식의 주체도 대상에 의해서 생성되는 것에 불과하다는 의미이다. 따라서 '무아견에 근거한 인식론'에 있어 인식은 완결된 주체가 갖는 객체인식의 통로가 아니라 생성하는 주체가 갖는 자기구성활동, 즉 객체를 자기화하는 존재론적 활동으로 간주된다. 인식이 객체를 자기화하는 존재론적 활동이라고 할 때 여기에는 이미 인식과 존재의 범주적 구별이 사라진다.

　다르마키르티는 우리가 사유할 수 있는 거의 모든 것 ──전통철학의 용어로 말한다면 존재론과 인식론, 가치론에 해당하는 종교론──을 다루고 있다. 다르마키르티의 『프라마나바르티카』의 특징은 존재론과 종교론을 기술할 때조차 반드시 '무아견에 근거한 인식론'을 전제한다는 점이다. '무아견에 근거한 인식론'이 전제되지 않은 존재론은, 고통의 질곡을 넘어 자유로 향하려는 우리의 열망에 전혀 도움이 되지 않는다는 것과 또한 '무아견에 근거한 인식론'이 전제되지 않은 종교론은 신비주의나 맹목적 믿음에 빠질 수밖에 없다는 것을, 다르마키르티는 통찰하고 있다.

따라서 이 책에서 다루고자 하는 것은 우리의 경험, 즉 존재론상의 경험, 인식론상의 경험, 종교론상의 경험을 무아론의 존재론적 원리와 연기의 원리, 그리고 그러한 원리에 기반한 '무아견에 근거한 인식론'을 통해 정합적·체계적으로 설명하고자 하는 것이다. 다시 말하면 존재론과 종교론의 궁극적 근거를 인식과 언어를 통해 정합적으로 설명하는 것, 존재론과 종교론을 '무아견에 근거한 인식론'을 통해 합리적으로 설명하는 것, 이것에 대한 설명이 상주하며 절대적 존재인 신이나, 추상적 아트만을 통해서가 아니라 인식의 연기적 과정을 통해서 내재적으로 설명하는 것, 신에 대한 신앙이나 추상적 아트만에 대한 합일에 의한 구원과 같은 비합리적인 종교가 아니라 정합적이고 올바른 인식에 근거해야만 진정한 깨달음과 해탈이 가능하다는 합리적 종교의 인식론적 근거를 정합적으로 설명하는 것, 이것이 이 책의 저술 목적이다.

2장_다르마키르티의 생애와 저술

1. 다르마키르티의 생애

다르마키르티[1]는 7세기 인도 불교사상가이다. 서양의 과정철학자 화이트헤드와 더불어 국제학회가 결성되어 활발하게 연구되고 있는 사상가가 다르마키르티이다. 하지만 유럽, 미국, 일본 등의 나라에는 다르마키르티 학회가 있으나 한국에는 없다. 다르마키르티 사상은 7세기 이후 인도사상계에 엄청난 영향을 미쳤을 뿐만 아니라 오늘날 인도불교와 티베트 불교를

---

1) 다르마키르티(Dharmakīrti, 600~660)의 한역 이름은 법칭(法稱)이다. 포스트 다르마키르티안들은 다르마키르티를 아차리야(Ācārya, 阿闍梨), 키르티 파다(Kīrti-pāda) 등의 존칭으로 부르기도 한다. "다르마키르티의 한역 이름은 의정의 『남해기귀내법전』(南海寄歸內法傳)에 기록되어 있는 것처럼 '법칭'이며 티베트어 번역 명은 Chos-kyi grags-pa이다. 다르마키르티는 불교 내외의 사람들에 의해 단지 키르티(Kīrti)라 불리며, 또한 제자들은 아차리야라 부른다. 나아가 다르마키르티 파다(Dharmkīrti-pāda)라는 존칭으로 불리기도 한다. 단지 키르티 파다라 약칭되기도 한다. 이 밖에 다르마키르티의 별칭이 2~3개 정도 전해진다. 카르나카고민은 논전작자(Śāstrakāra)라 부른다. 목샤카라굽타는 『타르카바샤』에서 판디타차크라추다마니(Paṇḍitacakracūḍāmaṇi)라 부르며 두르베카미슈라(Durvekamiśra)는 프라마니카차크라추다마니(Pramāṇikacakracūḍāmaṇi)라 부르며 혹은 평석작자(Vārttikakāra)라고도 한다. 이들 가운데 판디타차크라추다마니 및 프라마니카차크라추다마니라는 호칭은 다르마키르티가 남인도의 추다마니령 출신이라는 뒤의 티베트 전승의 하나의 전거가 될 수 있는 것으로 생각된다." 宮坂宥勝, 『印度古典論』下, 筑摩書房, 1984, 324쪽.

이해하는 데 중요한 관건이 된다.

다르마키르티의 생애와 전기에 대한 자료는 인도에는 남아 있지 않고 중국과 티베트에만 남아 있다. 중국의 자료로는 현장玄奘, 602~664의 『대당서역기』大唐西域記와 의정義淨, 635~713의 『남해기귀내법전』이 있고, 티베트의 자료로는 부통Bu-ston, 1290~1364의 『불교사』Chos-ḥbyuṅ와 타라나타Tāranātha, 1575~?의 『인도불교사』rGya-gar-chos-ḥbyuṅ, 1608년 완성 등이 있다. 중국의 자료는 다르마키르티의 연대를 산정하는 데 도움을 주는 반면 다르마키르티의 구체적인 전기는 티베트 자료에 실려 있다. 하지만 이들 자료는 적지 않게 윤색·창작되고 있기 때문에 액면 그대로 받아들일 수는 없지만 몇 가지 중요한 역사적 사실을 읽을 수 있다. 티베트 자료에 있는 다르마키르티의 전기는 다음과 같다.

다르마키르티는 남인도의 추다마니령Gtsug gi Nor-bu = Cūḍāmaṇi의 트리말라야Trimalaya 지역에서 태어났다. 바라문 가정이며 그의 아버지는 파리브라자카-코르난다Parivrājaka-Korunanda라 불리던 바라문의 편력자였다. 다르마키르티는 어려서 명민하였으며 청년기에 이르기까지 베다 성전을 비롯한 바라문 문헌들을 학습하여 완전히 통달하였다. 불교 강의도 자주 청강했다. 청년 시절 그는 불교에 경도되었던 것 같다. 붓다의 교설이 진실임을 통감하여 우바새의 옷을 몸에 걸치기에 이르자 이윽고 바라문으로부터 추방되었다.

중인도의 날란다 대학에 있는 다르마팔라Dharmapāla, 護法를 멀리서 찾아가 그에게 출가·득도하였다. 그리고 경량부經量部 및 진언 다라니 5백부에 정통했던 것이다. 그러나 그의 흥미를 끈 것은 논리학이었다. 거기서 많은 논리학서적을 배웠지만 그다지 만족하지 못하고 디그나가Dignāga의 제자

이슈바라세나^{Īśvarasena}로부터 『프라마나삼웃차야』^{Pramāṇasamuccaya}를 배웠다. 스승을 능가할 정도로 상달한 그는 디그나가의 논리학설의 약간의 오류조차 발견할 정도였다. 이슈바라세나는 그에게 『프라마나삼웃차야』를 자유롭게 비판적으로 설명하는 주해서를 저술할 것을 권하였기 때문에 그는 스승의 허가를 얻어 『평석』^{Vārttika}을 저술했다. 그 뒤에도 저술이나 제자의 지도 혹은 포교와 반대 논사와의 논의에 헌신했다.

공개 석상에서의 논의는 미망사 학자 쿠마릴라^{Kumārila}와의 논쟁이 압권이었다. 진작 바라문의 성스러운 티르타^{Tirtha}의 비밀스러운 가르침[秘教]을 알고 싶어 했던 다르마키르티는 노예의 몸으로 위장하여 남인도에로의 여행을 떠났다. 쿠마릴라의 명성을 듣고서 그의 저택에서 노예가 되어 일을 하였는데, 그의 근면함과 성실함으로 인해 쿠마릴라 부부는 그로 하여금 비밀스러운 가르침을 배울 것을 허락하였다. 다르마키르티는 비교를 훔치고 난 뒤, 쿠마릴라의 집을 떠날 것을 결심하기 직전 바라문들을 초대하여 대향연을 베풀었다. 그 자리에서 바이세시카 학파의 학자인 카나다굽타^{Kaṇādagupta}를 비롯한 많은 바라문과 논쟁하였다. 3개월 뒤 그들을 모두 불교도로 개종시켰다. 이것 때문에 분노한 쿠마릴라는 500인의 바라문과 함께 다르마키르티에게 도전하였다. 쿠마릴라는 패자가 된 자는 죽여도 좋다는 조건을 내걸었다. 하지만 다르마키르티는 쿠마릴라의 죽음을 바라지 않았기 때문에 패자는 승리자의 진리에 승복해야 한다는 조건을 제시했다. 쿠마릴라가 다르마키르티의 조건을 수용하고 나서 토론이 시작되었다. 그 결과 쿠마릴라는 패배했기 때문에 그는 500인의 바라문과 함께 불교에 귀의했다.

또한 빈디야^{Vindhya} 산속의 자이나교 학자인 라후브라틴^{Rāhuvratin}들과도 토론했다. 그 뒤에도 학원을 다시 일으켜서 혹은 한적한 숲 속에서 요가

수행을 했다. 말년에는 동인도의 칼링가^{Kalinga} 지방에 승원을 건립했다고
한다. 그리고 그곳을 근거지로 하여 많은 사람들을 교화하였다. 만년에 이
승원에서 많은 제자들에게 에워싸여 다채로운 생애를 마감했다. 다르마
키르티를 화장했을 때 장엄하고 화려한 꽃비가 하늘에서 내렸으며 7일간
온 나라가 향기와 아름다운 음악으로 가득 찼다고 전해진다.

다르마키르티의 작품이 당시 세상에서 환영을 받지 못했다고 하는 것과
관련하여 흥미 있는 에피소드가 남아 있다. 그의 반대자들은 다르마키르
티의 작품[貝葉]을 개의 꼬리에 매달아 거리에 풀어놓자 개는 내달리기 시
작했다. 그러자 개의 꼬리에 매달린 패엽은 이리저리 휘날리기 시작했다.
이 광경을 본 다르마키르티는 "이 개가 온 거리를 내달리는 것처럼 나의
작품도 또한 전 세계에 널리 유포될 것이다"라고 하였다.[2]

다르마키르티는 바라문 출신이며 어렸을 때 명민하여 베다 성전 및
바라문 성전에 정통했다는 것, 그것에 만족하지 못하고 불교의 교설을 듣
고 불교에 귀의했다는 것, 그리고 다르마팔라에 나아가 출가하여 경량부
및 진언 다라니에 정통했다는 것, 그러나 그의 흥미를 끈 것은 논리학이며
그래서 인도논리학의 정초자인 디그나가의 제자 이슈바라세나로부터 디
그나가의 주저인 『프라마나삼웃차야』를 배웠다는 것, 스승으로부터 디그
나가의 저술인 『프라마나삼웃차야』에 대한 쉬운 해설[評釋]을 명받아 평석
작업을 수행했다는 것, 인도정통학파의 학자들과 생사를 건 토론을 벌였
다는 것, 특히 쿠마릴라와의 논쟁에서 그를 패배시켰다는 것, 그럼에도 불
구하고 말년에는 아무도 그의 사상을 평가해 주지 않았다는 것 등을 읽을

---

2) 宮坂有勝, 『印度古典論』 下, 325~329쪽.

수 있다. 그러나 쿠마릴라와의 논쟁은 역사적 사실에 부합하지 않는 티베트 전기 작가의 상상의 산물이라는 것이 오늘날 공통적인 견해이다.

위의 자료에 의거하여 다르마키르티의 생존 연대의 추정이 이루어지고 있다. 그의 연대에 관해서는 학자들 사이의 의견이 상이하기 때문에 확정하기가 어렵다. 다르마키르티의 활동 연대를 결정하는 중요한 자료는 다음의 세 가지가 있다.

하나는 현장의 『대당서역기』이다. 이 책은 634년에서 643년까지 인도 유학의 여정을 기록한 것이다. 그런데 현장은 디그나가와 그의 저술에 대해서는 언급하고 있지만, 불교인식론과 논리학을 완성한 다르마키르티에 관해서는 전혀 언급하고 있지 않다. 따라서 『대당서역기』를 신뢰하는 학자들은 다르마키르티가 활약한 시기를 적어도 643년 이후로 추정하고 있다.

다음은 의정의 『남해기귀내법전』의 기록이다. "이에 멀리는 용맹·제파·마명의 무리들, 중간에는 세친·무착·승현·청변의 무리들, 가까이에는 진나·호법·법칭(다르마키르티)·계현 및 사자월·안혜·덕혜·혜호·덕광·승광의 무리들, 이들 대사들은 덕을 갖추지 않음이 없고, 욕심을 적게 하고 만족할 줄을 알아 참으로 비교할 만한 상대가 없다. 속류의 외도外道의 무리들은 이러한 덕을 얻은 자가 없다. 법칭은 인명因明(논리학)을 거듭 현양顯揚하였다."[3] 의정은 현장이 장안에 도착한 뒤 30년 후, 구법의 열망을 안고 현장이 유학하였던 날란다 대학에 도착한다. 그 해는 서력 673년이다. 그는 10년 뒤 683년에 중국으로 돌아와 『남해기귀내법전』을 저술하였다. "가까이에는 진나와 호법 그리고 법칭"이 있었으며, 또한 "법칭은 인명을 거듭 현양했다"고 하는 의정의 기술에서 알 수 있는 것은, 다르마키르티가 활동

---

3) 戶崎宏正, 『佛敎認識論の硏究』上, 大同出版社, 1979, 20쪽.

했던 시기와 의정이 유학을 했던 시기가 그리 멀리 떨어져 있지 않다는 것이다. 여기서 추정해 볼 수 있는 것은, 다르마키르티가 활약한 시기의 하한선은 673년 이전이라는 사실이다.

마지막으로 타라나타의 『인도불교사』이다. 이 책에 의하면 '다르마키르티는 다르마팔라의 제자이다'. 그런데 다르마팔라의 생존 연대는 530~561년이다. 이 자료에 의거한다면 다르마키르티가 활약한 시기의 상한선은 적어도 6세기 중반이 될 것이다.

중국의 자료, 즉 현장과 의정의 자료에 의거하면 다르마키르티가 활약한 시기는 7세기 중반이 되며, 티베트의 자료, 즉 타라나타의 자료에 근거하면 다르마키르티가 활동한 시기는 6세기 중반이 된다. 이것은 마치 붓다의 연대를 남전南傳에 의거할 경우와 북전北傳에 의거할 경우, 100년간의 차이가 나는 것과 유사하다.

티베트 자료를 신뢰하고 중국 자료를 자의적으로 해석하여 다르마키르티의 활동기를 6세기 중반이라 주장하는 대표적인 근대불교학자는 상크리티야야나Rāhula Sāṅkṛtyāyaṇa이다. 그는 현장이 다르마키르티를 전혀 언급하지 않은 이유를 다음과 같이 자의적으로 해석한다. 요점만 말하면 다음과 같다. 먼저 "현장이 날란다 대학에 유학 왔을 때 이미 다르마키르티가 세상을 떠났다는 것, 다음으로 현장이 불교논리학에 그다지 흥미를 갖고 있지 않았기 때문에 다르마키르티의 공적을 간과했다는 것, 마지막으로 현장의 전기 편찬자들이 다르마키르티의 사적을 기록하게 되면 현장의 영광이 바랠 것을 우려하여 고의로 다르마키르티의 기록을 피했다고 하는 것"[4] 등을 제시한다. 이러한 해석을 바탕으로 말바니야D. Malvaniya는 다르마

---

4) 戸崎宏正, 『佛敎認識論の硏究』上, 22쪽.

키르티의 생존 연대를 550~600년으로 제시했다.

반면, 티베트 자료의 가치를 인정하지 않는 프라우발너[E. Frauwallner]는 중국 자료에 근거해서 다르마키르티의 생존 연대를 600~660년으로 확정했다. 그는 현장이 다르마키르티를 전혀 언급하지 않은 까닭을 역사적 사실 그대로 받아들였기 때문이다. 일본의 불교학자들도 다르마키르티의 활동기를 현장이 인도를 떠난 해로부터 의정이 인도를 떠난 해 사이, 즉 7세기 중엽으로 보고 있다.

오늘날 학계의 대세는 다르마키르티가 다르마팔라의 제자였다고 기술하는 티베트 자료를 역사적 사실로 보지 않고, 현장과 의정의 자료에 근거해서 다르마키르티의 활동기를 7세기 중엽, 그리고 다르마키르티의 생존 연대를 600~660년이라고 하는 프라우발너의 규정을 수용하고 있다.

2. 다르마키르티의 저술

티베트의 전승에 의하면 다르마키르티는 빈디야 산중에 있는 나라에서 논서를 저술하고서 학자들에게 보여 주었으나 아무도 그의 저술을 이해하지 못하였다고 한다. 심지어 "어떤 자는 작품[貝葉]을 개의 꼬리에 매달아" 거리의 웃음거리로 만들기도 하였다. 이 광경을 본 다르마키르티는 "이 개가 모든 길을 걸어가듯이 나의 저서들은 언젠가 모든 곳에 퍼질 것"이라고 울분을 토로하였다고 한다. 이처럼 당대에 세상의 평가를 제대로 받지 못한 채 남겨진 그의 저술은 모두 7권이다. 후세 이것을 일곱 권의 인명론[因明論], 즉 '7부의 프라마나론'[pramāṇa, 量論]이라 일괄해서 부른다. 7부의 프라마나론은 다음과 같다.

『프라마나바르티카』(Pramāṇavārttika, 量評釋)

『프라마나비니쉬차야』(Pramāṇaviniścaya, 量決擇)

『니야야빈두』(Nyāyabindu, 正理一滴論)

『헤투빈두』(Hetubindu, 因一滴論)

『바다니야야』(Vādanyāya, 爭論理論)

『삼반다파리크샤』(Sambandhaparīkṣā, 結合의 考察)

『산타나안타라싯디』(Santānāntarasiddhi, 他人의 存在論證)

『프라마나바르티카』는 다르마키르티의 주저이다. 이것은 디그나가의 『프라마나삼웃차야』에 대한 주석서이다. 디그나가는 인명학(논리학)의 대가라고 알려진 인물로서 불교인식논리학이 형성되기 위한 토대를 마련한 인물이다.

인도의 정통 브라만교에서는 입문자들이 초세속적 학문인 베다를 배우기 전에 세속의 학문으로서 인론因論·의학醫學·문법학文法學 등을 배웠다. 여기서 인론이란 인명학을 말한다. 인명학이란 인因을 밝히는 학문이라는 의미이다. 입문자들이 인명학을 배우는 까닭은 자기 학파 주장의 정당함을 논증하고, 다른 학파의 주장을 논박하기 위해서이다. 따라서 인명학은 변증론[爲他比量]이 주이며, 지식의 근원인 지각이나 추리[爲自比量]는 종적인 지위에 불과했다.

디그나가는 동시대의 불교 내외의 여러 논리사상을 비판적으로 검토하고 독자적인 논리체계를 구축하여 '불교인식논리학파'라고도 불리는 새로운 학통을 열었다. 그가 남긴 20여 종의 저술 가운데 주저는 『프라마나삼웃차야』이다. 『프라마나삼웃차야』는 다음 6장으로 구성된다(괄호 안은 게송 수).

가쓰라 쇼류桂紹隆는 "넓은 의미에서 인도 논리학은 두 가지 서로 다른 전통으로부터 발전하였다. 즉 논쟁상의 여러 약속을 규정하는 토론술^{vāda}인 협의의 논리학적 전통과 확실한 인식수단^{pramāṇa}이란 무엇인가를 검토하는 학문, 일종의 인식론 전통이다. 『프라마나삼웃차야』의 1·2·5장은 인식론의 전통에, 3·4·6장은 토론술의 전통에 속한다. 단 5장에 관해서는 언어나 문장의 의미는 무엇인가라는 언어철학적 논의의 배경을 무시할 수는 없다. 『프라마나삼웃차야』에서 디그나가는 이들의 전통을 종합적으로 체계화하였다"[5]고 말한다.

인도논리학사에서 디그나가 이전의 논리학을 고인명古因明이라 하고, 그 이후를 신인명新因明이라 한다. 인명학이 고古에서 신新으로 전환하게 되었던 계기는 바로 추리의 근거에 대한 견해의 차이에서 비롯된다. 추리에는 자기를 위한 추리^{Svārthānumāna, 爲自比量}와 타인을 위한 추리^{Parārthānumāna, 爲他比量}가 있다. 타인을 위한 추리의 근거는 '언어'이며 자기를 위한 추리의 근거는 '인식'이다. 고인명은 언어의 긍정적 기능과 인식의 수동성만을 파

---

5) 가쓰라 쇼류, 「디그나가의 인식론과 논리학」, 『인도불교의 인식과 논리』, 전치수 옮김, 민족사, 1989, 112쪽.

악하였다. 반면 신인명의 창시자 디그나가는 달랐다. 그는 언어의 부정적 기능과 인식의 능동성과 자발성을 강조한다. 언어의 부정적 기능은 아포하론으로 체계화되고 인식의 능동성과 자발성은 프라마나론(현량론現量論과 비량론比量論)으로 구체화된다. 따라서 프라마나론과 아포하^{apoha} 이론은 『프라마나삼웃차야』의 두 기둥이 된다.

디그나가로부터 시작되는 새로운 인식논리학은 다르마키르티에 의해 완성된다. 다르마키르티는 디그나가의 에피고넨^{epigonen}으로 출발했으나 『프라마나삼웃차야』를 평석하는 과정에서 디그나가의 프라마나 이론[量論]과 논리를 극복하여 독자적인 사상가의 입지를 구축하였다. 이후 다르마키르티의 사상을 따르는 일련의 주석가 그룹을 '불교인식논리학파'라 부른다. 7세기 이후의 인도철학사의 연구는 다르마키르티 사상의 각주에 지나지 않을 정도로 그의 영향은 깊고도 넓다.

디그나가의 『프라마나삼웃차야』를 평석한 다르마키르티의 『프라마나바르티카』는, 한역은 없고 티베트어 번역만이 전해지고 있었으나, 인도 근대불교학자인 상크리티아야나가 티베트 여러 곳에서 발견한 산스크리트본을 티베트 사키아파 승원에 번역·저장되어 있던 『프라마나바르티카』 티베트 번역을 참조하여 1938년에 그것을 발표하였다.⁶⁾ 상크리티아야나가 발표한 산스크리트본 『프라마나바르티카』의 구성은 다음과 같다(괄호 안은 게송 수).

1장 추리론^{Svārthānumāna}(342)

2장 종교론^{Pramāṇasiddhi}(286)

3장 지각론^{Pratyakṣa}(539)

4장 변증론^{Parārthānumāna}(286)

　1장 추리론은 다르마키르티의 독창적인 문제의식을 드러내고 있는 논문이다. 주제는 3종의 논리적 이유(본질로서의 논리적 이유, 결과로서의 논리적 이유, 비인식으로서의 논리적 이유)와 2종의 논리적 필연성(동일관계와 인과관계)에 대한 것이다. 여기에는 디그나가의 아포하 이론도 다루고 있다. 특히 1장 추리론은 인도정통학파의 사상에 대한 비판과 불교사상에 대한 해명의 요구에 직면했기 때문에 다르마키르티는 특별히 이 장만을 산문으로 주석한다. 이 추리론의 자주를 제외한 나머지 부분은 모두 게송으로 이루어져 있다. 다음 2장 종교론(서론)은 『프라마나삼웃차야』의 서두의 게송에 대한 평이한 해석이다. 모두 286송으로 구성되어 있다. 주제는 다르마키르티의 종교철학이다. 3장 지각론은 『프라마나삼웃차야』의 인식에 관련된 13개 게송에 대한 광범위한 평석으로, 총 539게송으로 이루어져 있다. 인식의 방법과 인식대상, 인식본질 등을 논하고 있다. 마지막 4장에서는 타인을 이해시키기 위한 변증론이 기술되고 있지만 중간에서 끝난다.[7]

---

6) Pramāvārttikam by Ācārya Dharmakīrti, ed. by Rāhula Sāṅkṛtyāyana(The Journal of the Bihar and Orissa Research Society, Vol. 24, Pts. 1 · 2, Patna 1938).

7) 다르마키르티의 주저인 『프라마나바르티카』에 대한 주석서는 다음과 같다(번호 아래의 항목은 그에 대한 부주復柱이며, 대괄호 안은 논의 종류). 戶崎宏正, 『佛敎認識論の硏究』上, 29쪽.
　1. 다르마키르티의 자주(自注)[추리론]
　─카르나카고민(Karmakagomin)의 『프라마나바르티카티카』(Pramāṇavārttikaṭīkā)
　─샤키야마티(Śākyamati)의 『프라마나바르티카티카』(Pramāṇavārttikatīkā)
　─샹카라난다(Saṇkarānanda)의 『프라마나바르티카티카』(Pramāṇavārttikatīkā)
　2. 데벤드라붓디(Devendrabuddhi)의 『프라마나바르티카판지카』(Pramāṇavārttika-panjikā)[종교론, 지각론, 변증론]
　─샤키야마티의 『프라마나바르티카티카』(Pramāṇavārttikatīkā)
　3. 프라즈냐카라굽타(Prajñākaragupta)의 『프라마나바르티카바샤』(Pramāṇavārttikabhāṣya)[종교론, 지각론, 변증론]
　─지나(Jina)의 『프라마나바르티카아란카라티카』(Pramāṇavārttikālankāratika)
　─야마리(Jamāri Yamāri)의 『프라마나바르티카아란카라티카파리슈다나마』(Pramāṇavārttikālaṇkāraṭikapariśuddhānāma)
　4. 라비굽타(Ravigupta)의 『프라마나바르티카브리티나마』(Pramāṇavārttikavṛttināma)[종교론]
　5. 라비굽타의 『프라마나바르티카티카』(Pramāṇavārttikatīkā)[지각론]

『프라마나비니쉬차야』는『프라마나바르티카』를 간결하게 정리한 텍스트이다.『프라마나비니쉬차야』는 1장 지각론, 2장 추리론, 3장 변증론 등 3장으로 구성되어 있다. 이 텍스트의 차례는『니야야빈두』와 같고, 내용은 산문과 운문으로 이루어져 있다. 운문의 거의 대부분은『프라마나바르티카』의 게송을 인용하고 있으며 또한『니야야빈두』에서 인용한 것도 약간 보이기 때문에 이 텍스트는 다르마키르티의 만년의 저작이 아닌가 한다. 이『프라마나비니쉬차야』에 대해 아카마쓰 아키히코赤松明彦는 "특히 1장 지각론과 3장 변증론은 그 내용에서 근본적인 변화가 없다. 그러나 2장 추리론은 사정이 다르다. 무엇보다도 먼저 그 처음에 디그나가의『프라마나 삼웃차야』2장 1게송과 관련된 2종의 추리, 즉 '자기를 위한 추리'와 '타인을 위한 추리'의 정의가 보인다. 또한『프라마나바르티카』의 1장 추리론에서 거의 언급하지 않았던 '논리적 이유의 세 가지 특징'[因의 三相]설이 상세하게 논의되고 있다"[8]라고 한다.

이어서 다르마키르티는 자신의 교설을 학생들에게 전달하기 위해 경 전체의 안내서를 저술하는데 이것이『니야야빈두』이다. 다르마키르티의 텍스트 가운데 산스크리트 원문이 가장 먼저 발견된 것이『니야야빈두』이다. 러시아의 위대한 불교철학자 체르바츠키F. Th. Stcherbatsky가 1909년에 이 텍스트를 출판하였다.『니야야빈두』는 1장 지각론, 2장 추리론, 3장 변증론 등 3장으로 구성되어 있다. 이상의 목차에서 알 수 있는 것은,『프라마나바르티카』·『프라마나비니쉬차야』·『니야야빈두』는 인식론과 논리학을 모두 포함하고 있는 다르마키르티 사상의 근간이 되는 텍스트들이라는 것이다.

---

6. 마노라타난딘(Manorathanandin)의『프라마나바르티카브리티』(Pramāṇavārttikavṛtti)[추리론, 종교론, 지각론, 변증론]
8) 아카마쓰 아키히코,「다르마키르티의 논리학」,『인도불교의 인식과 논리』, 193쪽.

『헤투빈두』는 『프라마나바르티카』 「추리론」 서두의 "논리적 이유는 주장의 주제paksa의 속성이며, 그것(주장의 주제)의 요소aṃśa에 의해서 변증되는 것이다. 그것(논리적 이유)은 3종뿐이다. 왜냐하면 불가리不可離의 관계가 [3종의 논리적 이유에] 한정되기 때문이다. 그 외의 것은 의사논리적 이유이다"(1장 1게송)에 근거하여 3종의 논리적 이유를 자세하게 해설한 텍스트이다. 즉 추리에서 근거(매개념)의 문제를 집중적으로 논술한 텍스트라고 할 수 있다.

『바다니야야』는 쟁정리론諍正理論이라 불리는 텍스트이다. 이 텍스트는 논쟁술을 주로 다룬 저술이며 특히 니야야 학파와의 토론이 주를 이룬다.

『삼반다파리크사』는 25개의 게송으로 이루어진 작은 논문이다. 아주 적은 텍스트지만 인도에서는 매우 중시된 텍스트이기도 하다. 특히 주목할 만한 것은 『프라마나바르티카』의 추리론과 함께 다르마키르티 본인의 주석이 있다는 것이다. 1934년 프라우발너가 티베트문과 독일어 번역을 발표하였다. 이 텍스트는 사물 상호 간의 '결합관계'sambandha의 문제를 다루고 있다.

『산타나안타라싯디』는 나의 경험에 근거해서 타자의 마음의 존재를 추리하는 것은 유아론唯我論과 모순되지 않는다는 것을 논한 것이다. 1916년에 체르바츠키가 티베트어 번역본과 러시아어 번역본을 출간하였다.

부통에 의하면 '7부의 프라마나론'은 둘로 나뉠 수 있다. 하나는 신체[身]이며 다른 하나는 사지四肢이다. 신체에 해당되는 텍스트는 『프라마나바르티카』·『프라마나비니쉬차야』·『니야야빈두』이며, 사지에 해당되는 텍스트는 『헤투빈두』·『바다니야야』·『삼반다파리크사』·『산타나안타라싯디』이다. 또한 아비다르마의 1신 6족론一身六足論에 비유해 말한다면 1신에 해당되는 것은 『프라마나바르티카』이며 6족에 해당되는 것은 나머지 텍스트라고 할 수 있을 것이다. "이미 기술한 것처럼 『프라마나바르티카』·『프라마나비니쉬차야』·『니야야빈두』 등 3부작은 지각·추리·논증을 테마로 한 것이기 때문에 불교의 인식론·논리학의 문제를 총망라한 것임에 비해서 『헤투빈두』 등 나머지 텍스트는 『프라마나바르티카』의 특수한 문제를 더욱 자세하게 기술한 것"[9]이라는 의미에서 『프라마나바르티카』가 다르마키르티의 주 텍스트라고 해도 좋을 것이다.

프라우발너는 '7부의 프라마나론' 가운데 인식론과 직접 관련이 있는 『프라마나바르티카』·『프라마나비니쉬차야』·『니야야빈두』·『헤투빈두』·『바다니야야』의 저작 순서를 『프라마나바르티카』→『프라마나비니쉬차야』→『니야야빈두』→『헤투빈두』→『바다니야야』라고 추정한다.[10] 하지만 『프라마나바르티카』의 목차에서 우리는 이상한 점을 발견하게 된다. 상식적으로는 서론-지각론-추리론-변증론의 순서가 자연스러운데, 『프라마나바르티카』의 목차는 추리론-서론-지각론-변증론의 순서로 구성되어 있다는 점이다.

다니 다다시谷貞志는 이러한 과정을 다음과 같이 기술한다. "프라우발너에 의한 다르마키르티의 저작 순서에 따르면 다르마키르티는 디그나가의 『프라마나삼웃차야』의 주석을 『프라마나바르티카』 2장 종교론(서론)에서 시작하여 3장 지각론을 거쳐 4장 변증론에서 주석을 단념하고, 그의 독창적 저작 『헤투프라카라나』라고 추정되는 제목을 가진 『프라마나바르티카스바브리티』量評釋自註 1장 추리론을 제일 앞에 두었다. 디그나가의 외변충론에 근거한 저작에서 주석이 진행되어 감에 따라서 그 자신의 저작 『프

---

9) 宮坂有勝, 『印度古典論』 下, 360쪽.
10) 戸崎宏正, 『佛教認識論の研究』 上, 26쪽.

라마나바르티카스바브리티』와의 괴리가 결정적으로 드러났기 때문이다. 프라우발너로 하여금 독창적인 독립의 저작이라 불렸던 다르마키르티의 『프라마나바르티카스바브리티』는 이윽고 내변충론에로 전개하는 계기를 가진 본질론의 '본질적 관계'를 근거로 하여 구성되었고, 디그나가의 외변충론에 근거한 구구인九句因과는 전혀 다른 관점에서 쓰여졌다. 그것은 '본질로서의 논리적 이유'(부정적 인식으로서의 논리적 이유)와 '결과로서의 논리적 이유'에 의해서 외변충론을 탈구축하는 것을 이룬 것이었다. 따라서 여기에서 보이는 '자발적 소멸논증'은 이미 본 바수반두Vasubandhu, 世親의 『아비다르마코샤』(『아비달마구사론』)의 '자발적 소멸론'을 근거로 하여 그것을 '본질주의'의 시점에서 확장한 것이다. 다르마키르티는 디그나가를 공경하는 마음과 관계없이 주석해 가는 과정에서 자신이 디그나가로부터 괴리되어 가는 것을 느꼈을 때, 디그나가가 그 일부를 비판한 바수반두의 내변충론적 논리로 회귀하고, 거기에 '본질주의'의 시점에서 탈구축을 행함으로써 디그나가의 외변충론을 극복하려고 생각했던 것이다."[11]

학계에서는 프라우발너의 텍스트 비판을 정설로 받아들이고 있다. 하지만 다니는 최근 『프라마나바르티카』의 저술 연대에 관해 새로운 관점을 조심스럽게 제기하고 있다. 그는 다음과 같이 말한다. "이 의미에서 본다면 『프라마나바르티카스바브리티』는 『프라마나삼웃차야』의 주석인 『프라마나바르티카』보다도 뒤에 쓰여졌던 것으로 될 것이다. 독창적 저작인 『프라마나바르티카스바브리티』가 『프라마나삼웃차야』의 주석인 『프라마나바르티카』보다도 앞서 쓰여졌다고 하는 프라우발너 교수의 견해가 일반적으로 유력하다고 여겨지며 필자도 이전에 그것을 수용했던 것이다. 하지

---

11) 谷貞志, 『刹那滅の研究』, 春秋社, 1999, 83쪽.

만 위에서 기술한 것과 같이 바수반두에게로 회귀한 다르마키르티의 동기를 고려한다면, 『프라마나바르티카스바브리티』는 『프라마나바르티카』보다도 뒤에 기술된 것은 아닌가라고 생각할 수 있다. 만약 그렇지 않으면 다르마키르티는 이미 디그나가의 존재를 알고 있었기 때문에 그것으로부터 독립하여 『프라마나바르티카스바브리티』를 논술하지 않으면 안 되었던 동기가 희박하게 되기 때문이다. 그러나 여기서 결정적인 것은 말할 수 없다. 왜냐하면 위에서 기술한 외적 요청으로서 거론한 '미망사의 베다의 언어의 항상성을 자발적 소멸론으로 부정하는 것'이라는 것이, 『프라마나바르티카스바브리티』의 저술의 근본적 동기가 되고 있는 경우가 생각되기 때문이다. 『프라마나바르티카스바브리티』의 전체를 일관하고 있는 미망사 학파에 대한 다르마키르티의 격렬한 대항의식을 무시할 수 없다. 이 시점에서 본다면 베다 언어의 항상성을 자발적 소멸론으로 부정하기 위해서 바수반두에게로 회귀했다고도 생각할 수 있다. 왜냐하면 디그나가에게는 아포하 이론은 있지만 자발적 소멸론이 없기 때문이다. 『프라마나바르티카스바브리티』의 구성은 디그나가의 아포하론과 바수반두의 자발적 소멸론을 근거로 하여 미망사 학파에 대항하는 형태를 취하고 있음을 방증하고 있다. 어쨌든 『프라마나바르티카스바브리티』와 나머지 『프라마나바르티카』와의 부정합성이 그의 제2의 저작 『프라마나비니쉬차야』의 저술 동기가 되었던 것이다. 거기에는 이미 디그나가의 외변충론을 본질적 논리에로 탈구축했던 새로운 인식론적 논리가 전개되고 있다."[12]

  프라우발너 주장의 요점은, 1장이 독립적 저작으로 먼저 기술되고, 이어서 『프라마나삼웃차야』의 평석을 한 다음, 목차를 1장(추리론)-2장(서

---

12) 谷貞志, 『刹那滅の研究』, 84쪽.

론)-3장(지각론)-4장(변증론)으로 구성했다는 것이다. 반면 다니 다다시 주장의 요점은, 다르마키르티가 디그나가의 『프라마나삼웃차야』를 1장(서론)-2장(지각론)-3장(추리론)-4장(변증론)으로 평석해 가는 과정에서 지각과 추리에 대한 괴리감을 심각하게 느끼고 변증론 중간에서 평석을 멈추고 전혀 다른 독자적인 추리론을 다시 썼다는 것이다. 그리고 이 독자적인 추리론을 1장에 두고 그 다음 2장에 서론-3장 지각론-4장 변증론을 두었다는 것이다.

3장_다르마키르티 사상의 배경과 체계

하늘 아래 새로운 것이란 없다. 그러나 새 술은 새 푸대에 담아야 한다. 사상이란 연속과 단절이라는 씨줄과 날줄이 교직하는 인간의 창조적 정신의 발현이다. '하늘 아래 새로운 것이란 없다'라는 격언은 사상의 연속성을 상징하고, '새 술은 새 푸대에 담아야 한다'라는 금언은 사상의 단절성을 의미한다. 어떤 개인의 사유가 사상으로 승화되기 위해서는 단절과 연속의 두 그림자를 짙게 드리워야 한다. 만약 그 사람의 사유가 기성의 사유체계의 온전한 수용이라면 우리는 사상이라 이름 붙일 수 없을 것이다. 마찬가지로 그 사람의 사유가 기성의 사유체계와의 배타적 단절이라면 또한 우리는 사상이라 이름할 수 없을 것이다. 따라서 한 시대를 넘어 여러 시대를 가로지르는 위대한 사상은 기성의 사유체계를 비판적으로 수용하면서 동시에 창조적으로 초월하는 사상이다.

다르마키르티Dharmakīrti라는 불교사상가는 당시의 사유체계를 비판적으로 수용하면서도 동시에 창조적으로 초월한 사상가이다. 그는 무상(찰나멸)이라는 존재론적 원리와 연기라는 상대성 원리를 근간으로 한 무아론無我論으로, 밖으로는 아론我論을 철저하게 비판함과 동시에 안으로는 불교의 무아론에 내재하는 허무주의적이며 관념적인 사유를 철저하게 실재와 현실 속에서 구현하여 초월하려고 노력하였다. 멀리는 고타마 붓다의 자비정신을 창조적으로 수용하여 새롭게 그 생명을 불어넣었으며, 중간에는 중관으로부터 철저한 부정의 철학[空]과 논리에 의한 논리의 초월사상을, 경량부로부터 '아견에 근거한 인식론'을 극복할 수 있는 '무아견에 근거한 인식론'을, 바수반두의 찰나멸사상과 유식사상을 창조적으로 계승하고, 가까이에는 불교인식논리학의 정초자인 디그나가Dignāga, 陳那, 480~540경로부터 논리학과 언어철학을 계승하여 새로운 불교인식논리학을 완성하였던 것이다.

인도후기불교는 다르마키르티 사상의 각주에 지나지 않는다고 해도 과언이 아니다. 다르마키르티의 중관사상적 요소를 강조하게 되면 경량중관학파經量中觀學派가 형성되고, 그의 유식사상적 요소를 강조하게 되면 경량유식학파經量唯識學派가 되며, 유식적 요소와 중관적 요소를 동시에 강조하게 되면 유식중관학파唯識中觀學派가 일가를 이루게 될 정도였다. 그만큼 다르마키르티 사상의 영향력은 깊고 넓다.[1]

어떠한 사상이든 그 사상의 기본 프레임 내지 스킴이 전제되기 마련

---

[1] 다르마키르티가 어떤 학파에 속하는가 하는 것은 중요한 테마이다. 후대의 티베트 불교에서는 인도불교를 학파로 분류하여 체계적으로 이해하려는 수순을 밟고 있다. 이렇게 사상을 체계적으로 분류하여 정리하는 것은 초학자를 위해서는 대단히 중요한 작업이라 할 수 있다. 하지만 체계적 분류 자체가 오히려 사상의 역동성과 전체성을 이해하는 데 걸림돌이 되는 경우도 많다. 이런 의미에서 다르마키르티는 어떤 학파에 속한다고 한정할 수 없다. 그는 경량부의 외계실재론, 유식의 표상주의, 중관의 부정적 비판주의를 모두 수용하고 있다. 그래서 최근 다르마키르티를 유식중관종합학파(唯識中觀綜合學派)라고 규정하고 있는 것은 의미가 없는 것은 아니다. 다니 다다시는 다음과 같이 문학적으로 다르마키르티 사상을 표현하고 있다. "중관의 공(空)이 래디컬한 '공간적 부재'라는 '무'(無)에로 경사(傾斜)하고, 유식의 원성실성(圓成實性)이 수도(修道)의 목적인 '상식적 시간의 존재'라는 '유'(有)에로 경사하고 있는 그 좁은 틈을 다르마키르티의 인식론적 논리주의는 질주한다." 谷貞志, 『無常の哲學』, 春秋社, 1996, 113쪽.

이다. 다르마키르티의 사유도식은 첫째, '모든 존재는 무상하다' '모든 존재는 찰나멸을 본질로 한다'라는 무상＝찰나멸의 존재론적 원리와, 둘째, '모든 것은 어떤 것과 연관되어 있다'라고 하는 연기, 즉 상대성 원리와 셋째, 무아론의 인식론적 귀결인 '무아견에 근거한 인식론'을 그 내용으로 한다. 결국 다르마키르티는 찰나멸(무상)의 존재론적 원리와 연기의 상대성 원리와 '무아견에 근거한 인식론'을 자기 사유의 체계로 설정하여 새로운 형이상학을 수립하였던 것이다. 이하 1절에서는 다르마키르티 사상의 배경과 2절에서는 다르마키르티 사상의 체계를 차례로 설명할 것이다.

1. 다르마키르티 사상의 배경

원시불교

불교는 붓다의 가르침이자 붓다가 되기 위한 가르침이기도 하다. 그런데 붓다의 가르침이나 붓다가 되기 위한 가르침은 다른 것이 아니다. 그렇다면 붓다의 가르침과 다른 종교나 사상과의 차이점은 무엇일까? 불교가 다른 종교나 사상과 결정적으로 구별되는 불교 특유의 사유체계는 무엇인가? 그것은 바로 삼법인三法印과 연기緣起이다.

삼법인에서 법인이란 법의 도장[印]이다. 우리는 어떤 것에 공적인 권위를 부여할 때 도장을 찍는다. 불교가 다른 사상과 구별되는 불교 고유의 특징이 바로 세 가지 법인, 즉 법의 도장이다. 삼법인은 '모든 것은 무상'이라는 제행무상諸行無常과 '모든 것은 무아'라는 제법무아諸法無我, 그리고 '모든 것은 고'라는 일체개고一切皆苦이다. 제행무상이라는 제1법인은 당대 제행유상諸行有常, 즉 변화의 근저에 불변의 '무엇'이 있다는 주장에 대한 안티테제이며, 제법무아라는 제2법인은 당시 제법유아諸法有我, 즉 모든 존재의 근저에 불변의 자기동일자[我]가 있다는 주장에 대한 안티테제이며, 일체개고라는 제3법인은 일체개락一切皆樂, 즉 일체는 고가 아니라 낙이라는 주장에 대한 안티테제이다. 무상과 유상, 무아와 유아, 고와 낙에서 전자에 입각하는 것이 바로 무아론이며 후자에 입각하는 것이 아론이다.

인도불교는 이 삼법인과 연기의 해석의 역사라고 해도 과언이 아니다. 삼법인에서 주어의 세계인 제행·제법·일체는 무엇인가? 또한 삼법인에서 술어의 세계인 무상·무아·고란 어떤 뜻인가? 제행·제법·일체는 아비달마불교에서는 법(5위 75법)의 이론으로 체계화되며, 유식불교에서는 법(5위 100법)과 식(8식)의 이론으로 구체화된다. 한편 무상은 디그나가로부터 시작하여 다르마키르티에 의해 완성된 불교인식논리학에서는 찰나멸로 재해석되며, 무아는 나가르주나를 필두로 하는 중관불교에서는 무자성無自性·공空으로 재발견되며, 고苦는 4고[生苦·老苦·病苦·死苦]에서 8고[4고에다 怨憎會苦·愛別離苦·求不得苦·五蘊盛苦]로 개념의 외연이 확대된다. 아울러 연기는 아비달마불교의 자성연기自性緣起, 유식불교의 아뢰야식연기阿賴耶識緣起, 여래장불교의 여래장연기如來藏緣起, 화엄불교의 법계연기法界緣起 등으로 체계화한다.

그런데 삼법인의 해석에서 우리가 다시 물어야 하는 것은 바로 무상·무아·고로 한정되는 제행·제법·일체가 과연 무엇인가, 하는 것이다. 거칠게 말하면 이것은 '모든 것'을 의미한다. 그렇다면 모든 것이라 했을 때 전칭 한량사 '모든'의 외연은 어디까지인가? 우리에게 익숙한 것은 모든 것이 무상이라 했을 때, 모든 것은 나를 포함한 삼라만상이라고 하는 경향이 있다. 나도 무상하고 나를 포함한 모든 존재도 한시도 변화하지 않는 것은 없다고 제행무상을 새겨 버린다. 이러한 해석은 허무주의를 조장한다. 또한 모든 것이 무아라고 했을 때 유위와 무위의 법 모두가 고정불변의 실체가 없다고 한다. 틀린 말은 아니다. 이러한 해석도 마찬가지로 허무주의를 조장한다. 모든 것은 고라 했을 때 모든 것은 삶 그 자체이며 삶 그 자체가 고라 해석한다. 이것도 허무주의를 조장한다. 붓다는 허무주의를 말한 적이 없다. 『잡아함경』雜阿含經에 의하면, 선천적으로 들어 알고 있는 바라문[生聞婆羅門]이 부처님께 다음과 같이 묻는다.

구담이시여! 이른바 '일체'란 무엇을 일컬어 일체라 하옵니까?

모든 것이 무상이며 무아이며 고라고 했을 때 무상한 모든 것, 무아인 모든 것, 고인 모든 것이란 무엇인가, 라는 질문이다. 무상과 무아 그리고 고는 주어인 모든 것의 존재 방식이자 한정형식에 지나지 않는다. 이것은 손님이며 그림자이다. 위의 질문은 손님이 아니라 주인을, 그림자가 아니라 실체 그 자체를 바로 물었던 것이다. 부처님은 다음과 같이 답한다.

일체란 십이입처이다. 즉 눈과 색, 귀와 소리, 코와 향기, 혀와 맛, 신체와 감촉, 생각과 개념 이것이 일체이다. 만약 다시 "이것은 일체가 아니다. 사문 구담이 말한 일체를 나는 지금 버리고 별도로 따로 일체를 세우겠다"고 한다면 그는 다만 언설[말장난]만 있을 뿐 묻고 나서 알지 못하고 의혹만 키웠을 뿐이다. 왜 그런가? [십이입처를 떠난 일체는] 경계가 아니기 때문이다.

'일체란 십이입처'에서 십이입처란 열두 가지 받아들이는 영역 내지 경계를 의미한다. 구체적으로 말하면 여섯 인식주관과 여섯 인식대상이다. 전자를 육근六根이라고 하고 후자를 육경六境이라 한다. 우리는 눈을 갖고 색을 경험하여 색의 세계(경계)를 형성하며, 우리는 귀를 갖고 소리를 경험하여 소리의 세계를 형성하며, 우리는 코를 갖고 향기를 경험하여 향기의 세계를 형성하며, 우리는 혀를 갖고 맛을 경험하여 맛의 세계를 형성하며, 우리는 생각을 갖고 관념을 경험하여 관념의 세계를 형성한다. 앞의 다섯 가지로 인해 지각의 세계가 형성되며 마지막 여섯번째 생각에 의해서 의식(분별, 개념적 사유)의 세계가 형성된다. 따라서 십이입처란 우리가 구체적으로 경험하는 세계이다. 결국 일체, 즉 '모든 것'이란 삼라만상의 모든 것, 유위와 무위의 모든 것이 아니라 나의 눈·나의 귀·나의 코·나의 혀·나의 몸·나의 생각이 경험하는 세계이다. 부처님은 이것을 떠나서 또 다른 일체를 세우는 것은 오히려 의혹만 키우는 어리석은 생각이라고 한다. 생문바라문은 계속해서 다음과 같이 묻는다.

구담이시여! 이른바 '일체가 있다'고 하는데 무엇을 일컬어 일체가 있다고 하옵니까?

생문바라문은 일체에 대한 부처님의 설법을 듣고 나서 환희심이 일어나 부처님을 봉행하고 난 뒤 계속해서 그렇다면 일체는 있는 것인가 아니면 없는 것인가를 묻고 있다. 부처님은 다음과 같이 되묻는다.

나는 지금 그대에게 묻고자 한다. 생각한 대로 나에게 답하기 바란다. 바라문이여! 어떻게 생각하는가? 눈은 있는가? 색은 있는가?

라고 묻자 생문바라문은 눈도 있고 색도 있다고 답한다. 그러자 계속해서 부처님은 다음과 같이 묻는다.

색이 있고 안식이 있고 안촉이 있고 안촉을 인연으로 생기는 느낌, 즉 괴로운 느낌·즐거운 느낌·괴롭지도 즐겁지도 않은 느낌이 있는가?

생문바라문이 있다고 답하자 부처님은

[눈과 색뿐만 아니라] 귀·코·혀·몸·생각도 이와 같[아서 이것을 여의고 다른 곳에서 일체가 있다고 한다면 그것은 묻는 그것에서 알지 못하고 의혹만 키울 것이]다. 왜냐하면 그것은 경계가 아니기 때문이다.

라고 답한다. 일체가 십이입처이며 일체가 있다고 할 때 '있는 것'은 십이입처와 십이입처의 인연으로 생기는 괴로움과 즐거움, 괴롭지도 즐겁지도 않은 마음작용이다. 십이입처는 언제나 괴로움과 즐거움 등의 마음작용, 즉 감정과 동반하기 마련이다. 괴로움과 즐거움을 어떻게 다스릴 것인가 하는 것이 바로 불교의 주제이기도 하다.

결국 붓다가 말하는 일체, 즉 '모든 것'이란 나의 직접적이고 구체적인 경험을 의미한다. 다르마키르티는 이러한 직접적 경험을 프라마나 이론으로 계승한다. 프라마나란 인식의 근거 내지 수단 혹은 방법이라는 의미이다. 그는 우리의 인식은 지각과 추리 둘뿐이라 한다. 붓다가 설한 일체, 즉 나의 직접적 경험은 다르마키르티에 의해 프라마나, 즉 지각과 추리로 계승된다.

설일체유부와 경량부

'모든 존재는 무상이다'라는 명제의 구체적 논증은 붓다에게는 보이지 않는다. 주장에 대한 논증이 없는 사상은 무너지기 마련이다. 무상의 논증은 붓다의 사상을 체계화하려는 제자들의 몫이었다. 그들은 산발적으로 설해진 붓다의 말씀을 정리하고 체계화하며 미진한 부분에 대해서는 그들 자신의 생각을 갖고 구체적으로 설명하기도 하였다. 이러한 작업을 한 부파 가운데 하나가 설일체유부說一切有部(이하 '유부')였다. 유부는 학파를 형성하면서부터 삼세실유三世實有를 주장하였다. 삼세실유란 일체의 존재는 이를테면 현상으로서는 무상하지만 그 본체로서는 과거·현재·미래를 통해 실재한다고 하는 이론을 말한다. 바꾸어 말하면 과거·미래·사실의 본체는 현재에도 실재한다고 하는 이론으로 설일체유부라고 하는 학파의 명칭도 이와 같은 이론에서 유래한 것이다.

가지야마 유이치梶山雄一에 의하면, "유부 논사들은 과거·현재·미래의 삼세는 다만 본체의 상태의 차이에 불과하다고 한다. 본체가 작용과 결합하여 현세적이 될 때 현재이며, 작용을 떠나 잠세의 형태로 머물 때 과거나 미래인 것이다. 현상으로서 현현하는 세계는 찰나마다 전변하는 무상한 것이지만, 그 배후에 존재하는 본체의 세계는 영원한 것이다."[2] 이 본체를 유부는 자성自性, svabhāva이라고 불렀으며 그들에게는 이 자성이 곧 법法이었던 것이다. 그들은 이 본체로서의 법을 72종류로 분류하여 이 법의 인과관계로 인해 현상세계가 구성된다고 설명한다. 따라서 현상세계는 법과 법의 인과관계에 의해 생성하고 소멸하는 무상한 세계이지만, 이 무상한 세계를 구성하는 법은 시간과 공간과 본성의 제약을 초월한 것으로 보았다. 결국 본체세계의 상주常住와 현상세계의 무상無常을 설했다는 측면에서 유부의 법자성法自性의 존재론은 실체적 사유가 전제되어 있음을 알 수 있다.

이러한 삼세실유·법자성을 기반으로 유부는 마음[心]의 구조에 대해

---

2) 가지야마 유이치, 『인도불교철학』, 권오민 옮김, 민족사, 1990, 25쪽.

서 정치한 체계를 구축하는데 그것이 마음·마음작용 상응설[心·心所相應說]
이다. 마음·마음작용 상응설이란 "마음의 구조를 마음의 본체와 마음의
작용으로 나누고 마음의 활동을 마음과 마음작용의 상응으로 설명하는 것
이다. 마음의 본체는 하나이지만 마음의 작용은 다수이다. 어떤 순간에는
마음이 갑의 마음작용과 상응하고 다음 순간에는 을의 마음작용과 상응한
다. 이것에 의해서 마음의 변화를 설명할 수 있다."[3] 유부는 이 마음·마음
작용 상응설의 전거로서 『잡아함경』의 다음과 같은 경문을 제시한다.

緣眼色生眼識, 三事和合, 觸俱生受想思.

가토 준쇼加藤純章에 의하면, 팔리의 『상유타니카야』Saṃyutanikāya에는 이
『잡아함경』의 경문에 해당하는 것은 보이지 않는다. 바수반두의 『아비달
마구사론』阿毘達磨俱舍論(이하 '『구사론』')에는 위의 한역에 상당하는 산스크
리트 원문이 있다. 그것은 다음과 같다.

cakṣuḥ pratītya rūpāṇi cotpadyate cakṣurvijñānam.
trayāṇāṃ saṃnipātaḥ sparśaḥ sahajātā vedanā saṃjñā cetaneti.
눈과 색에 의해서 안식이 생긴다. 이 세 가지[눈·색·안식]가 화합한 것이
촉이다. 수와 상과 사는 함께 생긴다.

이 경전의 해석을 둘러싸고 유부와 경량부의 전신이라고 추측되는 상
좌上座는 견해를 달리하는데, 유부는 마음·마음작용이 객관적으로 실재하
는 법이라 보는 데 반해, 상좌는 마음의 실재성만을 인정하고 마음작용의
실재성을 인정하지 않는다. 특히 위의 구생俱生, sahajātā(동시에 생김)의 해석

을 둘러싸고 유부는 마음·마음작용 별체설別體說과 마음·마음작용 동시설
同時說을, 상좌는 마음·마음작용 동체설同體說과 마음·마음작용 계시설繼時
說로 나누어진다.

　　유부에 의하면 일체의 마음이 생기할 때 열 가지의 기본적인 마음작
용(46가지 마음작용 가운데 마음과 함께 동시에 생기하는 마음작용으로 십대
지법十大地法이라 부른다)이 동시에 구생·상응한다고 한다. 십대지법은 수受,
vedanā . 상想, saṃjñā . 사思, cetanā . 촉觸, sparśa . 욕欲, chanda . 혜慧, prajñā . 염念, smṛti . 작의
作意, manaskāra . 승해勝解, adhimukti . 정定, samādhi의 열 가지 마음작용이다. 즉 수受
라는 마음작용이 마음과 상응하여 생기하면 나머지 아홉의 마음작용이 반
드시 함께 생기한다. 다만 수受라는 마음작용의 힘이 강하기 때문에 우리들
은 수受밖에 느껴지지 않는 것과 같다. 이것은 유부의 마음·마음작용 동시
구생설 규칙이 된다. 그런데 '마음이 생기한다'고 하는 것은 보다 엄격하게
생각해야 한다. 왜냐하면 그들은 본체로서의 마음[心法]과 마음작용으로서
의 심소법心所法을 나누고, 마음과 마음작용 모두 개별적인 독립의 법이라
상정하기 때문에 두 법을 연결해 줄 또 하나의 법이 마련되어야 한다. 유부
는 마음과 마음작용의 두 법을 연결해 주는 법은 다름 아닌 마음과 상응하
지 않는 법[心不相應行法]의 하나인 득得을 설정한다. 따라서 마음이 생기한다
고 하는 것은 본체로서의 마음[心王]과 마음작용[心所]이 마음과 상응하지 않
는 법의 하나인 득이라는 결합의 원리[4]에 의해 본체와 작용이 결합하여 마
음이 생기한다고 유부는 보는 것이다.

---

3) 加藤純章,『經量部の硏究』, 春秋社, 1989, 198쪽.

4) "'득'(得)이란 유정(有情)들로 하여금 자신이 상속한 유위의 제법이나 택멸·비택멸의 무위법을
　　획득·성취하게 하는 힘을 말한다. …… '비득'(非得)은 '득'의 반대개념으로 획득하지 못하게 하
　　는 힘이다. 이를테면 범부는 무루법(無漏法)의 비득을 본질로 하는 유정을, 성자는 유루법(有漏
　　法)의 비득을 본질로 하는 유정을 말한다." 권오민,『아비달마불교』, 민족사, 2003, 83쪽.

이러한 유부의 해석을 근거로 위의 경문을 구체적으로 살펴보자. 위의 경설을 유부의 오위五位체계에 배당시켜 보면, 안眼은 안근眼根으로 색色과 함께 색법色法에 해당되며, 안식眼識은 마음[心王]이며, 촉觸·수受·상想·사思는 마음작용[心所法]이다. 이 법들은 모두 실재하는 것이다. 그런데 마음·마음작용 상응설에 의하면 '연안색생안식 삼사화합'緣眼色生眼識 三事和合에서 안근·색경·안식과 촉은 동시적 관계라는 것, '촉구생수상사'觸俱生受想思에서 촉·수·상·사도 마찬가지로 동시에 생기는 관계라는 것, 마음인 안식과 마음작용인 촉·수·상·사의 대상이 동일하다는 것, 결국 안식과 수·상·사를 매개하는 마음작용인 촉이 안식과 동시이며, 또한 수·상·사도 안식과 동시이다. 따라서 안근·색경·안식·촉·수·상·사 모두 동시적 사태를 구성하는 요소임을 알 수 있다. 이것을 토대로 그들은 마음과 마음작용의 별체別體와 마음과 마음작용의 동시생기同時生起를 주장하였던 것이다. 이상 위의 경설의 해석에서 유부의 마음의 구조 내지 인식의 구조를 알 수 있다. 이것을 그림으로 나타내면 다음과 같다(―은 동시적 관계).

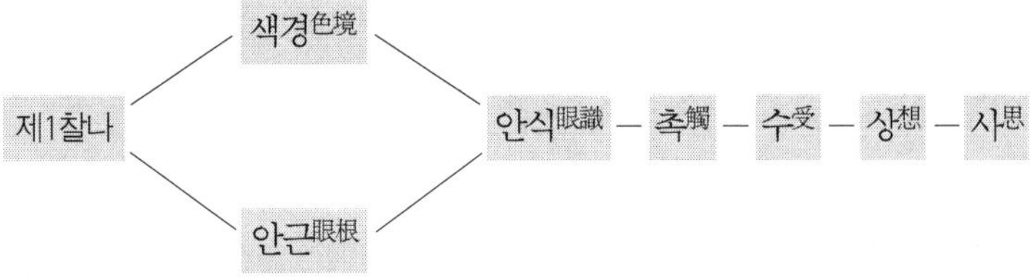

위의 그림은 유부에 의한 인식 발생의 과정을 제시한 것으로 동시에 인식기관[眼根]·인식대상[色境]·인식주체[眼識]가 인과관계를 맺어 인식결과인 촉·수·상·사가 생긴다는 것이다. 하지만 이 유부의 인식론은 겉으로 원인[因]과 결과[果]의 인과적 인식론을 표방함에도 불구하고 '인'이라는 항

과 '과'라는 항이 법으로 이미 선재해 있기 때문에 그 두 항 사이의 본질적·
내재적 관계를 갖는 것이 아니라 형식적·외재적 관계만을 설명하고 있을
뿐이다.

그런데 유부의 마음·마음작용 별체설을 반대하여 마음을 하나의 유
기체로 파악해야 할 것을 주장한 사람들이 있다. 『대비바사론』大毘婆沙論에
는 각천覺天, Buddhadeva과 비유자譬喩者, Dārṣṭāntika의 비판이 제시되어 있다. 그
들은 모두 마음의 존재를 인정할 뿐 마음작용의 존재는 부정한다. 그들의
말을 들어 보자.

> 각천 : 모든 마음과 마음작용의 본체는 마음이다. 그러므로 세제일법世第一
> 法은 마음을 자성으로 한다.
> 색은 대종大種일 뿐이며 마음작용은 마음에 지나지 않는다. 모든 지어진
> 색은 대종의 차별이며, 마음작용은 곧 마음의 차별일 뿐이다.
> 비유자 : 사려思慮는 마음의 차별이다. 따로 사려의 본체가 따로 있는 것이
> 아니다.
> 심사尋伺는 마음이다.

각천과 비유자의 말을 종합해 보면 첫째 마음과 마음작용은 별체가
아니라 동체라는 점, 둘째 모든 사려나 심사와 같은 마음작용은 마음의 차
별이라는 점, 셋째 지어진 색[所造色]은 대종의 차별이라는 점이다. 유부는
마음과 마음작용은 본체가 다른 법이라는 마음·마음작용 별체설을 주장
한 반면 위의 반대 논사들은 마음·마음작용 동체설을 주장한다. 그리고 그
주장의 논거로서 마음작용은 마음의 차별, 즉 마음의 양상임을 제시한다.
또한 마지막 지어진 색은 색色·향香·미味·촉觸을 말하며, 유부에 의하면 이

것은 욕계欲界에서 물질을 구성하는 가장 기본적인 8개의 요소가 동시에 결합하여 존재한다. 이 8개의 요소는 지地·수水·화火·풍風이라는 사대종四大種과 색·향·미·촉이라는 사소조색四所造色이다. 그런데 반대 논사는 색·향·미·촉의 사소조색을 단지 지·수·화·풍이라는 사대의 차별, 즉 사대라는 요소의 배열 양상에 지나지 않는다고 하여 그 실재성을 부정하는 것이다. 이것은 유부와 경량부의 인식론에서 중요한 차이를 시사한다.

경량부의 선구 논사라고 여겨지는 하리바르만Harivarman의 『성실론』成實論 5권에서는 마음작용이 마음의 양상에 지나지 않음을 분명하게 제시하고 있다.

> 답하여 말한다. 수受·상想·행行 등은 모두 마음의 차별의 이름이다. 이와 같이 마음은 시간의 흐름에 따르기 때문에 차별의 이름을 얻는다. 그러므로 다만 한마음[一心]뿐임을 알아야 한다.
> 유부는 "본질적 특성이 다르기 때문에 마음작용은 있다"라고 말한다. 이것은 그렇지 아니하다. 왜 그런가? 식識이나 각覺은 본질적 특성 등의 차이는 없다. …… '식이 곧 수·상'임을 알아야 한다.

여기서 특기할 것은 오온五蘊의 수·상·행을 모두 마음의 양상으로 파악한다는 점이다. 유부에 의하면 수·상·행은 색과 식과 함께 자성을 가진 법으로서 실재하는 것이다. 왜냐하면 수·상·행은 본질적 특성[相]이 다르기 때문이다. 그런데 『성실론』에 의하면 오온의 수·상·행은 모두 마음의 차별에 지나지 않는다. 이것은 유부의 범주적 실재론의 구도를 근본에서 허무는 것이다. 유부는 현상과 본체의 세계를 오위五位로 나눈다. 오위는 색법色法·마음법[心法]·마음작용법[心所法]·마음과 상응하지 않는 법[心不相應行

法]ㆍ무위법無爲法이다. 하지만 경량부는 색법과 마음법의 실재성만을 인정한다. 나머지 마음작용법은 마음의 양상, 마음과 상응하지 않는 법과 무위법은 관념적 존재로 그 실재성을 부정하기 때문이다.

아울러 마음작용법이 경전에 설해져 있다는 유부의 교증敎證에 대해서 "유부가 부처님이 마음작용법이 없다고 말씀하시지 않았다고 한다. 우리[경량부] 또한 마음작용법의 존재를 전면적으로 부정하는 것은 아니다. 다만 마음의 드러난 양상이 다르기 때문에 마음작용이라고 설할 뿐"[5]이라고 『성실론』에서는 전하고 있다.

마음ㆍ마음작용의 동체설을 부정한 각천이나 비유자는 이어서 마음ㆍ마음작용 동시상응설을 부정한다. 마음작용이 마음과 다른 것이 아니라 마음의 여러 가지 양상이라고 한다면 이것들은 동시에 상응할 수 없을 것이다. 마음이 시간적으로 전후하여 차례로 변화하면서 생기한다고 설명하지 않으면 안 된다. 각천과 비유자는 다음과 같이 말한다.

각천 : 법이 생길 때 차례로 일시에 생기하는 것이 아니다. 비유하면 많은 사람들이 좁은 길을 지나갈 때 한 사람이 지나간 뒤에 또 한 사람이 지나가는 것이지 동시에 두 사람이 함께 그 좁은 길은 갈 수 없는 것과 같다. 어찌 하물며 많은 사람이 동시에 그 좁은 길을 지나갈 수 있겠는가?

비유자 : 어떤 사람은 다음과 같이 주장한다. 마음과 마음작용은 전후로 시간을 달리하여 생기하는 것이지 동시에 생기하는 것은 아니다. 마음과 마음작용은 여러 가지 인연에 의존하여 시간을 달리하면서 생기한다. 비유하면 상인의 행렬들이 험준한 좁은 산길을 지나가는데 한 사람 한 사람씩

---

5) 加藤純章, 『經量部の硏究』, 199쪽.

지나갈 수 있을 뿐 두 사람이 동시에 지나갈 수 없는 것과 같다. 마음과 마음작용도 또한 이와 같다.

비유자 : 마음과 마음작용은 차례로 계기할 뿐 서로 상응하는 것은 아니다.

비유자 : 모든 마음작용은 차례로 생기하는 것이지, 동시에 생기하는 것은 아니다.

두 사람 다 같은 비유를 들어 마음·마음작용 동시생기설을 부정하는 것이 이채롭다. 아마도 그 당시에 유부의 동시생기설을 비판하기 위해서 많이 회자되었던 비유였을 것이다. 각천이 법의 생기를 언급하였을 때 법은 마음과 마음작용임은 말할 나위도 없다. 여기서 보다 분명하게 알 수 있는 것은 모든 법의 생기는 동시일 수 없다는 것이다. 구체적으로 언급하면 마음과 마음의 생기, 마음과 마음작용의 생기, 마음작용과 마음작용의 생기는 모두 인과이시因果異時이다. 『성실론』 5권에서는 보다 분명한 어조로 유부의 마음·마음작용 동시생기설에 일침을 가한다.

상응법相應法이란 없다. 왜 그런가. 마음작용이 없는데 마음은 어떤 법과 상응하겠는가. 또 수受 등의 여러 본질적 특성이란 동시에 얻을 수는 없다. 또 인과는 동시적인 관계가 아니다. 식識은 상想 등의 법의 원인이다. 이 법은 동시에 구유할 수 없다. 그러므로 상응이란 없다. …… 또 씨앗이나 싹, 줄기와 가지와 잎, 꽃과 열매 등은 우리의 직접적 경험에 의하면 인과가 서로 시간을 달리하면서 계기한다는 것이다. 식識 등도 또한 차례로 생기한다.

또 한마음[一心] 가운데 마음작용이 동시에 있다면 법은 착란이다. 왜 그런가? 한마음 가운데 지知와 부지不知, 의심[疑]과 의심하지 않음[不疑], 신信과 불신不信, 정진精進과 게으름[懈怠] 등 모순적인 사태가 동시에 있을 수 없기 때문이다.

　　『성실론』의 어법은 직절直截하다. 언어의 직절성은 자신의 사유체계에 대한 확실성에서 온다. 이것은 유부의 인식론뿐만 아니라 유부 철학의 근간인 범주적 실재론의 사유도식이 오류에 기반하고 있다는 확신 때문이라 생각한다. 『성실론』은 말한다. 상응하는 법이란 없다. 상응이란 두 대상이 전제되어야만 가능한 사태인데 마음작용이 없는데 어떻게 마음과의 상응을 논할 수 있겠는가? 또한 『성실론』은 인과에 대해서 분명한 어조로 말한다. 인과는 동시적인 영역 속에 있는 두 사건들과의 관계가 아니라, 이시적인, 즉 시간을 달리하고 있는 두 사건에 대한 관계임을 의미한다. 그리고 이러한 확신을 우리의 일상적 경험을 통해서 예증하고 있다. 만약 여러 가지 심소법心所法, 즉 마음작용들이 마음이 생기하는 순간 동시에 존재한다면, 가령 안다는 것과 모른다는 것, 의심과 불의, 믿음과 불신과 같은 모순되는 심리작용이 동시에 우리의 마음에 혼재하게 된다면, 우리는 정신병에 걸릴 것이라고 일갈한다.

　　이러한 유부의 난점은 불변의 본체로서 법을 상정할 때 발생한다고 경량부는 간파한다. 인식의 주체를 둘러싼 유부와 경량부의 논쟁이 『구사론』 2권 「분별계품」分別界品6)에 자세하게 기술되어 있다. 여기에는 '꽃을 본다'라고 했을 때 보는 주체는 누구인가? 눈인가? 아니면 마음[識]인가? 유부는 눈이 본다고 하며, 바수반두는 마음이 본다고 한다. 전자를 근견설根見說이라 하고, 후자를 식견설識見說이라 한다. 하지만 경량부는 다음과 같이

---

6) 세친(바수반두), 『아비달마구사론』 2, 권오민 옮김, 동국역경원, 2002.

인과적 인식론을 주장한다.

[식견설과 근견설에 대해서] 저들은 왜 허공을 잡고서 쓸데없이 논쟁을 벌이는가. 안근과 색경 등을 객체적 여건으로 안식이 생기한다. 안근과 색경과 같은 직접적 여건[因]이나 허공이나 빛과 같은 간접적 조건[緣] 등이 모여서 본다는 작용이 가능하다. 이러한 직접적 경험에는 보는 주체, 보이는 대상이라고 규정할 수 있는 것은 아무것도 없다. 오직 있는 것은 법의 인과뿐이다.

이러한 경량부의 주장에서 알 수 있는 것은 다음과 같다. 첫째 직접적 경험, 즉 '본다'라는 사실만이 존재한다는 것, 둘째 '본다'는 사실은 결과[眼識], 여건으로서의 안근과 색경은 원인, 이 둘이 이시적으로 인과관계를 맺는다는 것, 셋째 주체나 대상은 단지 '본다'라는 사실의 두 측면의 분석에 지나지 않는다는 것이다. 경량부는 이시적 인과관계를 근·경 → 안식에서 촉 → 수의 관계까지 확장하여 적용한다. 이것은 『구사론』「분별세품」分別世品의 십이연기十二緣起의 분석에서 체계적으로 기술된다.

'수'는 '촉'보다 뒤에 생겨나는 것이라고 해야 할 것인가, 동시에 생겨나는 것이라고 해야 할 것인가?
유부 : 비바사사毗婆沙師는 설하기를, "동시에 생기하니, 촉과 수는 전전 상속하며 서로 구유인俱有因이 되기 때문이다"고 하였다.
경량부 : 두 가지 법이 동시에 생겨난다면 어떻게 능생能生과 소생所生이라는 [차별의] 뜻이 성립할 수 있을 것인가?
유부 : 어떻게 하여 성립하지 않는 것인가?

경량부 : 공능功能이 없기 때문이다. 즉 이미 생겨난 법에 대해 그밖의 다른 법[즉 능생법]은 어떠한 공능도 갖지 않는 것이다.

유부 : 이것과 입종立宗(주장명제) 사이에는 의미상 어떠한 차별도 없다. 즉 "두 가지 법이 동시에 생겨날 때 능생能生과 소생所生의 뜻은 성립하지 않는다"고 말하고서 [그 이유로서] "이미 생겨난 법에 대해 그 밖의 다른 법은 공능을 갖지 않기 때문이다"고 말하였지만 이것의 의미는 앞의 주장과 같으니, 거듭하여 설한 것이 무슨 소용이 있을 것인가?

경량부 : 만약 그렇다고 한다면 서로가 서로를 낳는 과실을 갖게 될 것이다.

유부 : 인정하였기 때문에 과실이 아니다. 즉 우리[유부]의 종의宗義에서는 이 두 가지['촉'과 '수']는 구유인俱有因이 되며, 역시 또한 서로가 서로에 대해 결과[士用果]가 된다고 인정하는 것이다.

경량부 : 그대들은 비록 그렇다고 인정하였을지라도 계경 중에서는 이 두 가지 법이 서로가 서로에 대해 원인과 결과가 된다고 인정하지 않고 있다. 즉 계경에서는 단지 "안촉眼觸을 연으로 삼아 안촉소생眼觸所生의 수受를 낳는다"고만 설하고 있을 뿐으로, 일찍이 경에서 "안수를 연으로 하여 안수소생眼受所生의 촉을 낳는다"고 설한 일은 없는 것이다. 또한 그러한 뜻[즉 구생]은 올바른 이치가 아니니, 능생의 법을 부정하기 때문이다. 즉 만약 어떤 법이 상식적으로 능히 그러한 법을 낳았다고 한다면, 이 법과 그 법이 시간을 달리한다는 것은 상식[극성極成]으로서, 이를테면 먼저 씨앗이 있고 나서 뒤에 싹이 있으며, 먼저 우유[乳]가 있고 나서 뒤에 낙[酪]이 있으며 먼저 타격이 있고 나서 뒤에 소리가 있으며, 먼저 의근이 있고 나서 뒤에 의식이 있다는 등의 사실과 같은 이치인 것이다.

유부 : "먼저 원인이 있고 뒤에 결과가 있다"는 것은 의심할 여지가 없는 상식이지만, 상식적으로 동시인과 또한 존재하니, 마치 안식 등은 안·색과

동시에 존재[구유]하며, 사대종은 소조색과 동시에 존재하는 것과 같다.

경량부 : [우리 경부는] 여기서도 역시 먼저 근과 경이 연이 되고서 능히 뒤에 식을 낳으며, 먼저 대종이 조합·취집하고 나서 뒤의 소조색을 낳는다고 인정하니, 어떠한 이치로 이를 능히 부정할 것인가?

유부 : 그림자와 싹과 같은 것은 어찌 동시에 존재하지 않는 것인가?

경량부 : 어떤 이는 다음과 같이 설하고 있다. "촉이 생겨난 뒤에 비로소 수가 생겨난다. 즉 근과 경이 먼저 있고 나서 다음에 식이 일어나며, 이 세 가지가 화합하기 때문에 이름하여 '촉'이라 한 것으로, 제3찰나에 이러한 촉을 여건으로 하여 수가 생겨나게 되는 것이다."[7]

위의 논쟁에서 경량부의 인식론과 관련된 부분만 추출해서 다시 정리해 보면 다음과 같다. 우선, 경량부에 의하면 대상[境]은 지수화풍의 사대만이 실재하고, 사소조색은 사대의 차별, 즉 양태에 지나지 않는다고 하여 그 실재성을 부정한다. 즉 대상은 견습난동堅濕煖動의 네 가지 성질[四大]로 구성된 유기체로 보고 있음을 알 수 있다. 그리고 이것은 찰나 생멸하는 순간적 존재이며, 인과적 효력을 지닌 힘일 뿐이다. 다음으로, 경량부는 제1찰나-근과 경, 제2찰나-안식＝촉[감관지각], 제3찰나-수, 제4찰나-상, 제5찰나-사 등과 같이 마음의 계기적 흐름으로 파악한다. 이것을 근거로 경량부의 인식론을 그림으로 나타내면 오른쪽 면의 그림과 같다.

유부의 인식론에 의하면 감각여건인 색경·안근과 인식결과인 안식은 동시적 인과관계인 반면 경량부의 인과적 인식론에 의하면 색경·안근과 인식결과인 안식은 이시적 인과관계이다. 또한 유부의 인식론에서 주장한

---

7) 세친(바수반두), 『아비달마구사론』 2, 468~469쪽.

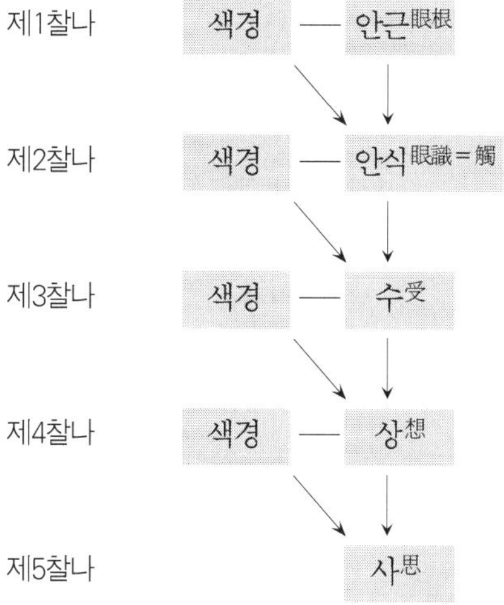

마음과 마음작용의 대상의 동일성은 경량부의 인과적 인식론에 의해서 각 마음작용의 계기적 생성이라는 관점으로 극복하고 있음을 위의 그림에서 분명하게 제시해 주고 있다.

경량부의 인과적 인식론은 불교인식 논리의 대성자인 다르마키르티에게 그대로 계승된다. 대상과 인식의 인과적 관계 및 대상과 인식의 이시적 생기설을 알 수 있는 것은 『프라마나바르티카』 3장 지각론 239~248게 송까지의 의근意根지각에 관한 논술이다. 여기에는 두 가지 주제를 다루고 있다. 하나는 의식의 대상과 감관지각의 대상과의 관계, 또 하나는 의근지각과 그 대상과의 시간적 관계이다. 첫번째 주제에 대해서 다르마키르티는 "의근지각의 대상은 감관지각의 대상과 다르다"라고 주장하고 그 주장의 논거는 '대상의 찰나멸'을 제시하고 있다. 두번째 주제에 대해서는 "모든 원인[因]은 결과[果]보다 이전에 존재한다"를 논거로 제시한다. 그는 다음과 같이 반대 논사의 견해를 제시한다.

"[의식의] 대상은 자기의 인식[의식]과 동시[적 존재]이며 그것[감관지각]
과 작용의 시간을 달리하는데, 어떻게 [의식의 대상은] 감관지각의 공동
[인이 되어 의식을 생기게]할 수 있는가?"라고 한다면.(245게송)

이것은 인과동시를 주장하는 유부의 설에 가깝다. 이것에 의하면 대
상과 감관, 그리고 감관지각과 의근지각의 관계는 다음과 같다.

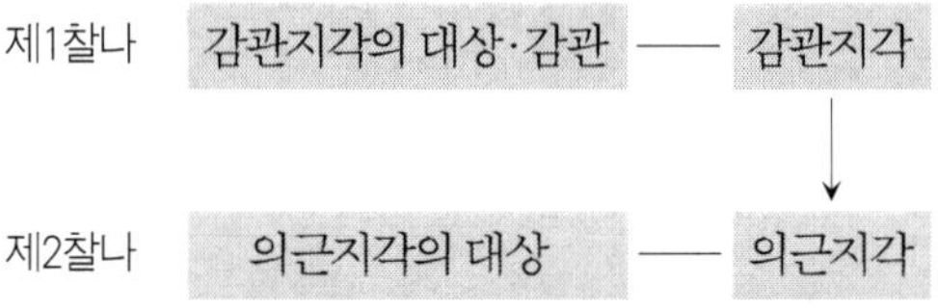

이것은 인식이 시간을 달리하는 대상을 어떻게 파악하는가라는 질문
을 전제로 하는 것이다. 다르마키르티는 이에 대해 다음과 같이 반박한다.

모든 원인들은 [결과의 생기보다] 이전에 존재한다. 왜냐하면 [결과의 생기
보다] 이전에 존재하지 않는 것은 [결과의 생기에 대해서 인과적 효과의] 능
력이 없기 때문이며, 또한 [결과의 생기와 동시에 있는 것은 자기의 생기와
동시에 결과도 생기하기 때문에 그것이] 뒤에 작용할 여지는 없기 때문이
다. 따라서 [의식의] 대상[원인]은 자기의 인식[의식, 결과]과 동시에 존재
하지 않는다.(246게송)

만약 시간을 달리하는 것이 어떻게 파악될 수 있는가? 라고 한다면, 이치
에 통한 합리적인 인간은 실로 인식에 형상을 부여할 능력이 있는 원인만
이 인식대상임을 인정한다.(247게송)

시간을 달리하는 것이 인식에 의해서 파악되는 것은 이전 찰나의 대상의 형상이 인식에 진입했기 때문이다. 따라서 대상이 인식보다 이전에 존재한다고 해도 대상은 형상을 통해 파악된다고 할 수 있는 것이다. 이 형상이론은 위에서 기술한 경량부에는 보이지 않는 이론이다. 그는 이어서 말한다.

실로 결과[인 인식]는 다수의 [최초의] 원인을 가진다고 해도, [그 다수의 최초의 원인 가운데] 어떤 것[이 객체적 원인이 되어 그것]에 의해 생기하는 것, '그것[인식]이 그것[객체적 원인인 존재]에 의해 주어진 그것의 형상을 갖는다'라든가 '그것[객체적 원인인 존재]은 그것[인식]에 의해서 파악된다'라고 말한다.(248게송)

대상은 인식을 생기게 하는 원인이라는 점에서 인식보다 앞서 존재하며, 인식은 대상에 의해 생기한다는 점에서 대상보다 뒤에 존재한다. 이것은 경량부의 인과적 인식론을 그대로 수용한 것이다. 하지만 여기서 다르마키르티는 한 걸음 더 나아간다. 즉 대상과 인식의 인과적 과정을 수용한다고 하더라도 대상에 의해서 생기하는 인식의 내용은 어떻게 설명할 것인가? 그 대상과 인식의 내재적 관계, 내용적 측면을 설명하기 위해서는 다음의 유식사상과 디그나가의 인식론을 기다리지 않으면 안 된다. 유식사상과 디그나가의 인식론으로 나아가기 전에 유부에 대한 경량부의 비판은 앞에서 살펴본 바와 같다. 하지만 중관에 의한 유부 내지 아론에 기반한 존재론에 대한 비판, 그리고 이제설二諦說에 대해서 기술하고 바수반두의 유식사상과 디그나가의 인식논리 기술로 넘어가고자 한다.

나가르주나와 중관불교

나가르주나Nāgārjuna, 龍樹는 불교의 르네상스 운동에 결정적으로 기여한 사상가이다. 나가르주나가 재생하고 부흥하려 했던 것 중의 하나가 붓다의 무아사상과 연기사상이다. 사람[我]은 공空(= 무아)이지만 사람을 구성하는 요소[法]는 유有라고 하는 유부의 아공법유我空法有와 자성自性의 연기설에 대해서 나가르주나는 법 = 무자성 = 공 = 연기라는 관점에서 비판한다. 나가르주나는 『중론』中論 24장 「관사제품」觀四諦品에서 다음과 같이 말한다.

> 뭇 인연으로 생기는 법을 나는 무無 또는 가명假名 또는 중도中道라고 설한다. 어떠한 법도 인연으로부터 생기지 않는 것은 없다. 그러므로 일체 법은 공 아님이 없다.

유부의 법의 정의에 의하면 법이란 자성을 지닌 것이다. 그런데 나가르주나는 법은 공空, 즉 무자성이라 정의한다. 유부는 법이 자성을 지닐 때 인연의 생성이 가능하다는 입장이라면 나가르주나는 법이 무자성, 즉 공일 때 인연의 생성이 가능하다는 정반대의 입장을 취한다. 이에 대해서 『중론』의 탁월한 주석자 청목靑目은 이 게송을 다음과 같이 해설한다.

> 뭇 인연으로 생기는 법을 나는 공이라 설한다. 그러므로 뭇 인연이 구족하고 화합하여 존재가 생긴다. 이 존재는 뭇 인연에 속하기 때문에 무자성이다. 무자성이기 때문에 공이다. 공도 또한 공이다.

나가르주나에 의하면 법의 자성이 전제된다면 모든 존재는 자생이거나 타생 혹은 그 양자 혹은 아무 원인이 없이 생기하게 될 것이다. 그런데 자생自生·타생他生·공생共生·무인생無因生의 존재는 없다. 왜냐하면 모든 존재는 여러 가지 인연을 만나 생성되기 때문이며 또한 여러 가지 인연에는 자성이 없기 때문이다. 이러한 자성의 유무를 그는 『중론』15장 「관유무품」觀有無品에서 상세하게 규명하고 있다. 그에 따르면 유부는 자성의 연기론을 주장한다.

모든 존재는 자성을 갖고 있다. 왜냐하면 작용이 있기 때문이다. 항아리는 항아리의 자성이있고, 천[布]은 천의 자성이 있다. 이런 자성은 여러 인연이 합쳐질 때 나타나는 것이다.

자성의 연기론을 주장하는 유부에 대해서 나가르주나는 『중론』의 「관유무품」에서 다음과 같이 반론한다.

자성이 여러 인과 연에 의해 생긴다는 것은 타당하지 않다. 인과 연이 모여 생기는 자성은 작위된 것이다.

이어서 그는 2절에서 다음과 같이 자성을 정의한다.

자성이 만일 만들어진 것이라고 한다면 어떻게 그런 이치가 있겠는가? 자성이란 만들어진 것이 아니며, 또 다른 것에 의존하는 것도 아니다.

나가르주나에 의해서 정의된 자성은 '존재하기 위해서 다른 어떠한 것도 필요로 하지 않는' 자립적 실재, 독립불변의 실체이다. 따라서 그는, 유부의 삼세실유설이 자성의 철학 곧 실체철학이라 보았으며, 이러한 자성의 철학을 주장하는 한 유부는 불교의 근본적 가르침을 벗어나 있다고 비판하였다.

또한 『중론』에서 나가르주나는 '이제설'이라는 개념을 확립하였다. 이제설은 『아함경』·『열반경』·『대비바사론』 등에서도 나오고 있지만, 교리상의 중심개념으로 고양시킨 사상가는 나가르주나이다. 나가르주나는 세간에서의 세속의 진리와 최고의 진리를 붓다가 설하는 교설의 두 가지 방식으로 파악하였다. 나가르주나는 『중론』의 「관사제품」에서 다음과 같이 이제설을 제시한다.

모든 부처님의 설법은 이제에 의한다. 하나는 세속제世俗諦이며, 또 하나는 승의제勝義諦이다. 이 이제의 구별을 알지 못하고서는 부처님이 설하신 매우 깊은 진실을 알지 못한다. 세속제에 의하지 않고서는 제1의제를 볼 수 없다. 제1의제를 요해하지 않고서는 열반을 증득할 수 없 다.

여기서 승의제는 성자의 입장에서의 진실이며, 세속제는 범부의 입장에서의 진실이다. 세속제는 범부의 입장에 보면 허위나 전도顚倒가 아니지만, 깨달은 자의 입장에서 보면 허위이고 전도이다. 하지만 나가르주나는 세속의 의의를 부정하지 않는다. 승의제로 나아가기 위해서는 세간의 언설을 기초로 하지 않으면 안 된다고 그는 주장하기 때문이다. 다시 말하면 세속의 진리는 언설이라는 형태를 취하고 있지만 이것은 붓다가 중생을 승의의 세계로 인도하기 위한 방편으로서의 적극적인 의의를 지닌다. 따라서 붓다의 진리관은 엄밀한 의미에서 하나의 진리 즉 승의의 진리만이 있을 뿐, 세속의 진리가 대립적으로 존재하는 것은 아니라고 하는 것이 나가르주나를 위시한 후대의 불교사상가의 공통된 입장이다. 그러나 세속을 떠난 승의는 공허하며, 승의를 여읜 세속은 맹목이다. 나가르주나는 승의와 세속을 둘로 보고 있지 않지만 그렇다고 세속이 곧 승의라고 단정적으로 말하지도 않는다. 일체가 공이라고 강조할 뿐 세속의 구조에 대해서 그다지 적극적인 관심을 표명하지는 않는다.

나가르주나의 중관사상은 두 갈래의 발전의 길을 걷는다. 하나의 길은 자립중관파를 정초한 바바비베카[Bhavaviveka]에 의해서 열려진 길이다. 중관학 연구의 대가인 에지마 야스노리[江島惠敎]는 "바바비베카가 저작활동을 한 시대적 배경을 살펴보면 불교 내부에서는 4~5세기에 걸쳐 유가행파[瑜伽行派], 유식학파가 확립된다. 그리고 유가행파에 이어 디그나가에 의한 불교인식논리학파의 체계가 완성된다. 디그나가는 니야야 논리학을 비판하면서 불교의 입장(주로 경량부)에서 극히 형식성이 높은 논리학설을 제시하였다. 이것은 불교사상이 논리학을 자신의 것으로 받아들임과 동시에 논리학적 지평에서 자신의 사상을 표출하는 경향을 나타내는 것이기도 하다. 논리학적인 방법을 떠나서는 학설의 논술이 불가능한 분위기가 적어도 인도사상계의 일부를 지배하고 있었던 것 같다"[8]고 한다. 바바비베카가 활약한 당시의 사상적 분위기는 논리적 사유를 통해서 자파의 사상체계를 구축하던 시기였다. 즉 불교 안으로는 디그나가의 논리학이, 불교 밖에서는 니야야 학파의 논리학이 체계화되는 시기이기도 하였다. 바바비베카가 찬드라키르티[Candrakīrti]와 달리 적극적으로 논리학을 이용했던 것은 이러한 시대적 분위기를 반영하는 것이었다.

바바비베카는 나가르주나의 '이제설'을 계승·발전시킨다. 그의 '이제설'은, 두 개의 진리를 붓다의 교법으로 구분하든가, 또는 대상적 존재·세

---

8) 가지야마 유이치 외, 『중관사상』, 윤종갑 옮김, 경서원, 1995, 187쪽.

계의 존재론적 구분 등으로 이분하는, 이른바 약교約敎, 약리約理, 약경約境의 이제설이 아니다. 보다 깊이 인식하고 불교를 체현해 가는 지혜로서, 반야적 측면을 중시하고, 그것에 의거하여 오로지 승의의 진리로 나아가는 반야의 지향성을 명확하게 한 규범성이 강한 이제설이다.[9]

바바비베카는 궁극적 진리인 공성空性을 논증하기 위해서 세속의 학문인 논리학을 자신의 학문체계 속에 도입하는 것을 주저하지 않는다. 그에 따르면 공성은 직관의 대상이지만, 신비적 체험의 대상이 아니라 사변적 논리에 의해 밝혀져야 할 합리적 직관의 대상이다. 사실 논리학의 사유체계는 궁극적으로 부정되어야 하지만 이러한 부정도 합리적 추론에 의해 부정되어야 한다는 것이 바바비베카의 생각이다. 어떤 측면에서 바바비베카는 '논리를 부정하기 위한 논리'라는 역설을 주장한다고 볼 수 있다. 에지마 야스노리는 계속해서 다음과 같이 언급한다. "그러나 바바비베카가 논리학상의 술어, 논리 능력 등과 같은 것을 승의에서 부정한 다음, 다시 공성을 논증하기 위하여 그것을 사용하고 있다는 사실은 그 의도하는 바를 깊이 헤아릴 때 특별한 의미를 갖는다. 그는 자신이 아는 논리학설을 공성 논증에 알맞도록 바꾸었지만, 공성을 논증하는 데 필요한 범주 내에서 그것을 시인하며, 일단 공성 논증의 목적이 달성되어 승의 그 자체의 세계가 열리게 되면 그때는 불필요한 것으로 폐기해 버린다."[10] 이러한 측면에서 그의 논리를 '공성 논증의 논리'라 불러도 무방하다. 그가 공성 논증의 논리를 통해 승의제에 도달한다고 하는 사고에는 승의의 진리가 현상세계에 내재하는 것이라는 전제가 깔려 있다. 다시 말해 승의의 진리와 현상세계

---

9) 가지야마 유이치 외, 『중관사상』, 196쪽.
10) 같은 책, 197쪽.

라는 '두 개의 극'은 언어라는 접점을 갖고 있기 때문에 공성이라는 승의의 진리를 논리, 즉 언어에 의해서 논증할 수 있다고 생각하여 자립논증식을 정립하였던 것이다. 바바비베카의 이제설을 정리하면 다음과 같다.

바바비베카의 이제설은 내재론에 입각해 있다. 즉 현상세계 속에 승의의 진리가 내재해 있다는 것이다.

바바비베카의 이러한 내재론적 이제설과 공성 논증의 논리는 다르마키르티의 사상에 일정 정도 영향을 끼친다.

나가르주나의 중관사상의 또 하나의 발전의 길을 개척한 사상가는 귀류논증학파의 개조인 찬드라키르티^{Candrakīrti}이다. 찬드라키르티는 세계의 구조에 관해서는 나가르주나와 조금 다르게 생각하였다. 즉 그는 나가르주나보다도 훨씬 깊이 세계의 구조에 대하여 관심을 가졌으며, 인간의 눈앞에 전개되는 현상세계를 인간의 생의 기반으로서 필수적인 것임을 강조하였다. 나가르주나와 찬드라키르티 사이에 볼 수 있는 세계에 관한 이러한 태도의 차이점은 두 개의 진리의 이해에 있어서도 그대로 나타난다.[11]

찬드라키르티의 '이제설'에 관한 사고방식은 나가르주나와 바바비베카의 사고방식과 상당한 차이가 있다. 먼저 나가르주나의 이제설과의 차이를 살펴보면, 나가르주나가 붓다 교설의 존재 방식에 따라 세속제와 승의제로 나누는 약교이제설約敎二諦說을 제시하는 반면, 찬드라키르티는 이제설을 붓다 교설의 존재 방식으로서가 아니라 사물의 본질의 파악 방식에 따라 세속제와 승의제로 나누는 약경이제설約境二諦說을 주장한다. 여기

---

11) 같은 책, 179쪽.

에는 붓다 교설은 세속의 진리의 형태를 띠고 있다는 찬드라키르티의 사고가 전제되어 있다.

다치카와 무사시立川武藏는 "찬드라키르티는 디그나가의 논리학을 알고 있었지만 바바비베카와 같이 논리적인 체계를 사용하여 공사상을 논증하려고 하지 않았다. 왜냐하면 논리, 즉 언어라는 것은 그것이 아무리 정합적으로 체계화한다고 하더라도 열반에 도달하기 위해서는 적어도 한 번은 부정되어야 할 장애라고 찬드라키르티는 생각했기 때문"[12]이라고 한다. 그는 오직 나가르주나와 붓다차리타와 같이 반론자의 주장에 귀류법을 적용하여 그 주장이 범하고 있는 오류를 지적하는 범위 내에서만 논리와 언어를 사용할 뿐이다. 이와 같이 찬드라키르티의 논리 혹은 언어에 대한 소극적 태도의 근저에는 현상세계(속된 것)를 초월한 곳에 승의의 진리가 있다는 생각이 깔려 있다. 찬드라키르티의 이제설을 정리하면 다음과 같다.

찬드라키르티의 이제설은 초월론에 입각해 있다. 즉 현상세계를 초월한 곳에 승의의 진리가 있다는 것이다.

계속해서 다치카와 무사시는 세속과 승의의 단절과 연결에 관한 문제에 천착한다. "이와 같이 찬드라키르티의 체계에서 세속은 인간 생존의 기반으로서 중시되지만, 최고 진리(승의의 진리)로부터는 멀리 떨어진 것으로 이해되었다. 그러나 이 둘은 상호 연관되어 있다. 왜냐하면 찬드라키르티는 세속 그 자체를 확립시키기 위하여 그리고 동시에 최고 진리를 세속의 오염으로부터 방지하기 위하여 세속 진리와 최고 진리, 즉 속된 것과 성

---

12) 가지야마 유이치 외, 『중관사상』, 160쪽.

스러운 것이라는 두 개의 극 사이를 확실히 분리했기 때문이다. 이러한 태도는 찬드라키르티가 바바비베카를 비판하는 가운데 배운 것이라 생각된다. 바바비베카는 속된 것이 스스로의 힘에 의해서(즉 말의 힘에 의해서) 성스러운 것을 논증할 수 있다고 생각했다.”[13] 바바비베카는 세속에 승의의 진리가 내재해 있기 때문에 언어·논리에 의해서 승의의 진리를 논증할 수 있다고 본 반면, 찬드라키르티는 언어가 지닌 본질적인 한계로 인해 논증하면 할수록 승의의 진리로부터 멀어진다고 보았다. 이에 대해 다치카와는 “그러나 찬드라키르티는 개조 이래로 일상적인 언어 표현이란 원래 모순적인 것이라는 슬로건을 내세워 온 중관파에서는 아무리 정비된 논리식을 세우고 그 논리식을 정비할지라도 그럴수록 더욱더 스스로가 세운 논식에 의하여 스스로의 과실이 노출되는 결과를 초래하기 때문에, 바바비베카의 논증식은 실패하였다고 간주한다. 찬드라키르티가 취한 방법은 초논리적인 방법이었다. 그는 모든 반론을 논파할 때에만 논리를 사용하였을 뿐, 그 외의 모든 언어활동은 지멸止滅하고자 하였다. 생의 기반으로서의 현실세계는 연기의 이법에 의하여 성립하는 것으로 생각했다”[14]고 기술했다.

　　그렇다면 언어(세속제)와 언어를 초월한 최고 진리와의 단절을 어떻게 연결할 것인가? 결론적으로 말한다면 언어(세속제)와 언어를 초월한 최고 진리와의 단절을 연결하는 길은 두 가지이다. 하나는 종교적 실천에 호소하는 것이며 또 하나는 철학적 사유에 호소하는 것이다. 찬드라키르티는 전자의 길을 택하며 바바비베카는 후자의 길을 택한다. 논리주의를 배제하고 종교적 실천을 통해서만 승의제에 도달한다고 하는 찬드라키르티

---

13) 같은 책, 175쪽.
14) 같은 책, 175~176쪽.

의 주장은, 불교적 신비주의(밀교)의 길을 예비하게 된다. 즉 "찬드라키르티는 이 문제를 『입중론』入中論에서 종교적인 실천에 의하여 답하려고 하였다. 논리주의를 버리고 실천에 호소하는 방법은 때로는 비합리주의, 신비주의의 문을 여는 것이 된다. 사실 찬드라키르티 이후 그의 후계자들은 밀교와 밀접한 관계를 가졌다. 수많은 밀교 논서가 찬드라키르티 자신의 것으로 간주되고 있으며, 후세 티베트에서도 그의 저작으로 여겨지는 밀교 논서가 많이 읽혔다. 밀교는 비합리주의, 신비주의는 결코 아니다. 하지만 찬드라키르티는 비합리적이고 신비주의적인 인도 및 티베트 밀교의 이론적 기초가 되는 하나의 전형을 제시했다고 볼 수 있다. 찬드라키르티가 공성을 자성이라 부른 것도 후세의 밀교사상과 관련하여 이해해야 한다"[15]고 다치카와는 말한다. 반면 사변적 논리(반야의 지혜)를 통하여 승의제에 도달한다고 하는 바바비베카의 주장은, 불교적 합리주의 전통의 길을 그대로 계승한 것이다. 바바비베카의 공성 논증의 논리의 사고방식과 내재적 이제설은 다르마키르티에게 상당한 영향을 미쳤다고 하는 것은 앞서 기술했다.

하지만 우리가 경험하는 세계는 훨씬 깊고 복잡하며 광범위하다. 그리고 이러한 세계에는 사변의 논리와 언어라는 그물에 걸리지 않는 것이 많다. 이것은 다른 방식에서 접근해야 한다. 즉 우리의 언어와 논리를 가장 근원적인 경험 요소로 파악하는 것이 아니라 언어와 논리를 가능하게 하는 근원적인 경험, 세계와 나의 관계라는 인식적 경험 속에서 찾아야 한다. 이러한 인간의 인식적 경험을 궁극에까지 천착하고 있는 것은 바로 다음에서 기술하게 되는 바수반두의 유식사상과 디그나가의 인식논리이다.

---

15) 가지야마 유이치 외, 『중관사상』, 176쪽

바수반두의 유식사상

바수반두Vasubandhu, 世親가 등장한 기원후 5세기는, 상키야 학파와 요가 학파 그리고 바이세시카 학파와 니야야 학파의 형이상학이 정교하게 체계화하면서 불교적 사유체계를 심각하게 위협하던 시기였다. 특히 세계의 생성과 변화를 실체dravya · 속성guna · 운동karman · 보편sāmānya · 특수viśeṣa · 내속samavāya이라는 여섯 범주의 취산聚散으로 설명하는 바이세시카 학파의 범주적 실재론과, 세계의 생성과 변화를 영원한 자아인 푸루샤puruṣa · 프라크리티prakṛti의 현현으로 설명하는 상키야 학파의 '원리(푸루샤 · 프라크리티)전변설'은, 불교와 심각하게 대립하는 상황이었다. 바수반두는『유식이십론』唯識二十論을 통해 인식의 대상이 되는 존재는 외부에 실재하지 않는다고 비판하고,『유식삼십송』唯識三十頌을 통해 인식의 주체가 되는 아트만ātman이나 푸루샤는 현실적으로 존재하는 것이 아니라 개념적으로 존재한다는 것을 밝히고 있다.

인식에서 대상이 외부에 실제로 존재한다고 주장하는 인도의 실재론에 대해 "인식대상은 외부에 존재할 수 없다는 점을 이론적으로 밝힌 최초의 사상가는 바수반두이다".[16] 핫토리 마사키服部正明에 의하면, "바수반두는『유식이십론』에서 인식대상으로서 외부에 존재한다고 생각되는 것은, 첫째 바이세시카 학파가 상정하는 전체avayavin처럼 단일한 것이든가, 둘째 유부의 견해처럼 다수의 원자가 하나에 응집하지 않고 상호 간에 간격을 지닌 채 모인 것이든가, 셋째 경량부의 학설처럼 다수의 원자가 상호 간에 간격을 두지 않고 결집하여 단일한 원자에서는 볼 수 없었던 하나의 조대한 형상을 갖게 된 것이든가, 이 셋 중의 하나인데 이들 세 가지는 외부대상

---

16) 사이구사 미쓰요시 편,『인식론 · 논리학』, 심봉섭 옮김, 불교시대사, 1996, 134쪽.

실재론을 모두 배척하고 있다."[17] 이에 대해 『유식이십론』에서는 다음과
같이 기술하고 있다.

> 대상은 ①그 일자로서도 존재하는 것이 아니고, 또한 ②다자인 하나하나
> 의 극미가 [개별적으로] 존재하는 것도 아니다. 또한 ③그들[극미들]이 화
> 합한 것도 존재하지 않는다. 왜냐하면 극미는 성립하지 않기 때문이다.
> (10송)

'인식의 대상은 존재하지 않으며 그것은 인식의 표상에 지나지 않는
다'라고 하는 유식설은 '색깔과 모양을 본질로 하는 대상이 존재하며 이것
을 대상으로 인식이 생긴다'라는 원시 아함경전의 설과 모순된다고 유식
의 반론자들은 주장한다. 이에 대해 바수반두가 유식의 관점에서 반박한
것이 위의 게송이다.

①은 바이세시카 학설에 대한 바수반두의 비판이다. 여기서 일자는
부분avayava을 담지하고 있는 전체avayavin이다. 바이세시카 실재론에 의하면
"단일자인 지·수·화·풍의 원자 및 허공·시간·공간 등을 제외한 모든 실
체는 다수의 구성요소로 구성된 '결과로서의 실체'이다. 원자가 집합하여
여러 종의 실체를 만들어 내고 그 만들어진 실체가 집합하여 또 다른 실체
를 만들어 낸다. 이렇게 만들어진 '결과로서의 실체'는 모두가 '원인으로
서의 실체'와는 다른 독자적인 존재성을 지니고 있다. 실과는 별도로 천이
라는 실체가 있고 2개의 완형과는 별도로 항아리라는 실체가 있다. 천이나
항아리는 각각을 구성하는 여러 부분과는 별도의 단일성을 지닌 전체로서

---

17) 사이구사 미쓰요시 편, 『인식론·논리학』, 134쪽.

존재하고 있다."[18] 여기서 천을 구성하고 있는 실과 항아리를 구성하는 완형과는 별도로 전체로서의 천과 항아리가 객관적으로 존재한다는 것이 바이세시카의 주장이다. 이것에 대해서 바수반두는 『유식이십론』에서 다음과 같이 비판한다.

> 만약 실제로 색깔과 모양 등의 외부대상이 객관적으로 존재하며 이것이 색 등의 인식대상이 된다고 한다면 이와 같은 외부대상은 마땅히 하나[의 전체]이어야 한다. 이것은 마치 바이세시카 학파가 주장하는 부분을 지닌 전체가 [객관적으로] 실재한다고 하는 주장과 같다. …… 하지만 그 외부대상은 논리적으로 하나[의 전체]로서 존재할 수 없다. 왜냐하면 부분을 지닌 하나[의 전체]는 부분을 떠나 [객관적으로 실재하는 것으로] 파악되지 않기 때문이다.(10송)

바수반두는 부분이 되는 성질만이 존재할 뿐 그 성질과는 별도로 전체가 존재하지 않는다고 주장한다. 이것은 전체는 일상언어 차원의 존재로서 개념구성의 산물에 지나지 않으며 궁극적 차원에서는 오직 부분만이 존재한다는 경량부의 학설에 기반한 것이다. 위의 실과 천의 사례를 두고 말한다면 존재하는 것은 부분으로서의 실이지, 실과 무관하게 객관적으로 천이라는 것은 존재하지 않는다. 바이세시카 학파를 위시한 인도실재론은 인식되는 것은 객관적으로 존재한다는 범주적 실재론에 기반하기 때문에 실과 무관하게 천도 인식된다는 점에서 이것도 객관적으로 실재한다고 했던 것이다.

---

18) 같은 책, 134쪽.

②는 유부의 인식대상 실재론에 대한 바수반두의 비판이다. 이에 대해 핫토리 마사키는 "다수의 원자가 집합할 때 개개의 원자는 서로 간에 근접할 뿐 접촉하지 않는다는 견해를 취한다. 원자는 물질의 공간적인 연장을 분석한 극한이므로 부분을 갖지 않는다. 따라서 두 개의 원자가 접촉할 때 각각의 일부분이 접촉할 가능성은 없다. 그러나 두 개의 원자가 전체적으로 접촉한다면 양자는 전적으로 중첩되는 결과가 되므로 단지 하나의 원자가 있는 것과 동일한 상태가 되고 만다. 그래서 원자는 서로 간에 접촉하는 일이 없이 집합하고 있다고 유부는 주장한다"[19]고 설명한다. 바이세시카 학파의 전체에 대한 비판에 이어서 바수반두는 『유식이십론』에서 다음과 같이 유부의 외부대상 실재론을 비판한다.

> [만약 실제로 색깔과 모양 등의 외부대상이 객관적으로 존재하며 이것이 안식 등의 대상이 된다고 한다면] 혹은 마땅히 이것은 다자가 되어야 한다. 그렇게 되면 실제로 많은 극미가 각기 별도로 대상이 된다는 [유부의] 주장과 같다. …… 하지만 그 외부대상은 논리적으로 다수의 극미로서 존재할 수 없다. 왜냐하면 극미는 각각 다른 것으로 파악되지 않기 때문이다.
> (10송)

유부에 의하면 우리의 인식대상은 더 이상 분할 불가능한 극미이다. 이 극미가 간격을 지닌 채 모인 것이 우리의 인식대상이 된다고 한다. '극미는 각각 다른 것으로 파악할 수 없다'는 것은 지각의 단계이다. 지각의 단계에서는 하나하나의 극미가 분리되어 파악되지 않는다. 우리의 지각은

마치 물방울처럼 대상을 인식하는 것이지 순수하게 분할된 H(수소 원자)와 O(산소 원자)를 파악하는 것이 아니다. 다시 말하면 두 개의 수소 원자와 하나의 산소 원자로 구성된 H_2O의 물 분자를 지각할 뿐이다. 물 분자로 지각된 것을 우리는 개념구성이라는 분별을 통해 H와 O를 나누어 사유하는 것이다. 따라서 사유로 분석된 H와 O가 모였다고 해서 H와 O 자체가 지각되지 않았기 때문에 모인 H와 O도 당연히 지각되지 않을 것이라는 것이 바수반두의 주장인 것이다.

③은 경량부의 존재론에 대한 바수반두의 비판이다. 경량부는 인식을 동일한 순간에 병존하는 대상과 감관과 지식과의 접촉에 의해서가 아니라 대상이 원인이 되어 한순간 후에 결과로서 지식이 생겨난다고 하는 인과관계로 이해한다. 이렇게 되면 우리는 외부대상 그 자체를 보는 것이 아니라 그 외부대상이 우리에게 부과한 형상만을 보는 것이 된다. 이렇게 대상의 형상을 통해 외부에 대상이 있다고 우리는 추리하는 것이다. 이러한 경량부의 이론을 일반적으로 외계비지각론外界非知覺論 혹은 외계추리론外界推理論이라 한다.[20] 이에 대해 바수반두는 『유식이십론』에서 유식의 관점에서 다음과 같이 간략하게 비판한다.

> [만약 실제로 색깔과 모양 등의 외부대상이 객관적으로 존재하며 이것이 색 등의 인식대상이 된다고 한다면] 혹은 마땅히 많은 극미가 모두 함께 화합하거나 쌓여서 대상이 된다는 [경량부의] 주장과 같다. …… 하지만 논리적으로 화합하거나 혹은 쌓여서 대상이 되는 것도 아니다. 왜냐하면 하나하나의 실체로서의 극미란 논리적으로 성립하지 않기 때문이다.(10송)

---

20) 가지야마 유이치, 『인도불교철학』, 29쪽.

『구사론』에서는 경량부의 화합극미설和合極微說을 인정하고 있지만 『유식이십론』에서는 유식의 관점에 입각하여 경량부의 설을 철저하게 비판하고 있다. 이에 대해 핫토리는 다음과 같이 설명한다. "이 경량부의 학설을 비판하여 원래 집결체의 부분인 원자가 하나의 실체임을 증명할 수 없으므로 다수의 원자가 집합체를 구성하는 것도 있을 수 없다고 논하고 있다. 원자가 집결한다고 한다면 한 원자의 상하와 사방에 다른 원자가 결합하게 되므로 원자에는 여섯 부분이 있는 결과가 된다. 부분을 갖는 것은 또한 분할될 수 있음에 틀림없으며 단일 실체라고 말할 수 없다. 역으로 원자에 부분이 없다고 한다면 하나의 원자는 그것에 결합하는 6개의 원자와 완전히 중첩되게 되므로 원자의 결합체로서의 물체는 모두 1원자의 크기를 지니게 되고 말 것이다. 그리하여 지각되는 것은 그 어느 것이든 존재하지 않는 것이 되고 만다. 원자에 부분이 있다고 하든 없다고 하든 이러한 불합리를 벗어날 수 없다. 따라서 집합체를 구성하는 단일 원자가 있다는 것은 증명되지 않으며 그것이 증명되지 않는 한 원자의 집합체가 인식의 대상이 될 수는 없다."[21]

다르마키르티는 유식의 관점에서 화합극미설을 비판하고 있는 『유식이십론』의 입장을 수용하는 것이 아니라 경량부의 관점에서 설해진 『구사론』의 화합극미설을 수용한다. 이것은 '오식신五識身은 극미의 집적을 인식대상으로 한다'라고 했을 때 오식신이라는 지각의 대상이 극미의 집적이라면 '지각의 대상은 자상이지 공상이 아니다'라는 당신의 주장과 상반되지 않는가라는 반론에 대한 다르마키르티의 논박에서 확인된다. 우선 반대 논사의 반론은 다음과 같다.

---

21) 사이구사 미쓰요시 편, 『인식론·논리학』, 135~136쪽.

집적은 [극미의] 모임이며 그것은 공상이다. 그리고 감관지각은 그것[공상 혹은 극미의 모임]에 의해서 생기한다. 그런데 공상의 인식은 분별과 결합된다. [따라서 감관지각은 분별이 아니라고 하는 불교논리학파의 주장은 적절하지 않다.](『프라마나바르티카』, 3장 194게송)

'극미의 모임이 공상'이라고 할 때 전제되어 있는 것은, 극미 하나하나는 공상이 아니라 자상이라는 사고이다. 그런데 앞에서도 기술한 바와 같이 극미 하나하나는 그 자체로서는 지각의 대상이 아니다. 달리 말하면 지각을 통해 극미 하나하나가 파악되지 않는다. 따라서 극미 하나하나가 자상으로서 사고된다는 것은 지각의 차원이 아니라 개념구성의 차원임을 알 수 있다. 대상을 파악할 때 지각과 함께 개념구성이 함께 작용한다는 인도 실재론의 귀결인 셈이다. 이에 대해 다르마키르티는

어떤 것이 결합함으로써 다른 극미들이 생긴다. 그것들을 '집적'이라 말한다. 실로 그것들[집적한 극미들]만이 인식을 생기게 하는 원인이다.
(195게송)
그리고 극미들[각각]의 그 [하나의 인식을 생기게 하는 능력을 갖는다는] 특이성은 다른 [간격 없이 근접한] 극미들 없이는 [있을 수] 없다. 따라서 그것[인식]은 하나[의 극미]에 한정[해서 생기]하지 않기 때문에 인식은 '공상을 영역으로 한다'고 말했던 것이다.(196게송)

라고 하여 극미 하나하나는 인식을 생기게 할 수 없지만, 그들 극미들이 집적해야만 인식을 생기게 하는 능력이 생긴다는 것을 말하고 있다. 도사키 히로마사戸崎宏正는 이에 대해 "산재한 극미 a·b·c …가 집적할 때, 그

것은 특수한 성격을 갖기도 하고, 하나의 인식 A를 생기게 하는 것이다. 그 경우 극미 a·b·c …가 각각 단독으로 인식 A를 생기게 하는 능력을 갖는 것이 아니다. 그러한 것이 아니라 상호 간에 근접한 다른 극미와 서로 작용해야만 비로소 인식 A를 생기게 한다. 즉 극미 a는 근접한 극미 b·c …와 서로 작용해야만 비로소 인식 A를 생기게 하는 능력을 갖는다. 극미 b도 근접한 극미 a·c … 와 서로 작용해야만 비로소 인식 A를 생기게 하는 능력을 갖는다. 또한 극미 c …도 마찬가지로 인식 A를 생기게 하는 능력을 갖는다. 인식 A는 이와 같이 각 극미가 가진 능력의 총합으로부터 생기는 것이다"[22]라고 해설한다. 결국 오식신, 즉 지각이 집적한 극미＝공상을 인식대상으로 한다고 해도 그 공상은 개념적 인식의 대상인 공상과 달리 지각의 대상으로서의 공상이라는 점에서 '지각은 개념구성을 떠나 있다'라는 주장은 잘못된 것이 아니라고 하는 것이 다르마키르티의 입장이다. 여기서 다르마키르티는 지각의 대상으로서 극미의 집적이 외부에 존재한다는 경량부의 사고를 수용하고 있다는 점을 알 수 있다.

바수반두는 외부대상 실재론 비판에만 머물지 않고 인식주체로서 상정되는 아트만·푸루샤·심왕心王 또한 가설된 것이라고 하여 부정하고 있다. 이것은 바수반두의 『유식이십론』에서 확인할 수 있다. 나아가 바수반두는 『유식삼십송』에서 상키야 학파의 '원리(푸루샤·프라크리티) 전변설'을 '식전변설'vijñāna pariṇāma로 반박한다. 상키야 학파에 의하면 세계에 대한 인간의 경험의 생성과 변화는 '원리'의 전변에 의한다. 상키야 학파는 인간의 세계에 대한 경험을 물리적 경험과 정신적 경험으로 나눈다. 인간의 정신적 경험을 가능하게 하는 궁극적 원리는 푸루샤이며 인간의 물리적 경

---

22) 戶崎宏正, 『佛敎認識論の硏究』上, 大東出版社, 1979, 297쪽.

험을 가능하게 하는 궁극적 원리는 프라크리티이다. 이 두 원리의 자기 변화에 의해 물리적 세계와 정신적 세계가 형성된다고 하는 것이 '원리 전변설'의 내용이다.

상키야 학파에 의하면 정신원리인 푸루샤와 물질원리인 프라크리티가 접촉하여 물질원리인 프라크리티의 내적 평형상태가 깨질 때 비로소 세계가 펼쳐지기 시작한다. 이 접촉에 의하여 제일 먼저 영향을 받는 것은 프라크리티를 구성하는 세 가지 요소 중 운동의 성질을 갖고 있는 라자스^{rajas}이다. 이것이 먼저 동요하기 시작하면 사트바^{sattva}와 타마스^{tamas}도 따라서 흔들리게 되며 진화의 과정이 시작된다.

프라크리티가 변화하여 처음으로 생성되는 것은 '지성'이라 불리는 붓디^{buddhi}이다. 이 붓디는 푸루샤와 가장 가까운 존재로서 푸루샤와 프라크리티의 중개 역할을 하는 중요한 위치를 점하고 있다. 이 붓디로부터 '나'와 '나의 것'이라는 관념의 근원인 아함카라^{ahaṃkāra, 我慢}라 불리는 개체화의 원리가 전개되어 나온다. 여기서 사트바의 힘이 지배적인 것이 되면 아함카라는 내적 감각기관인 의근^{意根}과 오지근^{五知根}, 즉 보고, 듣고, 만지고, 맛보고, 냄새 맡는 능력과 오작근^{五作根}, 즉 말하고, 손으로 움직이고, 발을 옮기고, 배설하고, 생식하는 능력이 산출된다. 이 프라크리티→붓디→아함카라→의근과 오지근 및 오작근으로 펼쳐지는 것은 인간의 세계에 대한 정신적 경험을 구성하는 요소들의 형성이라는 측면에서 '내적 전개'라 한다. 한편 타마스가 지배하는 아함카라로부터 다섯 가지의 미세한 요소인 오유^{五唯}와 다섯 가지의 조대한 요소인 오대^{五大}, 즉 지·수·화·풍·공이 있다. 조대한 요소들은 미세한 요소들의 결합의 결과로서 일어난다. 다섯의 미세한 요소[五唯]란 소리 원소[聲唯], 접촉 원소[觸唯], 색깔 원소[色唯], 맛 원소[味唯], 냄새 원소[香唯]이다. 소리 원소로부터 소리의 속성을 가진 조대한 원소인 허공^{空大}이 생산된다. 풍대^{風大}는 향유^{香唯}와 촉유^{觸唯}의 결합으로 생성되며, 양자는 소리와 접촉의 속성을 갖는다. 조대한 화대^{火大}는 성유·촉유·색유의 결합에 의해 생산되며, 소리·접촉·색깔의 세 가지 속성을 모두 소유한다. 조대한 수대^{水大}는 처음 네 가지 유^唯의 결합으로 생기며, 그에 상응하는 네 가지 속성을 갖는다. 그리고 다섯번째 조대 원소인 지대^{地大}는 다섯 가지 모든 유의 결합의 소산으로서 다섯 속성을 갖는다. 우리가 경험하는 거시적 물리적 현상들은 오대의 결합의 산물이다. 이 프라크리티→붓디→아함카라→오유→오대→현상세계로 펼쳐지는 것은 인간의 세계에 대한 물리적 경험을 구성하는 요소들의 형성이라는 측면에서 '외적 전개'라 한다.[23]

이상과 같이 프라크리티는 그 내적 균형이 깨진 후 붓디로 변화한 다음 한편으로는 아함카라로부터 11근^根으로 발전하는 내적 전개와 오유를 거쳐, 오대로 발전하는 외적 전개 과정을 거쳐 현상세계로 나타나게 되는 것이다. 상키야 학파는 현상세계의 근원인 프라크리티는 실재하기 때문에 여기서 전개된 현상세계는 실재한다고 하는 실재론의 입장에 입각해 있음을 알 수 있다.

바수반두는 상키야 학파의 전변설을 수용하지만[24] 전변의 주체인 원리(푸루샤·프라크리티)는 받아들이기를 거부한다. 왜냐하면 상키야 학파

---

²³⁾ 위의 프라크리티에서 전변하는 내적 과정과 외적 과정에 대한 논의는 다음의 책을 요약했다. 풀리간들라, 『인도철학』, 민족사, 1991, 128~132쪽.

²⁴⁾ "현상세계는 근원적인 것이 변화하고 전변한 것이라는 상키야 학파의 사고방식은 유식사상과 일맥상통하는 바가 있다. 왜냐하면 유식에서는 심층적·근원적인 마음인 아뢰야식이 변화한 것이 표층적인 자기 및 자연이라고 보기 때문이다. 유식은 아뢰야식을 근원적인 마음으로 삼는 입장에 있었다. 어쩌면 바수반두가 '식전변'(識轉變)의 개념을 창출해 낸 배경에는 상키야철학의 자성[원질]으로부터의 전변설에 의한 영향이 있었는지도 모른다." 정승석, 『인도의 이원론과 불교』, 민족사, 1992, 134쪽.

의 두 원리, 즉 푸루샤와 프라크리티는 무원인적이며, 영원하고 편재하는 불변의 자기동일자인 실체이기 때문이다. 그리고 불변의 자기동일자나 실체는 근원적 존재가 아니라 근원적 존재에서 파생한 추상적 존재이기 때문에 여기서 구체적 사물이 전개된다는 것은 '잘못 놓인 구체성의 오류'를 범하는 것이라 보았기 때문이다. 바수반두는 인간의 세계에 대한 경험을 구성하는 가장 근원적인 요소를 원리, 즉 개념에서 찾는 것이 아니라 구체적인 우리의 경험에서 구하고 있다. 그것이 바로 식vijñāna이다.[25] 우리가 경험하는 물리적·정신적 세계는 이 식의 자기 전개에 지나지 않는다는 것이 '식전변설'vijñāna pariṇāma이다. 『유식삼십송』의 서두에서 바수반두는 다음과 같이 식전변을 선언한다.[26]

① 어떤 종류의 자아[我]와 외적 대상[法]을 상정[가설]하더라도 ② 그것은 식전변에 의한 것이다. 그리고 그 전변은 세 가지이다.(1송)

---

25) 다니 다다시는 다음과 같이 유식을 설명한다. "유식의 산스크리트 vijñāpti matra를 직역하면 '다만 인식의 표상만이 존재한다' 혹은 '다만 인식되고 있는 것만이 존재한다'라고 할 수 있다. 전자를 강조하면 표상되고 있는 형상이 진실로서 존재한다고 보는 '유형상유식론'(有形相唯識論)으로 발전할 것이다. 이것에 대해서 후자를 강조하게 되면 인식되고 있는 작용만이 존재하고 표상되고 있는 형상은 비존재의 허구가 되기 때문에 최종적으로 '무형상유식론'(無形相唯識論)으로 귀결될 것이다. 다르마키르티는 아직 이 같은 형상과 작용을 이분(二分)하지 않는다. 이것은 다르마키르티의 철학이 미발달의 단계라는 것을 의미하지 않는다. 오히려 후대의 고정화를 벗어나서 사상적 생동성을 의미하는 것이다." 谷貞志, 『刹那滅の研究』, 春秋社, 1999, 110쪽.
26) 바수반두가 식전변을 설한 이유는 다음과 같다. 첫째, 아뢰야식은 윤회에서 어떤 연속성[結生相續]을 설명하기 위해 상정된 하나의 원리, 힌두 정통파와 달리 윤회의 주체로서 영원히 변하지 않는, 존속하는 아트만의 존재를 불교는 인정하지 않지만, 어떻게 전생과의 연속성을 설명해야 하는가 하는 과제에 대한 하나의 해답으로 고안된 가설이다. 둘째, 아뢰야식의 또 하나의 중요한 역할은, 태어나는 순간부터 죽음의 순간까지 아뢰야식이 자신을 하나로 묶어 개체로서의 동일성[衆同分]을 존속시키는 역할을 맡고 있는 것이다. 셋째, 세계의 생성과 변화의 구조를 정합적으로 설명하기 위해서 도입된 개념이다. 다카사키 지키도, 『유식입문』, 이지수 옮김, 시공사, 1997, 127쪽.

[세 가지 전변이란] 이숙異熟과 사량思量과 요별了別이다. 그 중 이숙이란 아뢰야阿賴耶라 부르는 식으로서 모든 종자를 가진 것이다.(2송)

그것은 불가지不可知의 집수執受와 처處의 요별을 갖는 것이며, 항상 촉·작의·수·상·사를 수반한다.(3송)

①의 자아[我]는 경험의 주체를 의미하며 법은 경험의 대상을 의미한다. 인도의 아론에 의하면 경험의 주체는 불변의 자기동일자로서 주체적으로 실재하고, 경험의 대상인 법도 자기 본성을 지닌 자기동일자로서 객체적으로 실재한다. 그런데 바수반두는 '자아와 법은 상정(가설)'된 것이지 실재하는 것이 아니라고 주장한다. 따라서 그가 주장하고자 하는 것은 자아와 법은 실재하는 것이 아니라 언어에 의해 개념적으로 존재하는 것이며 이 또한 궁극적으로 식전변에 의한 것이라고 하는 것이 ②의 기술이다.

그렇다면 식전변에서 전변의 주체인 식은 실유인가? 만약 실유라고 한다면 식은 자기동일성을 본질로 하는 실재가 되어 버릴 것이다. 이렇게 되면 상키야 학파가 범했던 오류를 바수반두도 똑같이 범하는 것이 될 것이다. 하지만 바수반두는 식전변의 주체인 식을 자기동일자가 아니라 자기차이성을 본질로 하는 순간적 존재라 파악한다.[27] 왜냐하면 그는 '식전변'이라 할 뿐, '식의 전변'이라고 하지 않았기 때문이다. '식전변'이라고 하면 식 자체가 다른 것으로 변한다는 의미로서 여기에는 시간이 개입되어 변화가 가능하겠지만, '식의 전변'이라고 하면 불변의 식이 전제되고 이 식의 작용에 의해 현상세계가 전개된다고 하는 실체적 사유에 빠지기 때문

---

27) 이 전변에 대해서 『유식이십론』에 대한 스티라마티(安慧)의 주석은 주목할 만하다. "전변이라고 하는 것은 원인의 찰나가 소멸함과 동시에 그 원인으로서의 찰나와는 다른 현현으로서 결과가 자체(본질)를 얻는 것이다." 上田義文, 『唯識三十頌の解明』, 第三文明社, 1987, 47쪽.

이다.[28] 그는 이 근원적인 식, 자기차이성을 본질로 하는 식을 아뢰야식^阿賴耶識이라 한다. 이 아뢰야식에 의해 염오染汚를 본질로 하는 마나스^{manas}가 전개되고, 마나스에 의해 대상을 분별[개념구성]하는 육전식六轉識이 전개된다고 본다.

아뢰야식 → 마나스 → 육전식, 아(인식주체), 법(인식대상) 가설假說

이 세계는 '오직 식일 뿐'이라는 유식설은 위에서 보는 바와 같다. 그가 식전변과 유식사상을 설한 까닭은 인간의 세계에 대한 경험을 구성하는 근원적인 요소를 추상적 관념에서 구하는 상키야 학파의 푸루샤와 프라크리티의 전변설에 맞서 구체적인 우리의 경험 속에서 그 근거를 설정하고자 했던 것이다. 이 식전변설은 상키야 학파의 원리전변설에 대한 반론일 뿐만 아니라 불교 내부에서 최대의 학파와 이론을 구축하고 있었던 유부의 법유설法有說에 대한 반박이기도 하다. 법유설이든 원리설이든 이 두 이론은 우리의 세계에 대한 직접적 경험을 설명할 때, 모두 추상적 개념을 가장 근원적인 것으로 잘못 놓고 설명한다는 측면에서는 공통적이다. 바수반두가 식전변과 유식사상을 통해 구축하고자 했던 것은 바로 이 자

---

28) 식전변을 식 자체의 전변으로 볼 것인가, 식의 전변으로 볼 것인가에 따라 유식불교의 해석은 전혀 달라진다. 바수반두의 사상을 비교적 충실하게 계승하고 있는 스티라마티는 전자로 해석하며, 다르마팔라(護法)는 후자로 해석한다. 전자의 해석에 의하면 식 자체의 본질은 찰나멸이라는 자기차이성이지만, 후자의 해석에 의하면 식 자체의 본질은 지속이라는 자기동일성이다. 후자의 해석으로 인해 유식사상은 주관적 관념론으로 흐르고 말았다. 유식을 주관적 관념론으로 밀고 간 사람은 바로 다르마팔라이다. 그의 『성유식론』이 현장법사에 의해서 중국으로 전해져 한역되어 중국 법상종의 소의경전이 된다. 중국 유식사상은 바로 다르마팔라 계통의 주관적 관념론을 핵심으로 한다. 하지만 바수반두의 유식사상은 주관적 관념론이 아니다. 다시 말하면 그는 식의 실재성을 인정하지 않고 있다. 다만 식의 찰나멸성을 근거로 식의 현현을 언명할 뿐, 주관적 관념론자가 말하는 모든 것은 환영과도 같다고 바수반두는 언설하지 않았다.

리에 있었던 것이다. 결론적으로 말하면 이상의 경량부의 인과적 인식론과 바수반두의 식전변설과 유식사상에 의한 외부대상 실재론 비판은 다르마키르티의 인식론 구축에서 중요한 역할을 한다.

디그나가의 인식논리

다르마키르티의 불교인식논리학이라는 새로운 학통에 초석을 놓은 사상가가 디그나가이다. 그에게 20여 권의 저술이 있다고 전해지지만 다르마키르티의 인식논리학에 지대한 영향을 끼친 저술은 『관소연연론』觀所緣緣論과 『지식론집성』知識論集成, Pramāṇasamuccaya이다. 『관소연연론』의 외부대상 실재론에 대한 비판과 『지식론집성』의 인식론은 다르마키르티 사상이 체계화하는 데 결정적인 역할을 담당한다.

먼저 인식에서 대상이 외부에 실제로 존재한다고 주장하는 인도의 아론에 대해 '인식대상은 외부에 존재할 수 없다'는 점을 디그나가는 논의하고 있다. 그는 『관소연연론』에서 "어떤 것이 스스로의 형상을 지닌 형상을 생기게 한다면 그것이 인식의 대상"이라고 하여 인식대상이 갖추어야 할 두 가지 조건을 다음과 같이 제시한다.[29] 하나는 인식을 생기시키는 원인일 것(대상생기성), 또 하나는 인식에 자신의 형상을 부여할 것(대상형상성)이다. 디그나가는 이 두 가지 조건에 근거하여 외부대상 실재론을 비판하고 있다.

인식대상으로서 외부에 존재한다고 생각되는 것은, 첫째 개개의 원자가 인식대상이라고 하는 유부와 다수의 원자가 결집한 것이 인식대상이라고 하는 경량부의 이론을 제시하고 이것을 차례로 비판하고 있다. 첫째, 개

---

29) 사이구사 미쓰요시 편, 『인식론·논리학』, 136쪽.

개의 원자가 인식대상으로서 외부에 실재한다고 주장하는 유부의 이론에 대해서 "원자는 단독으로 존재하는 것이 아니라 항상 다수의 집합체로서 존재하고 있다. 마치 한 물체의 색과 맛 등이 각각에 대응하는 감관에 의해 개별적으로 파악되듯이 집합체를 이루고 있는 원자가 개별적으로 지각의 대상이 된다"[30]고 비판한다. 유부에 의하면 개개의 원자는 외부에 실재하기 때문에 인식을 생기게 하는 대상생기성이라는 조건을 만족시키기는 하지만, 그러나 원자에게는 우리의 인식에 비치는 형상이 없기 때문에 인식형상이라는 조건을 만족시키지 못한다. 따라서 개개의 원자가 외부에 실재하여 인식의 대상이 된다고 할 수 없다. 이것은 바수반두의 유부 비판과 궤를 같이하기 때문에 디그나가의 독창적인 견해라고 보기는 어렵다. 둘째, 인식의 대상은 '다수의 원자가 결집한 것'이라는 경량부의 학설에 대해서, 핫토리 마사키는 "원자의 결집체에는 표상과 일치하는 조대한 형상이 있다고 생각할 수 있다. 그러나 경량부의 정설에 의하면 구성요소로 분석할 수 있는 것은 가상이며 실재가 아니다. 그리고 실재하지 않는 것은 표상을 생성시킬 수 없다"[31]고 한다. 이것은 원자의 결집체가 인식에 자신의 조대한 형상을 부여하기 때문에 '인식에 자신의 형상을 부여할 것'이라는 인식대상이 갖추어야 할 대상형상성이라는 조건을 만족시킨다. 하지만 그러한 결집체는 실재가 아니라 가상이라는 경량부 자신의 주장에 따르면 가상이 인식을 생기게 할 수 없다는 의미에서 대상생기성이라는 조건을 만족시킬 수 없기 때문에 다수의 원자가 결집한 것이 인식대상이라고 하는 경량부의 주장도 타당하다고 볼 수 없다.

---

30) 같은 책, 137쪽.
31) 같은 책, 137쪽.

다음으로 다르마키르티의 인식론이 체계화하는 데 결정적인 역할을 한 디그나가의 인식론을 두 가지 측면에서 살펴보고자 한다.

첫째, 디그나가는 올바른 인식수단으로 지각과 추리의 2종만을 인정한다. 그 근거로서 인식대상이 자상과 공상의 2종으로 한정되기 때문이라고 한다. 이에 대해 디그나가는 다음과 같이 언명한다.

인식수단은 지각과 추리의 2종뿐이다. 대상이 [자상과 공상의] 2종[뿐]이기 때문이다.

왜 대상이 2종뿐인가에 대해서 디그나가는 더 이상의 언급은 없다. 뒤에서 논의하겠지만, 다르마키르티는 인과적 효과성의 유무에 의해 대상이 2종임을 논증하고 있다. 이 2종의 인식대상 가운데 전자인 자상이 지각의 대상이며, 후자인 공상이 추리의 대상이다. 이 지각과 추리만이 확실한 인식수단이라고 한 것은 디그나가의 공적이며 이러한 사유는 다르마키르티에게 결정적인 영향을 끼친다. 가쓰라 쇼류桂紹隆는 이에 대해 "인식수단을 지각과 추리로 한정하는 것은 디그나가 이전의 일부 불교논리학자나 바이세시카 학파에 의해서도 주장되고 있다. 그러나 그 근거로서 대상이 2종에 한정된다는 것을 든 점과, 동일대상이 지각과 추리에 의해 함께 파악된다는 것을 부정하고 지각은 자상自相을, 추리는 공상共相만을 대상으로 한다고 양자를 준별한 점에서 디그나가의 독자성이 있다"[32]라고 해설하고 있다.

인식수단으로 제시된 지각에 대한 정의와 지각을 네 가지 분류한 것

---

32) 가쓰라 쇼류, 「디그나가의 인식론과 논리학」, 『인도불교의 인식과 논리』, 전치수 옮김, 민족사, 1989, 114쪽.

및 의사지각에 대한 다음과 같은 논의도 다르마키르티에게 영향을 끼치고 있다. 그것은 다음과 같다.

> ① 지각은 개념구성을 떠나 있다. [그것은] 명언·종 등과의 결합이다.[33]
> ② [감관은 다른 인식에] 공통하지 않는 원인이기 때문에 감관에 의해서 명명되며, 색 등의 대상에 의해서는 명명되지 않는다.(290쪽) 의근에 속한 대상형상과 탐욕 등의 자증도 개념구성을 떠난 것[지각]이다. 요가수행자들의 스승의 교설을 떠난 대상만의 파악도 지각이다. 개념구성도 또한 자기인식이라 인정된다. [그러나] 대상에 관해서는 [그것은 지각이라고] 인정되지 않는다. 왜냐하면 개념구성이 있기 때문이다.(337쪽)
> ③ 착각적 인식, 경험적 실재에 대한 인식, 추리, 추리에 근거한 인식, 기억 그리고 욕망은 참된 지각이 아니다. 눈병에 걸린 눈에 의한 지각도 포함된다.(382쪽)

①은 디그나가의 지각의 정의이며, ②는 지각의 종류, ③은 의사지각에 대한 기술이다. 디그나가의 지각의 정의는 다르마키르티에 의해 보다 엄밀하게 정의된다. 다르마키르티에 의하면 지각이란 개념구성을 떠난 인식이며, 착각이 아닌 인식이다. 또한 디그나가가 ①에서 개념구성을 '명언·종 등과의 결합'이라고 정의를 내리고 있지만, 다르마키르티는 '언어와 결합할 가능성이 있는 형상에 대한 인식'이라고 정의한다. 개념구성을 인식의 후기 단계로 보고 있는 디그나가에 대해서 다르마키르티는 우리의 인식의 초기 단계에서 이미 우리의 인식은 언어와 결합할 가능성이 있음을

---

33) 戶崎宏正, 『佛敎認識論の硏究』上, 203쪽. 이하 이 인용에서는 본문에 쪽수만 표기.

시사하고 있다. ②에서 지각의 네 종류 즉 감관지각, 의근지각, 의근에 속한 탐욕 등의 자증지^{自證知}, 요가수행자의 직관지각 등은 그대로 다르마키르티에 계승되며, 마지막 ③에서 기술한 의사지각도 다르마키르티의 지각론에 수용되어 보다 엄밀하게 논의가 진행된다.

둘째, 인식의 구조에 대해 디그나가는 유식의 입장에서 상세하게 분석한다. 그의 인식에 대한 유식적 입장은 전통적 용어로 말하면 삼분설^{三分說}로 제시된다. 삼분은 상분^{相分}·견분^{見分}·자증분^{自證分}이다. 유식은 외부대상 실재론을 비판한다. 그렇다고 외부대상이 무^{nothing}인 것은 아니다. 외부대상은 식의 형상으로만 존재할 뿐, 식의 형상에 해당하는 대상이 외부에 실재하는 것은 아니라고 하는 것이 유식의 입장이다. 따라서 상분·견분·자증분은 대상형상·인식형상·자기인식이다. 그런데 자기인식이란 인식이 자신 속에 있는 대상형상을 본다는 의미에서의 자기인식이다. 유식사상의 이 자기인식이론은 다르마키르티의 자기인식이론에 지대한 영향을 미친다. 이에 대해서 디그나가는 다음과 같이 설하고 있다.

실로 [인식의] 결과는 작용을 갖는다고 이해되기 때문에 인식수단이다.(『프라마나삼웃차야』, 1장 8^{cd}게송) 혹은 이 경우, 자기인식이 결과이다. 왜냐하면 대상의 판단[이라고 해도, 그것]은 그것[자기인식]을 본질로 하기 때문이다.(9게송)

[인식에] 현현한 것이 인식대상이며, [인식의] 능취^{能取}형상과 [자기] 인식이 [각각] 인식수단과 인식결과이다. 그러므로 [이들] 세 가지는 별체가 아니다.(10게송)

'대상인식'과 '그[대상인식]의 인식'과의 차이에 의해서 인식의 이상성^{二相性}이 알려진다. 또한 그 다음 순간의 기억에 근거한다.(11^{abc}게송) [이전에]

인식되지 않았다면 그것[기억]은 [있을 수] 없기 때문이다.(11^{d}게송) 다른 인식에 의해서 파악된다고 한다면 무한소급의 오류를 범하게 될 것이다.(12^{ab}게송) 이리하여 [인식이] 다른 대상으로 이행하는 것도 있을 수 없을 것이다. 그런데 그것[인식의 이행]은 인정된다.(12^{cd}게송)

인식의 구조에서 중요한 것은 인식대상과 인식작용이다. 그리고 인식작용은 인식수단, 인식주체, 인식결과로 분석 가능하다.

먼저 인식대상은 두 가지라고 기술했다. 하나는 자상이고 또 하나는 공상이다. 자상은 지각을 낳고, 공상은 추리를 생기게 한다. 자상은 언어 분별이 개입되기 이전의 존재 특유의 상이며, 공상은 많은 개별적 존재에 공통적으로 존재하는 상이다. "이 자상과 공상은 우리들의 개체^{individual}와 보편^{universal}이라는 개념과 상응한다."[34] 그런데 디그나가의 공상에 대한 해석은 독창적이며 후대의 보편논쟁에서 중요한 역할을 한다. 가쓰라 쇼류는 다음과 같이 말한다. "디그나가에 의하면 공상이란, '타자의 배제'^{anyāpoha}라는 조작에 의해 사유적으로 구성된 개념이며, 그 자신도 '다른 것에 의한 부정'이라 불리는 일종의 추상적 존재이다. 예를 들면 견고함 일반이란 '견고하지 않은 물건에 대한 부정'이라 한다. 모든 딱딱한 물건에 공통된 개념이다. 개념적 인식이나 언어의 대상인 공상이란 요컨대 '타자에 의한 부정'에 불과하다. 이와 같은 디그나가의 견해는 보편$^{sāmānya·jāti}$을 실재로 보고 있는 니야야 학파나 미망사 학파의 극단적 실재론과 격렬하게 대립하여 그 이후의 인도의 철학자들 사이에 일종의 보편논쟁이라는 긴 역사가 시작되었다. 디그나가 자신은 언명하지 않지만, 그 이후의 불교인식논리학자들이

---

34) 가쓰라 쇼류, 「디그나가의 인식론과 논리학」, 『인도불교의 인식과 논리』, 115쪽.

자상만이 실재라고 하는 유명론적 입장을 고수하였던 것은 명백하다."[35]

다르마키르티는 디그나가의 아포하론을 수용하여 그 아포하론을 존재론의 영역으로까지 확대·적용한다. 그러나 이 타자의 배제를 언어나 분별의 본질로 볼 뿐만 아니라 이 타자의 배제를 본질로 하는 언어 분별의 근거를 현실적 존재의 자기차이성·찰나멸성에서 구하는 것은 디그나가에게는 보이지 않는다.

다음으로 인식주체와 인식결과에 대한 디그나가의 논의를 살펴보자. 무아설을 견지하는 디그나가로서는 당연히 아트만·푸루샤·심왕과 같은 선험적 주체는 상정하지 않는다. 다르마키르티는 주체란 단지 '심의 흐름'으로만 볼 뿐이다. 인식결과에 대한 논의가 위의 『프라마나삼웃차야』 1장 8[cd]게송이다. 디그나가는 유식학파의 입장에서 인식결과를 설명한다. 즉 인식과 별개의 외부의 대상이 존재할 수 없기 때문에 경량부와 같이 인식결과를 '대상인식'이라고 부를 수 없다. 가쓰라 쇼류는 이에 대해 "디그나가에 의하면 이 경우의 인식결과는 인식 '자신의 형상'에 의한 병瓶 등의 '대상의 형상'에 대한 인식의 결과이다. 그것은 병 등의 인식이지만, 그 병 등의 인식의 표출에 불과하기 때문에 인식의 자기인식이다. 따라서 유식학파에서 인식수단과 인식결과뿐만 아니라 인식대상도 인식과 독립된 실재는 아니며 이들 세 가지 요소는 전부 동일한 인식에 논리적으로 부여된 의미에 불과하다."[36] 따라서 이 가쓰라의 해설에 준거하면 인식의 구조는 다음과 같이 단순화할 수 있다.

---

35) 가쓰라 쇼류, 「디그나가의 인식론과 논리학」, 『인도불교의 인식과 논리』, 115~116쪽.
36) 같은 책, 118쪽.

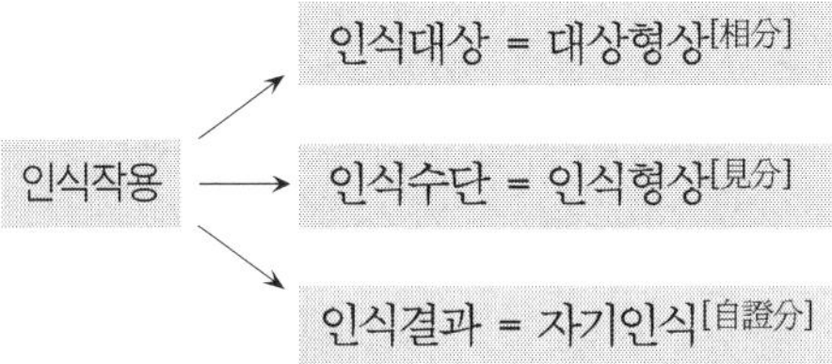

인식의 본질이 대상인식인가 아니면 자기인식인가 하는 것은 중대한 문제이다. 디그나가는 유식의 입장에 서 있지만 경량부의 입장에서도 자기인식을 인정하지 않을 수 없다고 본다. 즉 경량부가 말하는 대상인식도 결국 자기의 인식 속에 있는 대상의 형상을 인식하는 것이기 때문에 인식 속의 대상형상→인식이 파악한다는 의미에서 대상인식도 곧 자기인식이라고 한다. 결국 자기인식이란 인식 중에 생성된 형상이 인식 자신에 의해 인식되는 것에 불과하다. 이러한 자기인식 이론도 다르마키르티의 인식론에 영향을 미치고 있다.

2. 다르마키르티 사상의 체계

존재론적 원리

우리가 경험하는 현상세계는 무엇으로 구성되어 있으며 어떠한 원리에 의해 설명 가능한가? 체계적인 사상이라면 반드시 답변해야 할 중요한 과제이다. 이러한 과제에 대해 아론과 무아론은 견해를 달리한다.

아론에 따르면 우리가 경험하는 현상세계의 기저에는 불변의 근원적 실재가 있다. 현상세계는 변화를 본성으로 하지만 현상세계를 구성하는 본체세계는 불변을 본성으로 한다. 만약 본체세계에 존재하는 근원적 실재가 변화한다면 이것은 현상세계를 구성할 수 없을 것이다. 이러한 불변의 실체를 전제하는 사유체계에서는 '존재(A)는 존재(A)이다'라는 자기동일의 원리the principle of self identity와 '존재(A)는 비존재(~A)가 아니다'라는 모순의 원리the principle of contradiction가 존재론적 원리가 된다. 이것은 모두 변화하는 현상 너머에 불변의 실재, 불변의 자기동일자가 있다는 논리에 다름 아니다. 따라서 이러한 존재론적 원리에 입각한 사유체계는 현상의 궁극적 근거 혹은 우리가 경험하는 세계의 궁극적 근거를 구체적인 것에서 구하는 것이 아니라 추상적인 것에서 찾는 것이라 할 수 있다. 추상적인 것을 구체적인 것으로 잘못 놓고 우리의 경험을 설명하기 때문에 '잘못 놓인 구체성의 오류'를 범하는 것이 된다.

나아가 아론에 의하면 우리의 인식적 경험의 존재론적 근거는 변화하는 대상과 지각에 두는 것이 아니라 불변의 인식대상(니야야·바이세시카학파의 육구의六句義, 유부의 심법心法을 제외한 71개의 요소)과 그 대상을 인식하는 주체에 그 근거를 두고 있는 것이다. 이 대상과 인식주체는 불변의 자기동일자들이다.

한편 무아론을 표방하는 다르마키르티도 현상 너머에 근원적 실재가 있다는 것을 부정하지 않는다.[37] 다만 그 실재의 존재 방식이 '자기동일성'으로서 존재하는 것이 아니라 부단히 찰나멸하는 '자기차이성'으로서 존재한다고 보았던 것이다. 다르마키르티는 이 차이성을 본질로 하는 궁극적 존재를 현실적 존재vastu, actual entity라 부른다. 이 현실적 존재에 의해 지각과 추리가 생기하며, 동시에 이 지각과 추리는 이 현실적 존재에 근거를 두

---

37) 이에 대해 드레이퍼스는 다음과 같이 기술한다. "다르마키르티는 실체라는 개념을 사용한다. 그러나 그것을 니야야와는 다른 의미로서 이해한다. 실체는 기체가 아니라 효과적 현상이며 그것은 사물로서 이해되기보다는 사건으로서 이해되어야 한다." G. B. J. Dreyfus, *Recognizing Reality*, State University of New york Press, 1997, p. 58.

고 있다. 이러한 현실적 존재가 우리의 인식적 경험의 존재론적 근거가 된다는 것을, 다르마키르티는 『프라마나바르티카』 3장 지각론 서두에서 다음과 같이 언급한다.

[인식]수단은 2종이다. 왜냐하면 [인식]대상이 2종이기 때문이다.(1ª게송)

여기서 인식대상은 자상과 공상이며, 인식수단은 지각과 추리이다. 아론에 따른다면 '인식수단이 2종이기 때문에 인식대상이 2종'이라고 했을지도 모르지만, 다르마키르티는 '인식대상이 2종이기 때문에 인식수단이 2종'이라고 한다. 자상과 공상이라는 2종의 인식대상에 의해 지각과 추리라는 2종의 인식수단이 생긴다는 것이 위 게송의 의미이다. 이어 다르마키르티는 인식대상을 다음과 같이 나눈다.

① [즉 대상은] 인과적 효과의 능력이 있든가 혹은 인과적 효과의 능력이 없든가이기[둘 중의 하나이기] 때문이다.(1ᵇ게송)
② 여기서 인과적 효과[의 능력], 그것은 궁극적 차원의 존재이며 다른 것은 일상언어 차원의 존재이다.
③ 이 둘은 [전자가] 자상自相, [후자가] 공상共相이라 불린다.(3게송)
④ 그런데 그것[공상]은 현실적 존재가 아니다. 왜냐하면 언어의 지시대상이기 때문이다.(11게송)

①에서 인식대상이 될 수 있는 기준으로 인과적 효과성의 유무를 제시한다. ②에서 궁극적 차원의 존재는 인과적 효과성이 있는 것임을 기술하고, 인과적 효과성의 능력이 있는 것은 자상임을 기술한 것이 ③이다. 이

러한 인과적 효과성의 능력이 없는 것은 공상이며, 공상은 현실적 존재가 아니라는 ④의 진술에서 인과적 효과성인 자상만이 현실적 존재라고 언명하고 있다. 이 자상을 대상으로 하여 생기하는 것이 지각이며, 공상을 대상으로 하여 생기하는 것이 추리이다. 그러나 아직 현실적 존재가 우리의 인식적 경험, 즉 지각과 추리의 궁극적 근거라는 논거는 제시되지 않았다. 하지만 다르마키르티의 다음의 진술은 왜 현실적 존재가 우리의 지각과 추리의 궁극적 근거인가를 밝혀 준다.

① 그러나 [궁극적 차원에서는] 자상만이 인식[수단의] 대상이다.(3장 53게송) 왜냐고 [자상만이 인식수단의 대상인가라고 당신이] 묻는다면 그것[자상]으로부터 [인간의 목적 달성하기 위한] 인과적 효과성이 성립하기 때문이며, [자상으로부터] 존재와 비존재를 구별할 수 있기 때문이다. ② 그것[다만 하나의 현실적 존재]을 그 자신의 존재 방식으로 인식하는 경우와 그 이외의 다른 존재 방식으로 인식하는 경우가 있기 때문에 인식수단의 대상은 [자상과 공상] 두 가지가 있다고 생각된다.(54게송)

①의 게송에서 '자상만이 인식수단의 대상'은 '현실적 존재만이 인식수단의 대상 혹은 근거'라고 바꾸어 말할 수 있다. 따라서 자상을 인식대상으로 하여 생기한 지각의 대상 혹은 근거는 현실적 존재라는 것을 확인할 수 있겠다. 그런데 인식수단에는 지각뿐만 아니라 추리도 있다. 이 추리가 현실적 존재에 근거하고 있다는 언명은 바로 ②의 기술이다. 여기서 "그것[다만 하나의 현실적 존재]을 그 자신의(독자의) 존재 방식으로 인식하는 경우"란 바로 지각이다. 지각이, 자기차이성을 본질로 하는 개별적 존재이며 자기만의 고유한 존재 방식인 자상으로 존재하는 현실적 존재를 인식한다

는 것이다. 그런데 현실적 존재는 반드시 자신의 존재 방식으로 인식되는 경우 이외에 일반개념이나 언어에 의해 인식되는 경우가 있다. 이 언어나 일반개념에 의해 간접적으로 자상인 현실적 존재를 인식하는 수단이 추리이다. 따라서 추리도 현실적 존재에 근거한다고 할 수 있다. 결국 현실적 존재는 직접적으로 지각을 생기게 하는 근거가 되며, 간접적으로 추리를 생기게 하는 근거가 된다는 것을 알 수 있다.

그런데 추리에는 긍정추리와 부정추리 두 가지가 있다. 구체적인 사례를 들어 추리가 어떻게 현실적 존재에 근거하고 있는가를 살펴보고자 한다. 먼저 긍정추리이다.

> 실로 어떤 존재가 어떤 상태에 있을 때, 그것[어떤 존재]은 그와 같은 [어떤 상태에 상응한] 논리적 이유의 인식의 원인이다. 그러므로 그것[논리적 이유의 인식]으로부터 생기는 논리적 귀결의 인식은 그와 같은 상태에 있는 현실적 존재에 근거하는 것이다.(3장 81게송)
> 이와 같이 그것의 [직접적] 현현이 아닌 논리적 이유에 대한 인식과 논리적 귀결에 대한 인식은 간접적으로 현실적 존재와 결합하기 때문에, [현실적 존재를] 기만하지 않는다.(82게송)

연기(원인) → 불(결과)의 추리에서 연기는 논리적 이유며 불은 논리적 귀결이다. 여기서 논리적 이유인 연기에 대한 인식은 개별자인 연기 그 자체의 지각이 아니라 불의 결과인 연기라는 인식, 즉 연기의 공상에 의한 인식이다. 또한 그것을 원인으로 하여 생기한 불에 대한 인식은 개별자인 불 그 자체에서 직접적으로 생긴 것이 아니다. 게송의 표현으로 하자면 '논리적 이유인 연기와 귀결인 불은 현실적 존재 자체(불)의 직접적인 현현이 아닌 것'이다. 그렇지만 현실적 존재인 불 그 자체는, 현실적 존재인 연기 자체의 직접적 근거이며, 또한 논리적 이유인 연기 일반의 인식과 그것으로부터 생긴 논리적 귀결(불)에 대한 인식의 간접적인 원인(근거)이다. 이것을 토대로 연기 → 불의 추리 과정을 그림으로 나타내면 다음과 같다.[38]

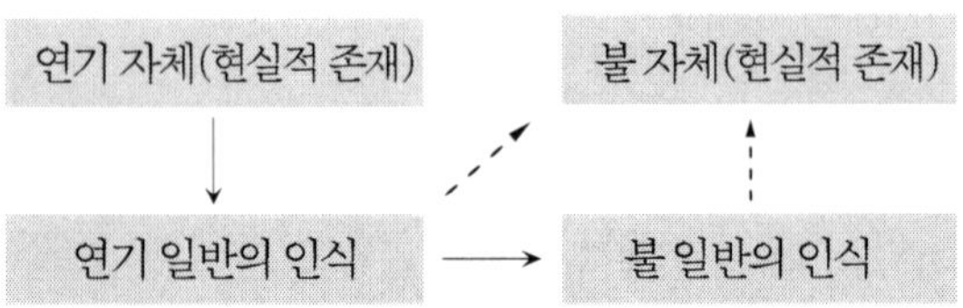

우리는 연기→불을 추리할 때, 그 추리의 궁극적 근거가 불(지각대상으로서의 불)이라는 현실적 존재임을 알 수 있다. 다시 말하면 현실적 존재인 불은 연기 일반의 인식과 불 일반의 인식의 간접적 근거가 되고 있으며 또한 연기 자체의 직접적인 근거가 된다. 아울러 추리의 타당성은 현실적 존재(불)→현실적 존재(연기)의 '본질적 관계'svabhāva pratibandha에 기인하는 것이다.

다음으로 부정추리의 사례를 제시하여 현실적 존재가 추리의 근거가 됨을 살펴보고자 한다. 다르마키르티는 『프라마나바르티카』 3장 지각론 96게송에서 다음과 같이 부정추리를 제시한다.

현실적 존재를 논증하는 [긍정추리의] 경우 현실적 존재들만이 [현실적 존재를] 논증하는 것과 같이, [현실적 존재] 자신의 부정[을 논증하는 부정추리]의 경우 현실적 존재들만이 현실적 존재를 부정하는 것이라 인정된다.

---

38) 戶崎宏正, 『佛教認識論の硏究』上, 155쪽.

연기→불이라는 긍정추리가 현실적 존재인 연기를 근거로 현실적 존재인 불을 긍정적으로 추리하는 것과 마찬가지로 비非불→비非연기라는 부정추리도 현실적 계기인 불 그 자체가 자기 부정에 있어서 연기의 비실재성을 성취하는 것이다. 다시 말하면 긍정추리와 마찬가지로 부정추리도 현실적 존재에 근거한 것이며 따라서 현실적 존재야말로 비실재를 성취하여 사람을 기만하지 않는다.

하지만 존재론적 근거를 자기의 독단적 주관적인 확신에서 구하거나 성전聖典에서 구하려는 일부의 반대 논사들은 다르마키르티의 존재론적 근거를 부정한다. 그들에 의하면, 추리의 근거는 주관적인 확신이나 성전의 말씀에서 구해야 한다. 도사키 히로마사는 "가령 '소리는 상주이다. 왜냐하면 나는 그와 같이 승인(확신)하기 때문이다'라거나 '소리는 상주이다. 왜냐하면 성전에 그와 같이 말하고 있기 때문이다'라는 추리의 경우의 논리적 이유, '내가 그렇게 확신한다' 혹은 '성전에 그렇게 말하고 있다' 등은 현실적 존재에 근거를 둔 것이 아니다"[39]라고 설명한다. 따라서 비합리적이며 독단적인 경향으로 흐를 수 있는 것이다. 부정추리의 경우도 마찬가지로 가령 '저 산에 불이 없다. 왜냐하면 나는 그와 같이 확신하기 때문'[40]이라거나 '귀신은 없다. 왜냐하면 경전의 말씀에 나 이외에는 어떠한 신도 없다고 말씀하였기 때문이다'라는 경우도 마찬가지로 비합리적이며 독단적인 근거를 제시하는 것에 지나지 않는다.

그렇다면 지각과 추리의 근거가 현실적 존재라고 하는 다르마키르티의 언명은 왜 중요한가? 두 가지로 답할 수 있겠다.

---

39) 같은 책, 140쪽.
40) 같은 책, 172쪽.

	아견에 근거한 인식론	다르마키르티
지각과 추리의 존재론적 근거	인식주체	현실적 존재

하나는 '아견에 근거한 인식론'에서 대상과 함께 인식에서 중요한 항을 차지하고 있는 인식주체를 부정하기 위한 것이다. '아견에 근거한 인식론' 특히 미망사 학파에 의하면, 지각과 추리는 대상과 감관의 접촉으로 인해 생기하지만, 그 지각과 추리의 존재론적 근거는 인식주체이다. 이러한 사유체계에서 지각과 추리는 인식을 구성하는 중요한 요소가 아니라 인식을 구성하는 중요한 요소인 인식주체의 속성이라는 부차적 요소로 전락하게 된다. 다르마키르티가 위의 게송에서 비판하고자 하는 것은, 우리의 인식이란 대상에 의해서 지각과 추리가 생기하고 지각과 추리에 의해서 대상이 파악되는, 대상과 인식의 내재적·본질적 관계로 본다는 것이다. 여기에는 지각과 추리를 성질quality로 하는 선험적 인식주체란 없다. 단지 지각과 추리는 현실적 존재에 근거할 뿐이다. 단순하게 정리하면 위 표와 같다.

이러한 사고에는 인간을 어떻게 이해할 것인가, 하는 근본적 인식의 차이가 놓여 있다. 니야야·바이세시카·상키야 학파는 인간의 본질을 순수정신 내지 순수의식인 아트만이나 푸루샤로 보는 반면, 다르마키르티는 인간의 본질을 '마음의 흐름'으로 본다. 전자의 순수정신이나 순수의식은 불변의 자기동일성이다. 다시 말하면 인간은 현상적으로 변화하지만 그 변화의 이면에는 불변의 본질인 순수정신이나 순수의식이 존재한다는 것이다. 반면 후자의 '마음의 흐름'은 찰나멸의 자기차이성이다. 다시 말하면 현실적 존재에 의해 마음은 생성하고 소멸하면서 흘러가는 것이다. 마음의 생성은 지각과 추리의 생성이며, 마음의 소멸은 지각과 추리의 소멸이다. 이 지각과 추리의 생성과 소멸의 과정 자체가 인간의 본질이 되는 것이다. 따라서 인간에게는 불변의 자기동일성과 같은 아트만이나 푸루샤가 있는 것이 아니라 현실적 존재에 의해 생성되고 소멸하는 지각과 추리라는 '마음의 흐름'만이 있다고 하는 것이 다르마키르티의 사고였던 것이다.

또 하나, 인식론에서 유식사상이 차지하는 비중은 막대하다. 하지만 모든 것이 마음의 표상뿐이라고 하는 유식사상은 자칫하면 주관적 유심론으로 흐를 수 있다. 모든 것이 마음의 표상이라고 했을 때 그 마음도 독존하는 절대적 존재^{the absolute entity}가 아니라 다른 것에 의존하는 상대적 존재^{the relative entity}에 지나지 않는다. 우리는 앞에서 바수반두의 식전변^{識轉變}에 대한 두 가지 해석을 상기할 필요가 있다. 식전변을 '식전변'으로 해석하는 것과 '식의 전변'으로 해석하는 것은 근본적으로 다르다. 식전변으로 해석했을 때 식 자체까지도 찰나멸한다는 의미가 되며, 식의 전변으로 해석했을 때 식은 불변이며 식에 의해 전변한 것만이 찰나멸한다는 의미가 된다. 전자의 식은 그 식마저도 상대적 존재 혹은 연기적 존재로 존재하는 반면, 후자의 식은 절대적 존재로 독존하게 된다. 이렇게 독존하는 식을 전제할 때 유식사상은 주관적 유심론으로 흘러가는 것이다. 다르마키르티가 지각과 추리라는 우리의 마음의 흐름이 식 자체의 메커니즘에 의해서 독존하는 것이 아니라 현실적 존재에 의존하고 있다는 존재론적 근거를 제시한 것은, 우리의 인식적 경험을 설명할 때 자칫 주관적 유심론으로 잘못 해석하지 않을까 하는 것을 미연에 방지하기 위한 것이었다.

결론적으로 말하면 모든 존재의 궁극적 근거는 현실적 존재에 있으며 또한 현실적 존재로부터 현실적 존재로의 긍정추리에서의 필연적 결합관계의 궁극적 근거도 현실적 존재에 있다. 또한 현실적 존재의 비실재도 현실적 존재의 자기부정에 의해서 드러난 비실재에 지나지 않으며, 현실적 존재의 비실재에서 추리된 현실적 존재의 비실재도 마찬가지로 궁극적 근거는 현실적 존재에 있음을 알 수 있다. 이렇게 모든 존재의 궁극적 근거는 현실적 존재에 있다는 것이 바로 존재론적 원리이다. 다시 말하면 "현실적 존재가 없다면 그 근거는 있을 수 없다"[41]는 것이 바로 존재론적 원리이다. 아울러 이 현실적 존재는 'A는 A이다'라는 자기동일의 원리에 기반한 것이 아니며 또한 'A는 ~A가 아니다'라는 모순의 원리에 입각한 존재가 아니라 'A는 ~A이다' 혹은 'A는 찰나멸을 본질로 하는 존재이다'라고 하는 찰나멸의 원리the principle of kṣaṇikatva에 입각한 존재라는 것이다. 이렇게 모든 것은 현실적 존재에 근거한 것이며 또한 현실적 존재는 찰나멸의 원리를 기반으로 한다는 존재론적 원리는 존재론에서 지각론, 지각론에서 추리론 그리고 종교론에까지 일관되게 관철되고 있는 것이다. 아울러 현실적 존재를 넘어서 근거를 구하는 것은 단지 추상이거나 아니면 '자기 독단의 오류'에 빠지거나 아니면 '잘못 놓인 구체성의 오류'를 범하게 된다. 이런 측면에서 다르마키르티는 비판적 실재론에 입각한 합리론자임을 확인할 수 있겠다.

절대성 원리와 상대성 원리

인도의 극단적 실재론은 있는 것은 있는 것이지, 있는 것은 없는 것을 자기

---

41) 이 존재론적 원리라는 개념은 전적으로 화이트헤드에게 빚지고 있다. 화이트헤드는 그의 주저 『과정과 실재』 2장 「범주의 도식」에서 존재론적 원리를 다음과 같이 설명한다. "생성 과정이 임의의 특정 순간에 순응하고 있는 모든 조건은 그 근거를 그 합생의 현실 세계 속에 있는 어떤 현실적 존재의 성격에 두고 있거나 아니면 합생의 과정에 있는 그 주체의 성격 속에 두고 있다. 이러한 설명의 범주는 존재론적 원리(ontological principle)라 불린다. 그것은 또한 '작용인 및 목적인의 원리'라고 할 수 있다. 따라서 근거를 탐색한다는 것은 하나 내지 그 이상의 현실적 존재를 탐색하는 것을 말한다." 화이트헤드, 『과정과 실재』, 오영환 옮김, 민음사, 1991, 83쪽. 그리고 범주의 도식을 설명하는 서두에 다음과 같이 존재론적 원리를 정의하고 있다. "존재론적 원리는 '현실적 존재가 없으면 근거도 없다'는 명제로 요약될 수 있다"(73쪽)고 한다.

본질로 하지 않는다고 하는 사유체계임을 앞서 살펴보았다. 다시 말하면 근원적 존재는 다른 것과 관계를 맺으면서 존재하는 것이 아니라 관계를 단절한 독존獨存의 존재라는 것이다. 이렇게 근원적 존재가 다른 것과 관계를 맺지 않고 홀로 있다는 의미에서 '절대성의 원리'가 실체와 속성의 사유체계의 중요한 원리이다. 따라서 '있는 것이 있는 것'이라는 자기동일성의 원리나 '있는 것이 없는 것이 아닌 것'이라는 모순의 원리는 모두 궁극적 존재는 독존해야 한다는 절대성 원리의 다른 표현이다.[42]

실체적 사유와 대립하는 불교적 사유는 두 개의 개념을 근간으로 한다. 하나는 무상(찰나멸)이며, 또 하나는 연기다. 그런데 무상과 연기는 무아를 논증하기 위한 방편적 개념이라는 점에서 전혀 다른 개념이 아니다. 다시 말하면 두 개념은 서로가 서로를 전제한다. 우리는 앞에서 근원적 실재가 자기차이성으로 존재한다는 것을 기술했다. 이것은 근원적 실재는 무상이며 찰나멸이라는 주장을 풀어서 말한 것에 지나지 않는다. 따라서 무상＝찰나멸＝자기차이성을 본질로 한다는 것은 동일한 진술에 다름 아니다. 하지만 존재가 무상하다, 혹은 찰나멸이다, 혹은 자기차이성을 본질로 한다는 명제는 근원적 실재의 비실체성과 구체적 존재방식을 적절하게 설명하지만, 현상세계의 생성과 그것에 대한 우리의 경험을 구체적으로 설명하는 범주라고 할 수는 없다. 이 현상세계의 생성과 우리의 존재론상의 경험, 인식론상의 경험, 종교론상의 경험을 구체적으로 설명하는 범주로서 제시된 것이 바로 연기이다. 연기에 대한 전통적인 설명으로는 모든 존재는 직접적인 원인과 간접적인 조건으로 생기한다는 것이다. 이것은 '있는 것[존재]이란 다른 것의 생성을 위한 가능태'라는 의미에서 '상대

---

42) G. B. J. Dreyfus, *Recognizing Reality*, p. 61.

성 원리'이다. 이것은 연기의 다른 이름이다.

어떤 것이 생기하기 위해서는 다른 존재가 여건이 되어야 한다. 이렇게 존재가 다른 것과 관계를 맺으면서 미시적 세계의 경험과 거시적 세계에 대한 경험을 합리적으로 설명하기 위해서 제시된 것이 연기설이라는 '상대성 원리'이다. 그런데 연기는 두 가지 측면으로 분석 가능하다. 하나는 '이것이 있음으로 인해 저것이 생기한다'이며, 또 하나는 '이것이 생기함으로 인해 저것이 생기한다'이다. '다수의 존재로부터 하나의 존재가 생성되는 실재적인 생성에 있어 요소가 될 수 있다는 가능성은 모든 현실적 존재와 비현실적 존재가 지니고 있는 하나의 일반적인 형이상학의 성격이며, 그 우주에 있어서의 모든 항목은 각 생성 속에 포함되어 있다는 것', 다시 말하면 '있는 것의 본성에는 모든 생성을 위한 가능성이 있다는 상대성 원리'와 상통한다. 결국 다르마키르티 사유체계의 근간에는 불교의 무아설과, 궁극적 실재에 대한 우리 경험의 근거를 자기동일성을 본질로 하는 실체인 추상적인 존재에서 찾는 것이 아니라 자기차이성을 본질로 하는 구체적인 찰나멸의 존재에서 구하는 존재론적 원리와, 있는 것의 본성에는 모든 생성을 위한 가능성이 있다는 상대성 원리가 있다. 다르마키르티는 이러한 존재론적 원리와 상대성 원리를 존재론뿐만 아니라 인식론과 종교론에까지 일관되게 적용하고 있다.

아견에 근거한 인식론

연기란 존재와 존재, 존재와 인식의 내재적·본질적 관계를 표현하는 술어이다. 인식이란 자연과 인간, 대상과 주체의 연관성을 구체적으로 보여 주는 술어이다. 우리는 인식이라는 문을 통해 자연과 관계를 맺으며, 인식이라는 창을 통해 대상을 파악한다. 그런데 자연과 관계를 맺는 방식 혹은 대상을 파악하는 방식에는 두 가지가 있다. 하나는 언어·개념구성[分別]을 배제한 직접적 인식에 의한 파악이고, 또 하나는 언어·개념구성을 매개로 한 간접적 인식에 의한 파악이다. 일반적으로 전자를 지각pratyakṣa, 現量이라 하고, 후자를 추리anumāna, 比量라 한다. 따라서 우리는 직접적 인식인 지각과 간접적인 인식인 사유를 통해 자연과 관계를 맺으며, 대상을 파악하는 것이다.

그런데 인식, 특히 직접적인 인식인 지각에 대한 설명은 크게 두 갈래로 나뉜다. 하나는 아견에 근거한 설명이고, 또 하나는 무아견에 근거한 설명이다.

아견론자는 지각이라는 우리의 직접적 경험을 경험 그 자체 내에서, 그 경험을 구성하는 요소들의 내재적·본질적 연관(= 연기적 연관) 속에서 파악하는 것이 아니라, 우리의 경험에서 추출한 추상적인 관념을 갖고 우리의 구체적 경험인 지각을 설명한다는 것이다. 이것을 인식론과 관련시켜 논한다면 우리의 인식적 경험은 '대상에 대한 인식작용'으로 존재한다. 이 대상에 대한 인식작용을 개념구성이라는 분별에 의해 '대상에 대한 인식작용'에서 '대상'과 '인식작용'을 분할하고 나아가 '인식작용'을 인식수단과 인식주체로 분할하여 객관적으로 실재하는 대상item과 선험적으로 존재하는 인식주체item의 작용으로 설명한다. 이러한 항과 항의 인과관계로 인식을 설명하는 학파 가운데 불교 밖에서는 니야야·바이세시카·상키야가 있고 불교 안에서는 유부가 있다.

먼저 니야야 학파는 극단적 실재론을 근간으로 정교한 인식론을 구축하는데, 이 학파가 소의경전으로 하는 『니야야수트라』에는 지각을 다음과 같이 정의하고 있다.

① 지각이란 감관과 대상의 접촉으로 생성된 인식으로서, 언어에 근원하지 않고, 대상에 어긋나지 않으며, 판단적(확정적) 성격을 가진 것이다.

② 인식이란 자아의 비본질적 속성이다.

③ 인식은 자아와 비아非我 사이의 접촉의 결과로 일어난다.

④ 의식의 기체인 아트만이 없이는 인식은 있을 수 없다.

이 수트라sūtra의 지각 정의 ①은 니야야 지각론의 출발점이 되며, 니야야 지각론의 본질을 제시하고 있다. ②에서 인식(지각과 추리)을 아트만의 속성이라고 한 것은 주의할 만하다. 앞에서도 언급한 바와 같이 불교는 지각과 추리를 인식주체의 속성으로 여기지 않는다. 불교는 아예 인식주체를 상정하지 않기 때문에 지각과 추리라는 마음의 과정으로 '나'라는 것이 생성되고 '나'라는 것이 소멸될 뿐이다. 이러한 마음의 두 계기인 대상적 측면과 주관적 측면을 분별하여 대상과 인식주체인 '나', '아트만', '푸루샤' 등이 있다고 가설假設하고 있다. 따라서 불교에 의하면 인식주체는 개념적 사유에 의해 구성된 허구에 지나지 않는 것이다. ③,④도 인식주체에 대한 기술이다.

이러한 니야야 학파의 지각 정의를 근거로 하여 가지야마 유이치는 니야야 지각론을 다음과 같이 설명하고 있다. "내가 '푸른 항아리'를 보고 있을 때, 여기에는 여러 가지 인식이 일어난다고 한다. 나는 항아리라고 하는 실체dravya를 보고, 푸르다고 하는 속성guṇa이나 항아리의 이동과 같은 운동karma을 보며, 항아리성이라고 하는 보편sāmānya, 그 밖의 다른 보편과 구별되는 특수viśeṣa, 푸른 속성이 항아리에 내속samavāya하는 관계, 항아리가 지면과 일시적으로 결합하는 관계 등, 나는 이 모두를 보는 것이다."[43] 여기서 인식의 대상은 실체·속성·운동·보편·특수·내재이며, 인식의 주체는 감관이 아니라 아트만이다. 따라서 실재론을 표방하는 니야야 학파로서는 인식의 주체와 객체는 독립된 실재이며, 객체와 감관의 접촉에 의해서 파악된 것이 의manas를 통해서 주체로 전달되어 인식된다는 것이 니야야 지각론의 기본 구조이다. 이 구조에는 기본적으로 실체적 사유가 전제되어 있다.

위의 '항아리에 대한 지각'을 보다 쉽게 설명해 보자. 우리가 '푸른 항아리'를 지각할 때, 니야야에 의하면, '푸른 항아리에 대한 지각'이 우리의 근원적 경험이 아니라 '나는 푸른 항아리를 본다'라는 명제적 경험이 우리의 근원적 경험이다. 왜냐하면 '본다'라는 작용 이전에 '본다'라는 작용이 가능하기 위한 인식대상과 인식주체를 먼저 전제하기 때문이다. 여기서 '본다'라는 지각은 주체인 나(아트만)에 속한 성질에 지나지 않는다. 그런데 문제는 인식주체가 지각의 단계에 이미 존재하는가? 또한 불변의 실재인 대상, 즉 육구의(여섯 범주)가 지각의 단계에 이미 존재하는가? 라는 질문에 대해 그들은 내재적·정합적 설명을 하지 못한다.

다음으로 상키야 학파의 인식론을 살펴보자.[44]

① 감각과 인상은 감관과 대상 사이의 접촉의 결과로서 일어난다.

② 또 [11송에서 말한 세 가지 덕 등의] 그것과 정반대가 있기 때문에 이 신령스러운 자아[靈我]가 주인이고 독존하고, 중립이고, 보는 자이고, 비작자라는 점이 증명된다.

③ 그러므로 이것[靈我]과 결합하므로 비정신적인 세상이 마치 정신적인

---

43) 가지야마 유이치, 『인도불교철학』, 26쪽.
44) 풀리간들라, 『인도철학』, 132~137쪽.

것처럼 된다. 또 마찬가지로 [본래는] 질이 작자인데, 무관심한 것[靈我]이 마치 작자인 것처럼 된다.

④ 마나스는 감각과 인상을 갖가지 형태로 분석하여 마하트^{mahat}로 넘긴다. 비의식적이고 물리적인 실체인 마하트도 인식을 생성시키기 위해서는 푸루샤의 의식의 빛을 필요로 한다. 그러므로 순수의식으로서의 푸루샤가 없이는 어떤 인식도 있을 수 없다.

⑤ 푸루샤는 내면의 자아로서 순수의식이다. 푸루샤는 육신이나 감각, 마나스, 에고 그리고 지성과도 다르다.

⑥ 자아란 순수의식 그 자체이다.

⑦ 자아는 [프라크리티와 같이] 영원하고, 만들어진 것이 아니며, 편재하는 것이다.

①에서 니야야와 마찬가지로 지각은 감관과 대상의 접촉이라는 설을 주장하며, 인식대상은 삼덕三德(사트바·라자스·타마스)을 속성으로 하는 프라크리티이며, 이 대상을 영원하고 만들어진 것이 아니며 편재하는 순수의식인 푸루샤가 본다고 하는 것이 상키야 학파의 인식의 구조이다.

다음으로 유부의 인식(지각)에 대한 아견에 근거한 설명 방식을 살펴보자. 유부는 『잡아함경』에서 제시된 경설 즉 "緣眼色生眼識, 三事和合, 觸俱生受想思"를 인과관계의 측면에서 구체적으로 설명한다. 여기서 안은 인식기관[眼根], 색은 인식대상[色境], 안식은 인식결과이다. 또한 안식은 유부의 5위 75법의 법의 분류에 의하면 심법이며, 촉·수·상·사는 심소법이다. 유부의 인과관계$^{45)}$에 의하면 인식기관과 인식대상이 안식의 소연연所緣緣이며, 안식은 증상과增上果이므로 이 둘은 소연연-증상과의 동시적 인과관계를 맺고 있다. 다음으로 마음[心法]인 안식과 마음작용[心所法]인 촉·수·

상·사는 상응인相應因－사용과士用果의 동시적 인과관계를 맺고 있다. 그림으로 나타내면 다음과 같다(－은 동시적 관계).

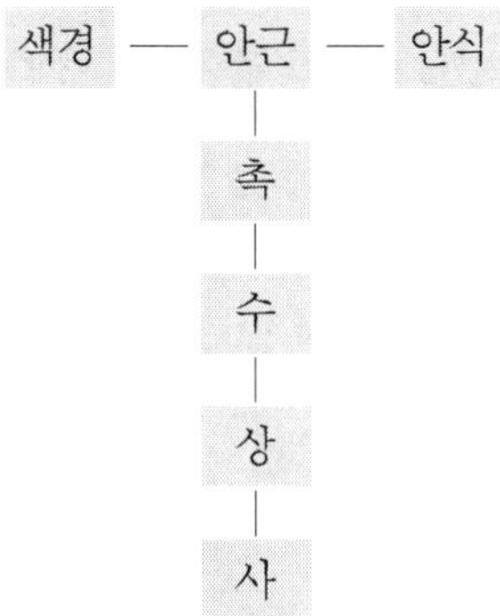

이 그림은 유부에 의한 인식 발생의 과정을 제시한 것으로 동시에 인식기관·인식대상·인식주체[眼識인 心法]가 인과관계를 맺어 인식결과인 촉·

---

45) "유부는 내 눈앞에 놓인 컵을 다음과 같은 정교한 인과관계로 설명한다. 지금 탁자 위에 놓여 있는 컵은 다르마의 합성이다. 그것은 지·수·화·풍의 사대[모두 촉경(觸境)에 속한다] 및 각종의 소조색(所造色)[컵의 둥근 모양은 색경(色境), 미끄러운 감촉은 촉경]이 함께 미래로부터 현재에 생기해 오는 것에 의해서 이 순간에 색법(色法)으로서 여기에 있게 된다. 이들 사대(四大) 및 사대소조(四大所造)의 제법(諸法)은 각각 상호 간에 구유인(俱有因)－사용과(士用果)의 관계를 가진다. 이들 제법이 모두 각각 그 사상(四相)[즉 생주이멸(生住異滅)이며 이것은 심불상응행(心不相應行)에 속한다]을 갖지만 이들 사이에도 또한 상호간에 구유인－사용과의 관계가 존재한다. 그런데 다음 순간, 위의 제법은 과거의 영역으로 사라지며 동시에 미래의 영역으로부터 새로운 동류(同類)의 제법이 생기해 와서 앞의 제법의 현재에 있어서 존재를 계승한다. 앞의 제법은 동류인(同類因)이며 새로운 제법은 등류과(等流果)이다. 그런데 앞의 순간에서 컵을 구성하고 있는 제법 가운데 지대는 같은 순간 같은 컵을 구성하고 있는 수대·화대·풍대, 그 외 다른 소조색, 사상 등에 대해서는 구유인이며 다음 순간에서 같은 컵을 구성하는 같은 지대에 대해서 동류인이다. 또한 그 컵이 그때 나에 의해서 보이고 있다고 한다면 컵의 색깔이나 모양[色境]은 나의 마음(그때는 안식으로서 작용한다)의 소연연이다(그때 심은 그 증상과增上果이다). 물론 컵을 구성하고 있는 모든 법은 또한 각각 그 이외의 모든 법에 대해서 능작인(能作因) 혹은 증상연(增上緣)이며 또한 그들의 증상과이다. 컵을 보고 있는 나의 마음은 많은 마음작용[心所]과 동시에 생기하며 이들 마음작용에 대해서는 구유인·상응인(이들 마음작용은 마음에 대해서 구유인－상응인)이며 또한 그들 마음작용의 사용과(같은 마음작용은 마음의 사용과)이기도 하다. 나의 마음과 마음작용은 다음 찰나의 나의 마음과 마음작용에 대해서는 무간연(無間緣)이며, 앞의 찰나의 그것들에서 말하면 증상과가 된다." 佛敎思想硏究會 編, 『因果』, 平樂社書店, 1978, 137쪽.

수·상·사가 생긴다는 것이다. 하지만 이 유부의 인식론은 원인[因]이라는 항과 결과[果]라는 항이 법으로 이미 선재해 있기 때문에 그 두 항 사이의 본질적·내재적 관계를 설명하는 것이 아니라 형식적·외재적 관계만을 설명하고 있을 뿐이다. 이러한 비연기적 인식 설명은 우리의 직접적 경험과 상충하며 동시에 논리적 문제까지 발생시킨다.

첫째, 인식주체인 안식[心法]과 인식결과인 촉·수·상·사[心所法]의 대상이 동일할 수 있는가 하는 것이다. 유부는 동일한 대상을 여건으로 인식주체인 안식과 인식결과인 촉·수·상·사가 동시에 생기한다고 주장한다. 가령, '꽃을 본다'에서 보는 주체인 안식과 느낌[受]·심상[想]·의지[思]의 대상은 눈앞의 '꽃'이다. 유부는 인식주체인 안식의 대상인 '꽃'은 지·수·화·풍의 사대와 색·향·미·촉의 사소조색이 동시에 구생俱生하는 실재라 본다. 이것을 유부는 팔사구생[46]이라 한다. 그런데 유부는 팔사구생의 꽃을 대상으로 인식주체인 안식(감관지)이 생기하고, 그 동일한 대상에 대해서 느낌[受]·심상[想]·의지[思] 등의 심리작용이 동시에 생기한다고 주장한다. 하지만 우리의 상식적 경험에 의하면 수·상·사는 시간을 달리하면서 계기하는 것이며, 또한 본질적 기능도 다른 것이다. 본질적 기능이 다른 수·상·사가 동일한 대상에 작용하는 것이 가능한가? 유부에 의하면 하나의 존재는 하나의 기능을 가지며, 그것이 마음[心]이거나 마음작용[心所]일 때는 각기 다른 대상[所緣]과 인과관계를 맺는다고 하는 그들의 주장과도 상충하기 때문이다.

둘째, 인식의 원인인 색경·안근·안식과 결과인 촉·수·상·사가 동

---

46) 팔사구생(八事俱生)이란 다음과 같다. 가령 우리가 인식할 수 있는 물질(rupa)은 최저 8개의 法(dharma)으로 구성되어 있다는 것을 말한다. 8개의 법이란 지·수·화·풍의 사대와 색·향·미·촉의 사대소조를 말한다.

시적 사태일 수 있는가? 라는 것이다. 상식적으로 동시적으로 존재하는 것은 상호 간에 영향을 미칠 수 없다. 지금 태양을 내가 보고 있다고 하자. 일반적으로 사람들은 태양과 나는 동시적으로 존재하며 거기서 '보다'라는 작용이 동시에 발생한다고 생각하겠지만, 사실 지금 보고 있는 태양은 8분 전의 태양이다. 이것은 지금 눈앞의 컵을 본다고 하는 사태에 그대로 적용된다. 컵을 보는 나는 직전의 컵을 볼 뿐 컵 그 자체는 볼 수 없다. 거기에 걸리는 시간은 태양을 보는 시간보다 훨씬 짧은 시간이겠지만 하여튼 시간이 걸린다는 것은 확실하다. 가령, 종자와 씨앗과 같은 경우는 시간적 선후가 명백히 경험되는 것이다.

결국 니야야·상키야·유부가 공통적으로 주장하는 것은 다음의 두 가지이다. 하나는 지각은 감관과 대상의 접촉이라는 감관·대상접촉설이다. 이것은 감관과 대상의 접촉이 원인이 되어 동시에 지각이라는 결과가 생긴다고 하는 감관(대상)·지각의 동시적 인과관계 이론으로 귀결된다. 그렇다면 왜 이들 학파는 감관·대상접촉설을 주장했을까? 그 이유 중 하나는 그들이 불변의 인식주체인 아트만·푸루샤·심왕을 제시하고 있다는 것이다. 이들 불변의 인식주체와 실재하는 대상을 전제하고서 인식을 설명할 때 감관·대상접촉설로써 설명하지 않을 수 없기 때문이다. 궁극적으로 보는 것은 감관이 아니라 감관의 작용을 통해 아트만·푸루샤·심왕이 보는 것이다. 따라서 그들은 지각을 감관·대상접촉설로, 감관·대상과 지각을 동시적 인과관계로 기술할 수밖에 없었던 것이다.

그러므로 이미 선재하는 인식주체와 객관적으로 존재하는 대상을 기본적인 항으로 설정하고 우리의 인식적 경험을 설명할 때, 가장 근본적인 경험으로 '지각적 경험'보다 '명제적 경험'을 설정하는 것과 무형상無形相 인식을 설정하는 것은 너무나 당연한 귀결인 것이다. 이렇게 인식주체와 인식대상을 전제할 때, 인식이란 불변의 완결적 주체가 갖는 객체 인식의 통로로 설명된다. 이것은 마치 사람이 지팡이를 손에 쥐는 것처럼, 주체가 대상을 파악한다고 하는 인식론이기 때문에 대상과 인식의 내재적·본질적 연관을 제대로 설명하지 못한다는 점에서 우리는 이러한 인식론을 '아견에 근거한 인식론'이라 불렀던 것이다.

이러한 인식론에서는 대상이 어떻게 생성되고 그 대상이 나에게 어떤 계승의 경로를 통해 진입하고 있으며, 또한 인식의 주체에게 어떻게 수용되는가 하는 인식의 전 과정을 내재적·정합적으로 설명하기란 쉽지 않을 것이다.

무아견에 근거한 인식론

인식에 대한 설명 가운데 또 하나는 무아견에 근거한 설명이다. 인식이라는 우리의 직접적 경험을 경험 자체 내에서, 그 경험을 구성하는 요소들의 내재적·본질적 연관 속에서 설명하는 것이다. 마찬가지로 우리가 녹색의 나뭇잎을 지각할 때, 연기적 설명에 의하면 우리의 지각적 경험은 하나의 전체로서 생기하며, 또한 그것은 생기하자마자 소멸하는 것이다. 다르마키르티는 다음과 같이 말한다.

> [자상은] 모든 것으로부터 [자기 자신을] 차이화하기 때문에 차이에 근거한 인식[분별, 개념적 사유]은, 그 대상[자상]이 [하나의 전체로서 존재하는 것을 기체인 형색과 속성인 무상성으로] 분할되어 있지 않음에도 불구하고, 마치 분할된 것에 근거하고 있는 것처럼 작용한다.(『프라마나바르티카』, 3장 108게송)

궁극적 차원의 존재는 하나의 전체로서 '획기적으로' 생성하며, 생성하자마자 소멸하는 것이다. 또한 하나의 전체로서 생성하는 존재는 동류同類이든 이류異類이든 모든 다른 존재로부터 자기를 차이화하는 본질을 지니고 있다. 이 차이화하는 작용에 기인하여 개념적 인식이 발생하는 것이다. 달리 말하면 개념적 인식이 생기기 직전, 개념구성이 배제된 지각의 단계에서는 대상이 하나의 전체로서 수용되었음을 의미하는 것이다. 그런데 대상의 자기차이성에 기인하여 개념적 인식이 생기함에 따라 하나의 전체로서 수용된 대상이 마치 기체와 속성을 가진 것처럼 분할하여 현현하게 된다. 결국 기체·속성의 분할은 개념적 인식(분별)에 의해서 형성된 것이다. 그리고 일상언어의 약속에 의해서 기체인 형색과 속성인 무상을 결합하여 '형색은 무상이다'라고 표현하였던 것이다. 위의 게송은 인식대상이 최초로 지각될 때 하나의 전체로서 수용된다는 것을 설명한 반면 다음 게송은 인식주체가 하나의 전체로서 생성된다는 것을 언급한 것이다.

> 어떤 양상으로 [즉 다수의 형상을 가진 하나의 획기적 전체로서] 현현한 인식, 그것은 바로 그와 같은 양상으로 [즉 다수의 대상형상과 주체형상으로 분할되지 않고 하나의 전체로서] 경험된다. 따라서 [푸른색과 노란색 등의] 다수의 형상을 지니고 있는 인식에는 확실히 단일성이 있는 것이다.(『프라마나바르티카』, 3장 221게송)

우리가 다수의 색깔을 가진 호랑나비를 인식할 때 호랑나비 자체는 다수의 형상을 가진 대상이지만 그 대상이 수용되어 우리 인식 속에 현현할 때 인식은 하나의 전체로서 현현한다. 다시 말하면 호랑나비의 형형색색이 동시에 하나의 인식에 의해 인식된다는 것이다. 유식의 관점에서 보면 존재하는 것은 호랑나비에 대한 '인식의 현현'뿐 호랑나비는 실재하는 것이 아니다. 그런데 우리는 인식에 현현한 호랑나비 색깔의 형상과 그 형상, 즉 자기 인식하는 주체의 형상을 개념적으로 분할하여 대상형상과 인식형상이 따로 있다고 생각한다. 이것은 착각에 지나지 않는다고 하는 것이 유식의 주장이다. 이상은 인식대상이나 인식 그 자체는 하나의 전체로서 생기하자마자 소멸한다는 것을 설명한 것이다.

그런데 인식은 독존하는 존재가 아니라 인과적 관계 속에서 생성하며 소멸하는 것이다. 다르마키르티는 인식의 이러한 인과적 관계를 두 가지로 나누어서 설명한다. 하나는 외부대상 실재론을 주장하는 경량부와 또 하나는 경량부의 외부대상 실재론을 비판하는 유식학파의 인식론이다.

먼저 외부대상 실재론을 주장하는 경량부의 인식이론은 다음과 같다.

①모든 원인들은 [결과의 생기보다] 이전에 존재한다. 왜냐하면 [결과의 생기보다] 이전에 존재하지 않는 것은 [결과의 생기에 대해서 인과적 효과의] 능력이 없기 때문이며, 또한 [결과의 생기와 동시에 있는 것은 자기의 생기와 동시에 결과도 생기하기 때문에 그것이] 뒤에 작용할 여지는 없기 때문이다. 따라서 [의식의] 대상[원인]은 자기의 인식[의식, 결과]과 동시에 존재하지 않는다.(『프라마나바르티카』, 3장 246게송)

②실로 결과[인 인식]는 다수의 [최초의] 원인을 갖는다고 해도, [그 다수의 최초의 원인 가운데] 어떤 것[이 객체적 원인이 되어 그것]에 의해 생기하는 것, '그것[인식]이 그것[객체적 원인인 존재]에 의해 주어진 그것의 형상을 갖는다'라든가 '그것[객체적 원인인 존재]은 그것[인식]에 의해서 파악된다'라고 말한다.(3장 248게송)

①에서 원인인 대상과 결과인 인식이 동시에 존재할 경우, 결과의 생기에 대해서 원인이 인과적 효과성의 능력을 발휘할 수 없는 이유는, 바로 동시적으로 존재하는 것은 이류인 경우에만 가능할 뿐 동류일 경우에는 불가능하기 때문이다. 그렇지만 동류인 경우에는 상호 계시적으로 인과관계를 맺을 수 있다. 따라서 대상과 인식은 계시적으로 인과관계를 맺기 때문에 본질을 달리하는 것이 아님을 알 수 있다. 다시 말하면 전혀 본질을 달리하는 것은 상호 간에 내재적·본질적 관계를 맺을 수 없다. 이렇게 한 찰나 전의 대상이 원인이 되어 다음 찰나에 인식이 생기하는 것이다. 그러므로 이러한 인식론에서 대상과 인식이 이시적 인과관계를 맺는다고 하는 것은 자연스러운 귀결인 것이다.

②에서는 이러한 존재와 인식의 인식론적 관계를 구체적으로 언급하고 있다. 다시 말하면 대상과 인식이 내재적·본질적 관계를 맺는다고 했을 때, 내재적·본질적 관계의 구체적 내용이 무엇인가, 라는 것에 대한 답변이 ②의 게송이다. 즉 대상이 인식을 생기게 한 것은 두 가지로 분석 가능한데, 하나는 대상의 측면에서 '대상은 자신의 형상을 인식에 부여했다'고 할 수 있으며, 인식의 측면에서는 '인식이 대상을 파악했다'라고 할 수 있는 것이다. 이렇게 대상이 한 찰나 전에 인식에 형상을 부여하자마자 소멸하기 때문에 인식은 대상을 직접적으로 파악할 수는 없다. 다만 인식의 생기라는 결과를 근거로 인식의 원인인 대상이 외부에 존재한다는 것을 유추할 수 있으며, 또한 인식에 부여된 형상을 통해 대상의 본질을 알 수 있는 것이다. 여기서 형상을 통해 대상과 인식은 내재적·본질적 관계를 맺고 있음을 알 수 있으며 아울러 이러한 인식론이 유형상인식론有形相認識論이라는 것도 확인할 수 있겠다.

다음으로 유식학파의 인식이론이다. 유식학파는 위에서도 언급한 바와 같이 외부대상의 존재를 인정하지 않는다. 그렇게 되면 인식의 생성은 대상이 없이 생기게 되기 때문에 연기적 인식은 불가능하게 될 것이라고 비판할 수 있을 것이다. 하지만 다르마키르티는 다음과 같이 유식의 인식 이론을 제시한다.

> ①만약 '[인식이] 그것과 유사하다는 것'과 ②'그것으로부터 생기하는 것'이 인식대상의 특징이라고 한다면, 같은 대상을 가진 ③등무간연等無間緣의 인식도 인식의 대상이 될 것이다.(『프라마나바르티카』, 3장 323게송)

경량부는 인식대상이 될 수 있는 조건을 다음 두 가지를 든다. 하나는 인식을 생기게 할 수 있는 능력이 있을 것(대상생기성)과 또 하나는 인식에 자신의 형상을 부여할 수 있는 능력이 있을 것(대상형상성)이다. 따라서 ①은 대상형상성, ②는 '대상생기성'이다. 인식이 대상에 의해 생기하고 또한 그 인식이 대상과 유사하다는 것, 그것이야말로 대상이 인식 밖에 있다는 것을 방증한다고 경량부는 보았던 것이다. 이에 대해 다르마키르티는 선행하는 인식이 이러한 두 가지 조건을 충족시킨다면 굳이 외부대상을 인정할 필요가 없다는 것이 바로 ③의 주장이다. 가령 경량부의 인과적 인식에 의하면 아래처럼 나타낼 수 있다.

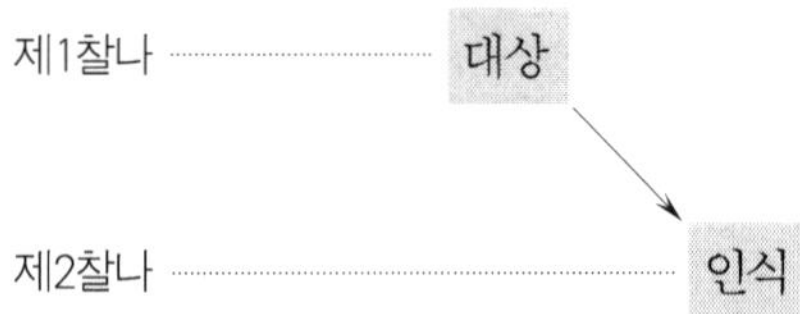

이와 같이 이전 찰나의 대상(원인) → 다음 찰나의 인식(결과) 대신에 다음과 같이 이전 찰나의 인식(원인) → 다음 찰나의 인식(결과)이 성립한다는 것이 다르마키르티의 주장이다.

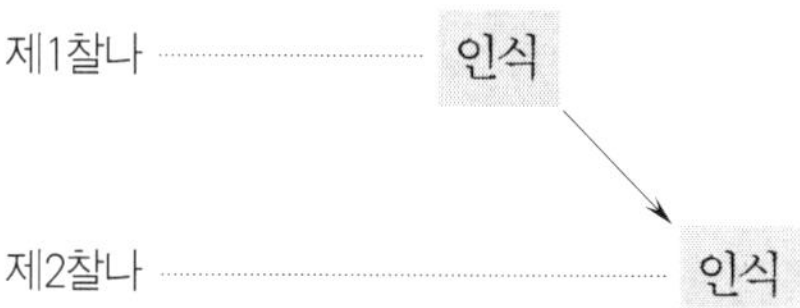

여기서 이전 찰나의 인식이 등무간연이 되어 대상을 가질 때 다음 찰나의 인식 사이에는 형상의 유사성이 존재하며, 아울러 이전 찰나의 인식은 다음 찰나의 인식 생기의 원인이 되기 때문에 인식대상이기 위한 두 가지 조건을 충족시키고 있다. 따라서 외부대상을 인정하지 않고서도 우리의 인식의 과정을 설명할 수 있다는 것이 유식의 입장이다. 경량부와 유식의 인식론은 외부대상을 인정하는가, 하지 않는가의 차이만 있을 뿐 동일한 인식 구조를 갖는다.

이때 인식은 이미 있는 불변의 자기동일성을 본질로 하는 존재를 대상으로 하는 것이 아니라 자기차이성·찰나멸성·인과적 효과성을 본질로 하는 현실적 존재를 대상으로 하여 생성된다는 것이다. 또한 인식은 '심의 흐름'으로 보기 때문에 인식주체는 당연히 상정될 필요가 없다. 이렇게 인식을 완결적 주체가 갖는 대상인식 활동으로 보지 않고 생성하는 주체가 갖는 자기구성활동이나 자기화하는 존재론적 활동, 즉 존재와 인식의 내재적·본질적 관계로 파악하는 인식론을 '무아견에 근거한 인식론'이라 한다. 이 인식론은 무아견에 의해 필연적으로 귀결되는 것이다.

'무아견에 근거한 인식론'은 '아견에 근거한 인식론'과 달리 우리의 일상적 경험을 분석할 때 지각적 경험을 근본적인 경험으로 설정한다. 지각적 경험이란 예를 들면 녹색의 나뭇잎을 바라보고 있을 때, 언어나 분별적 사고가 일어나기 전의 원초적 지각 상태, 즉 '녹색의 나뭇잎에 대한 나의 지각'my seeing green leaf이라는 지각의 상태이다. 이것은 언제나 현재적 경험이며, 또한 지각하자마자 사라지는 순간적인 경험 상태인 것이다. 여기서 '나의'my와 '녹색의 나뭇잎'green leaf은 객체적으로 존재하는 것이 아니라 지각seeing의 양상aspect에 지나지 않는다. 실제로 존재하는 것은 지각하고 있다는 사태 혹은 사건만 있을 뿐이다.

그런데 '무아견에 근거한 인식론'에 의하면 지각이라는 사태(결과)는 저절로 생긴 것이 아니라 반드시 어떤 원인[因]에 의해서 형성된 것[果]이라 파악하는 것이다. 그 지각 생성의 원인이 되는 대상을 '무아견에 근거한 인식론'은 자상自相이라 한다. 자상은 인과적 효과성이다. 이것은 대상을 낳는 효력을 지닌 힘인 것이다. 따라서 녹색의 나뭇잎에 대한 지각에서 지각을 형성하게 하는 인[因]으로서의 녹색의 나뭇잎도 실은 녹색과 나뭇잎이라는 형상을 낳게 하는 인과적 힘에 지나지 않을 뿐 거기에 이미 녹색이라든지 잎이라는 언어가 개입되어 있는 대상은 아닌 것이다. 이것은 정서적 색조에 가깝다고 보는 것이 오히려 타당하다. 이렇게 인과적 효과성을 지닌 자상에 의해 우리의 지각은 생성한다. 이때 제공되는 자상은 독존獨存하는 존재 내지 힘이 아니라 다른 것과 연기적 관계를 맺고 있는 전체적 연관 속에 있는 존재이며 또한 이미 우리에게 알려진 존재가 아니라 언제나 미지의 새로운 대상인 것이다. 이렇게 해서 우리는 지각을 통해서 연관된 세계를 통째로 받아들인다.

그러나 대상인 자상과 마찬가지로 인식인 지각은 생기하자마자 소멸하는 찰나멸의 존재이다. 지각은 생기하자마자 소멸해 버린다. 그렇다면 무無로 돌아가 버린 것인가? 그렇지 않다. 모든 존재는 인과적 효력을 갖는다고 기술했다. 우리의 지각 속에 형성된 자상은 공상의 형태로 다시 다른 인식을 낳게 되는데 이 인식이 바로 추리이다. 추리는 자상과 지각을 원인으로 생성된 결과이다. 여기서도 연기적 관계는 관철된다. 이러한 추리가 원인이 되어 우리는 판단을 내리고 또한 우리에게 이익이 되는 것을 취하고 해가 되는 것을 버리는 유익한 행동을 낳게 하는 원인이 되는 것이다.

결론적으로 '아견에 근거한 인식론'은 대상과 인식의 관계가 외재적·형식적·비시간적 구조를 갖는 반면, '무아견에 근거한 인식론'은 대상과 인식의 관계가 내재적·본질적·시간적 구조를 갖는다는 것이 근본적으로 다른 점이다.

4장_연기와 현실적 존재

다르마키르티에 의하면 연기緣起란 현실적 존재의 본질을 매개한 관계맺음의 과정이다. 이 과정에는 두 가지가 있다. 하나는 현실적 존재의 생기 과정이고, 또 하나는 현실적 존재의 이행 과정이다. 현실적 존재의 생기 과정은 다수의 여건들이 객체화하여 하나의 본질을 획득해 가는 과정이자 동시에 소멸하는 과정이다. 여기에서 비로소 세계를 구성하는 존재인 현실적 존재가 생성하고 동시에 소멸한다. 현실적 존재의 이행 과정은 하나의 현실적 존재가 다른 현실적 존재에로 이행해 가는 과정이다. 따라서 이 세계는 현실적 존재의 생기와 생기한 현실적 존재가 다른 현실적 존재에로 이행해 가는 과정에서 형성되는 것이다.

다르마키르티는 세계를 구성하는 기본 단위인 현실적 존재의 본질을 찰나멸성과 인과적 효과성으로 분석한다. 현실적 존재의 찰나멸성이란 현실적 존재의 본질이 생기하는 순간 곧 소멸한다는 의미이다. 그가 현실적 존재의 찰나멸성을 주장한 까닭은 변화의 세계 아래에 놓여 있는, 변화를 추동하는 궁극적 실재의 실체성, 즉 자기동일성을 거부하고 궁극적 실재는 자기차이성으로 존재하고 있음을 역설하기 위함이다. 또한 현실적 존재가 찰나멸한다고 해서 무nothing가 된다는 것이 아니라, 자기의 본질을 버리고 타자의 생성을 위해 객체화하는 것이다. 이 객체화하여 타자를 생성시키는, 타자에게로 이행해 가는 힘을 인과적 효과성이라 한 것이다. 그가 현실적 존재의 인과적 효과성을 제시한 것은 미시적 세계가 어떻게 거시적 세계로 확대되는가와 그 생성과 이행의 메커니즘의 존재론적 근거를 제시하기 위함이다. 1절에서는 다르마키르티의 연기 해석과 이어 2절에서는 다르마키르티가 규정하는 현실적 존재의 본질을 차례대로 탐색하고자 한다.

1. 연기

철학에서 가장 설명하기 어려운 개념 가운데 하나가 '관계'이다. 관계는 최소한 둘 이상의 존재를 전제한다. 이 존재가 항이 되어 다른 존재와 결합하는 것이 관계이다. 그런데 관계는 두 가지 맺음이 있다. 하나는 자기동일성을 본질로 하는 존재와 존재의 관계맺음과 또 하나는 자기차이성을 본질로 하는 존재와 존재의 관계맺음이다. 비유하면 전자는 당구공 모델이며 후자는 구멍이 송송 나 있는 스펀지 공 모델이다. 흰 당구공이 붉은 당구공과 관계를 맺을 때 당구공 자체의 변화는 추동하지 못하고 단지 방향의 변경만을 가져올 뿐이다. 다시 말해 당구공의 관계맺음은 타자에게 본질적·내재적으로 영향을 주는 것이 아니라 현상적·외재적으로만 영향을 미칠 뿐이다. 우리는 이러한 관계맺음을 외재적·현상적 관계맺음이라 부른다. 한편 스펀지 공 모델은 타자의 내적 진입을 본질로 한다. 진입하는 내용에 따라서 모양, 즉 자기 본질을 달리하는 것이다. 달리 말하면 저것(b)은 자기동일적 존재로 있는 것이 아니라 이것(a)과 관계를 맺으면서 부단히 생성하고 소멸하는 자기차이성으로서의 저것(b)이기 때문에 저것과 이것은 본질적·내재적으로 영향을 주는 것이다. 우리는 이러한 관계맺음을 내재적·본질적 관계맺음이라 부른다. 내재적·본질적 관계맺음은 무아견에 근거한 사유체계의 귀결이며, 외재적·현상적 관계맺음은 아견에 근거한 사유체계의 산물이다.

외재적·현상적 관계

아견에 근거한 사유체계를 근간으로 하는 니야야·바이세시카 학파는 우주의 현상을 설명하기 위해서 실체·속성·운동·보편·특수·내속·비존재 등의 일곱의 범주를 세운다. 이 일곱의 범주 가운데 관계를 설명하는 것은 내속이라는 범주이다. 이 내속이라는 범주는 두 개의 사물 사이의 관계를 지시한다. "그러나 두 개의 존재 사이의 관계에는 2종이 있다. 하나는 결합이며, 또 하나는 내속이다."[1] 그 가운데 결합은 일곱의 범주 가운데 성질의 하나에 지나지 않는 것으로 본래 분리되어 존재하고 있는 존재 사이의 관계이며 항상적 관계는 아니다. 다시 말하면 결합은 실체에 속한 속성의 변화를 설명하는 개념이라고 할 수 있다. 이런 측면에서 결합은 사물 사이의 우연적 관계를 설명하는 개념이다. 그러나 내속은 본래 "불가분리의 존재가 확립되어 있는 두 개의 사물 사이의 관계"[2]이다. 결합이 사물 사이의 우연적 관계를 설명하는 것이라면 내속은 항상적인 관계를 설명하는 범주이다. 이 내속이라는 범주는 니야야·바이세시카 학파에 의하면 실재이다.

니야야·바이세시카 학파에 의하면 이 내속의 관계는 부분과 전체, 속

---

1) 前田惠學, 「ニヤーヤ・ヴァイシェーシカ哲學と因果論」, 『因果』, 平樂社書店, 1978, 479쪽.
2) 같은 글, 480쪽.

성과 기체, 활동과 활동주체, 종과 개체, 특수성과 영원의 실체 사이에 보이는 것이다. 전체·속성·활동·종·특수성은 각각 부분·기체·활동주체·개체·영원의 실체에 의존해서만 존재하는 것이다. 따라서 전자가 결과라면 후자는 원인이다. 가령 천과 실의 관계에서 천은 실에 내속하고 있기 때문에 실은 내속인內屬因이 된다. 또한 천에 보이는 색깔은 기체와 속성의 관계에 있어 불가분리의 관계에 있기 때문에 천은 그 색의 내속인이다. 그렇다면 이 내속인이 될 수 있는 것은 무엇인가? 이것은 바로 일곱의 범주 가운데 첫번째인 실체이다. 『바이세시카수트라』는 "운동과 성질을 가지고 있기 때문에 내속인인 것이 실체의 특질"이라고 하고 "실체는 내속인이다, 혹은 성질의 기체이다"라고 규정하고 있다. 여기서 실체는 지·수·화·풍의 4원소와 허공·시간·방위·아트만·마나스의 9개를 인정하고 있다. 이 내속인인 아홉의 실체는 상주하고 불변한다. 단순하게 말하면 불변의 실체가 내속인이 되어 다양한 현상이 결과로서 생긴다고 설명하는 것이다. 따라서 그들에 의하면 원인인 내속인과 결과는 다르다는 것이다. 하지만 이러한 인과론에 대해 마에다 에가쿠前田惠學는 "이 학파의 인과론이 가진 이론상의 약점도 그 형이상학설에 유래한다. 이 학파는 원인과 결과의 차이성을 주장하지만 한편에서는 원인과 결과 사이에 필연적으로 무조건적인 전후관계를 인정한다. 원인인 실과 결과인 천 사이에는 항상적인 내속관계가 있다는 것을 승인한다"[3]고 말한다. 이렇게 되면 상키야 학파의 인중유과설因中有果說에 대한 니야야·바이세시카 학파의 비판은 타당하다고 볼 수 없을 것이다. 이러한 니야야·바이세시카 학파의 인과론은 시간적 인과관계보다도 오히려 논리적 혹은 공간적 인과관계가 중요시된다고 할 수

---

3) 같은 글, 490쪽.

있을 것이다.

　니야야·바이세시카 학파와 더불어 극단적 실재론을 근간으로 하는 학파인 상키야 학파는 존재와 존재의 관계를 원인 가운데 결과가 있다는 인중유과설을 주장한다. 이 인중유과설은 근본 원인인 프라크리티prakṛti가 세계에 전개된다고 하는 전변설轉變說이다. 이 세계의 전개는 타마스tamas가 지배하는 다섯 가지의 미세한 요소인 오유五唯(聲·觸·色·味·香)와 다섯 가지의 조대한 요소인 오대五大(地·水·火·風·空)의 결합으로 물질세계의 관계를 설명하며, 이 오유와 오대가 대상이 되고 의意·오지근五知根(眼·耳·鼻·舌·皮膚)·오작근五作根(言語·手·足·排泄·生殖)의 결합으로 존재와 인식의 관계, 즉 인식세계의 관계를 설명한다. 이 21개의 요소는 유부의 법(다르마)과 유사하다.[4] 마찬가지로 그들이 설정하는 21의 요소는 실재하는 것이다.

　불교 안에도 범주적 실재론을 주장하는 학파가 있다. 그것은 유부이다. 유부의 관계이론은 육인六因·사연四緣·오과五果로 종합된다. 그런데 이 인과론은 유부의 존재론인 삼세실유三世實有·법체항유法體恒有설에 기반하고 있다. 삼세실유란 과거·미래·현재라는 삼세는 다만 본체인 법의 상태의 차이에 불과하며 본체가 작용과 결합하여 현세적이 될 때 현재, 작용을 떠나 잠세의 형태로 머물 때 과거나 미래인 것이다. 그러나 법 그 자체는 언제나 실재한다. 이것이 유부가 말하는 법체항유이다. 이 항유하는 법체를 자성svabhāva이라 불렀으며 이것이 곧 법이다. 그들은 본체로서의 법을 75종으로 분류하고 세 개의 무위법無爲法을 제외한 나머지 72개의 법의 인과관계로 현상세계의 변화를 설명했던 것이다. 이러한 유부의 인과관계 이론

---

4) 상키야 학파의 21개의 요소와 유부의 법의 유사성에 대한 자세한 설명은 『인도의 이원론과 불교』에 자세하게 나와 있다. 정승석, 『인도의 이원론과 불교』, 민족사, 1992, 124~131쪽.

으로 컵을 보고 있는 나의 인식적 경험을 설명해 보자. 컵의 색깔[顯色]이나 모양[形色]은 나의 마음[眼識]의 소연연所緣緣이며 마음은 증상과增上果이다. 물론 컵을 구성하고 있는 모든 법은 또한 각각 그 이외의 모든 법에 대해서 능작인能作因 혹은 증상연增上緣이며 또한 그들의 증상과이다. 컵을 보고 있는 나의 마음[心王]은 많은 마음작용[心所]과 동시에 생기하며, 이들 마음작용에 대해서 구유인俱有因·상응인相應因이며 그들 마음작용의 사용과士用果이기도 하다. 나의 마음과 마음작용은 다음 찰나의 나의 마음과 마음작용에 대해서 등무간연等無間緣이며 앞의 찰나의 그것들과의 관계에서 말하면 증상과이다. 이렇게 해서 우리의 경험을 체계적으로 설명해 간다.

　이상 세 학파의 인과이론의 공통점은 소위 관계를 구성하는 항의 불변성을 전제한다는 점, 이 항과 항의 관계를 통해 변화나 구성을 설명하고 있다는 점이다. 이러한 이론을 가지고 항과 항의 내재적·본질적 관계를 설명하기란 쉽지 않다. 가령 어떻게 해서 씨앗에서 싹이 트는가, 왜 은행나무는 같은 나뭇잎 모양을 하고 있는가, 왜 자식은 부모와 용모가 비슷한가, 왜 우리의 인식의 내용이 대상과 비슷한가, 왜 사람들은 장미꽃을 보고 비슷한 이미지를 갖는가? 이 이론으로는 내재적·본질적 관계를 설명하기란 쉽지 않을 것이다.

　그 이유는 '흐름'으로서 우리의 경험을 개념적 사유분별을 통해 고정시키고 공간화하여 사물의 세계를 만들어 내기 때문이다. 즉 '흐름'을 '흐르는 것'으로 고정시켜 흐르는 '것'과 흐르는 '것'과의 관계, 즉 법이나 범주로 고정시켜 범주와 범주의 관계, 법과 법의 관계로 설명하기 때문이다. 이것은 분별에 의한 개념적 관계·공간화한 관계·현상적 관계로서 설명한 것에 지나지 않는다. 이런 측면에서 위의 세 학파의 인과이론은 존재와 존재 사이의 관계에 대한 외재적·현상적 관계만을 설명한다고 볼 수 있다.

내재적·본질적 관계

'흐름'을 '흐르는 것'으로 고정시켜 설명하는 것이 아니라 '흐름' 속에서 설명하는 것은, 전혀 다른 존재론과 관계론에 입각하지 않으면 안 된다. 이 자리에 불교의 연기설이 위치한다. 팔리 상응부『잡아함경』雜阿含經 12권에서는 연기緣起와 연이생법緣已生法을 설하고 있다.

> [붓다께서 말씀하셨다.] 너희들에게 연기와 연이생법을 설하고자 한다.

라고 연기와 연이생법을 함께 제시한 다음, 먼저 연기를 다음과 같이 설명하고 있다.

> 비구들이여 연기란 무엇인가? 생生을 연緣으로 노사老死가 있다. 이 계界, dhātu는 여래가 세상에 출현해도 혹은 세상에 출현하지 않아도 확정되어 있으며 법으로서 확립되어 있고, 법으로서 결정되어 있다. 즉 상의성相依性이다.

"연기란 생을 연으로 노사가 있다"에서 연기를 기술하기 위해서 두 개의 항을 전제한다. 그것이 생과 노사이다. 이 생과 노사는 불변의 법이 아니다. 부단히 찰나멸하는 존재이다. 물론 유부도 이 법은 찰나멸한다는 것을 기술하고 있다. 하지만 그들은 현상의 차원에서만 찰나멸로서 설명할 뿐 본체세계를 구성하는 본체로서의 불변의 법을 설정한다는 데서 그들도 마찬가지로 '실체의 오류'를 범하고 있는 것이다. 이 법이 불변이 아님을 붓다는 다음과 같이 언설한다.

비구들이여 연이생법이란 무엇인가? 노사는 무상이며, 유위이며, 연이생이다. 멸망하는 법이며 붕괴하는 법이며 이탐離貪의 법이며 소멸하는 법이다.

연기를 구성하는 항인 생과 노사는 상常이 아니라 무상無常이며, 무위無爲가 아니라 유위有爲이며 불연不緣이 아니라 연생緣生이다.

사실 상응부의 연기와 연이생법은 '연'緣(과정)에 대한 두 가지 양상을 기술한 것이다. 즉 연기는 '연하여 기한다'이며 연이생법은 '연하여 이미 생긴 법'이다. 연기와 연이생법은 '연하여' 일어나고[緣起] 이미 생긴 법[緣已生法]이다. 여기서 중요한 것은 '연하여'라고 하는 것이다. 이것은 '존재'가 아니라 '과정'이다. 이 '연하여'라는 과정에서, 연하여 생기한 법이 다른 법으로 이행하는 측면에 입각하면 '연기'이고, 연에 의해 법이 생성되는 측면에 입각하면 (연이생)'법'이다. 결국 법과 연기의 문제로 귀착된다.

또한 여기에 관한 전형적인 구절이 『잡아함경』 등에 다음과 같이 설해져 있다.

A. ①이것이 있을 때 저것이 생기한다. ②이것이 생기할 때 저것이 생기한다. ③이것이 없을 때 저것이 소멸한다. ④이것이 소멸할 때 저것이 소멸한다.

B. 즉 무명이라는 연에 의하여 행이 생기한다. 행이라는 연에 의하여 식이 생기한다. …… 이렇게 하여 그 순수한 고의 모임의 생기가 있다. 그러나 무명을 남김 없이 이탐하고 멸함으로 인해 행이 소멸한다. 행의 소멸로 인해 식이 소멸한다. …… 이렇게 하여 그 순수한 고의 모임의 소멸이 있다.

A는 보통 연기의 공식 혹은 정형구라 부르지만 우리는 이것을 '관계성의 원리'the principle of relation 혹은 '연기의 원리'the principle of dependent origination 라 부르고자 한다. 다만 연기란 여건이 되어 생기하는 것이기 때문에 엄밀하게 말하면 연기의 원리에는 A의 ①과 ②만이 해당한다. 나머지 ③과 ④는 앞의 연기의 원리에 준해서 이해해도 무방하다.

B는 12지연기설이다. 여기서 연기의 원리가 12지연기보다 먼저 설해져 있기 때문에 A→B인 것 같지만 사실은 그렇지 않다. 붓다의 연기설은 2지·4지·5지·7지·9지·10지 등 각종으로 설해지다가 12지연기설로 정형화된다. 다양한 연기설을 추상화하고 일반화한 원리로서 나중에 표현한 것이 연기의 원리이다. 그러므로 B가 먼저, A가 나중에 설해진 것이다.

연기의 원리의 산스크리트와 한역 및 우리말 번역은 다음과 같다.

asmin satīdam bhavati. asyotpādād idam utpadyate.

此有故彼有, 此生故彼生.

이것이 있을 때 저것이 생기한다. 이것이 생기할 때 저것이 생기한다.

오늘날 대부분의 학자들은 이를 한역에 근거하여 "이것이 있을 때 저것이 있다. 이것이 생기하므로 저것이 생기한다"라 번역한다. 이러한 번역이 별 무리는 없다고 생각한다. 다만 불교에서의 '있음'이란 '생멸'과 같다는 것이 전제가 될 경우에만 가능한 번역이다.[5] 그래서 필자는 오해의 소지를 없애기 위해서 "이것이 있음으로 인해, 저것이 생기한다. 이것이 생기함으로 인해, 저것이 생기한다"라 번역하고 있다. 이상은 번역의 문제이다.

바수반두는 『구사론』俱舍論 「세간품」世間品에서 연기에 대한 어의분석을 마치고 나서 연기의 2구, 즉 연기의 원리를 왜 설하지 않으면 안 되는가를 언급한다. 그에 의하면 연기의 의미는 연기의 2구라고 부르는 연기의 원리에 남김 없이 드러난다. 바수반두는 다음과 같이 말한다.

(1) '이것이 있을 때 저것이 생기한다. 이것이 생기할 때 저것이 생기한다'는 것이 바로 연기의 의미이다.[6]

(2) 『연기경』緣起經에서 처음에 연기의 원리가 무차별적으로 설해지고 차별적으로는 설해지지 않는데 그 이유는 무엇인가? "무명이라는 연에 의하여 행이 생기한다"라고 말하는 경우 그 '~라는 연에 의하여'의 의미를 제시하기 위해서다. '이것[=무명 등]이라는 연에 의하여'란 말이 뜻하는 바가 "이것이 있을 때 저것이 생기한다. 이것이 생기할 때 저것이 생기한다"는 연기의 원리와 다름없다. 이와 같이 '~라는 연에 의하여'의 의미를 제시하는 일은 외연기의 의미도 아울러 제시하는 일이 된다고 알아야 한다. 왜냐하면 내연기內緣起이건 외연기外緣起이건 연緣의 특징pratyaya-lakṣaṇa에는 아무런 차이가 없기 때문이다.[7]

(1)은 『구사론』「세간품」에, (2)는 『연기경』을 해석한 바수반두의 『연기경석』緣起經釋에 언급되어 있다. (1)에서는 연기의 의미는 바로 연기의 원리에 있다고 선언적으로만 언급하지만 (2)에서는 구체적이다. 위에서 차

---

5) 제1원리에 대한 산스크리트 원문은 다음과 같다. "이것이 있을 때 저것이 생기한다."(asmin satīdam bhavati) 한역은 이것을 此有故彼有라 번역한다. 한역만을 보면 "이것이 있을 때 저것이 있다"라고 번역하는 것이 바람직한 것 같다. 하지만 원문의 술어는 다르다. sati는 있다고 번역해도 무방하지만 bhavati까지도 있다고 번역해도 되는가? 이것의 원형은 bhu이다. 이것은 '있다'라는 의미도 있지만 '생기한다', '생성한다'는 의미도 있다. 필자는 이것을 '생기한다' 혹은 '생성한다'라고 번역하고자 한다.

6) 이종철, 「연기와 고 ─ 불교와 형이상학」, 『형이상에 대한 동서양의 철학적 접근』, 한국정신문화연구원, 1998, 258쪽.

7) 같은 글, 266쪽.

별적으로 설해진 12지연기는 고의 원인을 가장 구체적이고 정비된 형태로 기술한 것이지만 고의 원인을 구체적으로 기술한 연기는 무명→행을 제외하고 식과 명색의 상호의존관계로부터 시작하는 10지연기, 그 가운데 육처六處를 제외한 9지연기, 나아가 애愛·취取·유有·생生·노사老死라는 5지로 이루어진 갈애연기渴愛緣起 등이 있고, 이외에도 간단한 구조를 가진 연기설도 설해져 있다. 하지만 이들 연기는 관계를 구성하는 '항'이 중심이며 '관계' 그 자체에 대한 언급은 아니다. 즉 유지有支(항, 법)와 유지(항, 법)의 외재적 관계만을 보여 줄 뿐 유지(항, 법)와 유지(항, 법)의 내재적 관계를 지시하지는 않는다. 관계란 외적인 관계보다 내적인 관계가 더 본질적이기 때문에 유지와 유지의 내적인 관계를 설명할 필요가 있었던 것이다. 바로 관계 그 자체, 내적인 관계를 설명하기 위해서 연기의 원리를 설한다는 의미이다. 즉 "무명이라는 연에 의하여 행이 생기한다"라는 무명→행의 2지연기에서 '~라는 연에 의하여'가 바로 연기이며 이것이 곧 연기의 원리라는 의미이다. 이상을 정리하면 다음과 같다.

~라는 연에 의하여 = 내적인 관계 = 연 = 연기

따라서 연기란 '관계성'이라 할 수 있으며 연기의 원리는 '관계성의 원리'라 할 수 있다. 관계는 외적인 관계와 내적인 관계가 있다. 외적인 관계란 흰 당구공과 빨간 당구공 간의 상호접촉과 같은 관계를 의미한다. 반면 내적인 관계란 이것(a)이 저것(b)과 관계를 맺을 경우 이것이 저것의 본질을 구성하는 관계를 말한다. 즉 저것은 완결적 실재·불변의 실체로서 있는 것이 아니라, 이것과 관계를 맺으면서 부단히 생성·소멸하는 존재이다. 따라서 외적인 관계는 현상적이며 특수적인 관계맺음이지만 내적인 관계는 본질적이며 일반적인 관계맺음이다. 따라서 불교의 연기는 내적인 관계를 의미한다.

바수반두는 앞의 A와 B를 다시 종합적으로 해석한다.

(3) '이것이 있을 때 저것이 생기한다'는 연기의 제1원리는 부동不動의 연緣에서 생기한다는 연기의 특징을 드러내는 것이다. 왜냐하면 '지금 있는 것'만이 연이라고 제시하기 때문이다. '이것이 생기할 때 저것이 생기한다'는 연기의 제2원리는 무상의 연에서 생기한다는 특징을 드러내는 것이다. 왜냐하면 '생기하는 것'이 연이라고 제시되기 때문이다. '무명으로 말미암아 행이 있다'는 12지연기는 공능功能의 연에서 생기한다는 특징을 드러내는 것이다. 왜냐하면 전후의 지분을 한정하는 것이 연이라고 제시하기 때문이다. 무명으로 말미암아 행이 있다는 그 무명만이 연이라는 의미이다. 다른 지분에 대해서도 마찬가지로 알아야 한다.[8]

바수반두가 (3)에서 종합·정리한 연기의 원리에 대한 해석을 간단하게 정리하면 다음과 같다.

①이것이 있을 때 저것이 생기한다 = 연기의 제1원리 = 부동의 연

②이것이 생기할 때 저것이 생기한다 = 연기의 제2원리 = 무상의 연

③무명으로 말미암아 행이 있다 = 12지 연기 = 공능의 연

③에서 바수반두는 연의 공능성功能性을 주장한다. 연의 공능성이란

---

8) 이종철, 「연기와 고 ― 불교와 형이상학」, 『형이상에 대한 동서양의 철학적 접근』, 272쪽.

연이 되는 이것은 '존재'가 아니라 '힘'이라는 의미이다. 또한 이것은 전후의 지분을 한정한다는 의미이다. '무명을 연으로 하여 행이 있다'에서 무명은 존재가 아니라 힘, 즉 결과를 낳을 수 있는 힘을 의미한다는 것과 행을 한정하는 것은 다른 것이 아니라 무명이라는 특정한 연뿐임을 의미한다. 존재가 힘이라는 발상은 다르마키르티에게 결정적인 영향을 끼친다. 다르마키르티는 존재란 '효과를 낳는 힘'이라 정의한다. 이것은 후대의 불교인식론을 체계화하는 데 중요한 모티브가 된다. 따라서 '이것이 있을 때 저것이 생기한다'는 제1원리는 '부동의 연'을 기술한 것이며, '이것이 생기할 때 저것이 생기한다'는 제2원리는 '무상의 연'을 기술한 것이다. 이 두 원리는 법의 생기 과정을 기술한 것이며, 12지연기는 법과 법의 관계맺음을 기술한 것이다.

이상은 『잡아함경』에서 설한 연기의 제1원리, 즉 '이것이 있을 때 저것이 있다'와 연기의 제2원리 즉 '이것이 생기할 때 저것이 생기한다'는 연이생법의 생기 과정을 기술한 것이고, '무명을 말미암아 생이 있다'는 12지연기는 법과 법의 관계맺음을 설명한 것이다. 물론 바수반두가 말하는 법은 자기동일성을 본질로 하는 것이 아니라 자기차이성을 본질로 하는 무상한 존재·찰나멸하는 존재이다.

내적인 관계는 두 가지 방식으로 설명이 가능하다. 하나는 법의 생기이며 또 하나는 법과 법의 관계맺음이다. '이것이 있을 때 저것이 생기한다'(연기의 제1원리) 및 '이것이 생기할 때 저것이 생기한다'(연기의 제2원리)는 부동의 연과 무상의 연을 언급한다는 측면에서 법의 생기를 설명한 원리이며, '무명으로 말미암아 행이 있다'는 공능의 연을 언급한다는 측면에서 법과 법의 관계맺음을 설명하는 원리이다.

다르마키르티는 이 과정을 추동하는 법을 유부와 달리 현실적 존재

vastu라 부른다. 다시 다르마키르티의 표현으로 바꾸어 말하면 연기와 연이생법은 '연하여' 일어나고[緣起] 일어난 것이 현실적 존재이다. 이 '연하여'라는 과정에서 연하여 생기한 현실적 존재가 다른 현실적 존재로 이행해 가는 측면에 입각하면 '연기'이고, 연에 의해 어떤 존재가 생성되는 측면에 입각하면 현실적 존재[緣已生法]이다. 다르마키르티는 연기를 현실적 존재의 내재적·본질적 관계에 입각하여 자신의 이론을 구축한다. 그는 현실적 존재의 내재적 관계는 두 가지밖에 없다고 본다. 하나는 동일관계이며 또 하나는 인과관계이다. 결론을 선취해서 말하면 동일관계는 위에서 말한 법의 생기 과정, 즉 연이생법을 의미하며 인과관계는 법과 법의 관계맺음, 즉 연기(협의의 연기)를 의미한다.

다르마키르티는 이러한 존재의 관계를 추리를 통해서 파악한다. 그런데 추리의 정당성을 어떻게 확보할 것인가, 하는 것이 난제이다. 일반적으로는 추리의 정당성의 근거를 개념과 개념 사이의 포함관계에서 구하지만, 그는 현실적 존재의 본질을 매개한 결합관계에서 구한다. 추리란 앞에서도 기술한 바와 같이 어떤 것을 매개로 다른 것을 인식하는 것이다. 논리학의 용어로 말하면 매개하는 것을 논리적 이유[證因, 能證]라 하고 매개에 의해 귀결되는 것을 논리적 귀결[所證]이라 한다. 사실관계란 논리적 이유가 되는 존재와 논리적 귀결이 되는 존재의 관계를 의미한다. 논리적 이유에 의해 논리적으로 올바르게 귀결되기 위해서는 논리적 이유와 논리적 귀결이 본질에 의해서 내재적으로 결합되어 있어야 한다는 것이다.

그것을 본질로 하는 것(동일관계)

논리적 이유(A)를 근거로 논리적 귀결(B)을 추리할 때, 논리적 필연성을 확정하기 위해서는 A와 B가 본질svabhāva에 의해서 내재적으로 결합pratibandha

해야 한다는 것이 본질적 관계svabhāva pratibandha이다. 이미 기술한 것처럼 본질적 관계에는 두 가지가 있다. 하나는 '그것을 본질로 하는 것'tādātmya(동일관계)과 또 하나는 '그것을 본질로 하여 생기하는 것'tadutpatti(인과관계)이다. 즉 논리적 이유(A)가 논리적 귀결(B) 그 자체이든가tādātmya, 논리적 이유가 논리적 귀결의 결과tadutpatti라는 것이 결정된다면 논리적 이유는 필연적으로 논리적 귀결로 귀결된다고 볼 수 있는 것이다.

이 '그것을 본질로 하는 것'에 대해서 "체르바츠키는 칸트의 초월론적 규정을 모델로 하여 '그것 자체'인 것을 분석판단에 의한 '동일성' 혹은 '동일관계'라 간주하고, 또한 '그것을 본질로 하여 생기하는 것'을 종합판단에 의한 '인과성' 혹은 '인과관계'라 해석한다."[9] 하지만 우리는 칸트의 사유도식을 다르마키르티의 사상에 그대로 적용하는 체르바츠키의 해석을 받아들일 수 없다. 이것은 '잘못 놓인 구체성의 오류'를 범할 수 있기 때문이다. 즉 칸트는 '그것 자체'를 초월적인 '물자체'Ding an sich라 해석하여 사물의 생성을 설명하고 있다. 칸트의 선험철학에 따르면 물자체를 본질로 하는 본체세계와 우리의 감각의 대상인 현상세계는 근원적으로 다른 것이기 때문이다. 따라서 칸트의 사유체계로는 본체세계와 현상세계의 관계를 정합적으로 설명할 수 없다.

빈 학파의 저명한 다르마키르티 연구자인 슈타인켈너는 '그것을 본질로 하는 것' = '분석판단에 의한 동일성'이라는 체르바츠키의 해석과는 다른 해석을 내놓고 있다. 다니 다다시에 의하면, "그의 '그것을 본질로 하는 것'을 뜻하는 'real or factual identity, the same real, factual existence'라는 표현과, 나아가 '논리적 관계의 정당화는 경험론적 고찰empirical investigation에

---

9) 谷貞志, 『無常の哲學』, 春秋社, 1996, 131쪽.

의해서 주어지지 않으면 안 된다'라는 해석은 체르바츠키의 신칸트학파적 해석에 근거한 '초월론적·분석적 동일성'을 비판한 것이었다."[10] 슈타인켈너는 '그것을 본질로 하는 것'을 '논리적 이유로서의 속성이 논리적 귀결로서의 속성의 본성 그것, 그 자체인 것'이라 설명한다. 다시 말하면 논리적 이유로서의 속성(A)과 논리적 귀결로서의 속성(B)의 본성은 동일하다는 것이 그가 말하고자 하는 취지이다. 다르마키르티가 '그것을 본질로 하는 것'의 사례로 제시한 추리를 근거로 슈타인켈너의 주장을 상론해 보자. 다르마키르티는 논리적 이유가 본질로서의 논리적 이유일 때만 논리적 귀결의 확실성을 확보할 수 있다는 주장과 함께 다음과 같은 예를 제시한다.

주장   이것은 나무이다.

이유   싱사파나무이기 때문이다.(『니야야빈두』, 2장 17게송)

슈타인켈너에 의하면 이 추리의 타당성은 논리적 이유인 싱사파나무의 속성과 논리적 귀결인 나무의 속성이 '그것을 본질로 하는 것'의 관계에 있기 때문이다. 다시 말하면 싱사파나무는 가지나 잎, 색깔, 모양과 형태 등의 성질을 지니고 있는 복합체이다. 이것은 나무라 부르는 것 자체의 본질과 같다. 따라서 '이것은 싱사파나무이기 때문에 나무이다'라는 추리는 타당하다. 그런데 만약 논리적 귀결의 본질이 논리적 이유의 본질과 같다면 논리적 이유와 논리적 귀결은 동일하기 때문에 논리적 이유는 주장명제의 일부가 되어 동일한 것이 되어 버린다. 따라서 동일한 두 대상에 대해서 A = B이기 때문에 추리가 불필요하다고 하는 의문을 제기할 수도 있을 것

---

10) 谷貞志,「ダルマキールティにおける'自己差異性'としての'svabhāva'」,『印佛研』38券 1号, 1989, 393쪽.

이다. 이에 대해 다르못타라^{Dharmottara}는 『니야야빈두티카』에서 다음과 같이 진술한다.

> 만약 논리적 이유가 논리적 귀결의 본질[=自性]이라고 한다면 논리적 이유와 논리적 귀결 사이에는 차이가 없기 때문에, 논리적 이유는 '주장의 내용'의 일부가 될 것이라고 한다면 '현실적 존재의 차원에서'라고 답한다. 궁극적 차원[승의제]의 존재의 형상에 의거한다면 그 둘에는 차이가 없다. 그러나 개념구성[分別]의 경계인 증익^{增益}된 형상에 의존한다면 논리적 이유와 논리적 귀결 사이에 차이가 있다.(『니야야빈두티카』, 2장 23게송)

다르못타라에 의하면 궁극적 차원[勝義]에서는 양자를 구별할 수 없지만 일상언어의 차원[世俗]에서는 구별이 가능하다고 한다. 즉 논리적 이유인 싱사파나무라는 개념과 논리적 귀결인 나무라는 개념은 언어에 의해서 개념구성된 일상언어의 차별적 존재이기 때문에 전자에서 후자를 추리하는 것은 가능하지만, 싱사파나무라는 개념을 한정하는 실재와 나무라는 개념을 한정하는 실재는 동일한 '나무'를 지칭한 것으로 두 개념은 하나의 실재를 언명한 것이기 때문에 궁극적 차원의 세계에서는 구별이 불가능하다. 따라서 슈타인켈너가 논리적 이유와 논리적 귀결 간의 '그것 자체인 것'을 '동일성' 혹은 '동일관계'라고 해석한 것은 다르못타라의 주석에 따른 것이라 할 수 있다.

이러한 슈타인켈너의 해석에 대해서 반론을 제시한 사람은 마쓰모토 시로^{松本史朗}이다. 마쓰모토는 「스바브하바 프라티반다」^{svabhāva pratibandha}라는 논문에서 다음과 같이 말한다. "스바브하바란 브하바^{bhāva}의 본질^{ātman}이다. 그러므로 논리적 맥락에서 브하바의 스바브하바에 대한 관계가 타드아트미야^{tādātmya}(결과를 그것의 본질로 갖는 것)이며, 반면 스바브하바의 브하바에 대한 관계는 타드브하바타^{tadbhavata}(논리적 이유를 그 자신의존재 ^{bhāva} 또는 본질의 담지자로 갖는 것)이다. 따라서 타드아트미야라는 말은 슈타인켈너와 같이 '동일성'으로 번역해서는 안 된다."[11] 마쓰모토에 의하면 논리적 이유(A)에 의해서 한정되는 대상과 논리적 귀결(B)에 의해서 한정되는 대상이 다르다. 여기서 명시적으로 언급하지 않았지만 마쓰모토의 슈타인켈너 비판은 동시에 궁극적 차원에서는 '싱사파나무에 의해 한정되는 실재와 나무에 의해서 한정되는 실재가 동일하다'고 하는 다르못타라의 해석에 대한 비판에 맞닿아 있다.

결론적으로 말하면 마쓰모토 시로는 싱사파나무에 의해 한정되는 자상自相으로서의 현실적 존재와 나무에 의해 한정되는 자상으로서의 현실적 존재는 자기동일성이 아니라 자기차이성을 본질로 하는 다른 존재라고 하는 것이다. 이러한 해석상의 차이는 다르마키르티의 다음과 같은 기술에서 기인한다.

① 본질[로서의 논리적 이유]은 그 자신의 존재에만 수순하여 존재하는 논리적 귀결에 대해 논리적 이유가 된다.(『니야야빈두』, 2장 16게송)

② 왜냐하면 본질적 관계가 존재하는 것이라면, 대상[논리적 이유]은 [논증]대상을 일탈하지 않기 때문[3종의 논리적 이유는 논증대상을 알게 하는 것]이다. 또한 그것[본질적 관계]은 [우선 첫째로 논리적 이유가] 그것[논증대상]을 본질로 하는 것^{tadātmatva}에 근거하고 있다.(『프라마나바르티카스바브리티』, 2장 19~21게송)

---

11) 松本史朗, 「스바브하바 프라티반다」(svabhāva pratibandha), JIBS 30-1, 1981, 495쪽.

사실 ①과 ②에서 보면 다르마키르티의 기술은 그렇게 명석한 것은 아니다. 그래서 마쓰모토와 슈타인켈너의 논쟁이 발생할 수밖에 없는 것으로 보인다. 이에 대해서 다니 다다시는 종합적 관점에서 위의 논쟁을 통합해서 다음과 같이 제시한다. "그 자체로서의 본질로서 논리적 이유[自性因]가 동일성에 근거하는가, 그렇지 않으면 비대칭적 관계에 근거하는가라는 문제에 관해서 슈타인켈너와 마쓰모토 시로 사이의 논쟁이 있다. 포스트 다르마키르티안의 주석도 착종하고 있다. 나 자신은, 그 논쟁은 위에서 기술한 바와 같이 다르마키르티의 텍스트에서 내포적 해석과 외연적 해석이 공존하고 있는 것에 기인한다고 생각한다. 내포적 해석으로부터 동일성으로 귀결되고 외연적 해석으로부터 비대칭성으로 귀결된다고 보아도 좋을 것이다. 이 해석의 양의성은 당연히 본질로서의 논리적 이유로부터 전환된 부정적 인식에 영향을 주고 있다. …… 게다가 다르마키르티는 이미 본 것처럼 존재론과 인식론의 관점에서도 순간적 존재성 논증을 시도하고 있다. 그 경우 존재의 필연적 소멸에서 그것 자체의 본질은 대상의 동일성이 아니라 순간적 차이성이었다. 나아가 뒤에서 보는 바와 같이 본질적 관계를 종자가 발아하는 최종적 순간의 모델로서 설명할 때 완전원인군[完全原因群]으로부터 결과에의 필연성이라는 비대칭성으로 설명하고 있다."[12]

위의 "내포적 해석으로부터 동일성으로 귀결되고, 외연적 해석으로부터 비대칭성으로 귀결된다"고 하는 다니 다다시의 해석이 시사하는 것은, 현실적 존재의 본질은 비대칭성을 본질로 한다는 것이다. 여기서 현실적 존재의 본질이 비대칭성이라고 할 때 의미하는 것은, 첫째 궁극적 존재는 단순한simple 존재가 아니라 복합적complex 존재라는 것, 둘째 비대칭적이어야만 시간과 변화가 가능하다는 것이다. 만약 단순한 존재라고 한다면 그 존재는 다른 존재와 본질[自性]에 의한 내재적 관계(결합)가 전혀 불가능하지만, 복합적 존재라고 한다면 그 존재는 다른 존재와 내재적·본질적 관계맺음이 가능하다. 또한 만약 그 현실적 존재를 구성하는 여건과 실현되는 존재 사이의 관계가 대칭적 관계라고 한다면 시간의 생성과 변화가 불가능할 것이다. 반면 그 실재를 구성하는 여건과 실현되는 존재 사이의 관계가 비대칭적일 때 시간과 변화가 가능할 것이다.

다르마키르티가 논리적 이유와 논리적 귀결 사이의 논리적 필연성의 근거를 개념과 개념 사이의 논리적 정합성에서 구하는 것이 아니라 현실적 존재의 본질적 관계에서 구하고 있음을 앞서 살펴보았다. 그런데 싱사파나무(원인)→나무(결과)를 추리하는 '그것을 본질로 하는 것'의 관계는 하나의 현실적 존재의 생기 과정을 본질론의 관점에서 기술한 것이 아닌가 생각된다. 현실적 존재의 생기 과정이란 다수의 가능태들이 완전원인

---

12) 다니 다다시는 내포적 해석과 외연적 해석을 다음과 같이 기술하고 있다. "가령, 싱사파나무라고 한다면 '나무이다'라고 하는 필연성에 대해서 다르마키르티는 다음과 같이 설명한다. '싱사파나무라고 명명되는 것은 특정의 가지와 잎, 색깔, 모양 등을 가진 것이라 판단될 수 있는 것이며, 그것은 나무라고 명명되는 존재 그 자체에 다름 아니다'라고 한다. 이 의미에서는 언어사용으로서의 아포하의 동일지시성의 시점에서 동일성으로서 규정된다. 이 아포하의 차이선이 교차하는 동일기체성에 기인하는 것이다. 이것은 인식론을 포함하는 의미론(semantics)의 차원이라 여겨지는 내포적 해석이다. 그러나 이것은 단순히 지각되는 동일의 실재대상이라고 하는 소박실재론은 아니라는 것을 주의해야 한다. '동일의 대상이라고 한다면 논리적 이유(A)와 논리적 귀결(B)은 전혀 동일한 것이기 때문에 추론할 필요가 없지 않은가'라는 질문에 대해서 다르마키르티는 답한다. '가령 동일의 대상이라고 생각된다고 해도 아포하의 차이선을 배제하는 방식이 다르기 때문이다.' 다른 한편, 다르마키르티는 논리적 필연성을 변충관계의 시점에서 규정한다. 이것은 집합개념에 근거한 논리적인 차원으로부터 이루어지는 외연적 해석이다. 이것에 의하면 동일성이 아니라 비대칭의 관계이다. 싱사파라는 나무는 나무의 일부이다. 혹은 이렇게 말해도 좋을 것이다. 나무라는 집합개념은 싱사파나무라는 집합개념을 전부 포함하고 있다. 따라서 싱사파나무라고 한다면 나무의 집합에 포함되기 때문에 나무라는 것이 귀결된다. 인도논리학에서는 이러한 관계를 변충관계라는 용어로 설명한다. 'B가 A를 완전히 포함한다'는 것을 'B가 A를 변충하고 있다'라고 표현한다. 즉 'B의 존재하는 범위가 A의 존재하는 범위를 완전히 물로 채우는 것처럼 덮어 버린다'라고 한다. 이때 변충하고 있는 B를 능변이라고 하고 변충되고 있는 A를 소변이라 한다. 지금의 사례로서 말한다면 싱사파나무는 소변이고, 나무는 능변이다. 이 경우 소변과 능변의 관계는 동일성이 아니라 비대칭이다. 외연이 같은 경우는 앞의 아포하의 동일지시성에 의해서 설명된다." 谷貞志, 『無常の哲學』, 132쪽.

군이 되어 하나의 현실태가 되는 과정이다. 그리고 하나의 현실태가 되는 과정은 달리 말하면 본질svabhāva을 획득해 가는 과정이기도 하다. 『프라마나바르티카』3장 지각론에서 다음과 같이 '그것을 본질로 하는 것'을 제시한다.

> 그것[인식]의 본질은 그 [청색 등의 형상을 가진] 직접적 경험이다. 그리고 그것[직접적 경험]은 결코 다른 것[외부대상]에 대한 그것[직접적 경험]이 아니다. 그것[인식]은 직접 지각되지만, [그것도] 또한 그것[직접적 경험]을 본질로 하는 것tadātmatā이다.(326게송)
>
> [빛이] 비출 때 그것[비춤]을 본질로 하기 때문tādātmyāt에 자기의 형상을 비추는 것과 같이, 그와 같이 인식도 자기인식[을 본질로 한다는 것]이 인정되어야 한다.(329게송)
>
> [궁극적 차원에서 생기하는 것은] 자기가 [자기를] 인식하는 것이지만, 또한 대상의 확정은 그것[자기인식]을 본질로 하기 때문tadātmatvāt에 [외계] 대상의 인식이라 인정된다. 그러므로 [인식수단인 대상형상과 인식결과인 자기인식에] 대상의 차이 역시 없다.(349게송)
>
> '자기인식이 [인식의] 결과이다. 왜냐하면 그것[자기인식]을 본질로 하기 때문tādātmyād이다'라고 말하는 것은 [대상인식의] 본질의 고찰에 의한 것이다.(350게송)

이 게송들은 공통적으로 인식의 결과가 대상인식인가 아니면 자기인식인가 하는 것을 논하는 부분에 나온다. 경량부는 인식의 결과를 대상인식으로 보는 데 반해 유식학파는 자기인식으로 파악한다. 달리 말하면 인식의 본질을 무엇으로 보는가에 따라 경량부와 유식학파 간의 입장의 차이가 나누어진다. 경량부는 대상인식이야말로 인식의 본질이며 대상인식을 통하여 인식이 완성된다고 보는 반면 유식학파는 자기인식이야말로 인식의 본질이며 자기인식을 통하여 인식이 완성된다고 보고 있다. 위의 게송들은 모두 유식의 입장에서 제시된 것들이다. 위의 게송에서 '인식의 본질은 자기인식'이며 '직접 지각되는 것도 그것(자기인식)을 본질로 한다'라는 언명에서 우리는 인식이라는 현실적 존재의 완성은 자기인식이라는 본질을 획득하는 순간이라는 의미를 읽을 수 있다. 이렇게 본질을 획득하는 순간 하나의 현실적 존재는 생성하는 것이다. 위의 게송에 준해서 말하면 인식은 자기인식을 획득하는 순간 인식수단으로서 완성된다고 할 수 있는 것이다.

또, 이 과정은 미시적 세계가 구성되는 미시적 과정이기도 하다. 이 미시적 과정, 현실적 존재의 생기 과정이 '그것을 본질로 하는 것'으로 기술되었던 것이다. 이때 여건인 다수의 존재가 하나의 일자로 생성된다는 의미에서 일자의 여건인 다수의 존재와 일자 사이에는 자기동일성을 본질로 하는 것이 아니라 자기차이성을 본질로 하는 비대칭적 관계이다. 따라서 '싱사파나무이기 때문에 나무이다'라고 하는 우리의 추리가 타당한 존재론적 근거는 본질로서의 나무에서 싱사파나무가 형성되는 발생론적·연기적 과정이 바로 '그것을 본질로 하는 것'의 관계를 갖는다는 것이다.

따라서 '그것을 본질로 하는 것'이란 '단순히 실재적일 뿐인 조건들을 결정적인 현실태로 구성한다'는 것을 의미한다. 우리가 싱사파나무를 보고 나무라고 추리하는 것이 타당한 것은 존재론적으로 싱사파나무가 나무를 본질로 하여 구성된다는 것을 직관하고 있다는 점이다. 여기서 싱사파나무라는 논리적 이유가 나무라는 논리적 귀결로의 결합이 타당한 것은 나무라고 하는 현실적 존재의 본질이 생성되는 과정을 기술한 것이다. 이것이 비유적으로 싱사파나무의 가지, 잎, 색깔, 형태 등의 요소가 나무라는 실재의 본질을 구성하는 데 여건이 된다는 것이다. 따라서 다르마키르티가 말하는 '그것을 본질로 하는 것'은 실재가 생기하는 과정, 어떤 것의 본질이 구성되어 가는 과정을 기술한 것이 아닌가 한다.

그것을 본질로 하여 생기하는 것(인과관계)

논리적 이유(A)를 근거로 하여 논리적 귀결(B)을 추리할 때, 논리적 필연성을 확정하기 위해서 A와 B가 본질에 의해서 내재적으로 결합해야 한다는 것이 본질적 관계svabhāva pratibandha이다. 이 본질적 관계 중의 하나인 '그것을 본질로 하는 것'은 위에서 논의하였다. 여기서는 나머지 하나인 '그것을 본질로 하여 생기하는 것'tadutpatti(인과관계)에 대해서 논의하고자 한다.

이것은 논리적 이유(A)가 논리적 귀결(B)의 결과라고 한다면 A로부터 B를 추론할 수 있다는 것이다. 다르마키르티는 '그것을 본질로 하여 생기하는 것'에 대한 사례를 다음과 같이 제시하고 있다.

주장   그곳에는 불이 있다.

이유   연기煙氣가 있기 때문이다.(『니야야빈두』, 2장 18게송)

위의 추리를 3지작법으로 완전하게 복원하면 다음과 같다.

주장   그곳에는 불이 있다.

이유   연기가 있기 때문이다.

유례   무릇 연기가 있는 곳에는 불이 있다. 부엌의 아궁이와 같이.

　　　불이 없는 곳에는 연기가 없다. 호수와 같이.

　이 추리의 타당성의 근거는 불과 연기 사이의 인과관계이다. 이 추리의 타당성은 우리의 반복적 경험에 의해서 보증되는 것 같다. 가령, 우리가 아궁이의 불에서 연기가 피어오르는 것을 경험하고, 또한 들판의 언덕에 불을 지피면 연기가 피어오르면서 전 들판을 태우는 것을 목격한다. 이렇게 불이 있는 곳에 연기가 있는 경험을 반복하게 되면 결국 무릇 '연기가 있는 곳에는 불이 있다'라는 결론에 도달하게 된다. 따라서 이러한 대전제에 의해서 연기(논리적 이유) → 불(논리적 귀결)의 추리는 타당하다.

　하지만 다르마키르티는 자기동일성을 본질로 하는 불과 자기동일성을 본질로 하는 연기 사이에는 인과관계가 성립할 수 없다고 주장한다. 그는 A(원인)와 B(결과) 사이의 인과관계를 인과이시因果異時, 인과동시因果同時, 인과차제因果次第, 타자에의 요구, 별개의 대상과의 관계 등으로 구분하고 이 하나하나에 대해서 모두 성립할 수 없음을 다음과 같이 논하고 있다.

　① 인과이시 : 만일 원인이 존재하는 시간(찰나)에 결과가 존재하지 않고 결과가 존재하는 시간에는 원인이 존재하지 않는다면, 즉 원인과 결과가 같은 시간에 공존하지 않는다면 그것은 관계가 원인과 결과라는 양자에 바탕하지 않음을 뜻하는 것이고 따라서 관계의 정의에 어긋나는 것이다.

　② 인과동시 : 정의상 원인이란 결과보다 시간적으로 앞서 존재하는 것이고, 결과란 원인보다 후에 존재하는 것이다. 그러므로 원인과 결과가 같은 시간에 존재한다면 그것은 동시에 공존하는 소의 좌우 양 뿔 사이처럼 인과관계에 있는 것이 아니다.

　③ 인과차제 : 만일 인과관계가 먼저 원인이 일어난 다음 결과에 일어나는 식으로 차례로 일어난다고 한다면, 그것은 원인이나 결과 둘 가운데 어느 하나가 없이도 관계가 성립한다는 뜻이므로, 양자에 바탕하는 것이라는

관계의 특성에 어긋난다.

④ 타자에의 요구 : a와 b가 공존하지 않을지라도 a가 b를 요구할 때 b에 관계가 일어난다고 한다면 이것은 a와 b 양자에 바탕한 것이므로 관계의 본성에 부합된다고 하는 견해에 대해 이렇게 논박한다. 즉 요구되는 것, 위의 예에서 b가 도움을 주는 자인데, 이것은 a가 요구하는 시간에는 현존하지 않는 것이고 현존하지 않는 것은 도움을 주는 자가 될 수가 없다.

⑤ 별개의 대상과의 관계 : 만일 a와 b가 공통의 대상에 연관된 것이 인과관계라고 한다면 소의 좌우 두 뿔도 이성二性, dvitva이라는 수samkhyā 따위와 연관되므로 인과관계에 있다고 인정해야 하는 불합리에 빠질 것이다.[13]

결국 자기동일성을 본질로 하는 불과 자기동일성을 본질로 하는 연기 사이에는 필연적 결합을 확증할 근거가 전혀 없음을 논증하고 있다. 그렇다면 연기 → 불의 추리의 타당성을 어떻게 확보할 수 있는가? 그 논리적 필연성의 근거는 무엇인가? 이에 대해서 다르마키르티는 이렇게 답한다.

결과에도 [원인과의] 본질적 관계가 있다. 왜냐하면 그것[결과]의 본질은 그것[원인]으로부터 생기기 때문이다.(『프라마나바르티카스바브리티』, 3장 3~4게송)

이것을 풀어 기술하면 다음과 같다. "연기의 본질은 불에서 생겨나는 것이고, 연기는 그 본질을 상실해서는 존재할 수 없다. 이와 같이 불과 연기 사이에는 인과관계가 있는 것이다. 이 실재에 있어서 필연관계에 근거하고 있기 때문에 비로소 논리적 이유(연기)는 논리적 귀결(불)을 필연적으로 이해시킬 수 있다."[14] 그런데 여기서 주목해야 할 언명은 "연기의 본질은 불에서 생겨나는 것이고 연기는 그 본질을 상실해서는 존재할 수 없다"는 것이다. 연기의 본질이 불에서 생겨난다는 것은 불의 자기동일성을 인정하게 되면 불가능하게 된다. 아울러 연기가 그 본질을 상실해서는 존재할 수 없다는 것도 마찬가지로 연기의 자기동일성을 부정하는 것이다. 따라서 위의 다르마키르티의 언명은 현실적 존재와 현실적 존재가 관계를 맺는다고 할 때 그 각 관계항은 자기동일성을 본질로 해서는 불가능하며, 오직 자기차이성을 본질로 할 때에만 가능하다는 것이다. 이 자기차이성을 본질로 불과 연기는 내재적·본질적 관계를 맺을 수 있다는 것이 바로 '그것을 본질로 하여 생기하는 것'의 의미이다.

앞에서 우리는 '그것을 본질로 하는 것'을 현실적 존재의 생성 과정이라고 기술한 바 있다. 한편 이 '그것을 본질로 하여 생기하는 것'은 현실적 존재의 이행 과정을 본질론적 관점에서 기술한 것이 아닌가 한다. 현실적 존재의 이행 과정이란 자기 본질을 획득한 현실적 존재가 다른 존재에로 변형·이행해 가는 과정이다. 이렇게 현실적 존재의 이행 과정에서 우리가 경험하는 거시적 세계가 출현하는 것이다. 따라서 현실적 존재의 본질을 매개로 한 결합관계에서 논리적 필연성의 근거를 확보하고자 하는 다르마키르티의 기술을 통해 우리는 연기에 대한 그의 생각을 다음과 같이 정리해서 읽을 수 있겠다. 즉 싱사파나무→나무의 추리의 확실성의 근거 및 연기→불의 추리의 확실성의 근거는 '본질에 의한 관계'에 기반하고 있다는 것이다. 그에 따르면 전자의 본질적 관계는 '그것을 본질로 하는 것', 후자의 본질적 관계는 '그것을 본질로 하여 생기하는 것'이다.

---

13) 이지수, 「다르마키르티(법칭)의 관계비판」, 『불교학보』 34집, 동국대학교불교문화연구소, 1997, 141~143쪽.
14) 가지야마 유이치 외, 『인도불교의 인식과 논리』, 전치수 옮김, 민족사, 1989, 188쪽.

그런데 문제는 '그것을 본질로 하는 것'이라고 했을 때 본질을 구성하는 다수의 여건과 그것으로부터 생성되는 현실적 존재와의 관계이다. 다시 말하면 나무라는 개념이 지시하는 존재와, 싱사파나무라는 개념이 지시하는 존재는 같은 것인가 다른 것인가? 만약 같은 것이라면 추리작용이 불필요하다. 왜냐하면 싱사파나무가 곧 나무이기 때문에 굳이 전자를 통해 후자를 추리한다는 것이 의미가 없을 것이기 때문이다. 동일한 문제가 '그것을 본질로 하여 생기하는 것'이라고 했을 때도 발생한다. 그것을 본질로 하여 발생하는 것이라 했을 때 '그것'과 '그것을 본질로 하여 발생하는 것'과의 관계이다. 다시 말하면 연기라는 개념이 지시하는 존재와 불이라는 개념이 지시하는 존재는 같은 것인가 다른 것인가? 만약 같은 것이라면 마찬가지로 추리가 불필요하다. 왜냐하면 연기가 곧 불이기 때문에 연기를 보는 순간 바로 불을 알 수 있기 때문이다. 이러한 난점은, 궁극적으로 원인이 되는 존재, 즉 제1원인이 되는 현실적 존재를 자기동일성을 본질로 하는 존재로 볼 것인가 아니면 자기차이성을 본질로 하는 존재로 볼 것인가, 달리 표현하면 현실적 존재를 무상無常으로 볼 것인가 아니면 상常으로 볼 것인가에 기인한다. 위에서 말하는 현실적 존재의 자기차이성이나 무상성 등의 개념은 찰나멸성의 다른 이름이기도 하다. 이제 우리는 다음 절에서 현실적 존재의 본질이 무엇인가를 탐구하지 않으면 안 된다.

2. 현실적 존재

현실적 존재의 용례와 의미

현실적 존재라고 번역하고 있는 산스크리트 원어는 바스투vastu이다. 이 바스투는 다르마키르티의 저술에만 사용되는 특수한 용어가 아니라 인도사상 일반에 널리 사용되는 보통명사이다. 대개 이 바스투는 첫째 '재화^{財貨}나 사물^{事物}'과 같은 구체적 물체의 의미로 사용되거나, 둘째 '장소'의 의미와 여기에서 전의^{轉意}하여 근거·의지처·원인이라는 추상적 의미로 사용된다.

첫째, 재화나 사물의 의미로 사용되는 바스투를 살펴보자.『오백십찬』^{百五十讚}의 13게송에는 바스투가 신체 밖에 있는 재산이라는 의미에서 외재^{外財}라고 번역된다.『구사론』에는 바스투가 보시하는 재물이라는 의미에서 '재'^財 또는 '재물'^{財物}로 사용되며, 집이나 가구 등의 물체라는 의미에서 '사물'^{事物} 등으로 사용된다. 또한『구사론』에는 바스트빅차^{vastvicchā}, 즉 '사물을 바라는 것'이라는 의미로도 사용된다.

둘째, '장소'의 의미와 그 전의인 근거·의지처·원인이라는 추상적 의미로 사용되는 바스투를 살펴보자.『장아함경』^{長阿含經} 2권에 나오는 '택지'^{宅地}라는 말은 팔리어로 바투^{vatthu, vastu}이다. 이것은 '거주하는 장소'를 의미한다. 최초에는 아마도 바스투가 '장소'라는 의미로 사용되었을 것이다. 여기서 파생되었다고 생각되는 것이 '근거', '의지처', '원인'이다.

바수반두의『구사론』에는 유위법^{有爲法}을 설명하는 가운데 바스투가 제시된다. "무엇을 일러 유위^{有爲}라고 하는가? 게송에서 말한다."

또 이들 유위법은 색 등의 오온이며^{又諸有爲法, 謂色等五蘊}

세로이고 언의이며, 유리이며 유사 등이다.^{亦世路言依, 有離有事等}

여기서 바스투와 관련되는 유위법은 '언의'^{言依}와 '유사'^{有事}이다. 언의의 원어는 카타바스투^{kathāvastu}, 유사^{有事}의 원어는 사바스투카^{savastuka}이다. 먼저 카타바스투에서 카타^{kathā}는 '언어'를 의미한다. 이 언어가 의지하는 근거가 바로 바스투이다. 따라서 바스투는 '소의'^{所依}, '의'^依 등으로 번역된다. 언어나 음성은 모두 유위법이다. 그리고 이것은 이름[名]에 의해 표시되기 때문에 그 근거의 구체적 내용은 이름이다. 다음으로 사바스투카에서 '사'sa는 소유를 나타내는 접두어로서 유有로 번역된다. 여기서 바스투카는 '사'事로 번역되며 '원인'을 의미한다. 따라서 '원인을 지닌 것', '원인을 동반한 것', '원인으로부터 생긴 것'이 사바스투카의 의미이다. 이 '원인으로부터 생긴 것'이 바로 유위법인 것이다. 이 바스투가『구사론』에서는 사事로 번역되어, '구체적 현상, 드러난 현상', '근거가 되는 것' 근본조건 등을 의미하기도 한다.

이상에서 알 수 있는 것은, 일차적으로 바스투는 구체적인 사물이나 장소의 의미이다. 여기에서 전의하여 사물이나 대상의 근거 내지 원인이라는 추상적 의미가 발생했다고 볼 수 있다.

『프라마나바르티카』3장 지각론에는 20개의 게송에서 바스투가 기술되고 있다. 이 바스투의 의미를 몇 가지로 분류하면 다음과 같다.

첫째, 차이성bheda을 본질로 하는 바스투이다.

만약 [당신은 어떤 공상이] 어떤 것[다른 공상]과 다른 존재라고 말할 수 있기 때문에 **현실적 존재**vastu라고 생각한다면, 그것은 이치에 맞지 않다. [공상은 차이를 본질로 하는 개별자 그 자체 혹은 그것과 다른 것이라고 말할 수 없기 때문에] 현실적 존재들이라고 결코 말할 수 없다. 또한 [공상은] 질료인의 차이bheda로부터 [공상 상호 간의] 차이가 비유적으로 표현되는 것이기 때문에 그와 같이 [다른 공상과 별개로 존재하는 현실적 존재라고] 말할 수 없다.(33게송)

둘째, 인과적 효과성arthasāmarthyād을 본질로 하는 바스투이다.

인과적 효과성을 갖는 어떤 존재로부터 수반과 배제의 관계를 갖는 인식의[인식이 직접적으로 생기할] 경우, 그것의 파악은 자립적이다. 그것과 다른 **현실적 존재**[인식을 직접적으로 생기게 하지 못하는 현실적 존재]는 지각을 넘어서 있는 것이다.(59게송)

셋째, 추리의 존재론적 근거인 바스투이다.

어떤 것[긍정추리]에 있어서, 그것에 속한 어떤 것을 **현실적 존재**에 근거해서 인식하는 것이 논증될 때, 그것은 반드시 그것으로부터 생기한 것[결과]이든가 혹은 본질이든가[둘 중의 하나]이어야만 한다.(70게송)

넷째, 사성제四聖諦 등의 청정한 존재를 바스투라고 하는 경우가 있다.

그 가운데 앞에서 확인된 [사성제 등의 청정한] **현실적 존재**[를 대상으로 한 수행을 통해서 완성된 인식]와 같이, 수행을 통해 생기한 정합적인 지각이 인식수단이라 인정된다. 그 이외의 것[인식]은 내실이 없는 [허망한] 것이다.(286게송)

다섯째, 인식결과[量果]와 인식수단[量]의 비별체설非別體說을 논의할 때 하나의 전체로서 생기하는 인식을 바스투라고 한다.

만약 '행위[라는 결과, 量果]와 행위의 작인[인식수단, 量]의 두 가지가 동일한 [현실적 존재의 두 가지 양상이라고 주장하는] 것은 모순이다'라고 한다면, [그 비판은] 사실이 아니다. 왜냐하면 [타자의 배제에 의해서 개념구성된] 속성의 차이가 인정되기 때문이다. [그러나 궁극적 차원에서는] '**현실적 존재**는 분할되지 않는다'라고 인정된다.(318게송)

이상과 같은 의미로 사용되는 바스투에 대해 현대의 학자들은 다음과 같이 번역하고 있다.

① 실재하는 물(중성명사) : 物, 物質, 事物

한역漢譯 : 物, 事, 法, 諸法, 事實, 體相, 事物, 本有, 根本, 依, 依處[15]

② the seat or place of ; any really existing or abiding substance or essence, thing, object, article, the real[16]

③사물·실체 외적 사상[17]

④thing[18]

⑤實有[19]

그런데 바스투를 물物이나 사물事物로 번역하는 것은 적절하지 않다. 왜냐하면 다르마키르티의 지각론에서 기술되는 바스투는 궁극적 차원의 존재[勝義諦]이기 때문이다. 또한 실체라고 하는 나카무라 하지메中村元의 번역도 적절하지 않다. 왜냐하면 바스투는 불변의 존재가 아니라 자기차이성을 본질로 하는 찰나멸의 존재이기 때문이다. 이에 반해 도사키 히로마사戸崎宏正나 기무라 도시히코木村俊彦의 실유實有는 사물이나 실체라는 번역

---

15) 荻原雲来 編, 『梵和大辭典』, 講談社.
16) S. M. Monier Williams, *Sanskrit English Dictionary*.
17) 中村元, 『インド論理學の理解のために』, 平樂社.
18) G. B. J. Dreyfus, *Recognising reality*.
19) 戸崎宏正, 『佛敎認識論の硏究』; 木村俊彦, 『ダルマキールティ宗敎哲學の原典硏究』.

보다 다르마키르티가 말하는 바스투의 원의에 가깝다고 여겨진다. 왜냐하면 다르마키르티가 사용하는 바스투는 감관의 대상인 색·성·향·미·촉뿐만 아니라 의근意根의 대상인 법이라는 정신적 대상도 의미하기 때문이다. 하지만 사트sat 등도 실유라고 번역하는 것과 별 다른 차이가 없기 때문에 적절한 번역이라 하기 어렵다.

위의 게송에서 바스투는 자상, 자기차이성을 본질로 하는 존재임을 알 수 있다. 다르마키르티에 의하면 자상만이 궁극적 차원의 존재이고, 인과적 효과성을 본질로 하는 존재이다. 이 자상에 의해 지각이 생긴다. 이 지각은 '언어나 개념구성[분별]을 떠난 인식'으로 우리 경험의 가장 근원적인 단계에서 발생하는 것이다. 이 지각의 대상이 바로 바스투이다. 동시에 지각의 대상에 의해 생기한 인식이 다음 인식의 대상(자기인식)이 될 때 그 대상으로서의 인식도 바스투라고 하는 것이 위의 318게송의 의미이다.

이 바스투는 궁극적 차원에서 '없는 것'이 아니라 '있는 것'이라는 의미에서 '존재'entity이며, 지각을 생기게 하는 인과적 효과성이라는 측면에서 '현실적'actual인 존재이다. 따라서 바스투는 현실적 존재actual entity라고 번역하는 것이 다르마키르티 지각론을 설명하는 데 유용하다고 판단한다.

현실적 존재의 본질 — 찰나멸성

아론의 관점에서 '제행무상', 즉 '모든 것은 무상이다'라는 명제를 해석할 때, 주어인 '모든 것'에서 양화사인 '모든'all 속에 포함되는 것은 현상세계뿐이며 본체세계는 제외된다. 왜냐하면 이 현상세계만이 변화하며 본체세계, 즉 현상세계를 구성하는 근원적 존재는 불변이기 때문이다. 가령 상키야 철학에 의하면 이 현상세계는 근원적 존재인 프라크리티의 전변이며, 니야야·바이세시카 학파에 의하면 이 현상세계는 근원적 존재인 범주들의 집적이다. 그렇지만 근원적 존재인 프라크리티나 범주들은 불변과 영원성을 본질로 하는 것이다.

반면 무아론은 현상세계는 근원적 존재에 의해 구성되며, 이것은 변화를 본질로 하는 비실재이다. 마찬가지로 현상세계를 구성하게 하는 근원적 존재 또한 변화와 찰나멸성^{kṣaṇikatva}을 본질로 하는 존재이다. 이런 관점에서 '제행무상', 즉 '모든 것은 무상이다'라는 명제를 해석할 때, 주어인 '모든 것'에서 양화사인 '모든' 속에 포함되는 것은 현상세계뿐만 아니라 본체세계, 즉 현상세계를 구성하는 근원적 존재이다. 왜냐하면 현상세계뿐만 아니라 본체세계의 본질을 변화와 찰나멸로 보기 때문이다.

여기서 아론과 무아론은 현상세계와 본체세계를 인정한다는 점, 현상세계의 본질은 변화이며 비실재로 파악한다는 점은 동일하다. 하지만 결정적 차이는 근원적 존재, 즉 본체세계를 불변·영원성으로 보는가 아니면 변화·찰나멸성으로 보는가 하는 것이다.

철저한 사상이란 정합적^{coherent}이어야 한다. 여기서 '정합적'이란 우리의 경험을 설명할 때 사용되는 기초적 관념들이 상호 간에 전제되고 있으며, 따라서 그것이 고립될 경우 무의미해진다는 것을 말한다.[20] 가령, 위에서 보는 바와 같이 현상세계가 근원적 존재의 현현이거나 집적이라면 그것은 변화해서는 안 되며 또한 현상세계의 본질이 변화·무상성이라면 그것을 현현하게 한, 집적하게 한 근원자도 무상성과 변화를 속성으로 가져야 할 것이다. 이러한 부정합적인 이론체계를 안고 있는 독단적 실재론은 인간 정신이 범하기 쉬운 '실체의 오류'를 범하기 마련이다.

이러한 '실체의 오류'는 유부의 사유체계에도 보인다. 유부는 삼세실

---

20) William James, *Essays in Radical Empiricism*, Harvard University Press, 1977, pp. 22~23.

유·법체항유를 기반으로 그들의 존재론을 구성한다. 그런데 삼세실유·법체항유설은 실체론과 동일한 사유구조를 가진다. 즉 과거·현재·미래의 시간 속에 있는 것(현상세계)은 부단히 생성·소멸하지만 그 현상세계를 구성하고 있는 궁극적 요소인 법의 본체는 항상 존재한다고 한다. 유부의 이러한 범주적 실재론에 반기를 들고 법의 본체 그마저도 순간적으로 찰나멸한다고 주장한 학파가 경량부였다. 이 경량부의 찰나멸성을 다르마키르티는 전적으로 수용하고 있다.

다르마키르티의 주저인 『프라마나바르티카』의 저술 목적은 다음 아가마Āgama의 논증이다.

> 이 논리식이 [성전에] 보이기 때문이다. 즉 '어떤 것이든 생성을 본질로 하는 것은 모두 소멸을 본질로 한다' 등이 많이 [언급되어] 있다. [술어와의] 논리적 결합을 성질로 하는 논리적 이유lingam가 논리의 근거이다. 논리적 이유는 술어와의 변충 관계를 나타내기 때문이다. 그리고 그것을 [세존이] 명료하게 설했던 것이다.(『프라마나바르티카』, 2장 285~286게송)

'어떤 것이든 생성을 본질로 하는 것'은 '제행무상'의 '제행'에 해당하며, '모두 소멸을 본질로 하는 것'은 '무상'에 해당한다. 따라서 '어떤 것이든 생성을 본질로 하는 것은 모두 소멸을 본질로 한다'는 것을 논증하는 것은 달리 표현하면 모든 것은 소멸하는 성질, 즉 찰나멸을 본질로 한다는 언명에 다름 아니다. 다니 다다시는 "이것은 이미 기술한 것처럼 '존재(A)는 자신의 비존재(-A)를 본질로 한다'는 것을 증명하는 것이며 대상의 자기동일성(A = A)을 근간으로 하는 통상의 논리로는 증명할 수 없다. 따라서 다르마키르티는 이것을 시간성의 시점에서 찰나멸성·순간적 존재성으로 파악하고 그것을 증명하는 데 필생의 철학적 노력을 기울였다"[21]고 하였다. 다르마키르티의 주저인『프라마나바르티카』는 모두 4장으로 구성되어 있다. 1장은 추리론, 2장은 서론, 3장은 지각론, 4장은 변증론이다. 1장 추리론은 '모든 존재는 찰나멸을 본질로 한다'는 찰나멸 논증 위주로 기술되어 있으며, 이것을 근간으로 2장 서론은 인식근거에 대한 탐구와 왜 이 책을 기술하는가 하는 저술의 목적, 3장 지각론은 지각의 무분별성을 논증하고, 4장 변증론은 구체적 변증을 하고 있다. 위의 게송은 2장 서론의 말미에 나오는 것으로『프라마나바르티카』의 전체 저술 동기를 표명한 것이다.

위의 게송에서 다르마키르티가 말하는 주어 세계의 외연을 의미하는 양화사 '모든'은 현상세계뿐만 아니라 본체세계를 포함하는 것이며 또한 술어 세계의 찰나멸이 한정하는 것은 현상세계뿐만 아니라 현상세계를 가능하게 하는 근원적 존재이다. 다르마키르티는 현상세계를 가능하게 하는 근원적 존재를 현실적 존재^{vastu}라 부른다. 따라서 위의 아가마의 명제를 보다 간단하게 기술하면 다음과 같다.

찰나멸성은 현실적 존재의 본질이다.

현대의 양상논리학樣相論理學에 의하면, 'A는 B의 본질이다'는 '모든 B는 A이다'라고 바꾸어 말할 수 있다. 따라서 '찰나멸성은 현실적 존재의 본질이다'라는 명제는 '모든 현실적 존재는 찰나멸하는 존재이다'라고 표현할 수 있다. 어떤 존재든 찰나멸성을 본질로 해야만 실재한다고 하는 말과 같다. 사실 다르마키르티가 말하는 추리의 타당성의 존재론적 근거 가운데 하나인 '그것을 본질로 하는 것'$^{tādātmya22)}$은 바로 '현실적 존재는 소멸(= 찰나멸)한다' 혹은 '현실적 존재의 본질은 찰나멸이다'라는 명제를 논증하기 위해서 제시된 것이다. 다르마키르티는 소멸(=찰나멸)이 존재의 본질임을 『프라마나비니쉬차야』에서 보다 간결하게 언명한다.

> 소멸[찰나멸]은 그 자체[존재]의 본질에서부터 생겨난다. 원인이 없기 때문이다. 소멸하면서 존재하는 것은 그 소멸이라는 본질 이외의 다른 원인에 의존하는 것이 아니다. 다름 아닌 그 자신의 내부에 있는 원인으로부터 소멸하는 성질을 가지면서 생겨나는 것이기 때문이다. 따라서 무엇이든 만들어진 것은 [그 자신의] 본질에 의해 소멸하여야 하는 것이다.[23]

만약 어떤 존재가 찰나멸한다면 그 존재를 소멸하게 하는 원인이 있어야 할 것이다. 그렇다면 그 원인의 존재 방식은 그 존재 안에 있든가 아니면 밖, 즉 다른 것에 있어야 할 것이다. 그런데 그 존재의 찰나멸의 원인이 다른 것에 있다면 그 존재는 궁극적 존재라고 할 수 없다. 따라서 그 존재의 찰나멸의 원인은 그 존재 자체 내에 있어야 한다. 따라서 궁극적 실재인 현실적 존재는 찰나멸을 본질로 하는 것이다.

『프라마나바르티카』 3장 지각론에서 현실적 존재의 찰나멸성을 직접적으로 인용하고 있는 게송을 제시하면 다음과 같다.

---

21) 谷貞志, 『無常の哲學』, 88쪽.
22) 사실 다르마키르티의 '그것을 본질로 하는 것'은 '존재는 찰나멸이다'라는 명제의 타당성을 증명하기 위해서 창출된 논리이다. 앞에서도 언급한 바와 같이 궁극적 존재의 본질인 찰나멸을 어떻게 증명할 것인가 하는 것이 다르마키르티의 과제였다. 이것이 증명된다면 궁극적 존재의 자기동일성이나 불변이나 영원을 주장하는 모든 실체론자들의 존재론적 근거는 무너지게 될 것이다. 따라서 다르마키르티의 필생의 과제는 존재의 동일성을 주장하는 실체론자에 맞서 불교의 무아설을 어떻게 관철시키는가 하는 것이다. 이것은 결국 세계를 합리적으로 이해하는가 아니면 비합리적으로 이해하는가 하는 문제와 관련된다.
23) 아카마쓰 아키히코, 「다르마키르티의 논리학」, 『인도불교의 인식과 논리』, 205쪽.

[만약 당신이 공상을 현실적 존재라고 생각한다면 현실적으로 존재하는 공상은] 영원할 수 없다. 왜냐하면 ①[순간적] 소멸은 오직 현실적 존재에서만 발생하기 때문이다. 보편자들이 [개체인 현실적 존재의] 결과가 아니기 때문에 [보편자는 개체와] 관계가 없는 것, 또한 [개체의] 존재 방식을 갖지 않는 것으로 귀결된다.(44게송)

①에서 현실적 존재의 본질이 찰나멸(=소멸)이며 그 이외의 존재는 그렇지 않다는 것을 언급하고 있다.

현실적 존재들에게는 [타자의 배제가] 존재한다. 따라서 현실적 존재에 대한 언어는 그것[현실적 존재의 타자의 배제]에 준거한다. [반론 : '타자의 배제'가 현실적 존재의 본질이다. 따라서 '타자의 배제'가 언어의 대상이라고 하는 것은 현실적 존재 그 자체가 언어의 대상이라고 하는 것과 같은 것이다. 그러므로 언어의 대상은 객관적으로 실재한다.] 외적인 작용능력에 있어서 차이화에 [직접적으로] 준거하는 것은 아니라고 해도, 그 언어는(163게송), 그것[외적인 현실적 존재의 본질인 배제]에 준거하는 분별[적 인식]의 형상에 관여한다. 그러므로 [언어는 분별적 인식의 형상이 외부의 현실적 존재에 성립하고 있는] '배제'에 [간접적으로] 준거하고 있기 때문에, '언어는 타자의 배제를 행한다'라고 기술되었던 것이다.(164게송)

"현실적 존재들에게는 [타자의 배제가] 존재한다"라고 할 때 타자의 배제란 찰나멸에 다름 아니다. 타자의 배제는 자기차이성을 의미하며, 이러한 차이성은 현실적 존재 자신이 찰나멸하지 않고서는 불가능하기 때문이다.

　그렇다면 왜 다르마키르티는 찰나멸을 현실적 존재의 본질이라 했을까? 이것은 존재론적 차원과 인식론적 차원에서 논의 가능하다.

　먼저 존재론적 차원에서 말한다면 '현실적 존재의 찰나멸'이라는 정의는 현실적 존재의 본질이 자기차이성임을 강조하고자 한 것이다. 만약 현실적 존재가 '자기동일성'을 본질로 한다면 현실적 존재의 생기 과정과 이행 과정은 불가능할 뿐만 아니라 본질과 현상과의 관계, 즉 본체세계와 현상세계의 관계에 대해서 내재적·정합적 설명도 불가능하게 될 것이다. 하지만 현실적 존재의 본질이 자기차이성, 즉 찰나멸이라고 할 때, 현실적 존재의 생기 과정과 현실적 존재의 이행 과정이 가능하게 되어 현상세계와 본체세계는 내재적 관련 속에서 정합적 설명이 가능하게 될 것이다.

　다음으로 인식론적 차원에서 말한다면 궁극적 존재로서의 지각도 자기차이성을 본질로 한다는 것을 언명한 것이다. 인식에는 일상언어의 차원[=세속의 차원]에서의 인식과 일상성을 초월한 궁극적 차원[=승의의 차원]에서의 인식이 있다. "일상성의 차원의 인식수단을 인식수단을 통해서 초월하기 위해서는 인식 자신이 자발적으로 소멸하는 것에 의해서 그것을 초월한 새로운 인식을 발현하지 않으면 안 되기 때문이다. 거기서 실존의 전환을 가능하게 하기 위해서 찰나멸이 요청되었던 것이다. 즉 윤회로부터의 탈출이라는 깨달음을 가능하게 하는 인식론적 논리가 증명되지 않으면 안 된다. 다르마키르티는 논리로 논리를 초월해 가는 증명에 도전한다. 그것은 새로운 논리를 출현하게 하기 위해서 논리의 한계를 다하여 논리 자신의 종언을 증명하는 것을 의미한다."[24]

　하지만 현실적 존재가 찰나멸성만을 본질로 한다면 어떤 현실적 존재

---

24) 谷貞志, 『無常の哲學』, 89쪽.

로부터 다른 현실적 존재가 생기하고, 또한 현실적 존재에 의해 인식이 생기하는 과정을 설명할 수 없게 될 것이다. 이 현실적 존재의 인연생기 과정을 설명하기 위해 다르마키르티는 인과적 효과성이라는 또 하나의 현실적 존재의 본질을 요청하였던 것이다.

현실적 존재의 본질 — 인과적 효과성

아론자는 "찰나멸성을 본질로 하는 현실적 존재에 의해 현상세계가 형성된다"고 설명하는 무아론자에게 "존재가 다른 존재에게 작용을 하기도 전에 찰나멸하게 되면 복잡다기한 현상세계는 결코 출현할 수 없기 때문에 불멸이라는 본질을 지닌, 자기동일자인 영원한 존재만이 현상세계의 생성과 소멸과 변화를 추동하는 작용이 있다"고 주장한다. 불변의 자기동일자인 영원한 존재가 현상세계의 생성과 변화와 소멸을 추동하는 것이라는 주장에 대해서 바수반두의 소멸무인설消滅無因說(소멸에는 원인이 없다)이나 자발적 소멸론自發的消滅論(소멸은 타자에 의해서가 아니라 스스로 소멸한다)은 그다지 설득력을 지니지 못한다. 하지만 이러한 아론자의 반론에 대한 다르마키르티의 다음과 같은 답론은 인도사상사에서 한 획을 긋는 일대 사건이다. 그는 존재에 대해서 다음과 같은 정의를 내린다.

현실적 존재는 인과적 효과를 낳는 능력을 본질로 하기 때문이다.(『니야야빈두』, 1장 15게송)

또한 『프라마나바르티카』 3장 지각론에는 자상과 관련하여 현실적 존재가 인과적 효과성임을 다음과 같이 선언한다.

여기서 인과적 효과[성의 능력], 그것은 궁극적 차원의 존재이며, 다른 것은 일상언어 차원의 존재이다. 이 둘은 [전자가] 자상, [후자가] 공상이라 불린다.(3게송)

자상은 인식과 관련한 현실적 존재의 존재 방식이기 때문에 자상이 인과적 효과성이라는 것은 현실적 존재가 인과적 효과성임을 의미한다.

여기서 '인과적 효과'라는 말은 산스크리트 아르타크리야^{arthakriyā}를 번역한 것이다. 드레이퍼스는 그의 저서 『실재 인식』에서 아르타크리야를 두 가지 의미로 나누어 설명하고 있는 마사시 나가토미^{Masashi Nagatomi}의 말을 인용하고 있다. "①존재론적 의미에서, 그것[아르타크리야]은 인과적 효과성^{causal efficacy}을 의미한다. 이 의미에서 아르타크리야는 실재의 기준이다. 다르마키르티는 '작용을 완성할 수 있는 것, 그것만이 궁극적으로 존재한다'고 했다. 다른 현상의 생성에 인과적으로 참여할 수 있는 대상만이 실재한다. ②인식론적 의미에서, 아르타크리야는 실용적 목적을 수행하는 것을 의미한다. 다르마키르티는 『니야야빈두』에서 '올바른 인식수단은 모든 인간의 목적(아르타^{artha})을 완수하기 위한 필요조건이다. 나는 그것을 설명하고자 한다'고 했다. 타당한 인식수단은 대상과 정확하게 일치하며 우리의 성공적 행위를 위한 인식적 토대를 제공해 준다. 실재하는 대상은 아르타라 불린다. 왜냐하면, 요리하고 태우는 것과 같이, 그것들은 실재적 활동을 위한 목적이기 때문이다. 아르타는 이론적 지식의 대상이 아니라 실재적 대상이다."[25]

또한 다니 다다시는 "여기서는 다음과 같이 해석해야 한다. 우리들은

---

25) G. B. J. Dreyfus, *Recognizing Reality*, State University of New York Press, 1997, p. 66.

우선 인식론 및 존재론이라는 프레임을 다시 해체해 둘 필요가 있다. 다르마키르티가 아르타크리야에 대해서 전제하고 있는 유일한 개념은 『프라마나바르티카』 전체의 맥락에서 보면 연기라는 구조인 것이다. 수반과 배제anvaya viyatireka에 의해서 규정된 구조연관만이 실재화하고 있는 장場인 것이며 여기서 주관적 인간이라는 존재도 객관적 대상으로서의 존재도 모두 그 실체성이 박탈되고 있다. 현실적 존재는 '사물'이 아니라 '사건'이라는 구조로서 파악되고 있다. 따라서 이 용어 아르타크리야는 오히려 이중의 의미가 있는 것을 겨냥해서 만들어진 것이다. 게다가 이 구조는 공성空性에의 역행성逆行性을 발현할 가능성을 가지고 있는 것이다. 여기서는 이 구조연관에 있어서 '원인과 결과' 관계의 필연성만을 해석의 기저에 두고서 아르타크리야를 '인식의 목적으로서의 대상이 필연적 구조연관에 연동하는 것에 의해서 결과를 생기하게 하는 것'으로 규정해야 한다"[26]고 한다.

마쓰모토 시로는 아르타크리야를 데벤드라붓디Devendrabuddhi에 준거하여 '결과[果]를 생기하는 것'[27]으로 규정하며, 이어서 가쓰라 쇼류는 '유일의 실재에 대해서 두 개의 다른 차원의 인식 —직접적 인식과 간접적 인식—을 적용하고 있는 것에서 순간의 차원과 연속의 차원이 있고, 궁극적으로는 전자의 자상만을 다르마키르티가 현실적 존재로서 인정하기 때문에 아르타크리야가 가능한 것은 제1의적으로는 결과를 생기할 수 있는 것, 제2의적으로는 인간의 목적을 달성할 수 있는 것을 의미한다'[28]고 한다.

아르타크리야는 단적으로 말하면 존재는 '힘'이라는 의미이다. 힘은

---

26) 谷貞志, 「逆行する 認識論と論理」, 『佛教思想の諸問題』, 平川彰古稀論文集, 545~546쪽.

27) 마쓰모토 시로는 '아르타(artha)는 과(果)이며, 크리야(kriya)는 그것을 낳는 것이다'라는 데벤드라붓디의 이해에 따라서 아르타크리야삼아르타(arthakriyāsamartha)를 '과를 생기하는 능력을 가진 것'이라고 번역하고 있다. 松本史朗, 「佛教論理學派の二諦說」上, 南道佛教, 1980, 116쪽.

28) 桂紹隆, 「ダルマキールティの因果論」, 『南都佛教』 50호, 1893, 96~114쪽.

작용이자 활동이다. 이것은 아론에 의하면 실체에 소속한 성질, 즉 속성의 의미가 되지만 존재가 힘이라고 했을 때 존재는 실체가 아니며 속성 그 자체가 존재라는 의미이다. 그리고 이 속성은 고정적이며 정적인 것이 아니라 끊임없이 유동하는 불안한 존재, 무상한 존재이다. 반면 비존재는 힘이 아닌 것, 능력이 없는 것, 즉 효과적 작용능력이 없는 것을 의미한다.

다르마키르티는 존재를 인과적 효과를 낳는 능력으로, 비존재를 인과적 효과를 낳는 능력이 없는 것으로 정의한다. 불변의 자기동일자인 영원한 존재는 인과적 효과를 낳는 능력이 없기 때문에 이것은 실재가 아니다. 다르마키르티는 영원한 존재의 비실재성을 다음과 같이 탁월하게 논증한다. 다르마키르티의 창조적 발상이 돋보이는 부분이기도 하다.

①비순간적 존재는 이와 같이 [필연적으로 작용할 가능성은] 없다. 어떠한 방법에 의해서도 불가능하기 때문이다. 비순간적인 존재는 [목적을 달성하기 위한] 효과적 작용을 할 가능성이 없다. 왜냐하면 [찰나멸이 아닌 존재는] 계시적·동시적으로 [그 작용에] 양립 불가능하기 때문이다. ②[우선] 계시적으로 [효과적 작용을] 할 수 없다. [공동원인에서] 독립해 있을 때, 그것 자신은 존재하는 것에 의해서만 작용하게 되지만, 그와 같은 것이 [그 작용의 결과를] 지연하는 것은 불합리하기 때문이다. 이전에 작용하는 당체當體가 아닌 것은 그 뒤에도 [작용하는 존재가] 될 수 없다. 왜냐하면 본질은 변화하지 않기 때문이다. [공동원인에] 의존하는 경우에 관해서도 이미 설명했다. ③동시에 작용하는 것도 불가능하다. 왜냐하면 그 [작용한다고 하는] 본질규정은 뒤에도 작용하지 않는다고 하는 것은 불가능하기 때문이다. 따라서 모든 능력을 결여한 그것은 존재의 특상에서 벗어나 버린 것이다. 일반적으로 인과적 효과를 낳는 능력을 가진 것, 그것

이 여기서 궁극적 [진실의] 존재이다. 따라서 비순간적인 존재[비찰나멸의 존재]는 계시적으로도 동시적으로도 [작용하는 것과] 양립 불가능하기 때문에 존재하지 않는다.[29]

①에서 '비순간적 존재'는 시간을 초월한 영원한 존재이다. 상주론자 常住論者와 같은 독단적 형이상학의 입장에서 보면 '존재'는 비시간적인 영원한 존재이다. 이러한 비시간적 존재를 처음부터 전제한다면 순간적 존재라는 시간성을 '존재'로부터 추론하는 것은 불가능하다. 따라서 시간이 박탈된 존재가 작용을 한다는 것은 불가능하다는 것이 ①의 기술이다.

그렇다면 왜 비순간적인 존재는 작용이 불가능한가? 그 이유 내지 근거는 무엇인가?

작용이란 어떤 존재가 다른 존재에 힘을 가하여 어떤 결과를 낳는다는 의미이다. 달리 말하면 존재와 존재가 관계를 맺을 때, 즉 전자가 후자에게 어떤 효과를 낳는 힘을 부여할 때, 우리는 전자가 후자에게 작용을 가했다고 한다. 그런데 존재와 존재의 관계맺음[=작용]에는 두 가지 방식이 있다. 하나는 계시적 관계맺음[=계시적 작용]과 또 하나는 동시적 관계맺음(동시적 작용)이다. 그런데 비순간적 존재[=비찰나멸의 존재]는 계시적 작용이나 동시적 작용은 불가능하다. 그 이유는 계시적 작용을 부정하는 ②와, 동시적 작용을 부정하는 ③에서 알 수 있다. 따라서 비순간적인 존재는 계시적·동시적으로 작용할 수 없기 때문에 인과적 효과를 낳는 능력이 없다. 그러므로 비순간적 존재는 비실재이다.

결국 순간적인 존재[=찰나멸의 존재]만이 인과적 효력을 지닌다. 반면

---

29) 谷貞志, 『刹那滅の硏究』, 春秋社, 1999, 113~114쪽.

비순간적 존재[=비찰나멸의 존재]는 인과적 효력을 지니지 않기 때문에 비존재이다. 이러한 비존재인 비순간적인 존재는 세계의 생성과 소멸, 운동과 변화에 어떠한 실재적 영향력을 발휘할 수 없다. 오직 인과적 효력을 지닌 존재만이 세계의 생성과 소멸, 운동과 변화를 가능하게 한다. 하지만 이러한 인과적 효과성[=존재]도 궁극적으로 자기동일성을 본질로 하는 것이 아니라 자기차이성을 본질로 하는 순간적 존재[=찰나멸의 존재]일 때만이 가능하다. 이런 측면에서 현실적 존재의 인과적 효과성을 가능하게 하는 것은 현실적 존재의 찰나멸성이라 할 수 있다.

이상을 요약하면 다음과 같다.

다르마키르티는 세계를 구성하는 기본 단위인 현실적 존재의 본질을 찰나멸성과 인과적 효과성으로 분석한다. 현실적 존재의 찰나멸성이란 현실적 존재의 본질이 생기하는 순간 곧 소멸한다는 의미이다. 그가 현실적 존재의 찰나멸성을 주장한 까닭은 변화의 세계 아래에 놓여 있는, 변화를 추동하는 궁극적 실재의 실체성, 즉 자기동일성을 거부하고 궁극적 실재는 자기차이성으로 존재하고 있음을 역설하기 위함이다. 또한 현실적 존재가 찰나멸한다고 해서 무nothing가 되는 것이 아니라, 자기의 본질을 버리고 타자의 생성을 위해 객체화하는 것이다. 이 객체화하여 타자를 생성시키는, 타자에게로 이행해 가는 힘을 인과적 효과성이라 한 것이다. 그가 현실적 존재의 인과적 효과성을 제시한 것은 미시적 세계가 어떻게 거시적 세계로 확대되는가 그 생기와 이행의 메커니즘의 존재론적 근거를 제시하기 위함이다.

5장_현실적 존재와 인식

자연과 인간, 대상과 주체의 연관성을 구체적으로 보여 주는 술어는 인식이다. 인식이란 주체가 그 대상을 수용하여 자기를 구성하는 연기의 과정이다. 따라서 인식주체란 '있는 것'이 아니다. 이것은 대상에 의해서 생성되는 것이다. 다시 말하면 인식은 완결된 주체가 갖는 객체인식의 통로가 아니라 생성하는 주체가 갖는 자기구성활동, 즉 객체를 자기화하는 존재론적 활동으로 간주된다. 이렇게 생각하면 인식과 존재 사이의 범주적 구별이 사라진다. 불교의 인식론은 이러한 지평에서 논의되어야 한다. 5장은 바로 앞에서 논의한 존재론적 원리가 인식론적 맥락에서 어떻게 전개되는가 하는 것을 현실적 존재의 존재 방식(1절), 인식(2절) 즉 정합성을 본질로 하는 인식과 새로움을 본질로 하는 인식 순으로 논의를 진행하고자 한다.

1. 현실적 존재의 존재 방식

인식대상으로서 자상과 공상

다르마키르티에 의하면 인식은 현실적 존재^{vastu}에 의해 생기한다. 그는 현실적 존재에 의해 생기는 인식을 인식수단[能量]·인식대상[所量]·인식결과 [量果]로 분석한다. 인식수단은 파악하는 주체, 인식대상은 파악되는 대상, 인식결과는 주체가 대상을 파악하는 방식을 의미한다. 인식수단에는 두 가지가 있다. 하나는 지각이며 또 하나는 추리이다. 그렇다면 왜 인식수단 은 2종인가? 이에 대해 다르마키르티 사상의 선구자인 디그나가는 다음과 같이 답한다.

> 인식수단은 지각과 추리 2종뿐이다. 왜냐하면 인식대상이 자상과 공상 2 종뿐이기 때문이다. 자상과 공상 이외에 인식대상인 다른 형상은 없다. 자 상을 대상으로 하는 것은 지각이며 공상을 대상으로 하는 것은 추리임을 알아야 한다.[1]

인식수단이 2종인 이유는, 인식대상이 2종이기 때문이라고 한다. 즉 지각의 대상은 자상이며, 추리의 대상은 공상이다. 그런데 디그나가는 지 각과 추리의 대상으로 자상과 공상이 있다고 말할 뿐 자상과 공상에 대해 서 구체적인 설명을 하지 않는다. 이에 대해 디그나가 사상의 연구자인 가 쓰라 쇼류桂紹隆는 "아마도 두 언어[자상과 공상]가 아비달마 철학의 술어로 서 이미 잘 알려져 있기 때문일 것이다. 아비달마 철학에서는 존재의 구성 요소인 다르마는 자상과 공상을 보유한다고 고찰되고 있다. '지地요소'라 는 다르마를 예로 들면 자상은 그 본질svabhāva인 '견고함'이고, 공상은 다른 많은 다르마에 공통적으로 발견되는 '무상성' 등이다"라고 하였다.[2] 가쓰

---

1) 戶崎宏正, 『佛敎認識論の硏究』 上, 大同出版社, 1979, 57쪽.
2) 가쓰라 쇼류, 「디그나가의 인식론」, 『인도불교의 인식과 논리』, 전치수 옮김, 민족사, 1989, 115쪽.

라 쇼류는 이어서 아비달마의 자상·공상 개념과 디그나가가 언명하는 지각의 대상인 자상과 추리의 대상인 공상 개념이 상당히 다르다는 것을 다음과 같이 구체적으로 진술한다. "디그나가가 이해한 자상과 공상이, 아비달마의 견해와 반드시 일치하지는 않는다는 점을 주의하지 않으면 안 된다. 디그나가는 자상에 관해서 '그 자체로서 인식되어야만 하고 언어표현이 되지 않는 것'이라고 말하는 데 지나지 않는다. 예를 들어 어둠 속에서 무엇인가를 만질 때, 그 순간의 지각 내용을 구성한다. 그 개념화·언어화 이전의 존재가 자상이다. 한편, 그 대상이 '견고한 병瓶'이라 분별되어 언어로 표현될 때, 이 분별적 인식의 내용을 구성하는 견고함이나 병은 지각의 대상인 특정한 견고함이나 특정의 병이 아니라, 다수의 사물에 공통되어 있는 견고함 일반과 병 일반에 지나지 않는다. 이것이 공상이다. 따라서 아비달마에서의 자상은 그것이 '견고함' 등으로 개념구성되는 이상, 디그나가에게는 공상에 불과하다. 디그나가의 자상은 어디까지나 개념화·언어화를 배제하는 존재이다."3)

가쓰라의 이 지적은 매우 중요하다고 판단된다. 『대비바사론』大毘婆沙論이나 『발지론』發智論, 『식신족론』識身足論 그리고 『구사론』俱舍論 등 아비달마의 논서를 보면, 아비달마 논사論師들은 인식근거인 지각과 추리를 엄밀하게 구분하여 분석하지 않는다. 또한 대개 그들은 지각의 대상과 추리의 대상을 동일한 것으로 간주하여 인식의 구조나 인식의 과정을 설명하기도 한다. 그러나 경량부의 찰나멸 이론을 수용한 디그나가는 지각의 대상과 추리의 대상의 동일성을 전혀 인정하지 않는다. 다시 말하면 지각의 대상인 자상은 지각이 발생하는 순간 소멸하며, 이어지는 추리는 지각의 대상

---

3) 가쓰라 쇼류, 「디그나가의 인식론」, 『인도불교의 인식과 논리』, 115쪽.

과 동일한 대상에 의해 생기하는 것이 아니라 다른 대상, 즉 언어나 개념구성이 개입된 공상을 대상으로 생기하는 것이다.

그렇다면 왜 대상은 2종뿐인가? 이에 대해서 디그나가는 언급이 없다. 그러나 다르마키르티는 대상이 왜 2종뿐인가를 논리적으로 기술한다.

> [인식]수단은 2종이다. 왜냐하면 [인식]대상이 2종이기 때문이다. [즉 대상은] 인과적 효과의 능력이 있든가 혹은 인과적 효과의 능력이 없든가[둘 중의 하나]이기 때문이다. [눈병에 걸린 눈의 인식에 현현하는] 털 등은 대상이 아니다. 왜냐하면 [그것은] 대상으로서의 확신이 없기 때문이다.(『프라마나바르티카』, 3장 1게송)

이것은 앞서 디그나가의 게송(173쪽)을 계승한 것이다. 인식대상이 2종이기 때문에 인식수단이 2종이라는 디그나가와 다르마키르티의 주장은 세 가지 점에서 획기적이다. "첫째, 인식수단의 종류를 2종으로 한정한 점이다. 다른 학파나 불교 내부의 그의 선사先師들은 모두 성인의 말씀āgama, 聖言의 권위를 인정하고 그것을 독립적인 인식수단이라 하지만, 디그나가는 유추와 그 외의 다른 종류의 인식수단과 함께 성인의 말씀도 위의 2종 이외 것으로 인정하지 않는다. 이른바 '정리正理에 수순하는 유식론자'로서 논리주의적 입장에 철저한 것이 여기에서 제시되고 있다. 둘째, 대상의 두 가지 형상이 각각 별개의 인식수단에 의해서 알려진다는 점이다. 즉 여기에는 동일한 대상에 관해서 여러 인식수단의 병존을 인정하지 않고서 지각과 추리 사이에 본질적인 구별을 설정하는 것이 주장되고 있는 것이다."[4]

---

4) 服部正明, 「ディグナーグの知識論」, 『哲學研究』 第462號, 1959, 282쪽.

셋째, 인식수단이 2종이라는 주장의 근거를 '인과적 효과성'의 유무라는 존재론적 근거에서 구하고 있다는 점이다. 두 가지는 디그나가로부터 계승한 것이고 마지막 하나는 다르마키르티의 독창이다. 즉 인식(지각이나 추리)이 인식주체의 속성이 아니라, 현실적 존재의 인과적 효과성에 의해 생기한다는 존재와 인식의 연기적 관계를 언명한 것이다.

다르마키르티는 계속해서 대상이 왜 2종뿐인가에 대해 언급한다.

유사한 것이든가 혹은 유사한 것이 아니든가[둘 중의 하나]이기 때문이다. 또한 언어의 대상이든가 혹은 언어의 대상이 아니든가[둘 중의 하나]이기 때문이다. 또한 다른 동인이 있을 때 인식이 생기하든가 혹은 인식이 생기하지 않든가[둘 중의 하나]이기 때문이다.(『프라마나바르티카』, 3장 2계송)

디그나가와 다르마키르티의 위의 계송에서 자상과 공상을 분류해서 정리하면 다음과 같다.

자상 : 인과적 효과를 낳는 능력(인과적 효과성)이 있는 것, 유사하지 않은 것, 언어의 지시대상이 아닌 것, 그것 없이는 그것에 대한 인식이 생기하지 않는 것.
공상 : 인과적 효과를 낳는 능력이 없는 것, 유사한 것, 언어의 지시대상인 것, 그것이 없다고 해도 다른 원인이 갖추어지게 되면 그것에 대한 인식이 생기하는 것.

다르마키르티는 배중률을 구사하여 자상과 공상을 나눈다. 즉 인식의 대상은 자상과 공상 이외에 자상이면서 동시에 공상인 존재를 엄격하게 부정하기 위해서 그는 배중률을 인식대상에 적용한다. 그러나 여기서 다르마키르티가 의도하고자 하는 것은, 물론 자상과 공상의 명료한 분류도 있겠지만 자상을 대상으로 하는 지각과 공상을 대상으로 하는 추리를 구분하기 위함이라 여겨진다.

위의 분류에서 우선 '인과적 효과를 낳는 능력이 있는 것, 인과적 효과를 낳는 능력이 없는 것'이라는 대상의 구별은 앞에서 논의한 바와 같이 다르마키르티의 독창적 발상에 의한 것이다. 디그나가는 인과적 효과를 낳는 능력이라는 사고방식을 그다지 중요하게 여기지 않았던 것 같다. 자상이 인과적 효과를 낳는 능력이 있다고 하는 것은 궁극적으로 존재는 능력, 즉 활동성^{activity}이 본질이며 존재성^{being}이 본질이 아니라는 의미이다. 또한 존재는 타자와 고립된 '절대적 개체'$^{absolute\ entity}$가 아니라 타자에 대한 인과적 효과를 낳는 능력을 지니고 있는 관계적인 '상대적 개체'$^{relative\ entity}$라는 의미가 내포되어 있다. 그리고 자상은 구체적인 '힘'으로 존재할 뿐 '있는 것'으로 존재하지 않는다는 것이다. 이에 반해 공상은 활동성과 시간성이 배제된 개념적 대상이다. 이것은 '타자의 배제'^{anyāpoha}를 본질로 하는 언어와 결합되는 추상적 존재이다. 하지만 인과적 효과를 낳는 능력이 없다고 해서 공상은 무용한 대상이라 할 수 없다. 왜냐하면 이것은 우리에게 직접적으로 유효성을 제공해 주지 않지만 간접적으로 효과성을 제공해 준다는 의미에서 소중한 인식대상이다.

다음으로 '유사하지 않은 것·유사한 것'이라는 대상의 구별은, '자기 자신의 형상으로 인식되는 대상 자체, 다시 말하면 다른 대상과 유사하지 않은 대상의 독자적 형상으로 이해할 수 있다.[5] 즉, 독자의 형상의 유무와

---

5) 戶崎宏正, 『佛敎認識論の硏究』 上, 59~60쪽.

관련된다. 어떤 대상을 파악할 때 다른 대상과의 유사성을 파악한다면 이미 거기에는 개념적 사유작용이 개입되어 있다. 예를 들면 회색의 돌, 검은색의 돌, 흰색의 돌은 색깔은 다르지만 색깔을 담지한 실체의 관점에서 보면 차이성이 배제되고 동일성이 부각되는 것과 같다. 여기에는 이미 불변의 자기동일자가 사유에 의해서 전제되고 있음을 알 수 있다. 하지만 지각의 대상은 특정한 시간, 특정한 장소, 특정한 내용으로 인식된다. 이것은 지각하자마자 사라지는 우리의 찰나적 인식 경험이다. 이러한 순간적 인식 경험, 즉 지각 대상의 특징은 다른 대상과 유사하지 않는 것일 수밖에 없다.

다음으로 '언어의 대상이 아닌 것·언어의 대상인 것'이라는 구별은 디그나가의 『프라마나삼웃차야』 5장 '아포하론'apohavāda에서 유래를 구할 수 있다.[6] 디그나가의 아포하론에 의하면, 언어는 '타자의 배제'라는 기능을 갖는다. 언어의 대상은 공상이다. 언어의 본질이 타자의 배제인 이유는, 바로 언어의 대상인 공상의 본질이 타자의 배제이기 때문이다. 이때 공상은 자기동일성을 담지하는 형상인 것이다. 반면 자상은 언어의 대상이 아니다. 이것은 타자의 배제를 본질로 하는 것이 아니라 한순간도 지속하지 않는 자기차이성을 담지하는 형상인 것이다.

마지막으로 '그것 없이는 그것에 대한 인식이 생기하지 않는 것·다른 원인[因]이 갖추어져 있을 때 그것이 없다고 해도 그것에 대한 인식이 생기하는 것'이라는 구별은, 인식을 생기하게 하는 능력의 유무에 의한다.[7] 그것이 있다고 해서 인식이 생기하는 것이 아니라 다른 원인[因]이 갖추어져야만 인식이 생기한다고 할 때, '그것'(대상)만이 인식을 생기하게 하는 능

---

6) 戶崎宏正, 『佛教認識論の研究』上, 60쪽.
7) 같은 책, 60쪽.

력이 있다고 할 수 없다. 반면 다른 원인[因]이 모두 갖추어져도 그것이 없을 때 인식은 생기하지 않지만, 그것이 갖추어지게 되면 비로소 인식이 생기한다고 할 때, '그것'(대상)은 인식을 생기하게 하는 능력이 있다고 할 수 있다. 이 대상에 대한 구별은 제1의 구별, 즉 '인과적 효과를 낳는 능력'의 유무에 의한 구별의 특수한 경우라 생각된다.[8]

우리는 위에서 자상은 인과적 효과성의 능력이 있는 것, 다른 대상과 유사하지 않은 것, 언어의 지시대상이 아닌 것, 그것 없이는 그것에 대한 인식이 생기하지 않는 것을 특성으로 하고 있음을 확인했다. 이러한 특성은 모두 자상의 근본적 특성인 자기차이성의 다른 이름들이다.

자기차이성으로서 자상

현실적 존재는 인과적 효과성^{arthakriyā}과 찰나멸성^{kṣaṇikatva}으로 존재한다. 이 현실적 존재의 인과적 효과성과 찰나멸성이 인식을 생기한다. 세분해서 말한다면 현실적 존재가 직접적으로 인식될 때 그 인식은 지각^{pratyakṣa}이며, 현실적 존재가 간접적으로 인식될 때 그 인식은 추리^{anumāna}이다. 현실적 존재가 지각에 직접적으로 지각될 때 그 지각의 대상을 다르마키르티는 자상^{svalakṣaṇa}이라 하고, 현실적 존재가 간접적으로 추리될 때 그 추리의 대상을 공상^{sāmānyalakṣaṇa}이라 한다. 이에 대해 다르마키르티는 다음과 같이 말한다.

그것[다만 하나의 현실적 존재]을 그 자신의 존재 방식으로 인식하는 경우와 그 이외의 존재 방식으로 인식하는 경우가 있기 때문에 [인식]수단의

---

8) 같은 책, 66쪽.

대상은 [자상과 공상의] 두 가지가 있다고 생각된다.(『프라마나바르티카』, 3장 54게송)

여기서 인과적 효과[의 능력], 그것은 궁극적 차원의 존재이며 다른 것은 일상언어 차원의 존재이다. 이 둘은 [전자가] 자상, [후자가] 공상이라 불린다.(3장 3게송)

위의 게송에서 '독자적 존재 방식으로 인식'되는 것은 자상이다. 지각은 자상을 대상으로 현실적 존재를 직접적으로 파악한다. 이 지각의 대상인 자상은 궁극적 차원의 존재paramārthasat, 勝義有이며, 이것은 '인과적 효과성'을 본질로 하는 것이다.

그런데 자상이 인과적 효과를 낳기 위해서는 찰나멸하지 않으면 안 된다. 다시 말하면 "찰나멸하지 않는 존재는 인과적 효과를 낳을 능력이 없다. 왜냐하면 [찰나멸하지 않는 존재는] 계시적으로도 동시적으로도 [그 작용에] 양립 불가능한 것이 있기 때문이다."[9] 따라서 자상이 지각을 낳기 위해서는 찰나멸해야 한다.

이렇게 찰나멸하는 자상은 결코 자기동일성으로 지각되는 것이 아니라 자기차이성으로 지각되는 것이다. 이에 대해 다르마키르티는 다음과 같이 말한다.

실로 어떤 곳에서 경험된 [자기차이성을 본질로 하는] 개체는 다른 곳에서는 결코 경험되지 않는다. [따라서 그와 같은 개체에 언어 약속을 정할 수 없다.] 그것[자기차이성을 본질로 하는 자상]으로부터 분할된 [별도의] 다른

---

9) 谷貞志, 『刹那滅の硏究』, 春秋社, 1999, 113쪽.

공상이 존재하는 것은 아니다. 왜냐하면 인식에 [자상인 개체와 공상인 보편자의] 분할은 없기 때문이다.(3장 126게송)

개체는 현실적 존재, 자상을 의미한다. 이 자상은 특정한 시간, 특정한 장소, 특정한 사람에 의해서 지각된다. 이것은 지각되자마자 소멸하기 때문에 다른 곳, 다른 시간, 다른 사람에 의해 결코 지각되지 않는다. 왜냐하면 자상은 자기차이성을 본질로 하기 때문이다.

이렇게 자기차이성으로 존재하는 자상이 감관에 의한 인식인 지각에 파악될 때, 거기에는 언어나 개념구성이 전혀 개입되지 않는다. 이에 대해 다르마키르티는 다음과 같이 말한다.

그러므로 감관에 의해 생긴 인식은 모두 [자기차이성을 본질로 하는] 개체만을 대상으로 한다. 언어가 [자기차이성을 본질로 하는] 개체에 진입 ingression할 수 없다.(3장 127게송)

결국 현실적 존재가 그 자신의 존재 방식, 즉 자상의 형태로 지각에 진입하며 지각은 자상을 통해 현실적 존재를 직접적으로 파악한다. 그때 자상은 자기동일성을 본질로 하는 것이 아니라 자기차이성을 본질로 하여 지각의 대상이 되는 것이다.

타자의 배제로서 공상

위에서 우리는 궁극적 차원의 존재는 자상이라는 것을 확인하였다. 그렇다면 일상언어 차원의 존재 saṃvṛtisat, 世俗有는 무엇인가?

그것[다만 하나의 자상]을 그 자신의 존재 방식으로 인식하는 경우와 ①그 이외의 존재 방식으로 인식하는 경우가 있기 때문에 [인식] 수단의 대상은 [자상과 공상의] 두 가지가 있다고 생각된다.(3장 54게송)
여기서 인과적 효과[의 능력], 그것은 궁극적 차원의 존재이며, 다른 것은 일상언어 차원의 존재이다. 이 둘은 [전자가] 자상, [후자가] 공상이라 불린다.(3장 3게송)

①에서 다른 존재 방식으로 인식되는 것은 공상이다. 추리는 공상을 대상으로 현실적 존재를 간접적으로 파악한다. 이 추리의 대상인 공상은 인과적 효과성을 본질로 하지 않기 때문에 궁극적 차원의 존재가 아니라 일상언어 차원의 존재이다.

일상언어 차원의 존재인 공상은 언어의 대상이다. 언어의 본질은 타자의 배제이기 때문에 공상의 본질도 타자의 배제라는 것이 디그나가의 주장이다. 디그나가가 타자의 배제를 일상언어의 차원에서 논의한 반면 다르마키르티는 궁극적 차원에서 논의한다. 이에 대해 다르마키르티는 다음과 같이 말한다.

현실적 존재들에게는 [타자의 배제가] 존재한다. 따라서 현실적 존재에 대한 언어는 그것[현실적 존재의 본질인 배제]에 준거한다. ① [반론 : '타자의 배제'가 현실적 존재의 본질이다. 따라서 '타자의 배제'가 언어의 대상이라고 하는 것은 현실적 존재 그 자체가 언어의 대상이라고 하는 것과 같은 것이다. 그러므로 언어의 대상은 객관적으로 실재한다.] ②외적인 작용능력에 있어서 차이화에 [직접적으로] 준거하는 것은 아니라고 해도 그 언어는(3장 163게송) 그것[외적인 현실적 존재의 본질인 배제]에 준거하는 분별[적 인식]의 형상에 관여한다. 그러므로 [언어는 분별적 인식의 형상이 외부의 현실적 존재에 성립하고 있는] '배제'에 [간접적으로] 준거하고 있기 때문에, '언어는 타자의 배제를 행한다'라고 기술되었던 것이다.(3장 164게송)

현실적 존재의 '배제'vyavacchede란 현실적 존재의 본질인 자기차이성과 같은 의미이다. 그래서 '언어가 그 현실적 존재의 배제에 준거한다'는 의미는 언어의 기능인 타자의 배제가 현실적 존재의 자기차이성에 기인한다는 것이다. 다르마키르티는 언어의 본질적 기능을 디그나가와 같이 '아포하'라는 개념으로 기술하고, 현실적 존재의 배제의 기능을 '브헤다'bheda, 즉 자기차이성이라는 개념으로 차별화해서 쓰고 있다. 따라서 다르마키르티는 언어의 본질에 대해서 디그나가와 견해를 같이하지만 언어가 기반하는 존재론적 근거까지 탐색한다는 점에서 디그나가와 다르다.

①의 반론에 의거하면 언어의 대상은 '타자의 배제'이며 타자의 배제는 현실적 존재의 본질이기 때문에 언어의 대상은 객관적으로 실재해야 한다는 반론이 제시될 수도 있을 것이다. 왜냐하면 현실적 존재는 객관적으로 실재한다고 다르마키르티는 주장하였기 때문이다. 결국 반대 논사의 반론의 핵심은 다음과 같다. 언어의 대상은 타자의 배제이며 타자의 배제는 공상이다. 따라서 공상은 객관적으로 실재한다는 것이다. 이러한 반론에 대해 논박한 것이 ②의 기술이다. 즉 언어는 직접적으로 현실적 존재를 지시하는 것이 아니다. 다만 언어는 현실적 존재와 간접적으로 연관되어 있는 공상을 대상으로 하는 개념적 인식을 매개로 현실적 존재를 지시하기 때문에 '언어는 타자의 배제를 행한다'라고 했던 것이다. 따라서 '공상은 실재하는 것이 아니다'라는 다르마키르티의 주장은 관철된다.

결국 공상의 표면적 특성은 위에서 언급한 것처럼 '인과적 효과를 낳는 능력이 없는 것', '유사한 것', '언어의 지시대상인 것', '그것이 없다고 해도 다른 원인이 갖추어지게 되면 그것에 대한 인식이 생기하는 것'이지만, 본질적 특성은 바로 현실적 존재의 자기차이성에 기인하는 '타자의 배제'였던 것이다. 공상이 개념적으로만 존재한다면 현실적으로 인과적 효과를 낳는 언어행위의 본질을 이해하기 어려울 것이다. 이것이 현실적 존재의 자기차이성에 근거하기 때문에 인과적 효과를 낳을 수 있는 것이다.

일상언어 차원의 존재와 궁극적 차원의 존재

현실적 존재의 존재 방식인 자상과 공상을 어떤 관점에서 볼 것인가에 따라 일상언어 차원(세속의 차원, 세속제)과 궁극적 차원(승의의 차원, 승의제)으로 나뉜다. 다르마키르티는 다음과 같이 말한다.

① 여기서 인과적 효과[의 능력], 그것은 궁극적 차원의 존재이며 다른 것은 일상언어 차원의 존재이다. 이 둘은 [전자가] 자상, [후자가] 공상이라 불린다.(『프라마나바르티카』, 3장 3게송)

② 만약 '모든 것은 [인과적 효과의] 능력이 없다'[10] 라고 한다면, 종자 등의

---

10) 여기서 "모든 것은 [인과적 효과의] 능력이 없다"라고 하는 것은 중관학파의 주장이라고 여겨진다. 이것은 일상언어 차원을 넘어서 있는 궁극적 차원에서는 일체의 모든 존재는 '인과적 효과(성)의 능력'이라는 개념으로 규정할 수 없다는 의미이다. 왜냐하면 언어로 어떤 존재를 규정하는 순간 그 존재는 무자성·공의 존재성을 상실하기 때문이다. 다르마키르티는 궁극적 차원의 존재는 언어와 개념구성을 떠나 있다는 관점에서 일단 중관학파의 주장을 수용한다. 하지만 우리의 일상적 경험의 차원에서는 '인과적 효과의 능력'이 언제나 경험된다. 씨앗을 땅에 심으면 싹이 트는 것을 경험하고, 어두운 방안을 들어서서 갑자기 전기불을 켜게 되면 우리는 눈을 순간적 감는다는 것을 경험한다. 여기서 씨앗과 전기불은 원인이며, 싹과 눈을 감는 행위는 결과이다. 그래서 다르마키르티는 "종자 등의 싹에 있어서 [인과적 효과의] 능력은 이미 알려져 있다"고 했던 것이다. 하지만 그것은 일상언어 차원에서나 가능한 것이라고 다시 반론하는 중관학파의 주장에 대해서 다르마키르티는 그것을 인정하고 있다.

싹에 있어서 [인과적 효과의] 능력은 이미 알려져 있다. 만약 '그것은 일상언어 차원에서 알려진 것이다'라고 한다면, 그와 같을 것이다.(4게송)

③ 만약 '그것[일상언어 차원에서의 인과적 효과의 능력]이 [자상뿐만 아니라 공상의] 모든 곳에 있다'라고 한다면, [그렇지 않다] 공상에는 [인과적 효과의 능력은] 없다. 왜냐하면 [공상에는] 인식에 대한 수반과 배제[11]를 경험할 수 없기 때문이다. 마치 눈과 색 등이 인식[의 관계]같이.(5게송)

①에 대해서 "이 게송에서 또한 인과적 효과를 낳는 능력이 있는 것(자상)을 궁극적 차원의 존재라 하고, 그 능력이 없는 것(공상)을 일상언어 차원의 존재라 하는 것은 이하 이것에 관한 중관파와의 대론과 함께 『프라마나바르티카』의 설상說相의 사상적 입장을 아는 수단이 되기 때문에 중요하다. 이하 중관파의 대론"[12]이라고 도사키 히로마사戸崎宏正는 해설한다. 이어서 ②와 ③에 대해서도 "우선 다르마키르티는 자상을 유효한 능력이 있는 것, 공상을 그 능력이 없는 것이라고 한 것에 대한 '일체는 무능력이다'라는 중관파로부터의 비판에 대해서 '종자→싹'의 능력을 가지고 답하고 있다. 나아가 '그와 같은 능력은 일상언어 차원이다'라는 비판에 대해서 그것을 승인하고, 공상에는 일상언어 차원의 능력은 없다는 것을 기술하고 있다"[13]라고 한다. 그리고 중관파인 바바비베카와 찬드라키르티의 이제설과 다르마키르티의 이제설을 종합하여 도사키 히로마사는 다음과 같은

---

11) 여기서 수반(관계)과 배제(관계)로 번역된 산스크리트 원문은 안바야 비야티레카(anvaya vyatireka)이며 긍정(관계)과 부정(관계)으로도 번역된다. 어떤 것 A가 있을 때 반드시 다른 것 B가 발생할 때 A와 B의 관계를 안바야(anvaya) 관계, 즉 긍정관계 혹은 수반관계라 한다. 반면 어떤 것 A가 없을 때 반드시 B가 발생하지 않을 때, A와 B의 관계를 비야티레카의 관계, 즉 부정관계 혹은 배제관계라 한다.

12) 戸崎宏正, 『佛教認識論の研究』上, 62쪽.

13) 같은 책, 62쪽.

중관파	다르마키르티
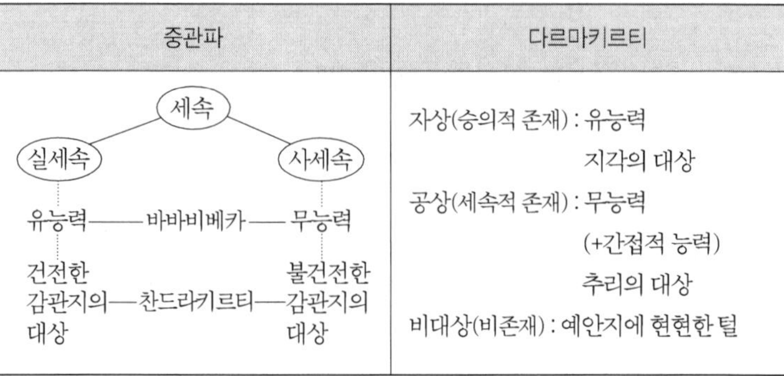	자상(승의적 존재) : 유능력 　　　　　　　　　지각의 대상 공상(세속적 존재) : 무능력 　　　　　　　(+간접적 능력) 　　　　　　　추리의 대상 비대상(비존재) : 예안지에 현현한 털

그림을 제시한다.[14]

도사키는 위의 그림을 도시한 후 다음과 같은 주목할 만한 발언을 한다. "이와 같이 비교해 보면 다르마키르티가 인식의 대상을 논술할 때 승의의 인식(부처님의 지혜)에 이르는 과정에서 어떠한 단계에 입각하여 설하고 있는가를 알 수 있다. 즉 언설 내용의 세부에 관해서 차이가 있다고 해도 다르마키르티의 인식대상에 관한 진술은 중관파가 말하는 실세속實世俗에 상당하는 곳에 입각해 있다고 할 수는 없을까? 또한 바바비베카는 실세속을 '인과적 효과를 낳는 능력이 있는 것'이라고 하지만 다르마키르티는 그 능력을 직접으로는 자상만 인정하여 승의적 존재라 하고 공상에는 그 능력을 인정하지 않지만, 간접적으로 있다고 인정하여 그것을 세속적 존재라 하고 그것을 가지고 그가 대상을 이분한 것은 중관파와는 상이한 소위 불교인식논리학파의 독자적인 견해를 제시하고 있다고 생각된다."[15]

도사키는 바바비베카를 경량중관학파에 속하는 사상가로, 다르마키

---

14) 戶崎宏正, 『佛敎認識論の硏究』 上, 65쪽.
15) 같은 책, 66쪽.

르티를 경량유식학파에 속하는 사상가로 본다. 바바비베카와 다르마키르티 두 사상가 모두 세간 일반의 인식의 문제를 논할 때 방편으로서 경량부의 학설을 기반으로 하여 설명하지만, 승의에서 바바비베카는 중관적 사유에, 다르마키르티는 유식적 사유에 입각하기 때문이라 한다.[16]

그런데 다르마키르티를 경량유식학파에 소속시키는 전통은 티베트의 철학개론서에서 비롯되며 체르바츠키에 의해서 강화되어 정통이 되었던 것 같다. 그러나 다르마키르티의 '7부의 프라마나론'에 제시되고 있는 중관적 사고는 어디에 귀속되는가? 다르마키르티에게 중관사상은 무엇인가? 라는 의문이 해소되지 않는다.

마쓰모토 시로松本史朗의 논문 「불교논리학파의 이제설」佛敎論理學の二諦說은 이러한 의문을 다소 해소해 주고 있는 것으로 보인다. 그에 의하면 다르마키르티 이후의 불교사상가(데벤드라붓디·사키야붓디·즈냐냐가르바·

---

16) 같은 책, 54쪽.

다르마키르티의 인식론이 유식학파의 사상을 계승하고 있다는 것은 확실하다. 그렇다고 해서 다르마키르티가 유식학파에 속한다고 단정할 수는 없다. 이에 대해 가쓰라 쇼류는 다음과 같이 기술한다. "여기서 다시 다르마키르티가 유가행파의 유상계와 무상계의 어느 쪽에 속하는가라는 문제를 언급하고자 한다. 다음의 주목할 만한 게송이 있다. '존재들이 있다. 형상에 의해서 인식되는 경우, 그 형상은 본래는 존재하는 것이 아니다. 왜냐하면 그들(존재들)에게는 일자나 다자의 형상은 존재하지 않기 때문이다.'(『프라마나바르티카』, 3장 359게송) 이 게송은 목샤카라굽타의 『타르카바샤』에서는 중관파의 입장에서 유가행파의 유심론을 비판할 때 인용되며, 또한 뒤에 언급하는 것처럼 산타라크시타의 『중관장엄론』 1송과 밀접한 관계를 가진다. 여기서 다르마키르티가 기술하는 바는 인식에 현현한 주관·객관·자기인식이라는 형상은 개념적 인식의 측면에서 설정된 것이며 하나의 견고한 산(山)도, 많은 꽃잎들의 모임으로서의 꽃도 개념적 인식 상에서 일자이든지 다자이든지 둘 중의 하나이며 인식은 본래적으로 그와 같은 형상을 떠나 있다는 점이다. 여기에는 '유일한 인식이 그대로 다양한 형상을 갖는다'라는 후대의 유상유식파의 전형적인 견해는 보이지 않고 오히려 인식은 본래 일자인 것도 다자인 것도 아니라는 중관파적 색채가 농후하다. 적어도 다르마키르티가 유상파와 무상파의 대립에 말려들어 유상파의 입장을 견지하고 있었다면 이와 같은 발언을 하리라고는 생각되지 않는다. 이 중관파적 경향은 무상유식파와 중관 유가총합학파와의 관계에서도 다르마키르티가 '유상유식학파와 무상유식학파의 대립' 이전의 시대에 활약했다는 것을 시사하는 것이다." 桂紹隆, 「ダルマキールティにおける '自己認識'の理論」, 『南都佛教』 第23號, 1969, 27쪽.

샨타라크시타 등)들은 ①에서 '인과적 효과를 낳는 능력을 가진 것이 궁극적 차원의 존재이다'라는 기술 A와 ②에서 '인과적 효과를 낳는 능력이 일상언어 차원에 의해서 알려진다고 한다면 그와 같을 것이다'라고 설한 기술 B의 모순을 해결하는 방식에 따라서 유식파와 중관파로 나뉜다. 마쓰모토의 말을 직접 인용해 보자.

"결론을 앞서 말하면 이 모순은 기술 A에 중점을 둘 것인가 아니면 기술 B에 중점을 둘 것인가 하는 둘 중의 하나의 방법에 의해서 해결된다. 즉 어떤 사람은 기술 A를 문자 그대로 이해하고 의타기성(=인과관계에 있는 사물=인과적 효과를 낳는 능력)을 승의적 존재로 간주하지만 기술 B에 관해서는 그것을 문자 그대로 이해하지 않고 특수한 해석을 하고 있다. 반대의 사람들은 기술 B를 문자 그대로 이해하고 의타기성을 세속적 존재로 간주하지만 기술 A는 어리석은 중생을 섭수攝受하기 위한 방편설이라 생각한다. 의타기성을 승의적 존재로 보는가, 아니면 세속적 존재로 보는가가 유식파와 중관파를 구별하는 주요한 기준이라고 한다면 여기서 전자는 다르마키르티를 유식파라고 생각하는 유식학파이며, 후자는 그를 중관파라 생각하는 중관학파라고 말할 수 있을 것이다. 본고에서 고찰의 대상이 되는 인물들을 나누자면 데벤드라붓디, 사키야붓디는 전자에 속하고 즈냐냐가르바,[17] 샨타라크시타, 카말라쉴라, 프라즈냐카라굽타는 후자에 속한다고 할 수 있다"[18]라면서 치밀한 논증을 전개한다. 그의 주장의 핵심은 다음과 같다.

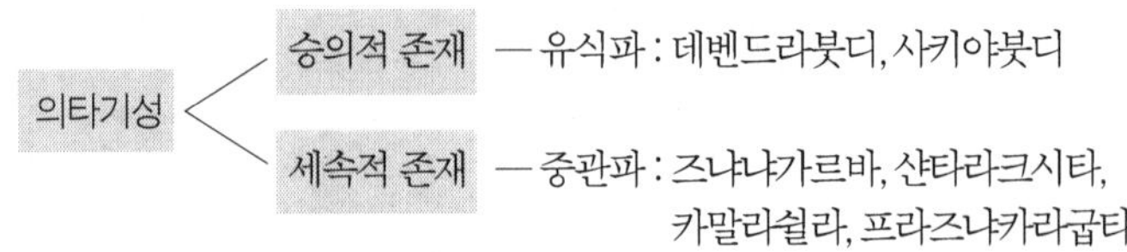

인과적 효과를 낳는 힘(자상)을 궁극적 차원의 존재로 볼 것인가, 아니면 그것을 일상언어 차원의 존재로 볼 것인가에 따라서 다르마키르티가 중관학파에 속할 수 있고 유식학파에 속할 수 있다는 것이다. 도사키는 기존의 설에 따라서 다르마키르티를 유식파 정확하게는 경량유식학파로 보는 반면, 마쓰모토는 다르마키르티를 경량유식학파로 규정하는 것에 유보적 태도를 취한다.

필자는 184~5쪽에서 인용한 게송 ①과 ②에 대해서 마쓰모토의 해석이 더 타당하다고 생각한다. '인과적 효과를 낳는 능력(=의타기성)이 일상언어 차원에 의해서 알려지는 것'이라는 기술은 의타기성을 있는 것으로 집착하는 사람들을 경계하기 위해서이고, '인과적 효과를 낳는 능력(=의타기성)이 있는 것이 궁극적 차원의 존재'라고 하는 기술은 의타기성조차도 없다고 집착하는 사람들을 경계하기 위한 것이다.[19)]

따라서 다르마키르티를 유식론자, 중관론자라는 식으로 분류하는 것은 타당하지 않다. 마쓰모토의 견해에 사족을 달자면 다르마키르티는 일

---

17) 사실 불교의 이제설(二諦說)은 중관학파에게는 대단히 중요한 개념이다. 유식이 삼성설(三性說)을 중심으로 세계를 해석한다면 중관은 이제설을 통해 인간의 경험과 세계를 정합적으로 해석한다. 그런데 중관학파에 속하는 즈냐냐가르바는 특히 이제설 연구에 깊은 관심을 보이고 있는데 그가 정리한 것이 바로 『이제분별론』(二諦分別論)이다. 이 즈냐냐가르바의 『이제분별론』을 후기 인도불교의 위대한 사상가 샨타라크시타가 주석을 한 것이 『이제분별론세소』(二諦分別論細疏)이다. 이 『이제분별론세소』에서 이제설을 심도 있게 연구한 것이 바로 이태승 논문 「『이제분별론소』의 연구」이다. 후기중관파의 이제설에 대한 아주 정치한 논의가 이루어지고 있다.

18) 松本史朗, 「佛敎論理學の二諦說」 上, 『南都佛敎』, 1980, 101~102쪽.

19) 사실 전자는 극단적 유식학파가 범하는 오류 중 하나일 수 있으며, 후자는 극단적 중관론자가 범하는 오류 중의 하나일 수 있을 것이다. 다르마키르티는 불교 안에서의 극단적 사상가들이 범하는 오류(=실체의 오류)를 언제나 염두에 두고 있었다. 이런 차원에서 그는 유식론자도 아니며 중관론자도 아니다. 또한 다른 측면에서 외경실재론을 '오직 식뿐'이라는 유식의 관점에서 비판할 때에는 유식론자이기도 하고, 식도 있다고 집착하는 유식론자들을 그 식도 공(空)이며 무자성(無自性)이라고 할 때에는 중관론자이기도 하다. 따라서 그를 유식론자도 아니고 중관론자도 아니라고 하는 것도 옳고, 유식론자이자 중관론자라고 하는 것도 옳다.

상언어 차원에서 경량을 근간으로 존재와 인식을 설명하면서 궁극적 진리, 즉 궁극적 차원의 입장에서는 유식과 중관에 입각해 있다고 본다.[20]

2. 인식

인식의 어원과 정의

인식의 정의로 나아가기 전에 확인해 두어야 할 것이 있다. 여기서 인식이라 번역한 산스크리트어는 프라마나[pramāṇa]이다. 프라마나는 '재다'라는 프라마[pramā]에 도구·수단을 의미하는 접미사 '–아나'[ana]가 붙어 만들어진 명사로서 '재는 도구'라는 의미이다. 원래 프라마나는 문학적으로는 공통적 기준이나 권위의 의미로 많이 사용되지만 다르마키르티는 올바른 인식수단이라는 좁은 의미로 사용한다. 한역에서는 이 프라마나를 양量이라 번역한다. 양이란 '헤아리다'라는 의미이다. 오늘날의 의미로 풀어서 말한다면 인식자인 주체가 객체적 요소들을 사유화하는 활동을 양이라 할 수 있다. 쉽게 말하면 대상에 대한 인식이라는 우리의 '인식적 경험'을 말한다.

이 프라마나에 대한 통일된 번역어가 존재하지 않는다. 드레이퍼스에 의하면 바타 미망사와 대부분의 힌두학파들은 프라마나를 '인식수단' 내지 '인식도구'로 간주하지만, 불교나 프라바카라 미망사 학파는 프라마나

---

20) 다니 다다시는 다르마키르티의 사상을 찰나멸의 관점에서 종합적으로 해설한다. "질주하는 다르마키르티는 자신의 관점을 경량부에서 유형상유식론으로 이행하고, 유형상유식론에서 무형상유식론을 통과하여 중관으로 전환한다. 게다가 소위 섹셔널리즘(sectionalism)으로서의 중관을, 래디컬한 인식론적 논리주의를 가지고 초월해 가고 있다. 인식근거 그 자체의 전환이 이 질주를 가능하게 한다. 다르마키르티에게 있어서 형상은 유나 무로 고정되지 않는다. 게다가 제3의 영역으로 초월하지도 않는다. 형상 그것이 순간적 존재로서 역동성을 가지고 있다. 순간적 존재는 이미 본 바와 같이 자기차이성을 본질로 한다. 순간은 정체하지 않는다. 그러므로 순간적 존재의 중심핵은 한 순간도 머물지 않는다는 의미에서 공인 것이다. 즉 그것은 탈중심화하는 작용, 그것이라 말해도 무방할 것이다." 谷貞志, 『無常の哲學』, 春秋社, 1996, 203~204쪽.

를 '타당한 인식'으로 이해한다. 일본의 다르마키르티 연구자들 사이에도 의견이 분분하다. 가령, 기무라 도시히코木村俊彦는 '인식의 소의', 도사키 히로마사는 '바른 인식의 원천', 가쓰라 쇼류는 '확실한 인식수단', 다니 다다시는 '인식의 근거' 내지 '인식의 방법' 등으로 프라마나를 번역한다. 필자는 넓은 의미에서 개념구성적 사고에 의해 개념화하기 이전의 획기적 전체로서의 우리의 인식적 경험인 프라마나를 '인식의 근원', '인식근거'라 번역하고, 좁은 의미에서 인식대상·인식결과와 구분되는 인식 그 자체를 '인식수단'이라 번역하고자 한다.

다르마키르티는 왜 우리가 인식론을 논의하지 않으면 안 되는가를 다음과 같이 기술한다.

> 인간이 이익이 되는 것을 택하고 해가 되는 것을 버리는 것은 올바른 인식에 의한다. 그렇기 때문에 인식론이 논술된다.[21]

서양 근대 인식론과는 상당히 다른 방식으로 전개되리라는 것을 예감케 하는 언명이다. 서양 근대 인식론이 진리의 문제·인식의 원천·인식의 타당성의 범위를 밝히는 것이 목적인 반면, 다르마키르티는 실용적 목적을 띤 인식론을 표방한다. 이어서 다르마키르티는 자신의 인식논리학 개론서인 『니야야빈두』에서 보다 간결하고 명료하게 이것을 진술한다.

> 인간의 모든 목적 성취에는 올바른 인식이 선행한다. 그러므로 그것이 [이 논서에서] 해명될 것이다.(『니야야빈두』, 1장 1게송)

---

21) 도사키 히로마사, 「다르마키르티의 인식론」, 『인도불교의 인식과 논리』, 159쪽.

인간이 추구하는 목적은 사람마다 다르다. 목적이 다르기 때문에 그것을 향해 가는 길 혹은 과정도 다르기 마련이다. 만약 부를 축적하는 것이 목적이라면 그는 기업가의 길을 걸을 것이며, 위대한 예술 작품을 완성하는 것이 목적이라면 그는 예술가의 길을 걸을 것이며, 치국治國과 평천하平天下가 목적이라면 그는 정치가의 길을 걸을 것이며, 자신과 타인 그리고 모든 중생의 구원이 목적이라면 그는 종교인의 길을 걸을 것이다. 어떤 길을 걷든 간에 거기에는 취사선택과 결단의 과정을 수반한다. 인생은 순간적 결단의 연속이기 때문이다. 기업가나 예술가 그리고 정치인 및 종교인들은 자신의 목적을 성취하기 위하여 순간순간 결단의 과정을 거치게 마련이다. 그런데 그 결단이 제대로 이루어지기 위해서는 결단을 강요하는 모종의 사건이나 상황에 대한 선이해pre-understanding가 반드시 전제되어야 한다. 만약 자신이 처한 사건이나 상황에 대해 정확한 인식 없이 결단을 내린다면 그만큼 실패하거나 후회할 확률이 높을 수밖에 없을 것이다. 따라서 목적 성취를 위한 올바른 결단에 반드시 수반되는 것이 바로 '올바른 인식'인 것이다. 다르마키르티가 말한 '모든 인간의 목적의 성취는 바른 인식에 근거'한다는 것은 바로 이것을 의미한다.

다르마키르티 주석자 중 한 사람인 목샤카라굽타는 그의 저서 『타르카바샤』Tarkabhāṣā, 논리개설에서 인식론의 목적을 구체적으로 해설한다.

이 세상에서 신중하게 생각하고서 행동하는 사람들은 인간의 모든 목적을 달성하기 위한 확실한 인식수단pramāṇa을 따른다. 그러므로 바른 인식수단을 먼저 논의한다.[22]

---

22) 목샤카라굽타, 『論理のことば』, 梶山雄一 譯, 中央公論社, 1975, 9쪽.

　　여기서 프라마나를 논의할 필요성이 무엇인가를 말하고 있다. 정상적이고 합리적 사람이라면 어떤 목적을 성취하고자 하는 욕망을 가질 뿐만 아니라 그 목적, 즉 대상에 대한 바른 인식에 근거하여 행동한다. 다시 말하면 바른 인식은 목적 달성의 원인이므로 목적을 성취하고자 하는 사람은 대상에 대한 바른 인식을 가져야 한다.

　　그런데 인간의 목적을 달성하기 위해서는 바른 인식 혹은 올바른 인식수단에 근거해야 한다고 할 때, 그 바른 인식 혹은 올바른 인식수단은 무엇인가? 이에 대해서 다르마키르티는 『프라마나바르티카』 2장에서 인식수단을 다음과 같이 정의한다.

　　①인식수단은 정합성[일탈하지 않는 것, 혹은 기만하지 않는 것]을 갖는 인식이다. 정합성이라고 하는 것은 인과적 효과를 가져 오는 능력[목적의 달성]을 확정하고 있는 것이다. ②언어에 근거한 인식에도 정합성은 있다. 왜냐하면 말하는 사람의 의도를 일탈하지 않고서 전해지기 때문이다. (1게송)
　　③혹은 아직 인식되지 않은 [미지의] 대상을 밝히는 인식이 인식수단이다.(5게송)

　　①과 ③을 간략하게 방편적으로 정리하면 다음과 같다.

　　인식수단의 제1정의　　정합성을 갖는 인식
　　인식수단의 제2정의　　아직 인식되지 않은 [미지의] 대상을 밝히는 인식

　　먼저 인식수단의 제1정의인 정합성을 갖는 인식에 대해 살펴보자.

인식의 본질 — 정합성

인식수단의 제1정의에서, 인식의 정합성^{avisaṃvāda}이란 '인식과 실재가 일치하는 것'으로서 '인과적 효과를 낳을 수 있는 인식'을 의미한다. 이지수에 의하면 "'인식과 실재의 일치'는 A인가 B인가를 결정하지 못하고 있는 의심疑心과 A를 B로 보는 착각錯覺, 이 두 가지가 없는 인식이다. 다시 말해서 A라는 실재를 A라고 인식할 때 그 인식은 정합적 인식이라 할 수 있다."[23] 또한 '인과적 효과를 가져 오는 능력'은 A를 인식하고 그것을 의욕할 때 성취하게 하는 효과적 작용이 그 인식 속에 있다는 것이다. 다시 말하면 A라는 실재를 A라고 인식할 때, 그 목적을 달성할 수 있는 인식이라는 측면에서 정합적 인식인 것이다. 이런 측면에서 인식수단의 제1정의는 진리^{truth}의 문제와 관련된다.

그런데 이러한 정의에 대하여 세 가지 반론이 제기될 수 있다.

첫째, '인식의 확실성이 정합성에 의해 확정되며 그 정합성은 인식한 대상을 실제로 획득한 것을 통해서 확정되는데, 불교의 찰나멸성에 따른다면 인식된 순간의 대상과 획득된 순간의 대상이 다르기 때문에 확실한 인식수단은 아니다'라는 반론이다. 쉽게 말하면 내가 본 사과와 그 사과를 먹었을 때의 사과는 다르기 때문에 이때의 인식을 정합적 인식이라 할 수 없다는 논리이다. 이에 대해 목샤카라굽타는 현실적 존재의 차원에서는 지각된 대상과 촉각된 대상은 다르지만, 추리의 차원에서는 시각의 대상인 사과와 미각의 대상인 사과는 같다고 하는 동일성의 판단은 생기기 때문에 이 경우에는 인식한 것을 획득했다고 말할 수 있다고 한다.[24]

---

23) 이지수, 「불교논리학파의 지각(현량)론」, 『불교학보』 제30집, 1993, 350쪽
24) 목샤카라굽타, 『論理のことば』, 11쪽 요약.

둘째, '이것은 획득할 수 있다, 저것은 획득할 수 없다고 말하는 것은 대상이 실제로 기대된 효과를 이룬다는 인과적 효과성의 달성을 별도로 해서는 결정될 수 없는데, 만약 인식이 막 생긴 경우에는 인과적 효과성이 확인되지 않기 때문에 확실한 인식이라고 말할 수 없다'라는 반론이다. 다시 말하면 우리가 물을 보고서 마실 때, 그 인식의 정합성을 인정한다고 해도 물을 지각하는 순간 과연 그 인식이 확실한 인식 혹은 인과적 효과성을 지닌 인식이라고 어떻게 말할 수 있는가? 목샤카라굽타는 인식능력이 둔한 사람의 경우에는 추리에 의해 정합성을 확정할 수 있지만, 인식능력이 뛰어난 사람의 경우에는 지각하는 그 순간 바로 정합성 혹은 인과적 효과성을 확정한다고 한다.[25]

셋째, '인식수단의 본질이 정합성이라고 한다면 청각기관에 의한 지각에는 지각된 대상을 획득하게 하는 능력은 없기 때문에 확실한 인식수단이라 할 수 없다'[26]는 반론이다. 이 반론에 의하면 청각에 의한 인식은 인과적 효과성을 결여하고 있기 때문에 올바른 인식수단은 아닌 것이다. 목샤카라굽타는 이 인과적 효과성을 다음과 같이 규정함으로써 위의 난점을 벗어난다.

이들 경우에는 대상의 본질을 아는 것만이 [인과적] 효과성이 존재하는 것임이 인정된다.[27]

일반적으로 물을 보고서(원인) 마신 다음 갈증을 해소하거나(효과 ·

---

25) 같은 책, 11~12쪽.
26) 같은 책, 13쪽.
27) 같은 책, 14쪽.

결과), 불이 타거나, 불을 가지고 요리를 하거나, 사람이 물에 빠지거나, 목욕을 하거나, 물을 마시는 등의 사태를 보고서 불이나 물의 인식에 인과적 효과성이 있다는 것을 안다. 그렇지만 우리는 어떤 것을 의도하지 않고서 대상을 바라보는 경우, 그때의 지각은 인과적 효과성이 확인되지 않기 때문에 확실한 인식수단이 아니라는 반론에 대해 적절하게 논박할 수 없는 사태에 직면하게 된다. 이러한 반론에 대해서 목샤카라굽타는 '음성이라는 것은 들리는 것만으로 인과적 효과성이 존재하는 것이며, 태양·달·구름·하늘 등의 경우에도 보이는 것만으로 인과적 효과성이 존재하는 것이 증명된다'고 한다.[28) 우리는 아무 생각 없이 태양을 보거나, 바람소리를 듣거나 한다. 이러한 무의식적 지각에 대해서 그러한 인식은 태양과 눈에 의한 시지각의 인과적 관계에서 '보인다', '들린다'라는 것만으로 그 지각에는 인과적 효과성이 확인된다고 하는 것이 목샤카라굽타의 설명이다.

이상 다르마키르티의 인식의 제1정의와 목샤카라굽타의 주석을 통해 알 수 있는 것은, 인식수단은 정합성을 본질로 한다는 것, 그 정합성이란 인과적 효과성을 의미한다는 것, 따라서 인식수단은 인과적 효과성을 본질로 한다는 것이며 또한 정합성을 본질로 하는 인식은 대상의 본성을 인지하는 인과적 효과뿐만 아니라 대상과 인식의 일치, 인식된 것과 획득된 것 사이의 일치까지 포함한다는 것이다. 따라서 현실적 존재가 찰나멸성뿐만 아니라 인과적 효과성을 본질로 하듯이 현실적 존재에 의해 생기한 인식수단 역시 현실적 존재의 본질을 반영하기 마련이다. 결국 인식의 제1정의인 정합적 인식은 인과적 효과성을 본질로 하는 것임을 확인할 수 있다.

---

28) 목샤카라굽타, 『論理のことば』, 14쪽.

인식의 본질 — 새로움

하지만 다르마키르티는 제1정의에 만족하지 않고, '미지의 대상을 밝히는 인식'이라는 인식수단의 제2정의를 제시하고 있다. 여기서 '미지의 대상에 대한 인식'이란 '이전에 이미 알고 있는 대상에 대한 재생적 인식, 즉 기억[29]이 아니라 새로운 대상에 대한 인식이다. 이런 측면에서 인식수단의 제2정의는 새로움novelty의 문제와 관계된다. 이에 대해 빈 학파의 드레이퍼스는 "여기서 인식은 아직 알려져 있지 않은 실재의 측면을 제시해 주고 또 우리에게 먼저 참되고true 다음으로 새로운new 어떤 대상을 이해하게 하는 한 타당하다"[30]고 한다. 이러한 설명에 따르면 '타당한 인식이 되기 위한 필요충분조건은 진리truth와 새로움novelty'[31]이다.

다르마키르티의 주석자 중의 한 사람인 목샤카라굽타는 제1정의와 제2정의를 통합하여 다음과 같이 정의한다.

> 이전에 인식한 적이 없는 대상에 관해서 처음으로 갖는 확실한 인식이 인식수단이다.[32]

이어서 그는 다음과 같이 주석하고 있다.

> 인식수단이란 [어원적으로 분석하면] 그것에 의해 대상을 측량하는 수단을 의미한다. 하지만 그것은 참된 인식과 다르지 않다. 왜냐하면 그것은

---

29) 이지수, 「불교논리학파의 지각(현량)론」, 『불교학보』 제30집, 350쪽
30) G. B. J. Dreyfus, *Recognizing Reality*, State University of New York Press, 1997, p. 290.
31) *Ibid.*, p. 290.
32) 목샤카라굽타, 『論理のことば』, 9쪽.

불확실성과 오류라고 하는 결함으로부터 자유롭기 때문이다. 일반적으로 사람들은 앎과 경험이 정합하는 인식을 참된 인식이라 부른다. 그리고 이 앎과 경험의 정합성은 불확실한 인식에는 발견되지 않는다. 가령, 말뚝인지 사람인지 결정할 수 없는 인식이나, 사막에서 물로 착각하는 인식에는 인식과 경험의 정합성은 발견되지 않는다. '이전에 인식한 적이 없는 영역'이란 타당한 인식이 이전에 경험하지 못한 대상을 의미한다. 여기서 영역gocara은 물병과 같은 대상visaya을 말한다. 대상에 의해 생기며 우리로 하여금 대상을 획득하게 할 수 있는 인식이 타당한 인식이다.[33]

다르마키르티는 인식의 대상이 자상과 공상 둘뿐이기 때문에 인식수단도 둘이라고 한다. 하나는 지각이며 또 하나는 추리이다. 추리에는 자기를 위한 추리와 타인을 위한 추리가 있다. 전자는 인식을 본질로 하는 추리이며 후자는 언어를 매개로 하는 추리이다. 보통 추리라고 하면 전자를 의미하며 후자는 판단이라 할 수 있다. 그런데 제1정의는 인식수단인 지각과 추리를 포함한 정의이다. 보다 세부적으로 말한다면 '정합적 인식'은 지각과 자기를 위한 추리이며, '언어에 근거한 인식'은 타인을 위한 추리이다. 자기를 위한 추리는 '대상의 본질에 대한 인식'이기 때문에 효과적 작용의 현존으로 인정되며, 타인을 위한 추리는 '말하는 자의 의사를 상대방에게 전달할 수 있는 인식'이기 때문에 효과적 작용의 현존으로 인정된다. 이것은 언어의 부정적 의미보다도 의사 표현의 기능을 적극적으로 인정한 것으로 볼 수 있다.

'미지의 대상에 대한 인식'에서 '미지의 대상'ajñānārtha을 목샤카라굽타

---

33) 목샤카라굽타, 『論理のことば』, 9~10쪽.

는 '이전에 인식되지 않은 대상'이라는 의미의 아푸르바고차라^{apūrvagocara}라 해석한다. 목샤카라굽타는 "처음으로 대상에 대해 일어난 그 인식만이 바른 인식이며, 동일한 것에 대해 후에 일어난 것은 배제된다. 이미 인식된 것에 대해 인식하는 것이기 때문에 타당한 인식수단이 아니다. 예를 들면 무분별적 인식에 의해 물병을 지각한 후에 바로 같은 대상에 대해 '이것은 물병이다'라는 분별적 인식은 기억을 본성으로 하는 것이다. 혹은 산 등에서 연기를 지각하고 나서, '저기 불이 있다'는 추리에 의한 인식을 얻은 후에 다시 동일한 것에 대해서 '여기 불이 있다'라는 것도 마찬가지이다"[34]라고 인식수단의 제2정의를 해설한다. 따라서 인식수단을 제1정의와 제2정의로 규정한 것은 목샤카라굽타의 주석에 따르면 전자는 의심과 착각을 배제하기 위한 것이며 후자는 기억을 배제한 것이라 볼 수 있다.

그러나 목샤카라굽타의 이러한 주석은 지극히 평면적 해석이라 할 수 있다. 왜냐하면 이러한 해석은 지각과 추리를 동일한 차원에서 논의하고 있기 때문이다. 자상을 대상으로 한 인식수단인 지각과 공상을 대상으로 한 인식수단인 추리는 엄연히 다른 대상에서 생기한 인식이기 때문에 동일한 차원에서 논의될 수는 없는 것이다.

이에 대해 다니 다다시는 다음과 같은 주목할 만한 발언을 한다. "제2정의가 제1정의를 부정·한정하는 형식을 취하고 있다고 할 수 있다. 즉 지각대상으로서의 자상을 향한 제2정의가 분별의 정합성을 가진 제1정의를 부정·한정하는 형식을 띠고 있다. 이 구조를 간과하고서 다르마키르티의 이중의 정의를 현대의 통상의 논리로 분석하게 되면 산스크리트 'va'는 앰비밸런스^{ambibalance}한 것이 되어 해결하기 어렵게 될 것이다."[35]

---

34) 같은 책, 14쪽.

일반적으로 불교뿐만 아니라 인도사상은 대상에 대한 정합적 인식을 중요시한다. 정합적 인식이 인식의 본질이라고 한다면 공상을 대상으로 하는 추리에 의한 인식이야말로 인식의 참된 근거가 아닌가 하는 반론이 제기될 수도 있을 것이다. 이것을 부정하고 자상을 대상으로 하는 인식인 지각이야말로 인식의 참된 근거임을 선언하기 위해 제2정의로서 제1정의를 한정한 것이라 할 수 있다.

위의 다니의 언명에서 그는 '정합적 인식'이라는 제1정의를 추리에 배당하고, '미지의 대상에 대한 인식'이라는 제2정의를 지각에 배당하고 있음을 알 수 있다. 그런데 이것은 다르마키르티의 진의와는 다른 것으로 보인다. 왜냐하면 다르마키르티가 인식수단은 정합성을 가진 인식이라고 했을 때 그 인식수단은 지각과 추리를 포함하며, 인식수단은 미지의 대상에 대한 인식이라고 했을 때도 마찬가지로 인식수단은 지각과 추리를 포함한다고 보아야 하기 때문이다.

이러한 불협화음은 다음과 같은 다니 다다시의 설명에서 약간 해소되는 듯 보인다. 그는 다음과 같이 말한다. "무엇 때문에 다르마키르티는 인식론적 논리pramāṇa를 중시한 것인가? 말할 것까지도 없이 개념구상의 허구를 지각에 의해서 해체하고 리얼리티의 전환을 도모함으로써 새로운 대상을 분명하게 깨닫게 하기 위한 것이다. 가령, 『아함경』阿含經에 있는 뗏목의 비유와 같다. 그에 따르면 분별의 허구의 정합성을 추구하여 논리를 위한 논리를 구축하는 게임은 의미가 없다. '새로운 대상'이라고 하는 것은 찰나멸에 의해서 항상 그때그때 새롭게 발현하는 순간적 존재 이외에 다른 것이 아니다. 즉 붓다에게 섬광처럼 번쩍였던 무상과 같이, 모든 존재는 찰나

---

35) 谷貞志, 『刹那滅の研究』, 春秋社, 1999, 91쪽.

멸이라는 가설을 창발하는 것이다. 새로움은 여기서 새로운 대상으로서의 순간적 존재와 그것을 밝히는 인식수단 자신의 창조적 가설로서의 새로움을 의미한다. 진리는 신이나 초월적 실체 속에 미리 단순 정위해 있는 것이 아니다. 연역논리는 전제 가운데 이미 있는 것을 끄집어 내는 동어반복에 지나지 않는다. 귀납논리도 주어진 데이터를 전제로 한 모집합을 추정하는 것에 지나지 않는다. 가설의 창출은 퍼스[C. S. Peirce]가 말하는 귀추[abduction][36]에 상당하는 새로운 대상인 것이다. 따라서 제1정의의 정합성은 형식논리의 정합성이 아니라 그 가설의 이론적 타당성을 의미하는 것이다. 다르마키르티는 가설을 설명하기 위해서 존재, 즉 인과적 효과성이라는 규정을 도입하였고, 가설을 연역적으로 증명하고 나아가 비유, 유례에서 그 가설의 증명의 타당성을 검증하려고 했던 것이다."[37]

여기서 중요한 것은 '제1정의의 정합성은 형식논리의 정합성이 아니라 그 가설의 이론적 타당성을 의미하는 것'이라는 다니의 발언이다. 그에 의하면 창조적 가설이란 '모든 존재는 찰나멸성을 본질로 한다'는 명제이다. 이 가설을 추리로 논증하고 비유나 유례를 통하여 타당성을 검증하는 것은 연역추리와 같은 논리적 정합성을 통해 구축되는 것이 아니라 귀추를 통해 새로운 대상을 확정해 가는 것이다. 이렇게 새로운 대상을 확정하기 위해서 전제가 되는 것이 대상의 찰나멸성과 대상에 의해 생기하는 인식 자체의 찰나멸성이다. 그래서 미지의 대상에 대한 인식이라는 제2정의가 다르마키르티에 의해 제시되었던 것이다. 미지의 대상이란 새로운 대

---

36) 이것은 미국의 프래그머티즘의 선구자 중의 한 사람인 퍼스의 추리개념이다. 귀추란 첫째, 지금까지의 이론으로 설명할 수 없는 어떤 사실 C에 대하여 귀추에 의해서 'A라면 C이다'라는 가설을 설정한다. 둘째, 그 가설을 연역에 의해서 설명한다. 셋째, 그 가설과 그 가설의 설명이 사실 C에 정합한가의 여부를 귀납에 의해서 유례의 문제로 검증하는 방법이다.

37) 谷貞志, 『刹那滅の硏究』, 91쪽.

상이다. 새로운 대상이란 대상 그 자체가 찰나멸한다는 것이며, 동시에 그 대상인식도 찰나멸한다는 것을 의미한다. 인식대상은 자동적으로 소멸하지 않는다. 마찬가지로 대상에 의해 형성되는 인식도 저절로 소멸하는 것이 아니다. 세속의 차원에서는 추리뿐만 아니라 지각도 언어와 분별에 물들어 있기 때문이다. 다시 말하면 우리가 지각을 할 때 순수하게 대상 그 자체를 보는 것이 아니다. 우리는 무시이래의 습기의 힘에 의해 우리가 보고 싶은 것만 보고, 듣고 싶은 것만을 듣는다. 이미 우리가 대상을 지각하는 순간 거기에는 언어와 분별이 개입되는 것이다. 따라서 제1정의는 세속적 차원에서 올바른 인식수단을 정의한 것이다. 이러한 세속적 차원에서 올바른 인식수단이 무엇인가를 정의하는 것은, 사이비 지각과 추리에 대한 비판이기도 하다. 나아가 제2정의는 승의적 차원에서 올바른 인식수단을 정의한 것이다. 이러한 승의적 차원에서의 올바른 인식수단이 무엇인가를 정의하는 것은, 논리적 정합성에 머무는 추리와 대상과 인식의 일치에만 머무는 지각을 부정하여 새로운 대상에 대한 인식으로 나아가게 하기 위한 것이다. 따라서 미지의 대상에 대한 인식, 즉 제2정의는 새로운 대상에 대한 인식을 의미하며 새로운 대상에 대한 인식이란 대상의 찰나멸뿐만 아니라 인식자신의 본질도 찰나멸임을 통찰해야 한다는 언명이라 볼 수 있을 것이다.

다르마키르티의 인식에 대한 제2정의와 목샤카라굽타의 주석을 통해 알 수 있는 것은 인식수단은 미지의 대상에 대한 인식이라는 것, 미지의 대상이란 새로운 대상이며 미지의 대상에 대한 인식이란 새로운 인식의 창출이라는 것, 새로운 대상에 대한 인식이란 실존의 근거의 전환을 의미한다는 것이다. 또한 그 근거의 전환은 자동적으로 이루어지는 것이 아니라 자신을 끊임없이 부정·소멸해 가는 과정, 중관사상으로 말하면 공화空化·

무아화無我化해 가는 가정을 의미한다는 것이다. 따라서 현실적 존재가 인과적 효과성뿐만 아니라 찰나멸성을 본질로 하듯이 현실적 존재에 의해 생기한 인식수단 역시 현실적 존재의 본질을 반영한다. 결국 인식의 제2정의인 미지의 대상에 대한 인식은 찰나멸성을 본질로 하는 것임을 확인할 수 있다.

의심과 착각이 없는 정합적 인식은 우리의 합리적 사고 형성에 기여한다. 하지만 이것은 개념적 인식의 산물이다. 개념적 인식은 언어가 개입된, 이미 알고 있는 대상에 대한 지식에 지나지 않는다. 따라서 인식수단의 제1정의는 우리의 사고의 정합성과 체계성을 강조하는 것이지만 정합적인 인식만으로는 존재의 궁극적 전환은 가져오지 않는다. 이미 이전에 인식된 대상에 대한 인식은 존재의 전환을 가져오지 못하기 때문이다. 오직 미지의 앎이야말로 창조적 상상력을 낳기도 하며 존재의 궁극적 자기전환, 즉 새로운 자기를 탄생하게 하는 것이다.

이상을 요약하면 다음과 같다. 다르마키르티에 의하면 존재론적 차원에서 현실적 존재는 찰나멸성momentariness과 인과적 효과성causal efficacy을 본질로 한다. 현실적 존재의 찰나멸성이란 현실적 존재의 본질이 생기하는 순간 곧 소멸한다는 의미이다. 그가 현실적 존재의 찰나멸성을 주장한 까닭은 변화의 세계 아래에 놓여 있는, 변화를 추동하는 궁극적 실재의 실체성, 즉 자기동일성을 거부하고 궁극적 실재는 자기차이성으로 존재하고 있음을 역설하기 위함이다. 또한 현실적 존재가 찰나멸한다고 해서 무nothing가 되는 것이 아니라, 자기의 본질을 버리고 타자의 생성을 위해 객체화하는 것이다. 이 객체화하여 타자를 생성시키는, 타자에게로 이행해 가는 힘을 인과적 효과성이라 한 것이다. 그가 현실적 존재의 인과적 효과성을 제시한 것은 미시적 세계가 어떻게 거시적 세계로 확대되는가 그 생기와 이행의 메커니즘의 존재론적 근거를 제시하기 위함이다.

　인식은 현실적 존재에 의해서 생기한다. 다르마키르티에 의하면 현실적 존재의 존재 방식은 자상과 공상이다. 자상에 의해 지각이 생기하며 공상에 의해 추리가 생성한다. 그런데 이 인식은 정합적 인식이며 미지의 대상에 대한 인식이다. 정합적 인식은 인과적 효과성을 본질로 하며 미지의 대상에 대한 인식은 찰나멸성을 본질로 한다. 전자는 진리를 추구하며 후자는 새로움을 지향한다. 새로움은 현실적 존재의 찰나멸성과 인식의 찰나멸성에 의해 창출되는 것이다. 새로움의 창출은 인식주체의 근원적 전환을 가져오는 것이다. 그러나 실존의 전환은 그냥 이루어지지 않는다. 자기 자신을 의식적으로 찰나멸화·공화하지 않으면 이전의 자기는 그냥 지속할 뿐 새로운 자기는 생성하지 않는다. 그런 차원에서 찰나멸성은 새로운 자기, 근원적 실존의 전환을 가져오는 궁극적 힘이다.

6장_인식수단―지각

인식의 목적은 대상과 자기 자신을 아는 것이다. 대상을 아는 것을 대상인식이라 하고 자기 자신을 아는 것을 자기인식이라 한다. 그렇다면 우리는 대상을 어떻게 알 수 있으며, 자기 자신을 어떻게 알 수 있는가? 우리는 대상 그 자체를 직접적으로 알 수 없을 뿐만 아니라 자기 자신도 직접적으로 알 수 없다. 왜냐하면 대상이란 눈에 보이는 꽃이 대상이 되어 밖에 존재하는 것이 아니기 때문이며 또한 꽃을 보는 자기 자신이 안에 존재하는 것도 아니기 때문이다. 다만 실제로 존재하는 것은 '인식'뿐, 인식대상이나 인식주체는 일상언어 차원, 즉 개념적 차원에서만 존재할 뿐이다. 이런 의미에서 대상과 자기 자신을 알 수 있는 것은 바로 인식이다. 이때의 인식은 협의의 의미에서 인식수단이라 한다. 다르마키르티에 의하면 인식수단은 2종이다. 하나는 자상을 대상으로 하는 지각(현량)과 공상을 대상으로 하는 추리(비량)이다. 지각은 대상과 자기 자신을 직접적으로 아는 인식수단이며, 추리는 대상과 자기 자신을 간접적으로 아는 인식수단이다. 6장에서는 2종의 인식수단 가운데 지각을 중심으로 1절에서는 지각의 정의와 위상, 2절에서는 지각의 구조, 3절에서는 지각의 종류순으로 살펴볼 것이다.

1. 지각의 정의

아견에 근거한 인식론의 지각의 정의

앞에서 인식은 자연과 인간, 대상과 주체의 연관성을 구체적으로 보여 주는 술어라고 기술하였다. 자연과 인간은 다양한 방식으로 관계를 맺지만 구체적이고 직접적인 관계는 인식을 매개로 한다는 것이다. 자연과 인간이 인식을 매개로 관계를 맺을 때 비로소 그 자연은 우리에게 대상 혹은 객체^{object}가 되며 인간은 주체^{subject}가 된다. 사실 아견에 근거한 인식론과 무아견에 근거한 인식론의 결정적 차이는 다른 것에 있는 것이 아니라 대상을 인식하는 주체가 불변의 실재로서 '있는 것'인가 아니면 대상에 의해 '생성'되는 것인가 하는 것이다. 불교 안에서 아견에 근거한 인식론을 표방한 학파는 유부이며, 밖에서 아견에 근거한 인식론을 표방한 학파는 니야야·바이세시카·상키야 학파 등이다. 이들은 하나같이 인식주체의 선험성과 불변성을 강조하고 있다. 사실 인식대상인 꽃이 저기에 있고 그 꽃을 '내'가 본다는 것은, 우리의 경험에 비추어 보면 타당한 것처럼 보인다. 하지만 문제는 그렇게 간단하지 않다.

자연과 관계를 맺는 방식 혹은 대상을 파악하는 방식에는 두 가지가 있다. 하나는 언어나 개념구성을 배제한 직접적 인식에 의한 파악이고, 또 하나는 언어나 개념구성에 의한 간접적 인식에 의한 파악이다. 전자는 지각이며, 후자는 추리이다. 문제는 비연기적 인식론에 의거하면 지각의 역할과 지위 그리고 중요성이 간과될 수밖에 없다는 것이다. 사실 자연과 인간, 대상과 주체의 상호연관의 최초의 매개 혹은 문이 되는 것은 지각임에도 불구하고, 명석^{distinct}하고 판명^{clear}한 인식이야말로 인식의 확실성을 보증한다는 전제하에서 과도하게 사유의 역할을 강조하고 지각의 역할을 폄

하했던 것은 바로 아견에 근거한 인식론자들이었다. 그래서 니야야로 대표되는 아견에 근거한 인식론에서는 지각을 정의할 때도 지각 고유의 정의가 아니라 언제나 사유 내지 개념구성(분별)이 개입한다. 니야야 학파는 지각을 다음과 같이 정의한다.

> 지각이란 ①감관과 대상의 접촉으로 생성된 ②인식으로서, ③언어에 근원하지 않고, ④대상에 어긋나지 않으며, ⑤판단적[확정적] 성격을 가진 것이다.[1]

니야야 학파의 사상가 가운데 한 사람인 웃토타카라Uddyotakara는 ①은 추리, ②는 느낌, ③은 언어에 기인한 인식, ④는 착각, ⑤는 의심스러운 지각을 배제하기 위한 것이라 주석한다.[2] 다른 것에는 별다른 이견은 없다. 하지만 ⑤의 '판단적(확정적) 성격을 갖는다'라는 기술에 대해 이견이 존재한다. 즉 니야야 인식론이 정교하게 체계화하면서 지각을 비판단적 지각nirvikalpaka-pratyakṣa과 판단적 지각vikalpaka-pratyakṣa으로 해석하려는 경향을 보이자 불교인식논리학파의 인식론과의 논쟁이 발생했던 것이다. 여기서 비칼파카vikalpaka는 보통 한역으로는 분별分別이라 번역되는 것으로 개념구성을 말하는 것이다. 이 개념구성인 비칼파카의 대상은 당연히 자상이 아니라 공상일 것이다. 따라서 '지각이란 판단적(확정적) 성격을 지닌 인식'이라는 니야야 학파의 지각의 정의는, 지각의 단계에서 비개념적 지각과 개념적 지각을 혼재시켜 놓고 있는 것이다.

---

1) 이지수,「지각의 본성에 대한 불교논리학파와 정리학파의 논쟁」,『가산학보』1, 1991, 150쪽.
2) 같은 글, 136쪽.

하지만 여기에 깔려 있는 그들의 생각은, 비개념적 지각은 애매하고 혼란스럽지만 개념적 지각은 명석하고 판명하기 때문에 이미 대상을 최초로 인식하는 순간 우리의 개념이나 언어가 개입해야 한다는 것이다. 그래서 언어나 개념의 대상인 공상은 객관적으로 실재해야 한다고 주장했던 것이다. 다르마키르티는 다음과 같이 공상 실재론자에게 반론을 제시하고 논박한다.

①만약 [당신이] 언어를 통해 공상을 파악하기 때문에 ['감관의 결합은 무의미하다'라고 하는] 오류는 범하지 않는다고 생각한다면, 그것은 [이치에 맞는 것이] 아니다. 왜냐하면 [당신의 주장에 의하면 언어를 통해서] 공상만을 파악하는 것이 아니기 때문이다.(『프라마나바르티카』, 3장 19ab 게송)

니야야 학파의 지각의 정의에서 지각이란 '감관과 대상의 결합'이라 하고 또한 지각이란 '판단적 인식'이라고 한다면, 두 지각은 상호 모순되는 것이 아닌가 하는 것이 위 게송의 요지이다. 다시 설명하면 니야야 학파는 감관과 대상의 결합과 언어에 의한 공상의 파악은 동시적 사태로 본다. 즉 언어로 대상을 파악하는 것과 시각으로 대상을 보는 것을 니야야 학파는 동시적 사태로 보고 있는 것이다. 이렇게 되면 우리는 감관의 결합이 없이 언어를 통해 공상을 파악함으로써 대상을 직접적으로 알게 된다는 결론으로 귀결된다. 마치 앞이 안 보이는 눈 먼 사람도 꽃이라는 언어를 듣는 순간 바로 꽃을 지각하는 경우와 같다.

다르마키르티는 '감관과 대상의 결합'이라는 사태와 '언어를 통한 공상을 인식'하는 사태는 동시적 사태가 아니라 이시적 사태로 보고 있다. 정확하게 말하면 최초에는 감관과 대상을 원인으로 지각이 생기고, 나아가 후기의 과정에서 언어를 통한 공상의 인식이라는 사태가 발생한다고 보았던 것이다. 설령 언어를 통해 공상만을 파악한다고 하더라도 다음과 같은 오류를 벗어날 수 없을 것이다.

> 가령 [공상만을] 파악한다고 하더라도 [그 경우 다음과 같은 오류가 발생한다. 즉] '그것[개체]의 공상'이[라는 본질관계가] 성립하지 않게 되며, '그것[개체]으로부터 발생'이[라는 인과관계가] 성립하지 않게 된다. 그와 더불어 [당신에 의하면 공상은] 상주하기 때문에 항상 인식된다[는 3가지 오류가 발생할 것이다].(19[c]~20[a]게송)

즉 "그것[개체]의 공상"이라는 본질적 관계(동일관계)나 "그것[개체]으로부터 발생"한다는 인과관계가 성립하지 않을 뿐만 아니라 공상을 순간적 존재가 아니라 영원·불변을 본질로 한다는 니야야 학파에 의하면 공상은 언제나 인식된다는 세 가지 오류를 범하게 된다고 다르마키르티는 비판한다.

> 만약 [차이를 본질로 하는] ①개체로부터 현현한 것[공상]이 지각[의 대상]이라고 한다면.(20[b]게송)
> ② [개체가 존재하는 경우, '영원'을 자기본질로 하는 공상] 자신이 인식을 생기게 하는 능력을 갖는다면, 그것은 [개체가 존재하지 않는 경우에도 인식을 생기게 하는] 능력을 갖는다. 만약 어떤 경우[개체가 존재하지 않는 경우] 인식을 생기게 하는 능력이 없다고 한다면, 그것은 어떠한 경우에도 [개체가 존재하는 경우에도] 인식을 생기게 하는 능력이 없는 것으로 될 것이다.(21게송)

①에서 개체로부터 현현한 것은 공상이며 이 공상이 지각의 대상이라면 공상은 객관적으로 실재하는 것이다. 이것이 아견에 근거한 인식론자들의 공상 실재론의 근거이다. 이러한 공상 실재론에 대해 논박한 것이 ②의 게송이다. 개체로부터 현현한 공상이 영원을 본질로 한다면 개체가 있든 없든 항상 인식을 생기게 하는 능력을 가져야 한다는 것이 게송 ②에서 읽을 수 있는 아견에 근거한 인식론자의 주장이지만 사실 이것은 불합리한 주장이다. 왜냐하면 공상이 실재한다면 개체가 존재하든 존재하지 않든 간에 언제나 인식을 생기게 해야 하는데 현실적으로 그렇지 않기 때문이다.

공상이 실재하고 지각의 순간에 대상이 된다고 하는 아견에 근거한 인식론에서 우리가 알 수 있는 것은 다음의 두 가지이다.

첫째, 자상의 본질은 순간이며 변화지만 공상의 본질은 영원이며 불변이다. 전통적 용어로 말하자면 자상은 무상한 존재이며 공상은 영원한 상주의 존재이다. 자상을 대상으로 하는 것은 지각이며, 공상을 대상으로 하는 것은 사유이다. 인식이란 가변적이라면 참된 인식에 이를 수 없다. 따라서 변화를 본질로 하는 자상을 대상으로 하는 지각은 진정한 인식수단이 될 수 없으며 진정한 인식수단은 영원을 본질로 하는 공상을 대상으로 하는 사유라는 것이다.

둘째, '공상은 실재한다'는 그들의 주장에 깔려 있는 것은 바로 비개념적(무분별적) 지각은 애매하고 혼란스럽지만 개념적(분별적) 지각은 명석하고 판명하기 때문에 이미 대상을 최초로 인식하는 순간 우리의 개념이나 언어가 개입해야 한다는 것이다. 따라서 지각은 전체 인식의 과정에서 부차적이고 우연적이며 애매하고 혼란스러운 인식 정도로밖에 간주되지 않았던 것이다.

이렇게 인식의 초기 단계에서 지각의 위상이 과소평가 내지 폄하되고 과도하게 언어나 사유의 위상을 강조하는 아견에 근거한 인식론의 필연적 귀결은, 자연과 인간 그리고 대상과 주체의 내재적·본질적 관계의 단절이다. 하지만 사실은 사유나 공상이 우리의 인식의 과정에서 후기에 발생하는 추상적 존재임에도 불구하고 그것이 명석·판명하다는 이유 하나만으로 가장 근원적인 존재로 잘못 설정해 놓고 우리의 인식을 설명하는 '실체의 오류' 혹은 '잘못 놓인 구체화의 오류'를 범하게 되어 우리 인식적 경험의 정합적 설명을 하지 못하게 된다. 왜냐하면 언어나 사유는 '타자의 배제'를 본질로 하며 무엇인가가 언어로 규정되는 순간, 혹은 사유되는 순간, 그 대상은 '과정성'과 '시간성'을 상실하고 개념적으로 분할된 채로 우리에게 인식되는 것이기 때문이다.

무아견에 근거한 인식론의 지각의 정의

경량부의 순간적·찰나적 존재론에 근거하는 불교인식논리학파에 의하면 사물에는 영속하는 본질이 없고, 또 모든 개념과 언어의 본질은 '타자의 배제'이므로, 피정의자가 가진 본질이나 지속적 특성을 진술한다는 적극적인 의미에서의 정의는 불가능하다. 예를 들어 불[火]의 본질이 그 보편성인 화성火性이라고 믿는 니야야 학파는 불을 '화성을 가진 것'이라는 정의를 내릴 수 있겠지만, 보편·실체·운동·관계 등을 모두 주관적 구성이라고 믿는 불교인식논리학파에 따르면 불 자체는 결코 정의될 수 없으며, '불'이라는 말의 의미가 불이 아닌 것을 부정하는 것이듯이 정의란 피정의자와 다른 것을 부정하는 기능을 가질 뿐이다. 그러므로 정의란 일종의 은폐된 이분법적 분류에 불과하다.[3]

   지각의 경우에도 불교인식논리학파는 그 본질을 적극적으로 진술하지 않고, 지각이 아닌 것을 부정하는 방식으로 규정짓는다. 불교인식논리학파의 선구자인 디그나가는 그의 『프라마나삼웃차야』 1장 지각론에서 인식의 대상이 자상과 공상 둘뿐이기 때문에 인식수단도 자상에 의해 생기하는 지각과 공상에 의해 생기하는 추리 둘밖에 없다고 논의한 후 아래와 같이 지각을 정의한다.

> 지각은 분별을 떠난 것이다.

디그나가는 지각을 '분별을 떠난 것'이라 정의한다. 가쓰라 쇼류에 의하면, "이는 정의라기보다는, '지각은 분별이 아니다'라고 말하고 있는 것에 지나지 않는다. 다음 절에서 기술하겠지만, 모든 언어 표현은 '타자의 부정'을 본질로 한다고 생각하는 디그나가에 의하면 이 지각의 정의는 지극히 당연한 표현일 것이다. 하지만 디그나가의 지각의 정의에서 우리가 알 수 있는 것은, 디그나가 인식론의 논의 영역이 지각과 추리로 한정된다는 것이다. 이렇게 지각과 추리로 한정하는 그의 입장은 양자를 혼동하는 유부나 니야야·바이세시카 학파의 인식론을 고려할 때 중요한 의미를 갖는다."[4] 나아가 디그나가는 지각의 정의에 이어서 분별分別(개념적 사유)을 다음과 같이 기술한다.

> 분별이란 무엇인가? 그것은 명언名言, naman, 종種, jati 등과의 결합이다.

---

3) 이지수, 「지각의 본성에 대한 불교논리학파와 정리학파의 논쟁」, 『가산학보』 1, 132쪽.
4) 가쓰라 쇼류, 「디그나가의 인식론과 윤리학」, 『인도불교의 인식과 논리』, 121쪽.

디그나가에 의하면 분별이란 명언·종 등과의 결합이며, 지각은 이러한 명언과 종이라는 개념이 개입되기 이전의 인식이라는 의미이다. 그런데 만약 언어로 표현된 인식이 분별이라고 한다면 유아나 벙어리의 경우처럼 언어를 배우지 못했거나 장애로 인해 언어를 사용할 수 없는 사람의 언어가 결합될 가능성이 있는 내적 개념에 의한 인식도 지각에 포함될 수 있을 것이다. 다르마키르티는 이러한 반론을 염두에 두고서 보다 엄격하게 지각을 정의한다.

그 중에서 지각은 분별을 떠난, 착각이 아닌 인식이다.(『니야야빈두』, 1장 4게송)

위의 게송에 의하면 지각은 두 가지로 정의된다. 하나는 분별을 떠난 무분별의 인식이며, 또 하나는 착각이 아닌 비착각의 인식이다. 전자를 지각의 제1정의, 후자를 지각의 제2정의라 방편적으로 설정하여 정리하면 다음과 같다.

지각의 제1정의　분별을 떠난 인식
지각의 제2정의　착각이 아닌 인식

다르마키르티의 지각 정의는 형식적(현상적)으로 보면, 디그나가의 지각의 정의에 '착각이 아닌 것'의 인식을 더한 것에 불과한 것처럼 보인다. 하지만 내용적(본질적)으로 보면, 다르마키르티의 지각에 대한 사고는 디그나가보다 훨씬 깊고, 포괄적이며, 근원적이다. 다시 말하면 다르마키르티는 지각의 본질인 '분별을 떠난 인식'과 '착각이 아닌 인식'을 보다 근원적으로 인식하고 있었던 것으로 보인다.

이러한 다르마키르티의 지각의 정의에 대해서 비니타데바^{Vinītadeva}는
다음과 같이 주석한다.[5]

무엇 때문에 두 개의 한정^{viśeṣaṇa}을 설하였는가라고 한다면, 답하길 '착각
이 아니다'라는 것은 눈병에 걸린 사람^{taimirika}이 착각한 인식과 구별하기
^{vyavaccheda} 위해서이다. '분별을 떠나 있다'라는 것은 추리^{anumāna}를 배척하
기 위해서이다.

[형상을] 얻게 된 대상^{prāpaka-viṣaya}에서 무당착^{無撞着}인 형상이 착각이 아
닌 것으로 인정된다. 그렇다면 추리도 직접지각이 되어 버릴 것이다. 그것
[추리]도 무당착이기 때문에 착각이 아닌 것이라고 주장하는 것이다. 그
러므로 추리를 배척하기 위해서 '분별을 떠나 있다'라고 한다. 그러므로
두 개의 한정을 설하는 것이 필요하다.

왜 다르마키르티가 지각을 '분별을 떠난 인식'과 '착각이 아닌 인식'
등의 두 가지로 정의한 것인가에 대한 비니타데바의 해석이다. 그에 의하
면 다르마키르티가 '착각이 아닌 인식'으로 지각을 정의한 이유는 '눈병에
걸린 사람이 착각한 인식과 구별하기' 위해서이다. 눈병에 걸린 사람은 현
실적으로 존재하지도 않는 털 등을 인식하기도 하고 혹은 두 개의 달을 인
식하기도 한다. 그런데 털에 대한 인식이나 두 개의 달에 대한 인식은 착각
에 지나지 않으며 바른 인식이 아니다. 따라서 이것은 지각도 추리도 아닌
것이다. 이러한 눈병에 걸린 사람들의 착각에 의한 인식을 배제하기 위해

---

5) 西川高史, 「Dharmakīrtiにおける現量の定義」, 『曹洞宗研究員研究生研究紀要』 16號, 1984, 339쪽.

서 다르마키르티는 '지각은 착각이 아닌 인식'으로 정의했다고 하는 것이 비니타데바의 해석이다. 또한 그에 의하면 다르마키르티가 '분별을 떠난 인식'으로 지각을 정의한 이유는 '추리를 배척하기' 위해서이다. 올바른 추리는 착각은 아니지만 분별을 지닌 인식이다. 따라서 분별을 지닌 추리와 구별하기 위해서 다르마키르티는 '지각은 분별을 떠난 인식'으로 정의했다고 하는 것이 비니타데바의 해석이다.

그런데 다르못타라는 다르마키르티의 지각의 정의에 대해서 다음과 같이 해설한다.

이 두 개의 정의는 잘못된 사고를 배제하기 위해서이지 추리를 배척[nivṛtti]하기 위한 것이 아니다. '분별을 떠나 있다'라는 구절에 의해서 추리는 배척된다[nivārita]. 여기에 '착각이 아니다'라는 구절이 없다면 움직이는 나무[gacchad-vṛkṣa]를 보는 것[darśana] 등도 '분별을 떠나' 있기 때문에 직접지각이 되어 버릴 것이다. 그러므로 행동[pravṛtti]에 의해서 나무에만 도달한다[avāpyate]라는 것은 경험과 일치하기[saṃvādaka] 때문에 바른 인식이다. 또한 '분별을 떠나' 있기 때문에 직접지각인 것 같은 의심이 생길지도 모른다. 그것[의심]을 배척하기 위해서 '착각이 아니다'라는 구절이 있다. 실로 그것은 착각하기 때문에 직접지각이 아니다.[6]

'또한 착각이 아니다'라는 구절에 의해서 추리가 배척된다[nivārita]라고 한다면, '분별을 떠나 있다'라는 구절은 잘못된 사고를 배제하기[nirākaraṇa] 위한 것이다. 실로 추리는 착각한 것이다. 자기에게 현현한[svapratibhāsa] 대상이 아닌 것[anartha]을 대상으로 하여 집착하는 것[adhyavasāya]에 의해서 작용하

---

6) 같은 글, 338쪽.

기 때문이다. 그러나 직접 지각은 파악되어야 할 형태^{rūpa}에 전도되지 않는다.[7]

비니타데바에 의하면 '분별을 떠난 인식'이라는 정의는 추리를 배척하기 위한 것이지만, 다르못타라에 의하면 두 개의 정의는 '잘못된 사고를 배척하기 위한 것'이지 추리를 배척하기 위한 것이 아니다. 이러한 논의에 대해서 니시카와 다카후미西川高史는 다음과 같이 정리한다. "착각이 아니라는 것에 관해서 유식·경량부설을 취한 비니타데바는 '형상을 얻게 된 대상'^{prāpaka-viṣaya}에 있어서 무당착^{avisaṃvāda}인 형상이 착각이 아닌 것^{abhrānta}이라 하고, 무당착과 착각이 아닌 것을 같은 것으로 본다. 경량부설을 취한 다르못타라는 착각이 아닌 것은, 인과적 효과성인 사물의 본질에서 전도하지 않은 것이며, 무당착이라는 것과 같은 것은 아니라고 하였다. 비니타데바에 의하면 추리는 착각이 아닌 인식이지만, 다르못타라에 의하면 추리는 착각인 인식이다. 비니타데바로서는 무당착 = 무착각이지만, 다르못타라로서는 무당착 ⊃ 무착각이 된다. 그러므로 다르못타라에 따르면 무당착이지만 착각이 있을 수 있다는 것이다. 결국 직접지각의 정의가 '분별을 떠난 인식'만으로 정의된다면 그 직접지각에 포함될 수 있는 것이 있을 수 있다. 그것이 바로 움직이는 나무의 사례이다. 이것에 비해서 비니타데바의 설에서는 그와 같은 사례는 있을 수 없게 된다."[8]

비니타데바와 다르못타라의 주석은 왜 다르마키르티가 디그나가의 지각의 정의, 즉 '분별을 떠난 인식'에다 '착각이 아닌 인식'을 더하였는지

---

7) 西川高史, 「Dharmakīrtiにおける現量の定義」, 『曹洞宗研究員研究生研究紀要』 16號, 337쪽.
8) 같은 글, 335쪽.

를 알게 해준다. 다르마키르티는 지각의 정의에 이어 지각의 정의에 포함된 분별을 다음과 같이 정의한다.

> 분별이란 언어표현과 결합할 가능성이 있는 대상을 현현하는 인식이다.
> (『니야야빈두』, 1장 5게송)

분별은 어떤 것을 직접적으로 아는 것이 아니라 다른 것을 근거로 간접적으로 아는 인식이다. 즉 어떤 것을 나무라고 분별할 때 '이것은 나무이다', '이것은 나무라는 언어의 지시대상이다'라는 것과 같이, '나무'라는 언어에 의해서 한정된 대상(나뭇잎이나 가지 등을 지닌 것)에 대한 인식이 곧 분별이다. 즉 언어표현을 동반하는 인식이 분별이다.[9]

여기서 다르마키르티가 디그나가와 달리 분별을 엄밀하게 규정한 까닭은, '이 세상에는 언어가 수반되지 않는 인식은 없다. 모든 인식은 언어가 침투되어 나타난다'라는 베단타 학파의 언어철학자 바르트리하리[Bhartṛhari]의 언어관을 비판하기 위한 것으로 보인다.[10] 또한 이것은 언어가 지시하는 대상은 실재라고 하는 언어철학자 바르트리하리의 개념(언어) 실재론에 대한 비판임과 동시에 우리의 인식의 생성 과정에서 언어와 결합할 가능성이 있는 분별적 사고가 아주 원초적인 단계에서 출현한다는 것을 언명한 것이다.

개념, 즉 분별의 배제만으로 지각의 정의가 온전할 수 없다. 가령 A가 아닌 것을 A로 보는 경우의 착각과 같이, 분별이 배제된 것만을 지각이라

---

9) 岩田孝, 「佛教論理學派の現量除分別性の證明における時間要素」, 『佛教における時機觀』, 1984, 93쪽.
10) 바르트리하리는 언어는 세계의 본질이며 모든 인식에는 언어가 수반된다고 하는 인식유분별(認識有分別)을 주장하였다. 이지수, 「불교논리학파의 지각(현량)론」, 『불교학보』 29집, 1993.

한다면 안질眼疾로 인해 달이 두 개로 보이는 것 등의 착각도 지각이라고 해야 할 것이다. 그러나 이러한 착각은 우리에게 효과적 작용을 가져오거나 미지의 대상에 대한 새로운 정보를 가져다주지 않는 것이기 때문에 올바른 인식이라 할 수 없다. 다르마키르티는 다음과 같이 비착각에 근거한 지각을 정의하고 있다.

그것을 여의고, 안질, 빠른 회전, 선상船上의 여행, 질병 따위로 인한 착각에 영향을 받지 않은 인식이 지각이다.(『니야야빈두』, 1장 6게송)

만약 눈병으로 인해 달이 두 개로 보이거나, 털 등이 보이는 경우의 인식도 지각이라 할 수 있을 것이다. 또한 황달병을 앓는 사람에게 흰 조개껍질이 노란색으로 보이거나, 돌아가는 쥐불이 바퀴의 모습으로 나타나거나, 가고 있는 배 위의 사람에게 나무가 움직이는 것처럼 보이거나, 급소를 가격당한 사람에게 타오르는 기둥 등이 나타나는 인식 등은 모두 언어와 결합한 인식도 아니고 또한 언어와 결합할 가능성을 지닌 표상의 인식도 아니기 때문에 지각이라고 하는 반론에 대한 답론으로 보인다.

다르마키르티는 인식의 최초의 과정에서는 자상을 직접적으로 인식하는 지각의 중요성을 강조한다. 앞에서도 자주 언급하였지만 그는 존재의 본질은 '인과적 효과성'이며 이 인과적 효과성의 능력만이 궁극적 차원에서 존재할 뿐 그 이외의 존재는 모두 이 존재에서 파생한 추상적 존재라 언명한다. 그는 이 인과적 효과성의 존재가 바로 자상이며 이것은 지각의 대상이 된다고 주장한다. 그는 『프라마나바르티카』 3장 지각론 1~52게송까지 공상은 현실적 존재가 아니라 추상적 존재라고 논증하면서 53게송에서 다음과 같이 기술한다.

①그러나 [궁극적 차원에는] 자상만이 인식대상이다.(53게송)

공상은 일상언어의 차원에서는 존재하지만 궁극적 차원에서는 자상만이 존재하며 자상만이 유일하게 인식대상이 된다는 것이다. 이어서

왜냐고 [자상만이 인식수단의 대상인가라고 당신이] 묻는다면 그것[자상]으로부터 인과적 효과성이 증명되기 때문이며, [자상으로부터] 존재와 비존재를 구별할 수 있기 때문이다.(54ᵃ게송)

자상만이 궁극적 차원에서는 인과적 효과성이 있고, 자상만이 존재와 비존재를 구별할 수 있는 능력이 있기 때문이다. 여기서 자상으로 생기는 인식수단은 지각이다. ①을 다시 기술하면 '궁극적 차원에는 지각만이 존재한다'라고 할 수 있다. 그런데 이렇게 유일하게 존재하는 자상을 다른 방식으로 인식할 때 비로소 공상이 현현한다고 다르마키르티는 기술한다.

①그것[다만 하나의 자상]을 그 자신의 존재 방식으로 인식하는 경우와 그 이외의 존재 방식으로 인식하는 경우가 있기 때문에 [인식]수단의 대상은 [자상과 공상의] 두 가지가 있다고 생각된다.(54ᵇ게송)

궁극적 차원에서는 자상을 인식대상으로 하는 지각만이 인식수단이 되지만 일상언어의 차원에서는 자상 이외의 다른 존재 방식으로 우리에게 인식된다. 그 다른 존재 방식이 바로 공상이다. 또한 이 공상을 대상으로 생기하는 것이 추리 혹은 사유이다. 따라서 이러한 다르마키르티의 언명에 의하면 사유 혹은 추리는 지각에서 파생한 인식수단에 지나지 않는 것이

된다. 가장 궁극적인 것은 지각이며 직관이다. 진리의 최종법정은 바로 지각이다.

그렇다면 왜 다르마키르티는 궁극적 차원에서는 자상을 인식하는 지각만이 존재한다고 했을까? 지각은 존재와 인식을 연결해 주는 인간의 가장 근원적인 경험이다. 존재는 지각을 통하여 인식에 진입하고 인식은 지각을 통해 존재를 파악한다. 이때 진입하는 대상은 하나의 전체로서 들어온다. 다시 말하면 온전한 대상의 정보가 모두 우리에게 진입해 온다. 여기에 어떠한 언어나 분별이 개입되지 않는다면 우리는 온전한 대상의 내용 전체를 알게 될 것이다. 하지만 지각에 진입하자마자 곧 언어나 분별이 개입하게 된다. 1장에서도 말한 바와 같이 언어나 분별은 진입한 대상을 나누어 아는 것, 즉 분별적 인식을 낳는다. 이때 대상은 기체와 속성, 기체와 운동 등으로 분할되고 동시에 인식도 인식작용과 인식주체로 분할된다. 이렇게 분할되어 객관적으로 실재하는 주체가 대상을 파악할 때 대상은 이미 인과적 효과성을 지닌 생동적 존재가 아니라 사물화하여 단절된 정보, 사물화한 정보만이 우리에게 알려지게 되는 것이다.

그렇다고 해서 지각이 절대적 인식수단이 될 수는 없다. 우리는 있는 그대로 볼 수는 없다. 우리가 언어와 분별의 세계에 태어나서 살아가는 한 대상을 있는 그대로는 볼 수 없기 때문이다. 무시 이래로 훈습된 명언종자에 의해 우리의 지각은 왜곡될 수 있는 것이다. 다르마키르티는 그래서 인식수단으로 지각과 함께 추리를 설정했던 것이다. 추리를 통해 잘못된 인식을 정련해 갈 때 우리의 지각은 왜곡되지 않고 사물을 있는 그대로 인식하는 데로 나아갈 수 있는 것이다. 다르마키르티가 자신의 인식론에서 지각의 위상을 강조한 까닭은 사유나 분별을 과도하게 적용하거나 강조하게 되면 존재와 인식, 대상과 인식의 단절을 가져오게 되어 그들 상호 간의 내재적·본질적 관계를 파악하지 못하게 되기 때문이다. 그러나 그러한 지각도 적극적으로 정의되지 않고 소극적으로만 정의되고 있다는 것을 우리는 위의 지각의 정의에서 확인할 수 있다. 그렇다면 지각의 정의에서 '분별이 없다'는 것을 어떻게 논증할 것인가? 이것이 이하에서 서술되고 있다.

2. 지각의 구조

분별의 구조

디그나가는 지각의 본질을 '분별을 떠난 것'이라고만 언급할 뿐, 왜 지각에는 분별이 없는가 하는 문제에 대해서는 별다른 언급을 하지 않는다. 하지만 다르마키르티는 '지각은 분별을 떠난 인식'이라는 자신의 주장을 논증하는 데 많은 지면을 할애한다. 그에 따르면 분별은 언어와 결합할 가능성이 있는 대상을 현현하는 인식이기 때문에 지각은 '분별을 떠난 인식'이라고 할 수 있다. 그렇지만 무엇 때문에 지각에 분별이 없는가 하는 것은 여전히 분명하지 않다. 그것을 명료하게 밝히기 위해서는 우선, 분별 그 자체를 구조적으로 분해할 필요가 있다. 분별은 과거에 경험한 것과 지금 지각한 것의 대응 과정이라고 다르마키르티는 언명한다.

> [분별로서의 인식은 언어와 그 대상에 관해서 세간적으로 정해진] 언어규약의 [경험 및 그] 기억에 근거해서 [성립한다. 게다가 언어규약 경험 당시에] 지각된 [대상언어와 현재 지각되고 있는 대상과의] 결합을 본질로 한다. [감관지각은 시간적으로] 대상을 사유하는 작용을 갖지 않는다. [따라서] 감관지각에는 그것[이전의 대상과 언어]을 지금의 대상에 결합하는 것이 어떻게 해서 성립하는가?(『프라마나바르티카』, 3장 174게송)

이와타 다카시岩田孝는 여러 주석을 참고하여 『프라마나바르티카』 3장 174[ab]게송을 근거로 '분별의 과정'을 다음과 같이 분해한다.[11]

① 우선 이전(t-k)에 세간에서 약속한 언어(S-k)와 그것에 의해서 표현된 대상(A-k)과의 대응관계(언어규약)를 안다.

② 지금(t_1), 대상(A_1)을 지각하고, 이전의 대상(A-k)과 언어(S-k)와의 언어규약을 떠올린다.

③ 이전의 언어규약을 경험한 시간(t-k)의 대상(A-k)과 현재(t_1)에 지각하고 있는 대상(a_1)을 동일시한다.

④ 지금의 대상(A_1)에 언어규약 당시의 언어(S-k)를 적용한다.

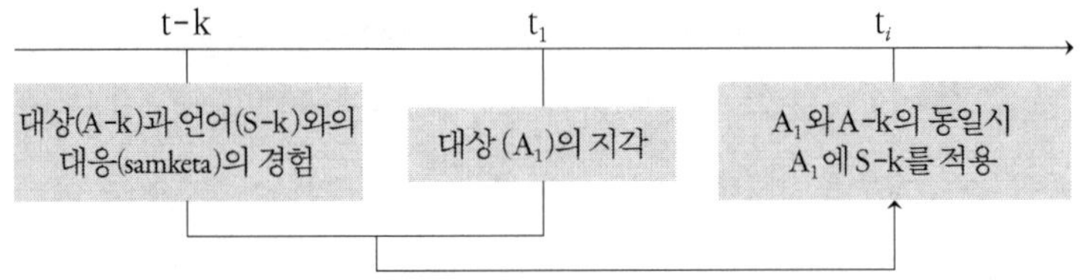

이와타는 "위에서 기술한 분별의 구조에 의하면 분별은 '과거의 대상(A-k) 및 언어(S-k)와 지금의 대상(A_1)과의 결합', 따라서 시간적으로 전후하는 사상事象에의 작용을 본질로 한다"[12]고 한다. 이것을 근거로 분별의 과정을 쉽게 설명하면 다음과 같다. 가령 연기가 있기 때문에 불이 있다는 추리에서 '연기가 있다'는 것은 하나의 분별이며, '불이 있다'는 것도 또 하

---

11) 岩田孝, 「佛敎論理學派の現量除分別性の證明における時間要素」, 『佛敎における時機觀』, 94쪽.
12) 같은 글, 94쪽.

나의 분별이다. 이 추리는 전자의 분별을 근거(이유·논리적 이유, 논리적 이유)로 후자의 분별을 유추하는 것이다. 여기서 추리를 구성하는 분별의 과정은 다음과 같다. 우선 과거에 사회적으로 약속된 언어인 연기와 그 언어에 의해서 표현된 대상(불에서 혹은 아궁이에서 피어오르는 기체)의 대응관계를 알아야 한다. 다음으로 지금 저 산에 있는 연기를 지각하고, 이전의 대상과 연기라는 언어의 언어적 약속을 떠올린다. 그리고 이전의 언어적 약속을 경험했을 때의 대상과 현재 지각하고 있는 대상을 동일시한다. 마지막으로 지금의 대상에 언어 약속 당시의 언어를 적용한다. 이러한 분별을 문자로 표현하게 되면 하나의 문장이 되는 판단이 되는 것이다.

이와타가 강조하고자 하는 바는 지각뿐만 아니라 분별의 과정에도 반드시 시간이 개입되어 있다는 것이다. 즉 지금 보고 있는, 지각하고 있는 연기의 시점은 현재이다. 이 지각적 경험에 이어 이전에 경험하여 알고 있었던 언어의 지시대상을 떠올린 다음 다시 이 대상과 지각의 대상을 동일시하고, 이어서 그 대상에 연기라는 언어를 적용한다. 여기에는 적어도 지각적 경험(제1순간) → 언어의 지시대상에 대한 기억(제2순간) → 대상과 지각대상의 동일시(제3순간) → 연기라는 언어적용(제4순간)이 흐른다.

하지만 '지각은 분별을 떠난 인식'이라는 지각의 정의에서 보는 바와 같이 지각에는 분별이 없다. 다시 말하면 지각에는 사유와 언어가 개입되지 않는 직접적 인식이라는 것이 이 정의의 핵심이다. 그렇다면 지각에 분별이 없다는 것을 어떻게 증명할 것인가?

지각의 구조 ― 지각을 통한 '지각은 분별을 떠난 인식' 논증

『프라마나바르티카』 3장 123~190게송은 '지각은 분별을 떠난 인식'이라는 명제에 대한 논증이다. 이 논증은 두 가지 방식으로 전개되는데 하나는 지각에 의한 논증과 또 하나는 추리에 의한 논증이다.

먼저 다르마키르티는 '지각은 분별을 떠난 인식'이라는 명제를 지각을 통해서 논증하고 있다.

모든 것으로부터 마음을 거두어서 움직이지 않는 내부의 자기에 머무는 사람[선정에 든 요가수행자]도 눈으로 대상을 본다. 그것은 감관에 의해 생긴 인식이다.(124게송)

위 게송은 고도의 정신집중인 선정禪定에 들어간 수행자의 지각에는 분별이 없다는 것을 설한 게송이다. 선정 상태에 들어간 수행자는 눈으로 색깔과 모양을 보며, 귀로 소리를 듣기도 하며, 피부로 촉감을 느끼기도 한다. 그러나 선정 상태에서 깨어났을 때, 그는 자신이 선정 상태에서 눈으로 본 것, 귀로 들은 것, 몸으로 감촉한 것을 알지 못한다. 이른바 무심無心히 볼 때 그 지각 내용을 보는 순간 사라지는 것을 경험하는 것과 같다. 이러한 인식은 언어 분별이 개입되기 이전의 인식인 지각적 경험의 사례이다.

하지만 다르마키르티의 이 논증에 대해서 반대 논사는 '그 감관에 의한 지각에는 실제로 분별이 있지만, 그 분별이 인식되지 않기 때문'이라고 반론할지도 모른다. 이것을 예상하고서 다르마키르티는 다음과 같이 답론한다.

[만약 지각에 분별이 있다면] 어떤 것을 다시 분별하여 '나에게 이와 같은 분별이 있었다'라고 알아야 할 것이다. 앞에서 기술한 감관의 지각의 경우에는 그렇지[그와 같은 분별작용은 일어나지] 않다.(125게송)

도사키 히로마사戸崎宏正는 "어떠한 인식이든 만약 그것이 분별이라고 한다면 그것을 뒤에 기억하여 '나에게 이와 같은 분별이 있었다'라고 알 수 있어야 한다. 그런데 지금 직전에 기술한 감관에 의한 지각, 즉 일체로부터 분별을 거두어서 부동인 내적인 자기에 의해서 머물고 있었던 수행자의 안식에는 뒤에 '나에게 이와 같은 분별이 있었다'라고 기억하는 것은 없다. 만약 그 감관에 의한 지각에 분별이 있었더라면 당연히 그 분별은 기억되어야 한다."[13] 이것은 고도의 정신집중 상태인 선정에 들어간 수행자의 특수한 경험에 의한 예증이지만 우리의 일상적인 삶에서도 언제나 경험하는 것이다. 가령, 신문을 읽으면서 식사를 한다고 하자. 식사를 마치고 난 뒤 우리가 먹은 음식의 맛을 기억하지 못한다. 이것은 어떤 것에 정신을 집중할 때 작용하는 우리의 지각적 인식은 생성하자마자 소멸하는 것이기 때문이다. 따라서 그 순간의 지각에 전혀 분별이 없다는 것은 자명하다.

지각의 구조 ― 추리를 통한 '지각은 분별을 떠난 인식' 논증

다음으로 다르마키르티는 '지각은 분별을 떠난 인식'이라는 명제를 추리를 통해 논증하고 있다.

지각에는 분별이 없다는 것을 지각에 의해서 증명하는 것은 그다지 어렵지는 않다. 왜냐하면 우리의 일상적 경험에 비추어 보면 쉽게 알 수 있기 때문이다. 그런데 '지각은 분별을 떠난 인식'임을 추리를 통해 증명한다는 것은 쉬운 일이 아니다. 다르마키르티는 지각이 분별을 떠난 인식이라는 것을 추리로 논증하기 전에 '자파自派의 어떤 사람'이 행한 '지각은 분별을 떠난 인식'의 논증을 제시하고 그것을 논파한다. 우선 자파의 어떤 사람

---

13) 戸崎宏正, 『佛教認識論の研究』上, 大同出版社, 1979, 207쪽.

의 '지각은 분별을 떠난 인식' 논증을 제시하면 다음과 같다.

> 어떤 사람들은 ①'[지각에는] 분별이 없다. 왜냐하면 [지각은] 감관에 의해 생기하는 것이기 때문이다. 마치 갓난아기의 지각과 같이. 또한 ②갓난아기는 [지각에] 분별이 없다는 [것을 논증하는] 논리적 이유는 '[갓난아기가] 사회적 약속에 무지하다는 것이다'라고 [주장]한다.(『프라마나바르티카』, 3장 141게송)

위의 게송은 두 가지 논증식의 결합이다. 하나는 ①의 논증이다. ①을 3지작법으로 재구성해 보면 다음과 같다.[14]

주장　지각은 분별을 떠난 인식이다.
이유　감관에 의해서 생기하기 때문이다.
비유　갓난아기의 감관에 의한 지각과 같다.

또 하나는 ②의 논증이다. 이것은 갓난아기의 감관에 의한 지각이 왜 분별을 떠난 인식인지를 논증한 논증식이다.

주장　갓난아기의 감관에 의한 지각은 분별을 떠난 인식이다.
이유　언어규약에 무지하기 때문이다.

이 두 논증식에서 핵심이 되는 주장(결론)은 '지각은 분별을 떠난 인식'이며, 그 논거는 '갓난아기의 감관에 의한 지각은 언어규약에 무지하다'는 것이다. 하지만 이것은 결론은 참이지만 결론을 뒷받침하는 논거 자체가 거짓이므로 전체적으로 잘못된 논증식이라 평가할 수 있다.

이에 대해 다르마키르티는 '갓난아기의 감관에 의한 지각과 같다'라는 비유가 가진 오류를 다음과 같이 지적한다.

> 그들[의 주장]에 의하면 갓난아기들에게는 지각만이 존재할 것이다. 왜냐하면 [갓난아기들에게는] 분별이 없기 때문이다. [또한 만약 갓난아기들에게는 지각만이 존재한다면 성인이 된] 후에도 그것[사회적 약속]은 알려지지 않을 것이다. 왜냐하면 [성인이 된 갓난아기들에게는] 사회적 약속[을 알 수 있는] 수단이 결여되어 있기 때문이다.(142게송)

여기서 언어규약이란 '어떤 언어(a)가 대상(A)을 지시한다'라고 하는 상징작용 내지 언어의 의미 지시작용을 대부분의 사람들이 합의하는 것으로 이것은 사유 활동의 산물이다. 다르마키르티의 지적대로 갓난아기 단계에서 이미 감관에 의한 지각만 있고 또한 이 지각활동에는 사회적 약속이 가능한 분별작용이 없다고 한다면 성인이 된다고 해도 언어에 의한 사회적 약속은 불가능하게 될 것이다. 하지만 우리는 특별한 경우가 아니라면 대부분 성인이 되어 언어에 의한 사회적 약속을 바탕으로 의사를 교환하는 활동을 자연스럽게 하기 마련이다. 따라서 '갓난아기의 감관에 의한 지각은 사회적 약속에 무지하다'라는 근거는 온당하지 못한 것으로 판명된다.

하지만 갓난아기의 감관에 의한 지각으로는 사회적 약속을 알 수 없지만 감관에 의한 지각과 별도로 사찰伺察할 수 있는 의식에 의해서 언어규

---

14) 戶崎宏正,『佛敎認識論の硏究』上, 229쪽. ②의 논증도 같은 쪽.

약이 가능하다는 반론이 제기될 수 있을 것이다. 다르마키르티는 예상되는 반론과 답론을 다음 게송에서 제시한다.

①만약 사회적 약속을 모르[지만 생각하]는 의식이 [감관에 의한 인식과는 별도로] 존재하며 그것[의식]에 의해 그것[사회적 약속]이 [뒤에 알려진다고] 생각된다면, 마찬가지로 감관에서 생긴 것[인식]에도 [그와 같은 생각하는 의식이] 있어야 할 것이다. 이와 같이 이것[감관에 의해서 생기는 것]은 [지각에는 분별이 없다는 주장을 논증할 수 없다. 또한 문제는 여전히] 남아 있다.(143게송)

얼핏 보면 반대 논사의 반론, 즉 "갓난아기에게는 감관에 의한 지각과는 별도의 의식이 있다. 그리고 그 갓난아기의 의식이 사찰을 한다. 다만 갓난아기는 아직 사회적 활동으로서 규정된 언어와 대상의 관계를 알지 못한다. 그러나 이윽고 교육을 받고 그리고 사찰하는 것에 의해서 사회적 약속을 알게 되는 것이다. 따라서 성장한 뒤까지도 사회적 약속을 알 수 없다고 하는 오류를 범하는 것은 아니다"[15]라는 것은 타당한 것처럼 보인다.

이것에 대해서 다르마키르티는 "반대 논사는 갓난아기의 감관에 의한 지각과 의식 가운데 의식에만 사찰작용이 있다고 생각한다. 그러나 사찰작용이 의식에만 있고 감관에 의한 지각에는 없다는 것은 논증되고 있지 않다. 따라서 또한 성인의 감관에 의한 지각에 관해서도 사찰작용——이것은 분별이기도 하다——이 있을 수 있는 가능성은 여전히 남아 있다. 그러므로 앞에서 제시한 감관에 의해서 생기한 것은 분별을 떠난 인식의 논증의 근거가 될 수 없다"[16]라고 반론한다.

결국, 다르마키르티는 갓난아기의 감관에 의한 지각에는 언어규약을 알 수 있는 능력이 없다는 것이 '지각은 분별을 떠난 인식'임을 논증할 수 있는 올바른 근거가 아니라고 비판하면서 올바른 논거에 의해서 '지각은 분별을 떠난 인식'임을 논증하는 추리를 두 가지 관점, 즉 인식주체에 입각하여 '지각은 분별을 떠난 인식'을 논증한 것과 인식대상에 입각하여 '지각은 분별을 떠난 인식'임을 논증한 것 등으로 나누어 제시하고 있다.

우선, 다르마키르티는 인식주체에 입각하여 '지각은 분별을 떠난 인식'임을 다음과 같이 논증하고 있다. 이것은 인식작용의 현재성에 역점을 둔 논증이다.

①[분별로서의 인식은 언어와 그 대상에 관해서 세간적으로 정해진] 언어규약의 [경험 및 그] 기억에 근거해서 [성립한다. 게다가 언어규약 경험 당시에] 지각된 [대상과 현재 지각되고 있는 대상과의] 결합을 본질로 한다. ②[감관지각은 시간적으로] 전후하는 것[대상]을 사유하는 작용을 갖지 않는다. [따라서] 감관지각에는 그것[이전의 대상과 언어]을 지금의 대상에 결합하는 것이 어떻게 해서 성립하는가?(174게송)

①은 분별로서의 인식의 구조를 설명한 것으로 이것을 간략하게 정리하면 다음과 같다.

개념적 인식→시간적 전후의 사건에 대한 파악이 있다→그 사건의 결합(언어규약 경험 및 기억)→분별이 있다.

---

15) 戶崎宏正, 『佛敎認識論の硏究』上, 231쪽.
16) 같은 책, 231쪽.

여기서 '시간적 전후의 사건에 대한 파악'이란 언어규약 경험 당시에 지각된 대상과 현재 지각되고 있는 대상에 대한 파악이다. 예를 들면 지금 붉은 색의 가시가 있는 꽃을 보고서 이전에 언어규약 경험 당시에 지각된 붉은 색의 가시가 있는 꽃을 기억하는 것이다. 여기서 중요한 것은 시간적 전후의 사건에 대한 파악이 분별로서의 인식이라는 것이다.

②를 간략하게 정리하면 다음과 같다.[17]

감관지각 → 시간적 전후의 사건에 대한 파악이 없다 → 그 사건의 결합(분별에 필요한 과정)이 없다 → 분별이 없다.

그런데 ②에서 감관지각은 시간적으로 전후한 사건을 사유하는 작용을 가지지 않는다고 하는 주장의 근거는 무엇인가? 다르마키르티는 그 근거로서 '감관지각은 대상의 진입에 의해서 생기한다'라는 것을 든다. 그 의미는 다음과 같이 해석 가능하다. 이와타 다카시에 의하면 "대상과 감관지각 사이에는 '대상이 현전할 때 감관지각이 생기하고^{anvaya} 현전하지 않을 때 감관지각이 생기하지 않는다^{vyatireka}'라는 인과관계가 있기 때문에 감관지각은 현전하는 대상의 자상만을 인식할 수 있다."[18] 반면 분별로서의 인식은 이러한 수반^{anvaya}과 배제^{vyatireka}의 관계가 없기 때문에 현전하는 자상을 파악하지 못하고 시간적으로 전후하는 대상을 파악할 뿐이다. 그러므로 감관에 의한 지각에는 시간적 전후의 사건의 결합(분별)이 없다고 해석할 수 있다.[19]

---

17) 岩田孝, 「佛敎論理學派の現量除分別性の證明における時間要素」, 『佛敎における時機觀』, 96쪽.
18) 같은 책, 96쪽.

다음으로 다르마키르티는 인식대상에 입각하여 '지각은 분별을 떠난 인식'임을 논증하고 있다. 이것은 대상의 찰나멸성에 근거한 논증이다.[20]

실로 어떤 곳에서 경험된 [자기차이성을 본질로 하는] 개체는 다른 곳에서는 결코 경험되지 않는다. [따라서 그와 같은 개체에 대해 언어 약속을 정할 수 없다.] 그것[자기차이성을 본질로 하는 자상]으로부터 분할된 [별도의] 다른 공상이 존재하는 것은 아니다. 왜냐하면 인식에 [자상인 개체와 공상인 보편자의] 분할은 없기 때문이다.(『프라마나바르티카』, 3장 126게송)

---

19) 이렇게 인식작용의 현재성에 입각하여 '지각은 분별을 떠난 인식'임을 논증하는 다르마키르티의 논증을 충실하게 따르는 주석자는 바로 프라즈냐카라굽타이다. 프라즈냐카라굽타는 다음과 같이 말한다. "감관들은 지각될 수 있는 장소에 있는 것[현재 시점에 있는 대상]에 대해서 작용한다. 그러나 과거나 미래의 존재에 대해서는 [작용]하지 않는다. [그러므로] 감관에 의존하는 [감관에 의한] 지각도 감관의 작용이 미치는 [대상을 그 인식] 영역으로 한다(『프라마나바르티카바샤』 31~32게송). 즉 '어떤 시점(t_1)에 있는 감관은, 그 시점보다 이전의 시점($t-k$)에 있는 사건과 그 시점에 있는 사건 양쪽에는 작용할 수 없다.' 그러므로 '감관에 근거한 지각도 시간적 전후의 사건에 작용하지 않는다.' 이 이유에 의해서 감관지에는 언어규약 당시($t-k$)의 언어를 지금의 대상(A_1)에 적용하는 것은 있을 수 없다라고 프라즈냐카라굽타는 설한다. 달리 말하면 감관에 의한 지각과 분별의 작용영역에는, 시간적으로 보아 '감관에 의한 지각 그것이 현재 시점에 한정되는 반면, 분별 그것은 전후의 시점에까지 미친다'라는 차이가 있는 것이다." 같은 책, 99쪽.
20) 이상의 논의는 대상의 찰나멸성으로 '지각은 분별을 떠나 있다'는 것을 증명한 것이다. 그런데 다니 다다시는 다른 방식으로 지각의 대상은 찰나멸성임을 논증(순간적 존재성 논증)하고 있다. 그는 다음과 같이 의문을 던지면서 논의를 진행하고 있다. "지각된 것은 '찰나적인 존재'인가, 그렇지 않으면 '찰나적 존재성'인가. 과연 분별을 배제한 자상에 간접적이긴 하지만 공상은 근접할 수 있는가. 다르마키르티는 그 관계 지음에 성공한 것일까? 이 문제로부터 '지각에 의한 순간적 존재성·찰나멸'이라고 해도 두 개의 유형이 유발된다. 첫째는 지각대상으로서의 자상에로의 추론에서 가능한 한 접근하려는 기술방법. 둘째는 현전의 순간적인 존재가 아니라 추론의 결과로서의 순간적 존재성이라는 공상을 요가수행자의 수습에 의해서 선명화하고 자상화하여 리얼리티의 전회를 지향하는 방법이다. 이것은 포스트 다르마키르티안 사이에 현재화했다. 이 문제를 둘러싸고 라비굽타와 다른 주석자, 특히 프라즈냐카라굽타에 준거하는 즈냐슈리미트라와의 사이에 해석의 차이가 유발되리라는 것도 충분히 예상할 수 있을 것이다." 谷貞志, 「ダルマキールティ'知覺による瞬間的存在性論證'の展開」, 『インドの文化と論理』, 戸崎宏正博士古稀記念論文集, 九州大學出版會, 2000, 403쪽.

여기서 감관에 의한 지각의 대상은 자상이며 언어의 대상은 공상이다. 자상은 순간적으로 생기하자마자 소멸하는 찰나멸의 존재이다. 그래서 자상에 대해서는 언어로 규정할 수 없다. 지각의 대상인 자상은 자기차이성과 찰나멸을 본질로 하기 때문이다. 반면 공상은 자기동일성을 지속하는 존재이다. 이 자기동일성을 지속하는 존재에 대해서 우리의 사고는 언어를 통해서 그 의미를 규정할 수 있는 것이다. 달리 말하면 어떤 대상이 분별되기 위해서는 '그 대상은 시간과 장소가 달라도 동일불변'이라는 조건을 충족시킨다고 할 수 있다. 따라서 '지각은 분별을 떠난 인식'임이 증명되었다.[21]

3. 지각의 종류

디그나가와 마찬가지로 다르마키르티는 지각을 네 종류로 나눈다. 안眼·이耳·비鼻·설舌·신身의 다섯 감각기관에 의해서 생기한 지각(감관지각으로

---

21) 그런데 인식대상의 찰나멸에 입각하여 '지각은 분별을 떠난 인식'임을 논증하는 다르마키르티의 논증을 계승한 사상가는 다르못타라이다. 다르못타라는 다음과 같이 주석한다. "대상의 접근에 의해서 생기하는 감관에 의한 지각은 그 대상의 자성만을 파악하지만 그 자성이 아닌 것 —이전에 언어규약을 경험했을 때(t-k) 습관지어져 가탁한 것, 즉 한정하는 것(언어 S-k)이나 한정되는 것(언어의 대상 A-k)을 파악하지는 못한다. 이전(t-k)에 지각된 그것이라고 하는 것은 이전(t-k)에 지각하고 있었던 인식에 있어서의 대상이다. 그것(=이전의 인식)은 그러나 그와 같이 현재 지각하고 있는 순간(t₁)에는 이미 소멸해 버렸기 때문에 결코 존재하지는 않는다. 따라서 이전의 지각의 존재성이 현재 부정되는 것이며 그 지각의 대상의 존재성도 부정된다. 그러므로 감관에 의한 인식은 이전의 사건을 지금의 사건과 결합하여 파악할 수가 없다. 결국 분별의 과정에서 이전(t-k)에 언어(S-k)와 대응할 때의 대상(A-k, S-k)과 지금의 대상(A₁)을 결합한다고 해도 이전의 대상은 찰나멸하기 때문에 지금은 존재하지 않는다. 존재하지 않는 과거의 대상과 현재에 존재하는 사건을 결합하는 것은 불가능하다는 것이 다르못타라의 설이다. 존재의 찰나멸에 역점을 둔 다르못타라의 설은 다음과 같이 도식화할 수 있다. 이전 언어규약을 경험한 당시(t-k)의 사건은 찰나멸현재(t₁)에 대상(A₁)을 지각할 때에는 존재하지 않는다. 현재의 감관에 의한 인식 이미 소멸한 사상(대상 A-k), 그것에 대응하는 언어(S-k)와 지금의 대상을 결합하지 못한다. 분별을 떠난다." 岩田孝, 「佛敎論理學派の現量除分別性の證明における時間要素」, 『佛敎における時機觀』, 96~98쪽.

줄임), 의근意根에 의해서 생기한 지각(의근지각), 탐貪·진瞋·치痴·락樂·고苦 등의 자기인식에 의한 지각(느낌 등의 지각), 요가수행자들의 직관에 의한 지각(요가수행자의 지각) 등이다. 순서대로 감관지각, 의근지각, 느낌 등의 지각, 요가수행자의 지각으로 명명한다. 세부적 기술에 들어가기 전에 다음과 같은 사항을 전제해 두고자 한다. 이 4종의 지각은 지각이면서 동시에 바른 인식이다. 바른 인식은 ①목적 달성을 가능하게 하는 정합적 인식인 ②미지의 대상에 대한 인식임과 동시에, 지각의 정의인 ③분별을 떠난 인식 ④착각이 아닌 인식임을 충족시켜야 한다.

감관지각

『구사론』에는 대상을 인식하는 것이 무엇인가에 대한 정치한 논쟁이 있다. 간략히 말하면 감관이 대상을 인식하는가 아니면 마음이 대상을 인식하는가를 둘러싸고 진행된 논쟁이다. 감관이 대상을 인식한다는 것이 근견설根見說이며 유부의 주장이다. 마음이 대상을 인식한다는 것이 식견설識見說이며 비수반두와 유식학파의 주장이다. 근根·경境·식識의 삼사三事가 화합하여 인식이 생기한다는 것이 화합견설和合見說이며 경량부의 주장이다.[22]

---

22) 유부의 인식론 특히 근견설과 식견설 그리고 경량부의 인식론에 대해서 권오민은 다음과 같이 설명한다. "경량부에서는 근견·식견 양자 모두를 파기하는 중도적 입장을 취한다. 동시에 병존하는 주체와 객체의 작용관계를 확립하려고 하는 그와 같은 문제는, 이를테면 어떤 사람이 도끼로 나무를 자르려고 할 때 자르는 작용을 행하는 직접적이고도 유효한 본질적 원인이 사람인가, 도끼인가? 하는 문제처럼, 그것은 결국 닭이 먼저냐 달걀이 먼저냐 하는 식의 희론일 뿐이다. 따라서 작용으로써 '본다'고 하는 사실을 설명할 수 없다는 것이 경량부의 기본적 사유이다. 경량부에 의하면 대상이 생기하는 순간과 눈이 작용하는 순간, 의식(안식)이 일어나는 순간은 각기 시간을 달리하고 있어 동시적 존재가 아니다." 권오민은 명시적으로 언급하지는 않았지만 경량부의 인식론은 유부와는 달리 대상과 인식은 시간을 달리하며, 시간을 달리하는 전찰나의 대상이 원인[因]이 되어 후찰나의 인식이 결과[果]로 생기한다는 인과적 인식론을 전제하고서 설명한 것으로 볼 수 있다. 권오민, 『유부아비달마와 경량부철학의 연구』, 경서원, 1994, 334쪽.

다르마키르티는 경량부의 화합견설을 따르고 있다. 화합견설에 의하면 우리의 인식은 감각기관[根]·감각대상[境]·감각작용[識; 마나스카라, 주의집중] 등의 세 가지 여건의 화합으로 인해 생기하는 것이다. 가령, 안식(시각)은 형색을 대상[境], 눈을 감관[根], 주의집중을 식識으로 하여 생기하는 것이며, 이식(청각)은 소리를 대상, 귀를 감관, 주의집중을 식으로 하여 생기하는 것이며, 비식(후각)은 냄새를 대상, 코를 감관, 주의집중을 식으로 하여 생기하는 것이며, 설식(미각)은 맛을 대상, 혀를 감관, 주의집중을 식으로 하여 생기하는 것이며, 신식(촉각)은 감촉을 대상, 몸을 감관, 주의집중을 식으로 하여 생기하는 것이다. 그런데 이 화합견설에 대해 다음과 같은 두 가지 반론이 제기될 수도 있을 것이다. 하나는 인식, 즉 감관에 의한 지각을 생기게 하는 원인으로서의 여건은 근·경·식 세 가지인데 왜 경(대상)에 의한 지각 혹은 식(정신집중이라는 마음작용)에 의한 지각이라 하지 않고 근(감관)에 의한 지각이라 명명하는가? 라는 것과, 또 하나는 감관에 의한 지각과 감관에 의한 지각의 여건이 되는 삼사, 즉 근·경·식의 시간적 관계의 문제이다.

먼저 감관에 의한 지각이라는 명칭의 문제부터 고찰해 보자. 이에 대해서 이지수는 「불교논리학파의 지각(현량)론」이라는 논문에서 다음과 같이 해설하고 있다. "하나의 결과가 이루어지기 위해서는 여러 가지 인因들이 함께 모여 각자의 역할을 다하면서 상호 협조를 해야 한다. 보리의 싹이라는 결과가 있기 위해서는 흙, 수분, 햇빛, 공기 등 여러 요소들이 원인으로서 필요하다. 이 여러 원인들 가운데서도 예를 들어 '보리싹'이라는 결과의 성립에 가장 필수적인, 다시 말해서 다른 결과의 생성에는 참여하지 않고 오직 보리싹의 생성에만 필수적인 원인은 보리씨앗이다. 따라서 결과의 명칭을 말할 때, 흙, 수분, 공기 따위 다른 결과의 생성에도 공통된 원인들이 아니라 특수인의 이름을 빌려, '보리싹'이라고 부른다. 마찬가지로 감관에 의한 지각이 일어나기 위해서는 대상, 주체, 빛, 건강 등 여러 원인들이 모여야 되지만, 그 중에서도 감각기관이 특수인이므로 그것을 빌려 '감관적 지각'이라고 부른다."[23]

여기서 시사하는 것은, 감관지각이 생기하기 위해서는 다수의 여건이 필요하다는 것과, 또한 그 여건 모두가 동등한 역할과 작용을 하는 것이 아니라 어떤 것은 모든 것을 걸고all in 또 어떤 것은 부분만을 걸고part in 참여한다는 것이다. 여기서 모든 것을 걸고 타자를 생기게 하는 것을 특수인이라 하고 부분만을 걸고 타자를 생기게 하는 것을 공동인이라 한다. 이 공동인과 특수인이 여건이 되어 어떤 것이 생기하는 것이다. 이런 측면에서 감관에 의한 지각을 생기게 하는 여건인 대상·빛·정신집중·감관·다른 신체기관 등은 감관에 의한 지각을 생기게 하는 객체적 여건이 된다는 점에서 동등하며, 감관에 의한 지각과의 관계에서 모든 것을 걸고 진입하는 감관과 그렇지 않은 것으로 구별된다는 것이다.

다음으로 근·경·식이라는 객체적 여건과 그것에 의해 생기하는 감관에 의한 지각과의 시간적 관계의 문제로 넘어가 보자. 인도육파철학이나 유부의 인식론적 입장은 '아견에 근거한 인식론'이다. 이들 '아견에 근거한 인식론'에 의하면 동시적으로 존재하는 근·경·식이 동시에 화합하여 동시에 감관에 의한 지각을 낳는다고 한다. 이것을 그림으로 나타내면 다음과 같다('―'는 동시적 관계를 나타낸다).

---

23) 이지수, 「불교논리학파의 지각(현량)론」, 『불교학보』 30집, 1993, 363쪽.

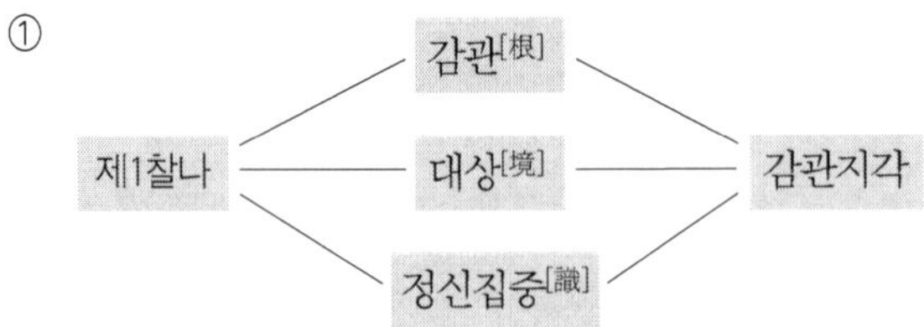

이들에 의하면 근·경·식 모두 자기동일성을 본질로 하는 지속하는 대상이다. 반면에 경량부와 다르마키르티의 인식론적 입장은 무아견에 근거한 인식론이다. 이들의 인식론에 의하면 동시적으로 존재하는 근·경·식이 화합하여 다음 찰나에 감관에 의한 지각을 생기한다고 한다. 이것을 그림으로 나타내면 다음과 같다.

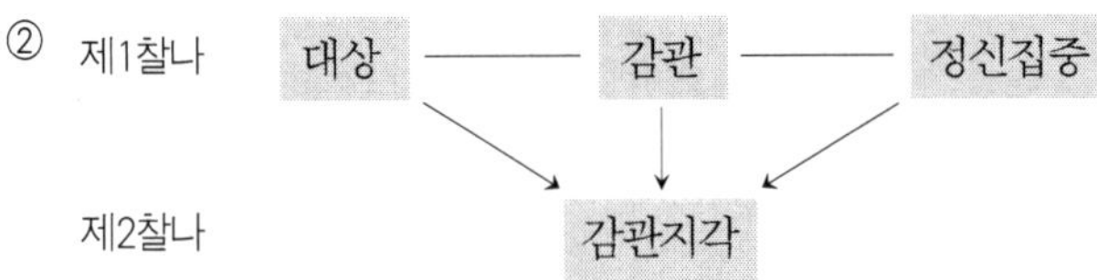

그림①과 그림②를 비교해 보면 전자가 시간성이 결여된 반면, 후자는 시간성이 강조된다. 그래서 전자는 인식의 논리적 과정을 중시하게 되며, 후자는 인식의 시간적·계기적 과정을 중시한다. '아견에 근거한 인식론'은 그림②에서 보는 바와 같이 제1찰나의 대상을 어떻게 지각이 파악할 수 있는가라고 반문할 수도 있을 것이다. 가령, 우리가 꽃을 본다고 하자. '아견에 근거한 인식론'에 의하면 '꽃을 보는 나'와 '내가 보는 꽃'은 동시적 사태이다. 이것은 우리의 상식이 인정하는 바이기 때문이다. 그런데 같은 시간 속에서 내가 꽃을 본다고 하는 것은 이미 시간이 객관적으로 실체적으로 전제되어 있는 발상의 산물에 지나지 않는다. 여기에는 또한 이미 앞에서도 언급한 바와 같이 선재先在한 '나'와 단순정위simple location한 '꽃'이 자기동일성을 지니고 존재한다는 것을 전제한 발상에서나 가능한 설명이 다. 다르마키르티는 대상과 감관에 의한 지각의 동시설을 예상하고서 다음과 같이 대상과 감관에 의한 지각의 이시설을 주장한다.

만약 시간을 달리하는 것이 어떻게 파악될 수 있는가라고 한다면, 이치에 통한 합리적인 인간은 실로 인식에 형상을 부여할 능력이 있는 원인만이 인식대상임을 인정한다.(『프라마나바르티카』, 3장 247게송)

이어서 다르마키르티는 다음과 같이 말한다.

실로 결과[인 인식]는 다수의 [최초의] 원인을 가진다고 해도, [그 다수의 최초의 원인 가운데] 어떤 것[이 객체적 원인이 되어 그것]에 의해 생기하는 것, '그것[인식]이 그것[객체적 원인인 존재]에 의해 주어진 그것의 형상을 갖는다'라든가 '그것[객체적 원인인 존재]은 그것[인식]에 의해서 파악된 다'라고 말한다.(248게송)

위의 게송의 구체적·세부적 설명은 많이 언급하였기 때문에 간략하게 기술하면 대상과 감관에 의한 지각은 계기적 시간의 흐름에서 쌍방적으로 작용한다는 것을 의미한다. 즉 대상에 입각하면 대상이 감관에 의한 지각에게 자기의 형상을 부여한 것이지만, 감관에 의한 지각에 입각하면 대상은 감관에 의한 지각에 의해 파악된다는 것이다. 이것을 그림으로 나타내면 다음과 같다.

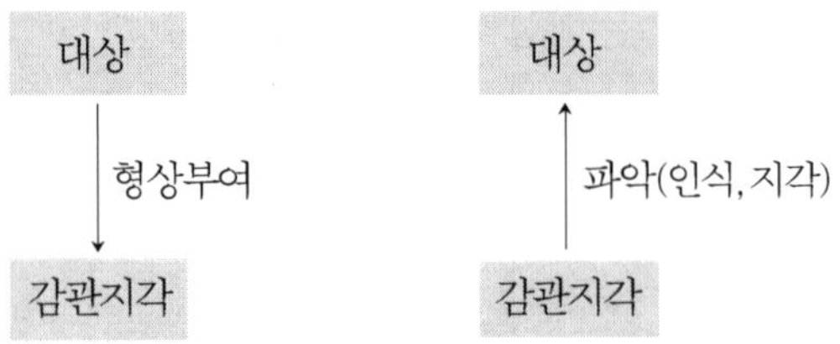

    따라서 감관지각에서 주의를 요하는 것은 오늘날 우리가 대상을 눈으로 보고서 발생하는 감각^{sensation}과는 다르다는 것이다. 다시 말하면 감관지각^{perception} = 감각^{sensation}이라고 동치해서는 안 된다. 왜냐하면 상식적으로 감각적 인식 또는 감각은 인식주체와 인식대상이 객관적으로 실재한다는 것을 전제한 인식론에서 주체가 대상을 파악한다는 외재적 인식론의 산물이다. 그런데 디그나가나 다르마키르티가 말하는 감관에 의한 지각이란 여건에 의해 생성된 인식이며, 그 인식은 생성하자마자 찰나적으로 소멸하는 것이다.

    이때 지각의 대상은 자상이지 공상은 아니다. 인과적 효과를 가져 오는 능력인 자상을 대상으로 하는 이때의 근·경·식의 삼사화합에서 경은 인과적 효과를 가져 오는 능력인 자상이다. 이 자상을 대상으로 생기한 감관에 의한 지각의 내용 내지 결과는 개념과 언어가 개입하기 이전의 정서로서의 색조일 것이다. 이 막연하지만 강력한 정서로서의 색조가 인식 그 자체에 의해서 파악되는 것이다.

의근지각

오늘날 지각이라 할 때, 그것은 다섯의 감각기관[五根]에 의한 대상인식을 의미한다. 그런데 원래 눈·귀·코·혀·몸 이외에 사유를 가능하게 하는 감각기관, 즉 의근意根이라는 제6의 감각기관을 인정하여, 의근에 의한 대상인식도 지각이라 간주한다. 의근에 의한 대상인식도 5근에 의한 대상인식과 마찬가지로 지각임을 천명한 것은 『잡아함경』雜阿含經 등의 초기 불전에 빈번하게 보인다. 『잡아함경』에 나오는 경설은 다음과 같다.

> 눈과 색을 여건으로 안식이 생기한다. 근·경·식의 삼사가 화합한 것이 촉이다. 이 촉과 동시에 수·상·사가 생긴다.
>
> 귀와 소리를 여건으로 이식이 생기한다. 근·경·식의 삼사가 화합한 것이 촉이다. 이 촉과 동시에 수·상·사가 생긴다.
>
> 코와 향기를 여건으로 비식이 생기한다. 근·경·식의 삼사가 화합한 것이 촉이다. 이 촉과 동시에 수·상·사가 생긴다.
>
> 혀와 맛을 여건으로 설식이 생기한다. 근·경·식의 삼사가 화합한 것이 촉이다. 이 촉과 동시에 수·상·사가 생긴다.
>
> 몸과 감촉을 여건으로 신식이 생기한다. 근·경·식의 삼사가 화합한 것이 촉이다. 이 촉과 동시에 수·상·사가 생긴다.
>
> ① 마음[意]과 법을 여건으로 의식이 생기한다. 근·경·식의 삼사가 화합한 것이 촉이다. 이 촉과 동시에 수·상·사가 생긴다.
>
> 성전에 비구들이여! 색깔과 모양은 두 가지에 의해 경험된다. 그 하나는 시각에 의해서이고 다른 하나는 그것[시각]에 의해서 불러일으켜진 의근에 의한 지각에 의해서이다.

눈과 색을 여건으로 안식, 귀와 소리를 여건으로 이식, 코와 향기를 여건으로 비식, 혀와 맛을 여건으로 설식, 몸과 감촉을 여건으로 신식이 생기한다고 할 때, 안식·이식·비식·설식·신식은 모두 대상에 대한 직접적 인식인 지각이듯, 의와 법을 여건으로 생기한 의식도 같은 차원의 지각이 아닐 수 없다. 왜냐하면 안·이·비·설·신의 5근과 색·성·향·미·촉의 5경 및 안식·이식·비식·설식·신식의 5식의 화합을 원인으로 촉[24]과 수·상·사라는 마음작용이 생기듯이, 의근意根과 법경法境과 의식意識의 화합을 원인으로 촉과 수·상·사가 생기한다고 경전에서 언급하고 있기 때문에 촉·수·상·사의 심리작용을 생기게 하는 원인인 의식을 고도의 추상단계에서나 발생하는 개념적 인식과 같은 것으로 볼 수는 없을 것이다. 만약 ①의 의식이 개념적 인식과 같은 것이라면, 촉·수·상·사와 같은 낮은 단계의 심리작용이 고도의 사유기능에서 발생한다고 하는 우리의 일상적 경험과 배치되는 결과가 초래될 것이다. 따라서 ①에서의 의식은 개념적 인식이 아니라 지각의 하나이어야 한다.

의意와 법을 여건으로 의식이 생기한다고 하는 위의 경설에 대해, 유부 등은 이 의를 "전 찰나의 식이며, 의식의 소의로서 의식을 발생시키고 유도하는 계도의繼導依[等無間緣]이다"[25]라고 해석하고, 또한 법을 '과거의 존재, 현재의 존재, 미래의 존재 나아가 시간을 초월한 모든 존재'라고 간주한다. 그래서 『구사론』 등의 논서에 의하면 의근에 의해 생기하는 의식에는 현재의 대상을 직접적으로 파악하는 작용, 과거의 대상을 기억하는 작용,

---

24) 원시불교의 인식론에서 촉(觸)은 매우 중요한 개념이다. 촉은 단순한 접촉을 의미하는 것이 아니라 촉이라는 심리적인 힘을 의미한다. 예를 들면 『구사론』에서는 십대지법(十大地法)의 하나로 촉이 매겨되어 있다. 대지법이란 모든 마음[善心·不善心·無記心의 전부 또는 平常心·禪定心 등]에 항상 나타나는 마음작용을 말한다. 따라서 촉은 마음작용의 하나이다. 즉 촉이란 마음 밖의 물리적인 것과 마음의 접촉이 아니라 이 접촉[根·境·識의 三事의 和合]에서 생겨나는 일종의 심리작용이다. 이 촉이라는 마음작용을 연으로 하여 수가 생긴다. 수를 연으로 하여 애가 생긴다. 이 육처·촉·수·애(六處·觸·受·愛)의 계열은 12지연기설(十二支緣起說)에서도 설해지지만 상응부(相應部) 경전의 '눈과 색을 여건으로 하여 안식이 생기고 삼사가 화합하여 촉이 있다'의 교설에도 제시되어 있다. 따라서 촉이란 인식 또는 지각에서의 가장 원초적인 마음작용의 하나이다. 히라카와 아키라, 「원시불교의 인식론」, 『인식론·논리학』, 심봉섭 옮김, 불교시대사, 1996, 35~37쪽.
25) 水野弘元, 『パーリ仏教を中心とした仏教の心識論』, 山喜房仏書林, 1964, 78쪽.

미래의 대상을 예기하는 작용, 사고하고 판단하는 등의 각종 작용이 있지만 ①에서 말하는 촉·수·상·사의 원인이 되는 의식은 '현전하는 대상을 직접적으로 파악하는 작용'에 한정되는 지각이라 할 수 있을 것이다. 이것을 의근지각이라 하고 또는 지성적 감각^{mental sensation}이라 부르기도 한다.[26]

위에서는 현재 순간의 대상인 색·성·향·미·촉은 감관에 의한 지각의 대상임과 함께 의식의 대상임을 말한 것이다. 라비굽타^{Ravigupta}에 의하면 (교설에) "색이 인식될 때, 두 개에 의해서 인식된다. 안식과 그리고 그것에 의해서 야기되는 의식에 의해서"라고 한다. 결국 색·성·향·미·촉의 다섯 외경^{外境}은 감관에 의한 지각과 의식에 의해서 인식된다는 것이다. 지금 지각의 일종으로서 거론되는 의식은 이 현전에 현존하는 색 등을 대상으로 한 지각이다.

그런데 눈이 현전하는 색깔과 모양을 지각하듯 마음이 현전하는 대상을 인식한다고 하는 의근에 의한 지각을 이해하기란 쉽지 않다. "과연 색

---

26) 체르바츠키는 pratyaksa를 intuition으로 번역한다. 그리고 이 직관의 종류 가운데 하나인 manasa-pratyaksa를 다음과 같이 설명한다. "지각에 해당하는 산스크리트 용어는 그러므로 외연에 있어서 감관-지각보다 더 많은 것을 포함하는데, 그것은 간접적 지식 또는 개념들에 의한 지식과 대조되는 직접적 지식 또는 직관을 의미한다. 감관-지각은 직관의 한 종류이다. 또 하나의 직관, 지성적인 것이 있다. 보통 사람은 그러한 직관의 재능을 소유하고 있지 아니하며, 그것은 이론상 인간이 아니고 초인간적 존재인 성인의 배타적 능력이다. 이 지성적 직관의 순간은 그것의 두번째 순간, 순수감각을 따르는 순간에서 모든 지각에 포함되는 것이 허용된다. 색깔 있는 형겊 조각의 지각은 지성에 의한 하나의 심상의 구성을 수반하여 순수감각의 순간으로 설명되었다. 주어진 감각을 위하여 색깔들이나 다른 연상들의 범위 내에 한 장소를 발견하는 것은 오성의 일이 되었다. 그러나 오성의 이 작업의 첫번째 순간은 순수감각과 유사한 것으로 상상되었다. 그것은 또한 직접적·직관적·비개념적이었다. 지각의 첫번째 순간은 그러므로 말하자면 '감관적 감각'(sensous sensation)이고, 두번째는 '지성적 감각'(mental sensation)이다. 우리는 '지성적 직관'이라는 용어를 성인의 신비스런 직관을 가리키는 말로 남겨 두기 위하여 첫번째를 순수감각의 순간, 그리고 두번째를 '정신적 감관'의 순간으로 부를 수도 있다. 이 정신적 감각이 순수감각과 오성의 작업의 중간 단계이므로, 판단의 문제를 다룰 때 결국 한 번 더 언급될 것이다." 체르바츠키가 말하는 지성적 감각 혹은 정신적 감각이 바로 의근지각이다. 체르바츠키, 『불교논리학』, 임옥균 옮김, 경서원, 1995, 256~257쪽.

등을 대상으로 한 의식이 우리의 경험 속에 과연 존재하는 것인가? 이 점에 관해서는 주석자들 사이에 의견이 분분하지만[27] 대략 네 가지 다른 해석들이 존재한다. 즉 ① 즈냐냐가르바Jñānagarbha(다르못타라 이전)라는 사상가는 의근에 의한 지각은 개념적 인식이 생기게 되는 원인으로서 필요하다고 해석하며, ② 『니야야빈두』의 주석자 다르못타라Dharmottara, 740~800는 『니야야빈두티카』Nyāyabinduṭika, 正理一滴論疏에서 "의근에 의한 지각은 언제나 존재하는 것이 아니며 감관에 의한 지각이 작동을 정지한 다음 순간에만 생기하는 것이지만, 그것은 성전에 열거되어 있기는 하나 그것을 알릴 수단은 없다"고 하였고, ③ 『니야야빈두티카티파니』Nyāyabinduṭikaṭippaṇī, 正理一滴論細疏의 말라바딘Mallavādin은 "색깔과 모양은 두 가지에 의해서 인식된다. 그 하나는 시각에 의해서이고, 다른 하나는 그것에 의해 불러일으켜진 지성적 감각에 의해서이다"라고 확립되어 있으므로 스승 디그나가는 "그 지성적 감각을 직접지각[지각의 일종]으로서 제시한 것"이라 하였고, ④ 후기 중관학파의 거장 샨타라크시타Śāntarakṣita, 725~788경의 탁월한 제자인 카말라쉴라Kamalaśīla, 740~796경는 "의근지각은 요가수행자의 직관에 흡수되며 혹은 의근지각은 요가수행자의 직관과 같은 것이라 간주되지만" 그것을 구체적으로는 말할 수 없다고 하였다. 하지만 "정설[聖典]에 의해 확립되어 있으므로 여기에서는 지성적 감각의 특징은 설하지 않았다"라고 하는 등 모두가 성전에 의지할 뿐 구체적 이증理證을 제시하지는 못한다. 이처럼 불교인식론이 지성적 감각을 직접 지각의 일종으로 열거하는 것은 아마도 도그마적인 듯하며 그 구체적인 내용이나 역할은 명확하지 않다.[28]

하지만 위의 논사들은 모두 '경전에서 설하고 있기 때문에 믿어야 한

---

27) 戸崎宏正, 『佛教認識論の研究』 上, 339쪽.

다'라는 도그마적 사고방식에 머물고 있지만 중관파에 속하는 논사라 할 수 있는 즈냐냐가르바는 이론적으로 증명하고자 한다. 그의 주목할 만한 이론은 『니야야빈두티카티파니』에 소개되어 있다. 그 설의 요지는 대강 다음과 같다. "마음에는 서로 다른 두 개의 흐름이 있다. 하나는 감관지각의 흐름이고 다른 하나는 마음에 의한 인식의 흐름이다. 예를 들면 우리들이 청색을 보고 있을 때 청색의 감관에 의한 지각을 얻음과 동시에 청색의 심적 감성도 생긴다. 심적 감성이 감관에 의한 지각과는 별도로 알려지지 않는다고 하여 존재하지 않는다고 말할 수는 없다. 심적 감성이 존재한다는 것은 이론적으로 증명된다. 즉 '이것은 푸르다'라는 개념적 인식[분별]이 있음은 누구나 다 인정한다. 그러나 그 개념적 인식은 무엇으로부터 생기는 것일까? 개념적 인식은 '마음에 의한 지'[意識]의 흐름에 속하는 것이며 감관에 의한 지각의 흐름에는 속하지 않는다. 감관에 의한 지각은 감관에 의한 인식이지만 개념적 인식은 마음에 의한 인식이므로 양자는 전혀 다른 흐름에 속한다. 따라서 개념적 인식이 감관에 의한 지각으로부터 생긴다고 하는 것은 있을수 없다. 그 때문에 분별과 같은 흐름에 속하는즉 분별과 마찬가지로 마음에 의한 인식인 대상인식이 없어서는 안 된다. 그것이 지성적 감각이다."[29] 이것을 그림으로 나타내면 다음과 같다.

---

28) "이 가운데 ①에 관해서는 즈냐냐가르바라는 인물이 후기 중관파의 사상가와 같은 인물인지의 문제가 남아 있다. 즈냐냐가르바와 아주 유사한 주장을 산타바드라라는 다른 인물의 설로서 소개하는 문헌이 있다는 것도 아울러 고려하지 않으면 안 된다. ②의 다르못타라의 설은 후대 불교사에서도 가장 광범위한 지지를 받는 주장이며, 지식론학파의 최후기를 대표하는 논사 중의 한 사람인 지타리가 논리학강요서 『헤투·타트보파티샤』(논리적 이유의 진실의 설시)에서 직접지각의 종류를 분류하고 열거할 때, 의지각을 직접지각으로부터 배제한 사실과도 연동한다. 그리고 ③은 ①과 유사한 주장이다. 마지막 ④에 관해서는 아직 충분히 해명되었다고는 할 수 없다." 船山徹, 「カマラシーラの直接知覺における'意による認識'」, 『哲學研究』 569號, 2000, 107쪽.
29) 도사키 히로마사, 「후기대승불교의 인식론」, 『인식론·논리학』, 171쪽.

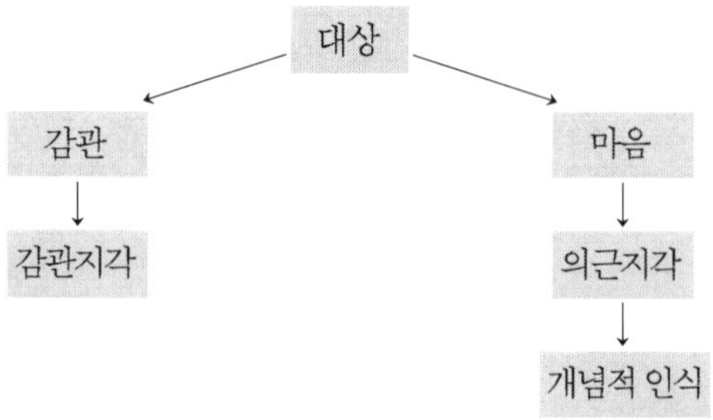

하지만 『니야야빈두티카티파니』는 즈냐냐가르바의 이증에 대해서, 다음과 같이 두 가지 방식으로 비판한다. 하나는 '동류의 것에서만 생긴다고 하는 그의 전제 자체가 반드시 확정되어 있지 않다는 것', 또 하나는 '감관지각의 흐름과 의근지각의 흐름이라는 서로 간에 전혀 다른 두 가지가 있다고 보기는 어렵다는 것'이다. 『니야야빈두티카티파니』의 두 가지 비판 가운데 후자는 설득력이 있는 것 같다. 왜냐하면 위의 그림에서 보더라도 감관지각과 의근지각이 동일한 대상에 작용하지만 감관지각의 작용과 의근지각의 작용은 완전히 분리되어 있기 때문이다. 이렇게 되면 감관지각에서 고도의 개념적 인식에 이르는 과정을 설명할 수가 없게 된다.

그런데 우리가 여기서 주목해야 할 것은, '이것은 푸르다'라는 개념적 인식의 원인이 외계대상의 파악인 감관지각에서는 생길 수 없고 무엇인가 개념이나 분별을 낳을 수 있는 내적인 원인이 있어야만 가능하다고 하는 즈냐냐가르바의 주장이다. 그의 주장의 핵심은 이러하다. 감관지각[因]→개념적 인식[果]이나 판단은 불가능하며, 의근지각[因]→개념적 인식[果]이나 판단이 가능하다는 것이다. 이것은 상당히 일리가 있는 지적이다. 이것은 지각에서 사고 판단에 이르는 과정을 설명할 수 있는 단초를 마련해 준다. 즈냐냐가르바가 인식의 과정에 대한 전체적 조감도를 그리고 있었다고는 할 수 없지만, 개념적 인식의 형성에 직접적 원인이 되는 것은 감관지각이 아니라 의근지각이며, 이 의근지각이 개념적 인식을 가능하게 하는 내적 근거가 된다는 즈냐냐가르바의 통찰은 지극히 중요한 것이다.[30]

다르마키르티는 이 의근지각이 어떤 역할을 하는가에 대해서 내적인 설명을 하지 않는다. 다만 그는 의근지각이 어떻게 형성되는가에 관해서 상세하게 설명하고 있다. 그는 『니야야빈두』에서 의근지각을 다음과 같이 정의한다.

> 감관에 의한 인식의 본래 대상에 직접 뒤따르는 다음 찰나의 대상을 조력자助力者로 하고, 감관에 의한 인식을 등무간연等無間緣으로 하여 발생된 것이 의근에 의한 지각이다.(『니야야빈두』, 1장 9게송)

이것은 의근지각에 대한 직접적·본질적 정의가 아니다. 다만 동일한 대상에 대해 두 가지 인식이 발생한다고 하는 경설에 대해서 답하는 과정에서 제시된 언명이다. 다르마키르티는 이 문제에 대해서 직접적 언급을

---

30) 후쿠야마 도루(船山徹)는 이 즈냐냐가르바가 과연 『이제분별론』의 저자이자 후기 중관학파 사상가인 즈냐냐가르바와 같은 인물인지는 불분명하다고 하면서 다음과 같이 언급한다. "의근지각설의 주장자로서의 즈냐냐가르바 등이 실재하지 않았을 가능성조차 없다고 단정할 수 없다. 왜냐하면 인용문헌 중에는 즈냐냐가르바의 설과 극히 유사한 주장을 산타바드라의 설이라고 하는 것이 있기 때문이다. 산타바드라는 경량부의 인식인과론(認識因果論)에 입각하여 다음과 같은 취지로 의근지각의 존재를 논증하였다. 의근지각의 존재는 의근지각의 결과로부터 알려진다. 청색 등의 분별의식은 안식을 원인으로 하여 생기하는 것이 아니다. 마음의 상속[心相續; 마음의 흐름]이 다르기 때문이다. 만약 분별의식과 안식이라는 마음의 상속을 별도로 하는 두 개 사이에 인식의 인과관계가 성립한다면 데바닷타가 직접 지각한 것을 다른 사람인 야즈냐닷타가 기억할 수도 있을 것이다. 그러므로 청색의 분별은 안식과는 다른 분별의식과 동일한 상속에 속하는 바의 어떤 인식으로부터 생긴다고 생각하지 않으면 안 된다. 그 인식이야말로 의근지각이다." 船山徹,「ダルマキールティの六識俱起說」,『インドの文化と歷史』, 九州大學出版會, 2000, 339쪽.

피하는 대신에 의근지각이 바른 인식이며 또한 지각임을 논증하고 있다.

먼저, 의근에 의한 인식은 지각이 아니라 추리라고 생각하는 반대 논사의 논박이 이어진다.

① 만약 의식은 [감관지각에 의해서] 이전에 지각된 것을 파악한다고 하면 인식수단이 아닐 것이다. [왜냐하면 '인식수단은 미지의 대상을 밝히는 것'이라는 정의를 위반하기 때문이다.] ② 또한 [감관지각에 의해] 이전에 지각되지 않았던 것을 파악한다고 한다면 [감관지각이 없는] 맹인 등도 대상을 [의식에 의해 직접] 인식하게 될 것이다.(『프라마나바르티카』, 3장 239게송)

① 의 답론은 다음 ③ 에서 제시된다.

③ [감관지각의 대상이었던] 과거의 존재가 [다음 찰나까지 존속하여 의식에 의해서] 인식될 수는 없다. 왜냐하면 [감관지각의 대상은] 찰나멸[하는 존재]이기 때문이다. 만약 찰나멸하는 것이 아니라고 한다면 [다음 세 가지 오류를 범하게 된다. 첫째, 의식은 감관지각의 대상이었던 것을 파악하는 것이 되기 때문에 새로운 인식이 아니며 '인식수단은 아직 파악되지 않은 미지의 존재에 대한 인식이다'라는 인식수단의 규정을 위반하는 것이다. 게다가 의식을 인식수단이라 간주한다면, 의식에 관해서는 '이미 알려진 것을 대상으로 하지만'이라는 것과 같은] 특수한 예외규정이 제시되어야 한다.(240게송) [둘째, 어떤] 대상에 관해서 [그것의 인식이라는] 작용이 [어떤 감관에 의한 인식에 의해서] 완료된 경우, [뒤의] 감관지각이나 다른 것[의식]은 [새롭게] 어떤 특수상을 부여하지 않는다. 따라서 그것들을 어떻게 해서 능성자能成者라고 인정할 수 있을까.(241게송)

그리고 [셋째] 그 [영원성을 본질로 하는] 존재로부터 생기는 모든 인식은 동시에 생기해야만 할 것이다. [따라서 만약 감관지각과 의식이 동시에 영원한 존재를 대상으로 한다면, 그것은 동시에 생기해야 할 것이다. 그러나 감관지각과 의식이 같은 대상에 대해서 동시에 생기하는 것은 인정되지 않는다. 만약 영원한 존재도 인식을 생기게 하기 위해서는 다른 보조인을 필요로 하기 때문에 다른 원인의 유무에 의해서 인식의 생기와 불생기가 있다고 한다면 그것은 바르지 않다.] 왜냐하면 [영원성을 본질로 하는 존재는] 다른 것[원인]에 의해서 차이화[하는] 작용을 하지 못함에도 불구하고, 그것[다른 원인]을 필요로 한다는 것은 모순이기 때문이다.(242게송)

①의 질문에는 아견에 근거한 사고방식이 전제되어 있다. 즉 인식의 대상은 인식의 과정이 진행되는 동안 상주하고 있다는 것이다. ①에서는 명시적으로 나타나 있지는 않지만 행간을 읽어 보면 인식 주체의 상주성도 쉽게 알 수 있다. 다르마키르티는 대상의 찰나멸 이론으로, 상주론을 고수하게 되면 범하게 될 오류를 지적하면서 역공을 펼치고 있다. 대상이 찰나멸하기 때문에 감관에 의한 지각의 대상과 의근에 의한 지각의 대상은 다르다. 따라서 의근에 의한 지각은 기지^{既知}의 대상인식이 아니다. 미지의 대상인식, 즉 새로움을 낳는 대상인식이기 때문에 올바른 인식이기 위한 정의를 위반하는 것이 아니다.

②의 답론은 다음과 같다.

④ 그러한 이유로 의[식]는 [감관지각의 대상이었던 것과는] 다른 대상만을 파악하며, 또한 감관지각을 등무간연으로 하여 생기한다. 따라서 맹인은 [외부]대상을 직접 인식할 수는 없다.(243게송)

만약 ④의 주장대로라면 감관에 의한 지각의 대상과 의근에 의한 지각의 대상은 다른 존재이다. 이것은 다르마키르티도 인정하는 것이다 그렇게 되면 '감관에 의해서 지각되지 않았던 것을 파악한다고 하면 감관에 의한 지각이 생기지 않는 맹인들도 외계대상을 의근에 의해서 직접 인식하게 된다'라는 논박은 일견 타당한 것처럼 보인다. 하지만 다르마키르티는 감관에 의한 지각의 대상과 의근에 의한 지각의 대상은 다르지만 의근에 의한 지각은 반드시 감관에 의한 지각을 등무간연으로 해서 생기한다고 주장한다. 다르마키르티는 다음 게송에서 이 점을 보다 분명하게 제시한다.

⑤감관에 의해서 생기는 인식이 인[등무간연]이 되어 [의식을 생기게 하기 위해서는] 감관지각 자신의 대상에 수반하여 [다음 순간에] 생기한 대상만이 필요하다. 따라서 그것[의식]은 [감관지각의 대상인 것과는] 다르게 파악된다고 하더라도 제한된 대상을 갖는다고 생각한다. [감관지각의 대상으로부터 수반해서 생기는 것이 의식의 대상이 되는 것이지, 이전의 감관지각의 대상과 무관한 모든 것이 무제한적으로 의식의 대상이 되는 것은 아니다.] (244게송)

⑤에서 알 수 있는 것은, 의근에 의한 지각의 대상과 감관에 의한 지각의 대상은 다른 것, 의근에 의한 지각의 생기를 위한 여건이 되는 것은 감관에 의한 지각의 대상에 수반하여 다음 찰나에 생기한 대상과 감관에 의한 지각이 등무간연이 되어 의근에 의한 지각이 생기한다는 것이다. 이런 측면에서 볼 때 의근지각의 대상은 무제한적인 것이 아니라 제한적일 수밖에 없다.

느낌 등의 지각

일반적으로 지각^{perception}이라 하면 감관^{sense organ}에 의한 대상인식만을 의미한다. 꽃에 대한 지각이라 했을 때, 그때의 지각은 눈으로 꽃의 색깔과 모양을 본다거나, 코로 꽃의 향기를 맡는다거나, 손으로 꽃의 부드러움을 감촉한다거나 하는 작용 등을 의미한다. 하지만 마음으로 꽃을 떠올린다든지 아니면 꽃에 대한 즐거운 느낌이나 괴로운 느낌 등을 지각이 아니라, 의식적 판단 이후의 어떤 심리상태로 생각하는 것 또한 일반적이다.

그런데 다르마키르티는 감관으로 꽃을 파악하는 감관에 의한 인식과 마음으로 꽃을 떠올리는 의근에 의한 인식을 지각이라 할 뿐만 아니라 꽃에 대한 즐거운 느낌[樂]이나 괴로운 느낌[苦]까지도 지각이라 규정한다.

> ①즐거움 등[의 느낌] 자체는 언어규약이 불가능하다. 다른 것에 의존하지 않기 때문이다. ②따라서 그들 자기인식은 언어와 결합하지 않는다. (『프라마나바르티카』, 3장 249게송)

'즐거움 등 자체'는 주석에 의하면 낙樂·고苦·사捨·탐貪·진瞋·치痴 등의 심리작용이다. 『구사론』에 근거해서 말하면 낙·고·사는 10종의 대지법大地法[31] 가운데 하나인 수受에 포함된다. 수란 오온의 하나이며 대상과 접촉

---

31) 『구사론』에 의하면, 마음이 생기할 때에는 필히 마음의 작용이 동반한다. 그러므로 마음의 작용을 '심상응법'(心相應法)이라고도 한다. 마음과 동반하는 다르마라는 의미이다. '마음의 상속' 중 어느 순간을 살펴보아도 여기에 마음만이 홀로 생기하는 것이 아니라, 마음과 몇 종류의 마음의 작용이 상호 동반하여 존재하는 것이다. 즉 '대지법'으로 불리는 10종의 마음의 작용은 어떠한 경우에도 마음과 '구생'(俱生, 함께 생기)하며, 나아가 대개의 경우 몇몇 또는 10여 종의 마음의 작용이 마찬가지로 구생한다. 다시 말하면 대지법이란 마음이 생기할 때 언제나 생기하는 보편적인 마음의 작용이라는 의미에서 대지법이라 한 것이다. 여기에는 10종이 있다. 열거하면 다음과 같다. 수·상·사·촉·작의·욕·승해·염·정·혜(受·想·捨·觸·作意·欲·勝解·念·定·慧) 등이다. 사쿠라베 하지메·우에야마 슌페이, 『아비달마의 철학』, 정호영 옮김, 민족사, 1989, 90쪽.

할 때 생기하는 최초의 느낌을 의미한다. 이러한 느낌에는 긍정적 느낌[樂]과 부정적 느낌[苦], 긍정도 부정도 아닌 중성적 느낌[捨] 등이 있다. 긍정적 느낌은 대상을 즐겁게 수용하는 느낌이므로 낙樂이라 하며, 부정적 느낌은 대상을 괴롭게 수용하는 느낌이므로 고苦라 하며, 또한 우리는 즐거운 느낌이나 괴로운 느낌 없이 대상을 수용하는 경우에 그것을 사捨라 한다. 사는 불고불락不苦不樂의 느낌이다. 탐욕[貪]과 성냄[瞋]은 근본번뇌법으로 각각 마음에 드는 대상에 대한 욕구와 마음에 들지 않는 대상에 대한 증오의 심리작용이다. 마지막으로 어리석음[痴]은 대번뇌지법大煩惱之法의 하나로 무명無明과도 같은 어리석은 심리작용을 의미한다. 이러한 세 가지 느낌과 세 가지 심리작용은 모두 다른 것에 의존하지 않는 개별적 존재, 즉 자상을 본질로 하여 생기한 인식이며, 또한 자상에 의해 생기한 낙·고·사·탐·진·치는 모두 분별을 떠난 지각이라고 하는 것이 ①의 취지이다. 나아가 이러한 분별을 떠난 지각인 즐거움[樂] 등의 본질은 대상에 대한 앎, 즉 '대상인식'이 아니라 자기 자신을 인식한다고 하는 '자기인식'[自證]32)이며 이러한 자기인식은 언어와 결합할 가능성이 있는 표상에 대한 인식이 아니기 때문

---

32) 『니야야빈두』는 거의 『프라마나바르티카』의 논술의 순서에 따르지만, 그 『니야야빈두』에서 자기인식으로서의 지각(자증현량)을 기술할 때, 다르마키르티는 '모든 마음과 마음작용의 자증'(自證)이라고 하여 '마음의 자증'과 '마음작용의 자증'을 거론하고 있다. 그러나 『프라마나바르티카』에서는 '마음작용(樂 등)의 자증'을 논할 뿐, '마음의 자증'에 관해서는 논하지 않는다. 아마도 그것은 『프라마나삼웃차야』에서는 마음의 자증이 논의되지 않았기 때문에 『프라마나삼웃차야』의 평석을 목적으로 하는 『프라마나바르티카』에서도 마음의 자증을 논의하지 않았다고 할 수 있을 것이다(戶崎宏正, 『佛教認識論の研究』上, 348쪽). 아울러 이지수 교수는 목샤카라굽타의 『논리개설』 「지각론」 번역에서 다음과 같이 해설한다. "마음 혹은 심왕(心王)은 안·이·비·설·신·의의 6식으로 대상을 지각하고 판단하는 기능이라면, 마음작용은 그에 뒤따라 일어나는 그 일반적으로 인식된 대상에 대한 감정(苦·樂·思)이나 욕망(貪), 의지 등이다. 정리학파(正理學派)는 인식 욕망, 의지 감정 등을 아트만이라는 실체의 속성으로 보고, 이들을 대상으로 하여 지각하는 기관으로서 마나스(의)라는 내적 감관(antarindriya)을 상정하고 있다. 이에 대해서 불교인식논리학파는 모든 심적 현상의 인식은 스스로가 스스로를 인식하는 자증(svasaṃvedana, self cognition)이라고 주장한다. 이것은 디그나가의 삼분설(三分說)에 근거한 것으로 보인다.

에 분별을 떠난 인식이라고 하는 것이 ②의 언명이다.

이러한 세 가지 느낌과 세 가지 심리작용이 인식이라고 하는 불교인
식논리학파의 주장에 대해서 이견을 견지하는 니야야·바이세시카 학파와
상키야 학파는 즐거움[樂] 등의 느낌과 심리작용은 인식이 아니라 인식의
대상에 지나지 않는다고 반론한다. 두 학파 모두 즐거움 등을 인식의 대상
이라고 하는 점에서 동일하나 세부적인 논거가 상당히 다르기 때문에 나
누어서 고찰하고자 한다.

먼저 다르마키르티는 니야야·바이세시카 학파로부터 예상되는 반론
을 다음과 같이 정리한다.

어떤 자들은 말한다. 그것들[즐거움 등]은 다른 것을 인식할 수 없음에도
불구하고 어떻게 해서 자기의 형상을 인식한다고 할 수 있는가? [그것들
은] 같은 근거[자아, 我]를 가진 인식에 의해서 인식되는 것이다.(『프라마
나바르티카』, 3장 250게송)

주석자들에 의하면 어떤 자들은 니야야·바이세시카 학파의 논사이
다. 위의 게송에서 반대 논사들이 말하고자 하는 것은 즐거움 등의 느낌은
인식대상이지 인식 그 자체가 아니라는 것이다. "대상으로서의 즐거움 등
의 느낌은 자아^{ātman}에 의지하고 있는 붓디^{buddhi}에 의해서 파악되기 때문
에 즐거움 등은 인식이 아니며 더군다나 스스로를 인식한다는 것은 있을
수 없다."[33]

즐거움[樂] 등은 인식이 아니기 때문에 스스로 인식한다고 하는 불교

---

33) 戸崎宏正, 『佛教認識論の研究』 上, 350쪽.

인식논리학파의 주장은 전혀 성립할 수 없는 부설^{浮說}일 뿐만 아니라 그것은 인식의 대상에 지나지 않는다고 하는 니야야·바이세시카 학파의 반론에 대해서 다르마키르티는 다음과 같이 반론한다.

> 그것을 형상으로 갖는 존재는 그 형상을 원인으로 생기하며, 그것을 형상으로 갖지 않는 존재는 그 형상이 아닌 것을 원인으로 생기한다. [그런데] 인식과 다르지 않은 원인에서 생기는 즐거움 등[의 느낌들]은 왜 인식이 아닌가?(『프라마나바르티카』, 3장 251게송)

우리는 아름다운 색깔과 향기를 가진 꽃을 보는 경우 꽃의 색깔과 모양만을 지각하는 것이 아니다. 동시에 그 꽃에 대한 즐거움과 괴로움 등의 느낌들도 동반한다는 것을 경험할 뿐만 아니라 또한 그것을 가지고 싶어 하는 욕망[貪]까지도 수반한다는 것을 경험한다. 이때 꽃의 색깔과 모양에 대한 지각과 꽃에 대한 느낌이나 탐욕 등은 원인을 같이한다. 따라서 원인을 같이하기 때문에 감관에 의한 인식이 지각인 것과 마찬가지로 느낌의 인식도 지각이라는 것이 다르마키르티의 주장이다.

> 그 대상·감관·정신집중의 각각은 [인과적 효과의] 능력을 가지고 존재할 때 즐거움 등[의 느낌 등]이 생기는 것도 경험적으로 알려진다. 의식에 있어서도 그것은 마찬가지이다.(252게송)

감관지각의 원인은 대상·감관·정신집중(작의) 등이다. 마찬가지로 느낌 등의 지각의 원인은 대상·감관·정신집중 등이다. 따라서 그러한 원인이 존재할 때 느낌이라는 결과가 발생한다는 것은 우리가 언제나 경험하는 것이다.

이상은 즐거움 등이 인식이 아니라 인식의 대상이라고 하는 바이세시카 학파의 주장에 대한 다르마키르티의 논박이다. 이어서 다르마키르티는 즐거움 등이 인식이 아니라 인식의 대상이라고 주장하는 상키야 학파의 주장을 검토하고 그 하나하나에 대해서 체계적으로 비판하고 있다. 다르마키르티는 다음과 같이 상키야 학파의 주장을 정리한다.

[상키야 학파의] 어떤 사람은 '즐거움 등은 외부에[대상으로서]만 존재하고, 비정신적인 것이며, 파악되는 대상이다'라고 말한다.(268^{ab}게송)

상키야 학파는 순수정신의 원리인 아와 비정신적 원리인 자성의 이원을 가지고 그들의 형이상학적 체계를 수립한다.[34] 그들에 의하면 이 현상세계는 그 비정신적 원리인 자성이 현현한 것이며 자성과 마찬가지로 비정신적 존재이다. 그리고 현상세계는 자성自性→각각覺→아만我慢→오유五唯→오대五大·오작근五作根·오지근五知根·의근意根의 과정을 거쳐 출현한다. 그런데 이 비정신적 세계를 구성하는 요소는 독특하게도 사트바 - 라자스 - 타마스이다. 사트바는 즐거움[樂], 라자스는 괴로움[苦], 타마스는 즐거움도 괴로움도 아닌 것[捨]으로서 세 가지 속성이라는 의미에서 삼덕三德이라 부른다. 따라서 현상세계는 낙·고·사로 구성된 세계이다. 그러므로 즐거움 등은 인식이 아니라 인식대상이라는 논리이다. 그들은 즐거움 등의 느낌과 감관의 대상과 본질을 같이하기 때문에 동시에 파악된다고 한다. 이에 대해 다르마키르티는 다음과 같이 논박한다.

---

34) 戸崎宏正, 『佛敎認識論の硏究』上, 362쪽.

그[의 주장]에 의한다고 해도 [외부대상과 즐거움 등의] 두 가지를 동시에 파악한다는 것은 적절하지 않다.(268˚게송)

푸른색 등은 즐거움 등[의 느낌]과 형색의 측면에서 [본질적으로] 서로 다르지 않기 때문에 동시에 파악된다고 한다면, [인식에 현현하는] 형상이 다른 두 개의 인식에 의해 파악되는 것, 그것[푸른색과 즐거움]은 왜 차이가 없는 것인가?(269게송)

상키야 학파에 의하면 청색 등과 즐거움은 본질적으로 서로 다른 존재가 아니다. 왜냐하면 청색 등도 즐거움 등의 세 가지 덕[三德]을 본질로 하기 때문이다. 두 존재가 다르지 않기 때문에 각[覺]은 청색 등의 대상과 즐거움 등의 대상을 동시에 파악한다는 것이다. 그러나 다르마키르티는 청색 등의 지각과 즐거움 등의 지각이 다르기 때문에 그 지각을 생기게 하는 객체적 여건 중 하나인 청색과 즐거움은 당연히 달라야 한다고 주장한다. 상키야 학파와 다르마키르티는 청색의 지각과 즐거움 등의 지각이 동시에 파악된다고 하는 점에서는 의견을 같이하지만 왜 동시에 파악되는가? 라는 이유에 대해서는 전혀 반대의 논거를 제시한다. 상키야 학파는 청색과 즐거움의 본질이 같기 때문에 동시에 파악된다고 하며, 다르마키르티는 본질이 다르기 때문에 동시에 파악된다고 한다. 다시 말하면 청색에 대한 지각과 즐거움에 대한 지각이 동류[同類]이기 때문에 동시에 파악된다고 하는 것이 상키야 학파의 주장이며, 청색에 대한 지각과 즐거움에 대한 지각이 이류[異類]이기 때문에 동시에 생기한다고 하는 것이 다르마키르티의 주장이다. 나아가 최종적으로 다르마키르티는 '즐거움 등이 외부에 존재한다'라는 견해를 논박한다.

그리고 외부대상이 다르지 않다고 한다면 수습의 단계적 차이에 근거한 기쁨이나 고통의 차이는 지성에는 존재하지 않을 것이다.(270게송)

'외부대상이 다르지 않다'는 것은 청색과 즐거움이 동일하다는 반대 논자의 견해이다. 이들의 견해에 의하면 동일한 인식주체인 붓디[覺]에 의해 청색과 즐거움 등이 파악되기 때문에 청색과 즐거움 등에는 차별이 있을 수 없다. 쉽게 말하면 청색과 즐거움뿐만 아니라 탐·진·치·고 등이 객관적으로 실재한다면 수습이 필요 없게 될 것이다. 수습을 통해서 우리는 괴로움을 즐거움으로 전환할 수 있고, 탐욕을 줄여 자비에로 나아갈 수 있고, 화를 삭여 용서에로 전환해 갈 수가 있는 것이다. 이렇게 보면 즐거움 등은 인식대상이 아니다. 인식대상에 의해 생기하는 내적인 지각임이 분명하다.

요가수행자의 지각

지각의 네 가지 종류 가운데 마지막은 요가수행자의 지각이다. 이것은 붓다가 일체지자一切智者임을 논증하기 위해 필수불가결한 것으로, 쉽게 이해하기 어려운 개념이다.[35] 다르마키르티는 요가수행자의 인식을 다음과 같이 기술한다.

> 앞에서 기술한 요가수행자들의 인식은 그들의 수행으로 생긴 것이다. 분별의 그물을 떠난 것[요가수행자의 인식]은 실로 선명하게 현현한다.
> (『프라마나바르티카』, 3장 281게송)

---

35) 우제선, 「증득과 논증」, 『한국선학』 3호, 2003, 1쪽.

이 게송에서 '분별의 그물을 떠나 선명하게 현현'하는 요가수행자의 인식은, 곧 지각이다. 왜냐하면 지각은 '분별을 떠난 인식'임을 다르마키르티는 규정하기 때문이다. 감관지각·의근지각·느낌 등의 지각이 '분별을 떠난 인식'이라는 것을 증명한 것과 마찬가지로 요가수행자의 지각도 '분별을 떠난 인식'임을 논증해야 한다. 요가수행자의 지각이 과연 분별을 떠난 인식인가? 이러한 물음에 대한 논의는, 인도철학사에서 불교인식논리학파와 힌두 미망사 혹은 니야야·바이세시카 학파 사이에 몇 세기에 걸쳐 논쟁된 중요한 주제 가운데 하나였다.[36] 이에 대해 다르마키르티는 요가수행자의 지각에는 분별이 없음을 분명하게 선언한다.

① 욕망·근심·공포·어리석음·도둑심보·수면 등으로 가득 찬 사람들은 존재하지 않는 것을 마치 눈앞에 존재하는 것처럼 본다.(282게송)
② 분별과 결합한 것은 선명하게 대상을 드러나게 하지 않는다. 꿈속에서도 기억은 존재한다. ③ 그렇지만 [꿈에서 깨어났을 때] 그것[꿈속에서의 기억]이 그와 같은 대상을 갖는 것[선명하게 대상을 드러나게 하는 것]으로 기억되지 않는다.(283게송)

분별과 결합한 인식(개념적 인식, 분별지)은 언어 분별이 개입된 것이기 때문에 선명하게 현현하는 것이 아님을 기술한 것이 ②이다. 다르마키르티에 의하면 분별을 떠난 인식은 반드시 '선명하게 현현'해야 한다. 달리 말하면 선명하게 현현하는 인식이야말로 분별을 떠난 것이며, 분별을 떠난 인식이야말로 지각인 것이다. 그런데 반대 논사에 의하면 ①에서 공포

---

36) 우제선, 「증득과 논증」, 『한국선학』 3호, 2쪽.

에 질렸을 때 우리의 지각에 떠오른 대상은 선명하게 현현한다는 것을 우리는 경험한다. 따라서 공포에 질렸을 때의 인식도 '분별을 떠나 선명하게 현현'하기 때문에 지각이라 해야 한다. 하지만 그러한 인식은, 마치 존재하지도 않는 뱀을 새끼줄로 보는 착각에 의한 인식에 지나지 않는다고 다르마키르티는 비판한다. 그렇다면 꿈속에서의 기억은 선명하기 때문에 지각이라고 할 수 있지 않은가에 대한 반론이 ③이다. 도사키는 다음과 같이 해설한다. "꿈속에도 기억(분별)은 있다. 그러나 눈을 떴을 때 그 꿈속의 기억은 불선명한 현현이었다고 생각되지, 선명한 현현이었다고 생각되지 않는다. 또한 꿈속에는 선명한 현현을 가진 인식(분별을 떠난 인식)도 있다. 그러나 이것은 눈을 떴을 때 선명한 현현이었다고 생각된다. 이와 같이 꿈속에도 개념적 인식(분별지)과 분별을 떠난 인식(무분별지)이 있고, 선명하게 현현한다면 그것은 반드시 분별을 떠난 인식이다."[37]

그렇다면 이 요가수행자의 지각의 구조는 어떠한가? 이것은 두 가지로 나누어 기술할 수 있을 것이다. 첫째 요가수행자의 지각대상에 대한 기술, 둘째 요가수행자의 지각이 형성되는 과정에 대한 기술이다.

첫째, 요가수행자의 지각대상은 무엇인가? 여기서 말하는 요가수행자의 지각은 앞에서 말한 감관지각과 다르다. 세속의 사람에게는 누구나 감관지각과 의근지각, 그리고 느낌 등의 지각은 다 작동한다. 하지만 이 네번째의 지각은 세속의 사람에게는 작동하지 않는다. 다르게 말하면 요가수행자에게는 앞의 세 가지 지각에다 이 네번째 지각까지도 작동한다고 할 수 있는 것이다. 이런 차원에서 요가수행자에게 생성되는 지각은 앞의 지각과 차원을 달리하고 있음을 짐작할 수 있다. 따라서 요가수행자의 지

---

37) 戶崎宏正, 『佛教認識論の硏究』 上, 378~379쪽.

각대상도 앞의 지각대상과 다르다고 보아야 한다. 다르마키르티는 요가수행자의 지각대상을 구체적으로 명시하지는 않는다. 하지만 다음의 게송에서 요가수행자의 지각대상을 유추해 볼 수 있다.

①부정관不淨觀이나 지변地遍 등은 존재하지 않는다고 해도[허망한 존재라고 해도] 수행의 힘에 의해 형성되고, 선명하게 드러나며, 무분별[지각]이라고 말한다.(284게송)

그러므로 바른 수행이 완성될 때, [그러한 수행으로 완성된 인식에 떠오르는 것이] 여실한 존재[사성제 등]이든 아니면 허망한 존재[부정관·지변 등]이든 간에 [그들 모두는] 선명한 무분별인식을 결과로 한다.(285게송)

②그 가운데 앞에서 확인된 [사성제 등의 여실한] 존재[를 대상으로 한 수행을 통해서 완성된 인식과] 같이, 수행을 통해 생기한 정합적인 지각이 인식수단이라 인정된다. 그 외의 것[인식]은 내실이 없는 [허망한] 것이다.(286게송)

요가수행자의 지각대상은 앞의 지각대상과 다르다. 이 수행자의 지각대상은 눈에 보이는 물리적인 존재라기보다는 요가명상에 의해 떠오르는 정신적인 관법의 대상이다. 위의 게송에 의하면 요가수행자의 지각(관법)대상은 둘이다.

그 중 하나는 부정관이나 지변과도 같은 불청정한 존재이다. 여기서 부정관이란 오욕심관五欲心觀의 하나이다. 탐욕을 다스리기 위하여 육신이 부정하다고 보는 관법이다. 지변은 수습修習의 하나인 변처遍處에서 형성된 것으로 모든 곳에 편재하는 땅과 같이 보는 관법이다. 부정관의 관법의 대상이나 지변의 관법의 대상은 모두 부정한 우리의 몸 내지 땅이다. 그러한 의미에서 이것은 청정한 존재는 아니지만 수행의 힘에 의해서 형성되고 선명하게 현현하기 때문에 무분별인식이라는 의미가 게송 ①이다. 하지만 그것이 무분별임에도 불구하고 올바른 인식수단이 아니다. 왜냐하면 부정이나 지변 등의 대상에 대한 인식은 사람을 기만하기 때문이다.

또 하나는 사성제四聖諦와 같은 청정한 존재이다. 수행의 과정에서 요가수행자는 여러 가지 관법을 할 수 있다. 앞의 불청정한 존재를 떠올리는 관법을 통해 수행을 할 수 있으며, 또한 청정한 존재를 관상하는 관법을 통해 수행을 할 수 있다. 이 청정한 존재가 바로 사성제이다. 요가수행자가 사성제, 즉 고苦·집集·멸滅·도道의 진리를 명상할 때 명상 수행이 깊어질수록 사성제가 선명하게 현현하기 때문에 그때의 인식을 지각이라 할 수 있다는 의미가 게송 ②이다. 수행을 통해 완성되는, 선명하게 현현하며 분별을 떠난, 사성제를 대상으로 하는 요가수행자의 지각이야말로 진정한 인식수단임을 우리는 ②를 통해서 알 수 있다.

둘째 요가수행자의 지각이 형성되는 과정에 대한 기술이다. 우리는 앞에서 요가수행자의 인식은 수행의 과정에서 형성된 것이라는 게송을 제시했다. 다시 한번 상기해 보자.

앞에서 기술한 요가수행자들의 인식은 그들의 수행으로 생긴 것이다. 분별의 그물을 떠난 것[요가수행자의 인식]은 실로 선명하게 현현한다.
(『프라마나바르티카』, 3장 281게송)

이 게송에 대해서 다르마키르티의 주석자에 따라 해석이 분분하다. 도사키 히로마사의 해설을 요약하면, 데벤드라붓디에 의하면 '수습성 때문에 무분별(=분별을 떠난 인식)이며, 무분별이기 때문에 선명하게 현현한다'고 하는 수습 → 무분별 → 선명현현의 논리이다. 마노라타난딘 Manorathanandin에 의하면 '그 인식은 사성제의 자상을 대상으로 하기 때문에 분별의 그물을 떠나 있고, 또한 무분별이기 때문에 선명하게 현현한다' 하는 사성제의 인식 → 무분별 → 선명현현의 논리이다. 또한 프라즈냐카라 굽타는 '수습의 힘에 의해서 선명하게 현현한다. 바로 선명하게 현현하기 때문에 무분별이다'라고 하는 수습 → 선명현현 → 무분별의 논리이다.[38]

그런데 『니야야빈두』에서는 보다 자세하게 요가수행자의 지각을 정의한다.

> 수행자의 인식은 실재하는 대상에 대한 수습·가행加行의 변제邊際에서 생긴 것이다.(『니야야빈두』, 1장 11게송)

다르마키르티가 이 정의를 통해 밝히고자 하는 것은 수행자의 수행에는 가행 → 변제 → 지각의 세 가지 단계가 있다는 점이다. 여기서 수습은 지止, śamatha와 관觀, vipaśyanā을 의미한다. 이러한 과정에 대해 우제선은 "수행자는 삼법인이나 사성제와 같은 실재하는 대상을 성문지聲聞知에 의해 포착하고, 사량지思量知에 의해 확립한 후, 지와 관을 통해서 증득한다. 수행자는 다른 잡념에 흔들리지 않고 수습의 대상에 마음을 집중하여 삼매에 들어야 하는데, 삼매에 드는 방법은 수습의 대상을 마음에 거듭거듭 반복하여 참구하는 것이다. 이때 수습의 대상은 한번에 일시적으로 수행자의 인식에 드러나는 것이 아니라 여러 찰나에 걸쳐 점진적으로 드러난다. 다시 말하면 대상의 선명현현에 차례[krama]가 있다"라고 한다. "이러한 수습의 차

---

38) 戶崎宏正, 『佛教認識論の研究』上, 377쪽.

례를 가행이라 한다. 이 가행이 지속되어 선명도가 정점에 달한 상태가 변제邊際이다. 이것은 가행의 끝에 위치하는 한순간으로 인식의 선명현현성이 충만 직전의 단계"라고 우제선은 다르못타라의 주석에 의거해 설명한다. 지각은 가행의 증상이 더 이상 없이, 수습되는 대상의 선명도가 마치 감관지각 등 다른 지각에서 대상을 인식하는 것과 같이 완성된 상태이다.[39]

이렇게 해서 요가수행자의 지각은 완성된다. 이것은 일상적 지각이 아니라 치열한 수행의 과정에서 형성되는 고차적 지각이다. 요가수행자의 이러한 고차적 지각은 모든 분별을 떠나 있다. 마치 손바닥 위에 놓여 있는 물건을 보듯이 선명하게 현현하여 모든 분별을 떠난 여여如如한 것으로 보는 것과 같은 경지이다.

---

39) 우제선, 「증득과 논증」, 『한국선학』 3호, 2쪽.

7장_인식의 형상

자연과 인간, 대상과 주체는 인식을 통해서 관계를 맺는다. 그렇다고 자연과 인간, 대상과 주체가 객관적으로 실재하는 것은 아니다. 사실 있는 것은 인식뿐이다. 그러나 인식은 스스로 있는 것이 아니라 대상에 의해 생성되는 것이다. 달리 표현하면 대상이 인식에 진입한 것이다. 대상에 의해 인식이 생성된다는 것, 대상이 인식에 진입한 것이라는 표현은 존재론적 기술이다. 이것을 인식론적 기술로 바꾼다면 인식은 대상을 파악한 것이라 할 수 있다. 대상이 인식에 진입한 것이 바로 대상의 형상이다. 이 대상의 형상을 통하여 대상과 인식은 연계되며 또한 인식은 대상을 파악하는 것이다. 따라서 형상이란 존재(대상)와 인식의 연기적 관계를 설명하기 위해서 필연적으로 등장하는 관념이다. 형상은 대상을 한정하고 주체도 한정한다는 면에서 한정형식이다. 또한 형상은 대상을 한정함과 동시에 주체를 한정한다는 두 가지 기능에서 관계적이다. 7장에서는 인식에서 형상의 의미는 무엇인가를 1절에서 논의할 것이며, 2절에서는 대상을 한정하는 대상형상과 주체를 한정하는 인식형상에 대해서 자세하게 살펴볼 것이다.

1. 형상

우리는 1장에서 니야야·바이세시카·미망사 학파는 아론我論, 불교는 무아론無我論에 입각해 있음을 기술하였다. 인도의 정신사에서 아론은 주류를 형성하였고, 무아론을 표방하는 불교는 비주류의 위치를 점하였다. 존재론적 관점에서 보면 전자는 극단적 실재론의 입장을 취하고 있으며, 후자는 비판적 실재론 내지 유명론의 입장을 취한다. 인식론적 관점에서 보면 전자는 '아견에 근거한 인식론'의 입장을 취하고, 후자는 '무아견에 근거한 인식론'의 입장을 취한다. 그런데 인식의 본질과 내용에 대해서 '아견에 근거한 인식론'과 '무아견에 근거한 인식론'은 극명하게 대조를 이룬다. 이것은 다음과 같은 물음에 대해서 상이한 대답을 하기 때문이다. 물음은 다음과 같다.

인식에 형상이 있는가?
대상에 형상이 있는가?

'아견에 근거한 인식론'은 전자를 부정하고 후자를 긍정하는 입장을 취한다. 인도인식론에서는 이러한 입장을 무형상인식론無形相認識論이라 한다. 반면 유명론에 입각한 '무아견에 근거한 인식론'은 대상에 형상이 있는 것이 아니라 인식에 형상이 있다는 입장을 취한다. 인도인식론에서는 이러한 입장을 유형상인식론有形相認識論이라 한다. 그러나 이것을 일반화해서는 안 된다. 왜냐하면 실재론의 입장을 취하고 있지만 베단타 학파는 유형상인식론을 지지하고, 유명론의 입장을 취하고 있지만 유부는 무형상인식론을 주장한다.

이 무형상인식론은 니야야·바이세시카·미망사·자이나 등의 여러 학파와 유부에서 공통적으로 주장하는 이론으로 일반적으로 다음과 같은 형태로 설명된다. 가지야마 유이치梶山雄一는 "우리의 의식은 수정이나 석판과도 같이 청정하여 어떠한 형상도 갖고 있지 않다. 그것이 외계의 사물을 인식할 때에도 그 본질을 잃지 않으며 그 자신이 변화하는 일이 없다. 반면 유형상인식론은 상키야·베단타·경량부·유식학파 등에서 주장하는 이론으로, 우리가 외계의 사물을 인식하는 것은 그 대상인 실재가 지식 가운데 자신의 인상을 남기기 때문이다. 다시 말해 지식이 대상의 형상을 띠기 때문"[1]이라 한다.

가령 예를 들면 내가 지금 보고 있는 컵에 있어 컵이라고 하는 형상은 나의 형상인가 아니면 외계에 존재하는 컵이라고 하는 실재의 형상인가에 대해서 무형상인식론에 의하면 인식은 스스로를 알 수 없으며 자기 이외의 존재를 대상으로 삼을 뿐이다. 따라서 인식의 형상은 인식 이외의 존재물 그 자체의 형상이지 인식 자신의 형상은 아니다. 이러한 이론을 계속 추구해 가면 단순히 감관에 의한 지각의 대상만이 외계에 실재하는 것이 아니라 관념적 대상도 그것이 인식에 의해 받아들여지는 이상 인식의 대응물로서 외계에 존재하며, 인식에 의해 지각되지 않을 수 없게 된다는 것이다. 따라서 무형상인식론에 의하면 컵의 형상은 컵 속에 있는 것이 된다. 결론적으로 무형상인식론은, 인식의 대상은 그것이 관념적인 것이든 물질적인 것이든 인식 자신과는 별개의 것이라고 하는 것이 이와 같은 사유방법의 필연적인 귀결, 혹은 인식론적으로 말해 그러한 사유방법의 본질적인 근거를 이루고 있다는 사상이다. 그러므로 인식은 그러한 인식 자신을 알

---

1) 가지야마 유이치, 『인도불교철학』, 민족사, 1990, 49쪽.

수 없다. 본래부터 인식도 알려지는 것이라고 하지만 그것은 하나의 인식이 다른 인식의 대상이 될 때 비로소 가능한 것이고, 인식이 자기 자신을 안다고 하는 자기인식(자각)은 있을 수 없다. 실제로 이러한 인식의 자기인식에 대한 부정, 바꾸어 말하면 무형상인식론이 인도의 극단적 실재론의 기본원리가 된다.

지각의 대상과 사유의 대상이 동일하다는 이러한 무형상인식론에 의하면 지각의 세계와 사유의 세계를 구분하지 않게 된다. 이렇게 되면 인식의 시간적·인과적 과정이 상실되고 인식의 공간적·논리적 과정만이 강조되게 되는 것이다. 여기서 지각과 사유, 즉 지각의 내용과 관념이 전혀 이질적인 것이라고 하여 이 두 가지를 구별하여 인식론을 전개시키고 있는 것은 경량부와 디그나가 그리고 다르마키르티 등 소위 불교인식논리학파이다. 경량부에 의하면 지각의 대상과 사유의 대상이 동일하다면 지각의 내용과 사유의 내용이 동일할 뿐만 아니라 지각의 대상과 사유의 대상이 동시에 작동해야만 할 것이다. 그런데 우리의 경험에는 지각의 대상과 사유의 대상은 다르게 존재하며 따라서 지각의 내용과 사유의 내용은 확연히 다르다. 이것에 대해 다르마키르티는 다음과 같은 주목할 만한 경량부의 주장을 제시한다.

만약 시간을 달리하는 것이 어떻게 파악될 수 있는가? 라고 한다면, 이치에 통한 합리적인 인간은 실로 ①인식에 형상을 부여할 능력이 있는 원인만이 인식대상임을 인정한다.(『프라마나바르티카』, 3장 247게송)
②실로 결과[인 인식]는 다수의 [최초의] 원인을 가진다고 해도, [그 다수의 최초의 원인 가운데] 어떤 것[이 객체적 원인이 되어 그것]에 의해 생기하는 것, '그것[인식]이 그것[객체적 원인인 존재]에 의해 주어진 그것의 형

상을 갖는다'라든가 '그것[객체적 원인인 존재]은 그것[인식]에 의해서 파
악된다'라고 말한다.(248게송)

일반적으로 경량부가 말하는 인식대상[所緣]의 조건으로 제시되는 것
은, 첫째 인식을 생기할 수 있는 능력이 있을 것(대상생기성), 둘째 형상을
인식에 부여할 수 있는 능력이 있을 것(대상형상성)이라는 두 가지 능력이
있어야 한다. 위에서 ② "실로 결과[인 인식]는 다수의 [최초의] 원인을 가진
다고 해도 [그러한 원인 중] 어떤 것[을 객체적 원인으로 하여 그것]에 의해
생기하는 것"은 대상생기성을 의미하며, ① "인식에 자기의 형상을 부여할
수 있는 능력이 있는 원인[因]"이라는 기술은 대상형상성을 의미한다.

그런데 전자는 대상이 가지고 있는 활동성^{activity}의 측면을, 후자는 대
상이 가지고 있는 형상^{form}의 측면을 의미한다. 다시 말하면 대상은 존재론
적으로 말하면 인과적 효과를 낳는 힘이며, 인식론적으로 말하면 인식을
생기게 하는 힘이며 인식에 형상을 부여하는 힘이다. 따라서 인식대상은
대상생기성과 대상형상성을 구성요소로 이루어져 있음을 알 수 있다. 이
것을 다르게 표현하면 대상생기성은 존재의 활동성을 의미하며 인식의 형
상성은 형상을 의미한다. 다시 말하면 존재는 활동성과 형상으로 분석 가
능하다는 의미이다.

존재는 활동성과 형상으로 구성된다. 활동성이란 존재의 동일성을 설
명하는 범주이며, 형상이란 존재의 차이성을 설명하는 범주이다. 가령 잠
시도 쉬지 않고 흘러가는 강물을 설명하고자 하는 경우, 강물을 흘러가게
하는 것은 활동성으로 설명 가능하다. 즉 강물에는 활동성이 내재해 있기
때문에 흘러간다. 그리고 강물은 '흘러가는 것'이라는 활동성의 측면에서
동일하다. 하지만 '어제의 강물'과 '오늘의 강물', 그리고 '내일의 강물'이라

는 차이성은 활동성만으로 설명이 안 된다. 이 차이성은 '어제'와 '오늘' 그리고 '내일'이라는 시간의 '한정형식'이 개입되어야만 설명이 가능하다. 즉 어제−오늘−내일이라는 시간은 강물에 내재하는 차이성을 규정하는, 다시 말하면 인식주체가 대상의 차이성을 한정하는 한정의 형식이다. 이 한정의 형식이 form, 즉 형상이다.

다른 사례를 통해 보다 쉽게 설명해 보자. 이른 봄에 피는 매화꽃은 활동성의 산물이다. 매화나무 조직의 활동에 의해서 매화꽃이 피었던 것이다. 매화꽃은 나무 에너지 활동의 산물이며, 그 나무의 모든 꽃들은 활동성의 산물이라는 점에서 동일하다. 그런데 매화 특유의 흰색과 꽃잎의 모양은 활동성만으로는 설명이 불가능하다. 매화의 색깔과 모양은 매화와 다른 꽃을 구별 짓는 요소이다. 이 타자와의 차이성을 설명하는 개념이 바로 형상이다. 이 형상은 외부대상에 있는 것이 아니라 대상을 인식하는 주체 내부에 있음을 알 수 있다. 이러한 형상은 주체가 대상을 파악하는 방식을 의미하기 때문에 인식주체 속에 형상이 있음을 인정해야 한다.

2. 대상형상과 인식형상

대상을 한정하는 것, 타자와 구별하게 하는 것, 변화와 차이를 설명하는 한정의 형식인 형상에 주목한 것은 경량부이며, 이것을 인식론적 관점에서 수용하여 인식이론에 초석을 놓았던 사상가가 디그나가였으며 이것을 정합적이고 체계적인 구조 속에서 완성시킨 사람이 바로 다르마키르티이다.

반대 논사들은 청색의 인식, 황색의 인식 등을 구별하는 것은 인식에 내재하는 것이 아니라 외적인 요인, 가령 감관 등의 상위에 유래한다고 한다. 이것에 대해서 다르마키르티는 다음과 같이 기술한다.

[감관 등의 외적인] 원인에 차이는 있지만 [인식 등의 내적인 요인] 그 자신 속에 [차이화하는 작용이] 내재하지 않는다고 한다면, 비록 [인식] 행위에 차이가 있다고 해도 [직접적 경험이라는 측면에서] 차이가 없는 것[인식]을 대상의 차이에 응해서 차이화하여 확정되지 않는다.(『프라마나바르티카』, 3장 303게송)

그러므로 그것[인식] 자신[에 내재하는]의 차이[화 작용]에 의해 '[이것은] 이것의 인식이다'라는 이 [인식] 대상의 한정은 행위[인식]에 있으며, 그것[인식]은 그것[인식 자신에 내재하는 차이화 작용]을 성취자라고 하는 것이 증명된다.(304게송)

이와 같이 다르마키르티는 대상의 상위에 응해서 청색의 인식, 황색의 인식 등과 같이 인식을 구별하는 요인은 인식 자신 속에 있다고 주장한다. 이어서 다르마키르티는 인식에 내재하고 인식을 구별하여 확립하게 하는 요인은 무엇인가를 다음과 같이 밝히고 있다.

가령, 자신 [속에 내재하는] 차이에 의해 인식에 어떤 차이를 부여한다고 해도, 실로 대상형상을 제외하고 그 이외의 다른 것은 그것[인식]을 대상에 결합하지 않는다.(305게송)

위의 게송에 의하면 인식과 대상을 연결하는 것은 대상형상이다. 대상형상이 없다면 대상은 인식과 관계를 맺을 수 없으며 또한 인식은 대상을 파악할 수 없을 것이다. 다시 말하면 대상은 자신의 형상을 인식에 진입하게 하며 인식은 형상을 통해 대상을 파악한다는 의미이다. 이것은 대단히 중요한 통찰이다. 여기서 한정의 형식인 대상형상이 인식과 대상을 연결한다고 하는 것은, 다시 말하면 대상형상이 '관계적'이라는 의미이다. 대상형상이 관계적인 것이란 그 형상이 대상을 한정할 뿐만 아니라 주체까지도 한정한다는 것이다.[2] 대상을 한정하는 형상을 대상형상, 주체를 한정하는 형상을 인식형상이라 한다. 따라서 우리는 형상을 매개로 대상과 주

---

2) 형상의 의의를 최초로 정확하게 파악한 사람은 플라톤이다. 하지만 플라톤의 형상은 두드러지게 그 실재성을 강조한 반면 화이트헤드는 형상의 실재성을 강조하지 않는다. 이 점에서 화이트헤드는 다르마키르티와 가깝다. 과정철학에서는 형상의 관계성을 다음과 같이 세밀하게 설명하고 있다. 시사하는 바가 크기 때문에 길지만 인용한다. "그런데 한정의 형식인 영원한 객체(eternal object)가 관계적인 것이라는 말, 즉 여건을 결정하고 동시에 주체적 형식을 결정한다는 말은 부연이 필요하다. 형식적으로만 본다면 그것은 현재의 실재가 과거의 실재를 빨간 것으로 파악하고 있다고 할 때, 영원적 객체 빨강은 파악된 실재의 결정자가 되고 있을 뿐만 아니라 그것을 파악하는 방식의 결정자로서 기능하고 있게 된다는 것을 의미한다. 이 발상을 온전히 이해하려면 우리는 화이트헤드의 형이상학에 있어 영원한 객체가 기본적으로 명사나 형용사에 상응하는 기능을 갖는 것이 아니라 부사에 상응하는 기능을 갖는다는 데 먼저 주목해야 한다. 사실상, 명사나 형용사는 정태적 실체철학에 부응하는, 아니 보다 정확히 말하자면 이런 실체철학의 뿌리가 되었던 품사 형태들이다. 그래서 이들은 실체와 속성의 도식을 전제로 하여 기능한다. 그것들은 무엇(또는 어떤, what)에 상응한다. 그러나 영원한 객체는 부사적 양태인 어떻게(how)에 상응한다. 역동적인 생성의 과정을 근본적인 존재 양태로 파악하는 화이트헤드의 철학에 있어 근원적인 사태는 동태적인 것이며, 이런 동태성을 규정하는 것은 형용사적 속성일 수 없고 부사적 속성이어야 한다는 것은 당연하다. 그것은 언제나 '어떻게'이지 '어떤' 것이 아닌 것이다. 과정철학에서 보자면 흔히 우리의 문법에 따라 빨간 장미 운운하지만 빨간 장미는 빨강이라는 속성을 정태적으로 담지하고 있는 실체가 아니다. 마찬가지로 빨강을 파악하는 인간의 눈에 속한 실재도 그것을 하나의 정태적인 성질로서 단순히 수용하는 것이 아니라 빨갛게 느끼는 것이다. 이 논점은 뜨거운 물체를 예로 든다면 보다 분명해질 것이다. 우리는 뜨거운 물체의 뜨거움을 정태적인 성질로서 먼저 느끼는 것이 아니다. 뜨거움이 명사나 형용사에 상응하는 하나의 속성으로 분리되는 것은 개념적 추상의 결과, 화이트헤드의 표현으로 하자면 개념적 가치평가의 결과이다. 우리는 먼저 그 대상을 뜨겁게 느낀다. 이 느낌이라는 동적 과정과 뜨겁게라는 부사적 규정성은 불가분하게 얽혀 있는 것이다. 여기서 뜨겁게라는 영원한 객체는 뜨거운 물체와 우리의 손 양자 모두에서 기능하고 있다. 전자에서는 그 대상의 규정자로서, 후자에서는 그에 대한 느낌의 규정자로서 각기 기능하고 있는 것이다. 이것이 바로 화이트헤드가 말하는 영원한 객체의 관계적 기능이다. 영원한 객체의 이런 기능에 힘입어 과거의 존재에 의해 향유된 느낌은 그 느낌의 주체적 형식에 순응하는 주체적 형식을 지닌 새로운 느낌의 여건으로서 새로운 존재 속에서 현재하게 되는 것이다." 문창옥, 『화이트헤드 과정철학의 이해』, 통나무, 1999, 71~72쪽.
다르마키르티는 인식을 구성하는 요소로서 대상형상[所取形相], 인식형상[能取形相], 인식을 들고 있다. 유식학의 용어로 말하면 대상형상[相分], 인식형상[見分], 자기인식[證自證分]이다. 유식학에서는 3분이 실재하는 것이 아니라 식 그 자체의 세 가지 양상에 지나지 않는다고 하여 형상의 실재성을 부정한다. 하지만 상을 지닌 식 그 자체는 존재한다고 한다. 다르마키르티는 나아가 식 그 자체의 실재성까지도 부정한다. 이런 점에서 다르마키르티는 유식학과 궤를 달리한다.

체가 관계를 맺는다는 것을 알 수 있다. 여기서 대상형상은 대상과의 연속성을, 인식형상은 주체의 결단성을 강조한 개념이다.

그런데 문제는 대상에 형상이 있다는 것은 '아견에 근거한 인식론'이든 '무아견에 근거한 인식론'이든 모두 동의하는 것이다. 하지만 인식 자체에 형상이 있는가, 다시 말하면 인식 자체는 인도실재론자들이 말하는 바와 같이 인식주체는 수정이나 석판과도 같이 청정하여 어떠한 형상도 갖지 않은 무형상인식인가에 대해서는 서로 입장을 달리하고 있다.

이에 대해 불교인식논리학파의 정초자인 디그나가는 여기서 한 걸음 더 나아가 인식에는 대상형상뿐만 아니라 인식(주체)형상도 있음을 다음과 같이 말한다.

만약 '인식에 2개의 형상[二相]이 있다'고 어떻게 해서 알 수 있는가라고 한 [묻는]다면 [우리들은 답한다]. ①'대상인식'과 '그것[대상인식]의 인식'과의 차이에 의해서 인식의 이상성二相性이 알려진다. [지금] 대상이라고 하는 것은 색色 등이고, 그것에 대한 인식은 '대상의 현현[形相]'과 '자기의 현현'을 갖는다. '대상인식의 인식'은 '대상에 따른 인식(=대상인식)의 현현과 자기의 현현'을 갖는다. 그렇지 않고 만약 대상인식이 대상의 형상만을 혹은 자기의 형상만을 갖는다면 '대상인식의 인식'도 '대상인식'과 서로 다르지 않게 될 것이다. 또한 뒤에 생기하는 인식에 멀리 있는 과거의 대상은 현현하지 않게 될 것이다. 왜냐하면 그것은 대상이 아니기 때문이다. 그러므로 이상이 있다고 하는 것이 논증된다. 또한 ②다음 찰나의 기억에 근거한다. [인식의] 이상성은 논증된다는 문장이 이어진다. 대상을 파악한 후에 대상에 대해서 마찬가지로 인식에 대해서도 기억이 발생한다. 그러므로 또한 인식의 이상성은 논증된다.[3]

①과 ②는 인식에 대상의 형상과 인식의 형상이 있다는 디그나가 주장의 근거이다. 간략하게 정리하면 다음과 같다.

디그나가의 주장 : 인식에는 대상형상과 인식형상의 두 가지 형상이 존재한다.

근거 1 : '대상인식'과 그 '대상인식의 인식'의 차이에 의해서 인식의 이상성이 알려지기 때문이다(= '대상인식'과 '대상인식의 인식'은 서로 다르기 때문이다).

근거 2 : 다음 순간의 기억에 근거하기 때문이다.

디그나가의 이상성 논증,[4] 즉 인식에 대상형상과 인식형상이 있다

---

3) 戶崎宏正, 『佛教認識論の硏究』 下, 52쪽.
4) 이 디그나가의 인식의 이상성에 관해서 핫토리 마사키(服部正明) 교수와 바트 교수는 입장을 달리한다. 바트 교수는 다음과 같이 핫토리 교수의 입장을 정리한다. "핫토리는 두 가지 형상이론을 다음과 같은 기호들을 사용하여 표현하고 있다. 대상인식 $= C_1$, C_1 속에 있는 능취형상 $= S_1$, C_1 속에 있는 대상형상 $= O_1$, C_1에 대한 인식 $= C_2$, C_2 속에 있는 능취형상 $= S_2$, C_2 속에 있는 대상형상 $= O_2$. 그[핫토리]는, 디그나가에 따르면, $C_1 = S_1 - O_1$, $C_2 = S_2 - O_2$ (- 는 관계를 지시한다)라 정리한다. 왜냐하면 C_2는 C_1을 그것의 대상인 $O_2 = S_1 - O_1$라 간주하기 때문이다. 그러므로 $C_2 = S_2 - (S_1 - O_1)$. 따라서 C_2는 C_1과 구분된다. 사실 핫토리는 C_2를 넘어서 C_3와 C_4 등으로 무한정 진행된다고 한다. 핫토리는 '같은 방식으로 세번째 인식과 그 다음의 인식 C_3, $C_4 \cdots C_n$은 두 가지 형상을 갖고 있다고 인정하는 한 선행하는 인식과 구분되는 것이다'라고 한다. 핫토리는 C_2를 넘어 C_3, C_4 등 무한정으로 진행된다는 입장을 제안한다. 이러한 모험에서 핫토리는 '연속-모델'(succession-model)을 전제하고 논의를 진행하는 것 같다. 그러나 우리가 앞에서도 언급한 바와 같이, 디그나가의 자기인식이론은 그와 같은 입장으로 이해하게 되면 부정합적일 수밖에 없을 것이다. 디그나가는 아주 분명하게 C_1으로부터 C_2를 넘어서는 것을 불가능하게 하는 '동시-모델'(simultaneity-model)을 주장한다. 핫토리는 두 개의 형상에 대한 불교이론을 제1찰나에 최초의 형상, 즉 대상형상이 존재하고 이어서 제2찰나에 두번째 형상, 즉 능취형상(能取形相, 자기형상)이 발생한다고 간주하지만 그러한 해석은 인식에는 대상형상과 자기형상이 동시에 존재한다고 하는 디그나가의 입장과 배치되는 것이다."(S. R. Bhatt, *Buddhist Epistemology*, pp. 18~19) 이러한 바트 교수의 핫토리 교수 비판은 정당한 것으로 보인다. 인식의 '연속-모델'과 '동시-모델'은 전자가 불변의 실재를 전제하고서 인식을 설명하는 비연기적 인식론의 모델이며, 후자는 불변의 실재를 전제하지 않고서 인식을 설명하는 아견에 근거한 인식이론의 모델이다.

는 논증을 둘러싸고 인도사상계는 큰 논쟁을 벌인다. 다르마키르티는 디그나가의 '인식의 이상성'에 대한 주장을 『프라마나바르티카』 3장 지각론 367~424게송에서 체계적으로 평석한다.

다르마키르티에 의하면 인식이 생기하기 위해서는 여러 가지 원인[因]들이 필요하지만 기본적으로는 대상, 감관, 빛, 정신집중[作意] 등의 요소가 있어야 한다. 이 중의 하나라도 결여된다면 인식은 생기할 수가 없다. 그런데 다르마키르티에 의하면 형상을 형성하는 인식의 여건에는 반드시 대상만을 설정하여 대상의 형상이라고 하지 감관의 형상, 빛의 형상, 정신집중의 형상이라고 하지 않는다. 이 여러 가지 요소들이 인식의 생기에 여건이된다면 다른 것도 형상을 인식에 부여해야 하지 않는가라는 질문이 가능하다. 이에 대해서 다르마키르티는 다음과 같이 진술한다.

> 바로 모든 인식은 대상으로부터 생기한다. 그것[대상]과 다른 것[즉 눈, 정신집중 등]은 인식의 원인이라고 해도 [인식은] 어떠한 경우에도 대상의 형상만을 갖는다.(367게송)
> 가령 자식의 탄생에 대해서 부모의 음식물·시간 등도 원인[因]이지만 [자식은] 그들 부모의 일방의 형상을 취할 뿐 결코 다른 [음식물 등의] 형상을 취하지 않는 것과 같다.(368게송)

인식의 원인이 되는 것 중에는 인식의 공동인이 있지만 또한 인식의 특수인도 있다. 공동인은 인식의 생기뿐만 아니라 다른 것의 생기에도 원인이 되는 것이다. 달리 말하면 반드시 인식의 생기에 결정적이고 내적인 관계를 가지는 것이 아닌 원인이 공동인이다. 가령 감관이나 빛, 정신집중이 없다고 해도 인식의 생기는 가능하다. 이것은 앞에서 지각의 종류에 감관에 의한 지각뿐만 아니라 요가수행자의 직관에 의한 지각이나 자기 인식에 의한 지각 등이 존재한다는 데서 확인할 수 있겠다. 그러나 감관에 의한 지각이든, 요가수행자의 직관에 의한 지각이든 자기인식에 의한 지각이든 대상은 반드시 필요하다. 인도의 실재론이나 불교인식논리학 모두 공통으로 인정하는 명제는 '대상이 없는 인식이란 존재하지 않는다'는 것이다. 인식은 아무것도 없는 것을 인식하는 것이 아니라 무엇인가 있음[有]을 인식한다는 것에 대해서는 실재론자나 유명론자는 같은 입장이기 때문이다. 따라서 대상은 인식에 자신의 형상을 부여한다. 다시 말하면 인식의 형성에 결정적인 역할을 하며 인식과 실재적·내재적·본질적 관계를 맺는 것은 대상이라 할 수 있다. 이에 대해서 다르마키르티는 다음과 같이 결론을 내린다.

> 대상이 그것[인식]의 원인이라는 점에서는 그것[대상] 이외의 다른 것[즉 감관이나 정신집중 등]은 같지만, 그것[인식]의 부분이기 때문에 '대상'이라 인정된다. 그것[인식의 부분]이 아닌 경우, 그것[인식의 대상]이 될 수 없을 것이다.(369게송)

왜 색을 제외한 나머지 여건들을 대상이라 하지 않는가? 다른 것은 인식을 생기게 하는 최초의 여건이 되지만 인식을 직접적으로 생기게 하는 객체적 여건이 되지 않기 때문이다. 여기서 객체적 여건이 된다는 것을 다르마키르티는 '분'分, amsa이라 했다. 따라서 인식이 결정적으로 생기하는 것, 그리고 그것을 인식이라는 자기 본질을 가질 수 있도록 하는 것은 바로 인식의 분이 되는 것, 즉 대상이 있을 때 가능하다. 이런 의미에서 대상의 형상이라고 명명하고 감관의 형상이나 빛의 형상, 정신집중의 형상이라 명명하지 않았던 것이다.

그런데 실재론자들의 인식론에 의하면 "인식이란 동일 순간에 병존하는 대상과 지식 혹은 대상과 감관, 그리고 지식 사이에서 일어나는 접촉"[5]이다. 그러나 인식과 동시에 대상이 존재한다면 동시적 사태에 속한 두 대상 사이에는 직접적으로 작용한다는 것은 불가능하기 때문에 대상의 형상이 있다는 것은 잘못이 아닌가라고 반론할 수 있다. 이에 대해 다르마키르티는 개념적 인식의 관점과 직접지각의 관점으로 나누어 대론하고 있다.

먼저 그는 개념적 인식[기억]의 관점에서 인식에 대상의 형상이 있음을 논증하고 있다.

> 인식이 대상과 [직접적으로] 관여할 경우에는, [인식에] 대상형상이 없다고 하는 의심은 생길 것이다. 그러나 과거의 대상을 파악하는 [분별적 인식의] 경우에는 [대상형상과 인식형상이라는] 두 가지 형상과 자기인식은 확정된다.(370게송)

실재론자들은 인식의 대상과 지각 혹은 사유는 동일한 순간에 동시에 생기한다고 본다. 그런데 '무아견에 근거한 인식론'에 근거한 특히 외부대상 실재론자인 경량부에 의하면 대상과 인식은 동시적 사건일 수 없다. 다시 말하면 인식을 생기하게 하는 객체적 여건이 되는 대상은 인식이 생기하는 순간 이미 찰나멸했기 때문이다. 따라서 엄밀하게 말하면 과거의 대상에 대한 인식은 개념적 인식이다. 그리고 일반적으로 과거의 대상에 대한 인식을 우리는 상기 내지 기억이라 한다. 가령 어제 본 꽃을 인식할 경

---

5) 가지야마 유이치, 『인도불교철학』, 26쪽.

우, 그러한 인식을 우리는 개념적 인식의 일종인 기억이라고 명명하는 것
이다. 여기서 우리가 어제 그 꽃을 기억할 때 만약에 대상에 형상이 있고 인
식에 형상이 없다고 한다면 우리의 기억 속에서 떠오르는 표상은 무엇인
가? 이 표상은 분명히 우리의 기억 속에 현재 존재한다. 이렇게 보면 형상
이 대상에 존재한다고 할 수 없는 것이다.

　　하지만 또한 실재론자들은 다음과 같이 말할지도 모른다. "과거의 사
물을 대상으로 할 때, 인식은 개체를 대상으로 하지 않지만, 그러나 보편자
jati, [種]를 대상으로 한다. 보편자는 현재 순간에도 실재한다. 따라서 거기에
현현하는 대상형상은 보편자에 속한 것이다. 결코 인식 자신에 속한 것이
아니다."[6] 이러한 견해에 대해 다르마키르티는 다음과 같이 논박한다.

　　① [과거의 대상에 대한 인식에] 청색 등의 현현의 차이가 있기 때문에 그것
　　[청색 등의 현현의 차이]이 없는 보편자는 대상이 아니다. 또한 그 보편자
　　는 무상이 아니다. 가령 ② 상주라고 한다면 어떻게 [그것이 인식을] 생기
　　게 하는 작인일 수 있는가?(371게송)

　　어제 본 꽃은 개별적 존재, 즉 자상自相이 아니라 보편적 존재, 즉 공상
共相[種]이라는 것이 실재론자의 입장이다. 공상으로서의 어제 본 꽃은 어제
볼 때에도 존재했고, 오늘 그 꽃을 기억할 때에도 대상으로서 존재한다. 그
리고 지금 기억 속에 있는 형상은 사실은 기억이라는 인식 속에 있는 것이
아니라 기억의 대상인 공상으로서의 꽃 속에 있다는 것이다. 이러한 공상
은 불교인식논리학에 의하면 객관적으로 실재하는 것이 아니라 개념적으

---

6) 戶崎宏正『佛教認識論の研究』下, 57쪽.

로 존재하는 것에 지나지 않기 때문에 형상이 보편자에 있다는 실재론자들의 주장은 성립할 수 없다. 또한 다르마키르티는 ①에서 "과거의 대상을 인식하는 경우에도 현색顯色, varna, 형색形色, samshana 등의 구별이 현현"[7]하기 때문에 종 자체는 과거의 사물을 대상으로 한 인식의 대상이 될 수는 없을 뿐만 아니라 ②에서 보는 바와 같이 상주인 보편자가 인식을 생기게 할 수 없다는 취지에서 보편자의 형상 소유이론을 반박한다.

다음으로 그는 직접적 인식의 관점에서 인식에 대상의 형상이 있음을 논증하고 있다. "과거의 대상에 관한 인식이 자신 속에 대상형상을 가진다고 하는 것은 분명하지만 그러나 현전의 대상에 관한 파악, 즉 지각에 관해서도 마찬가지로 대상형상을 자신 속에 지닌다고 할 수 있는가?"[8] 다르마키르티는 이러한 질문에 대해서 다시 두 가지 방식으로 논박한다. 하나는 어제의 그 꽃에 대한 오늘의 기억은 어제 그 꽃을 직접적으로 보았던 직접적 인식에 근거한다는 것이다. 즉 다음과 같다.

이와 같은 [과거에 대한] 인식은 기억이다. 이것은 또한 ①직접적 경험[자기인식]으로부터 생기는 것이다. 만약 그것[직접적 경험]이 대상형상을 갖지 않는다면, 어떻게 지금 그것[기억]은 그것[대상형상]을 가질 수 있을까?(373게송)

①에서 '직접적 경험'(자기인식)이란 자상을 대상으로 하는 지각이다. 즉 어제 본 그 꽃에서 어제 본 그 꽃에 대한 경험은 지각이다. 만약 어제 그

---

7) 戸崎宏正,『佛教認識論の硏究』下, 57쪽.
8) 같은 책, 58쪽.

꽃에 대한 인식인 지각 속에 대상의 형상이 없었다면, 기억 속에도 대상의 형상은 없을 것이다. 하지만 이것은 우리의 기억이라는 경험 사실에 위배된다. 따라서 우리의 직접적 경험에는 대상형상을 자신 속에 가지고 있다고 할 수 있다. 또 하나는 "기억이 외부대상으로부터 생기하고, 외부대상에 의해서 직접적으로 대상형상이 주어진다"[9]라는 반론에 대한 다르마키르티의 논박이다. 그는 다음과 같이 말한다.

① [기억은 외부의] 대상으로부터 생기하는 것이 아니다. ② 왜냐하면 [외부대상은] 그때[즉 기억이 발생하는 시점]에는 존재하지 않기 때문이다. [또한 만약 기억 속의 대상형상이 외부대상에 의해 직접적으로 주어진다고 한다면] 마찬가지로 직접적 경험[자기인식]에 있어서도 그것[대상]의 형상은 그럴[외부대상에 의해 주어진다고 인정해야 할] 것이다. ③ 또한 그것은 [외부] 대상[에 의해 직접적으로 주어진] 형상은 아니다. ④ 왜냐하면 그것[기억에 현현한 대상형상]은 [외부대상으로부터 직접적으로 주어진] 선명한 형상과 구별되기 때문이다.(374게송)

위의 게송은 "기억이 외부대상으로부터 직접적으로 생기하고, 외부대상에 의해서 직접적으로 대상형상이 주어진다"라는 주장에 대한 반론이다. 여기서 반대 논사는 기억의 본질이 자기인식이 아니라 대상인식이라는 것을 주장한다. 그리고 그 대상인식도 인식 속에 진입한 대상의 형상에 대한 인식이 아니라 외부대상이 직접적으로 인식에 진입한 형상을 의미한다. 이러한 논리는 바로 '인식에 형상이 없다'는 무형상인식론의 귀결이다.

---

9) 같은 책, 59쪽.

먼저, '기억이 외부대상으로부터 직접적으로 생기한다'라고 하는 반대 논사에 대한 논박이 ①이다. 논박의 근거가 ②, 즉 '기억이 발생하는 시점에는 외부대상이 존재하지 않기 때문'이다. 이를테면 꽃을 지각하고 난 뒤, 다시 그 꽃을 보고 앞서 본 그 꽃을 떠올리거나, 꽃을 보지 않고 그 꽃을 기억할 때 그때의 기억의 대상이 되는 외부대상으로서의 꽃은 이미 소멸하여 존재하지 않는다. 따라서 기억은 외부대상으로부터 직접적으로 생기하는 것이 아니라고 할 수 있다.

다음으로, '외부대상에 의해 직접적으로 대상형상이 주어진다'라는 반대 논사의 주장에 대한 반박이 ③이다. 반박의 논거는 ④, 즉 '그 기억에 현현한 대상형상은 외부대상으로부터 주어진 선명한 형상과 구별되기 때문'이다. 이를테면 우리가 직접적으로 지각하고 있는 꽃의 형상과 기억 속에 떠오르는 꽃의 형상은 선명도에서 확연하게 차이가 난다는 것을 경험한다. 만약 기억에 떠오르는 형상이 외부대상에 의해 직접적으로 주어진 것이라면 직접지각의 대상형상과 마찬가지로 선명해야 할 것이다. 하지만 그렇지 않다는 것을 우리는 마찬가지로 경험한다. 따라서 기억에 현현한 형상은 외부대상으로부터 직접적으로 주어진 것이 아니라는 것을 알 수 있다.

다르마키르티는 인식의 이상성의 주장에 대한 근거로서 제시한 '대상인식과 대상인식의 인식은 서로 다르기 때문'이라는 디그나가의 논거를 보다 구체적으로 다음과 같이 평석한다.

또한 [대상을] 파악하는 [최초의] 인식은 하나의 형상[인식형상]에 [대상형상을] 부가한 두 부분[대상형상과 인식형상]을 인식대상으로 하는 [다음의] 인식에 의해서 인식된다.(378게송)

이 게송을 간략하게 그림으로 나타내면 다음과 같다.[10]

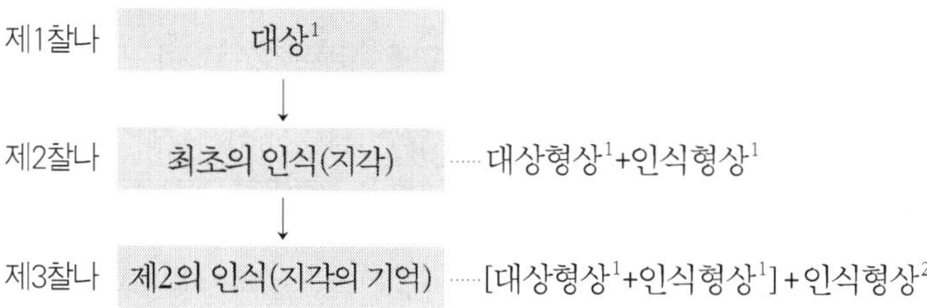

최초의 인식은 대상에 대한 지각이다. 이 지각은 대상형상과 인식형상으로 구성된다. 이 대상형상과 인식형상이 대상이 되어 제2의 인식이 생기한다. 이것은 최초의 인식을 인식하는 인식, 즉 기억이다. 반대 논사에 의하면, 제1의 인식은 대상형상을 가지지 않지만 제2의 인식인 기억은 대상형상을 가진 것이기 때문에 우리는 기억을 통해 대상의 형상을 떠올리는 것이다. 만약 최초의 인식에 대상형상이 없다고 한다면 다음과 같은 난점이 발생한다고 다르마키르티는 보고 있다.

만약 실로 [최초의 인식에] 그 [대상]형상이 없다면 어떻게 [최초의 인식이 대상형상을 가진 것으로 다음의] 인식에 생기할 수 있을까?(379ª게송)

"만약 최초의 인식에 인식형상만 있고, 대상형상을 자신 속에 지니고 있지 않는다면, 제2의 인식[=기억]에도 대상형상은 나타나지 않을 것이다. 달리 말하면 제2의 인식은 내용이 없는 인식이 되어 버린다."[11] 하지만 이

---

10) 戶崎宏正,『佛敎認識論の硏究』下, 64쪽.
11) 같은 책, 65쪽.

것은 우리의 경험적 사실에 위배된다. 왜냐하면 우리의 기억은 '무엇'에 대한 기억이기 때문이다. 가령 어제 본 꽃을 오늘 기억할 때, 나무나 돌이 아니라 '어제 본 그 꽃'을 기억할 때, 나무나 돌을 지각한 것이 아니라 꽃을 지각한 것이 대상이 되어 지금 기억되는 것이다. 그런데 기억은 기억을 낳고 그 기억은 또 기억을 낳는다. 예를 들면 3일 전에 본 꽃을 2일 전에 기억을 하고 다시 1일 전에 기억을 하고 다시 오늘 기억을 한다고 하자. 이렇게 되면 인식 속의 형상은 하나씩 증가할 것이다. 이에 대해 다르마키르티는 다음과 같이 말한다.

> 실로 이와 같이 다음의 인식은 하나의 형상씩 증가한다.(379^b게송)
>
> 왜냐하면 제2의 인식의 두 개의 형상과 어떤 자기형상(인식형상)이 대상형상으로서 제3의 인식에 의해 인식되기 때문이다.(380게송)

이것을 그림으로 나타내면 다음과 같다.[12]

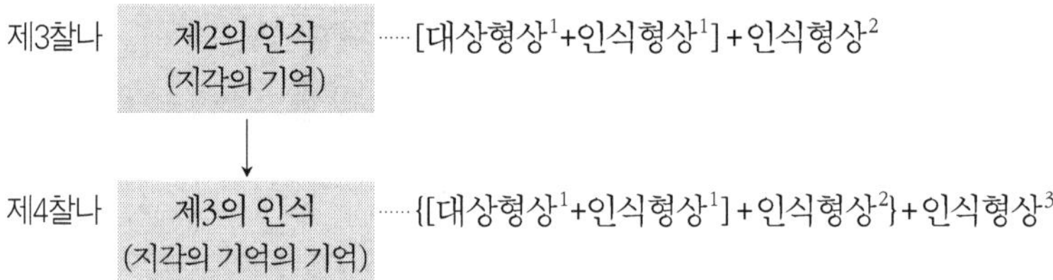

이상을 정리하면 다음과 같다.

---

12) 戶崎宏正, 『佛教認識論の硏究』 下, 66쪽.

최초의 인식 : 대상형상[1]+인식형상[1]

제2의 인식 : 대상형상(대상형상[1]+인식형상[1])+인식형상[2]

제3의 인식 : 대상형상[대상형상(대상형상[1]+인식형상[1])+인식형상[2]]+인식형상[3]

제4의 인식 : 대상형상{[대상형상(대상형상[1]+인식형상[1])+인식형상[2]]+인식형상[3]}+인식형상[4]

마찬가지로 제5의 인식에는 제4의 인식대상에 인식형상이 더해져 인식형상이 하나씩 하나씩 증가해 간다.

그런데 여기서 주목해야 할 것은 최초의 인식에서 대상형상[1]만이 외부대상의 형상이다. 다시 말하면 대상형상[1]만이 외부대상의 정보를 제공해 줄 뿐 나머지 제2의 인식에서 대상형상[1]을 제외한 대상형상은 엄밀하게 말하면 인식 속에 있는 형상이다. 그리고 인식, 즉 기억이 진행되는 순간 증가해 가는 것은 인식형상뿐이다. 이것이 의미하는 것은 바로 우리가 어떤 대상을 최초로 기억했을 때 대상형상[1]과 인식형상밖에 없기 때문에 그 기억은 대단히 선명하게 드러나지만 점차 제2의 인식(기억)에는 하나의 대상형상[1]에 두 개의 인식형상이 증가되고, 제3의 인식(기억)에는 하나의 대상형상[1]에 세 개의 인식형상이 증가되고, 제4의 인식(기억)에는 하나의 대상형상[1]에 네 개의 인식형상이 증가되어 결국 대상에 대한 기억은 더욱 희미하게 될 것이다.

그런데 기억이 희미해진다는 것은 역으로 말하면 인식주체가 기억하고 싶은 것만을 기억하는 것으로 전환하게 된다는 것을 의미한다. 이것은 우리의 경험이 증명하는 바이다. 일상적으로 우리는 자신이 기억하고 싶은 것만을 기억하고 있다는 말은 바로 기억이 대상형상을 수동적으로 수용하는 것이 아니라 기억을 통하여 주관의 욕구나 지향이 강하게 투영되고 있다는 것이다. 그 이유는 최초의 인식에 대상형상[1]이 하나 있을 뿐이지만 제2의 인식(기억[1])에는 인식형상이 하나 증가하고 제3의 인식(기억[2])에는 인식형상이 두 개 증가하고 제4의 인식(기억[3])에는 인식형상이 세 개 증가하기 때문이다. 결국 대상에 대한 형상은 희미해지고 인식형상에 의해 대상에 대한 최초의 기억은 왜곡되어 가는 것이다. 결국 우리의 인식(기억)에는 대상형상뿐만 아니라 인식형상이 있다는 것을 확인할 수 있는 것이다. 이런 측면에서 대상을 한정하는 형상을 대상형상이라 하고, 인식주체를 한정하는 형상을 인식형상이라고 하였다. 그리고 우리는 형상을 매개로 대상과 주체가 관계를 맺는다는 것을 알 수 있으며 또한 대상형상은 대상과의 연속성을, 인식형상은 인식주체의 결단성을 의미하는 개념이라는 것임을 알 수 있다.

　　이상에서 우리는 인식이 대상형상과 인식형상으로 구성되는 형상적 구조임을 확인하였다. 다시 말하면 인식은 대상형상과 인식형상으로 구성된다. 우리는 대상형상을 통해 밖에서 진입하는 정보를 알게 되며 인식형상을 통해 안에서 제약하는 정보를 이해하게 된다. 따라서 우리의 인식 구조를 보다 단순하게 말한다면 '인식은 곧 형상'이라 할 수 있을 것이다. 그렇다면 다르마키르티는 왜 형상을 강조하는가? 사실 인식은 하나의 전체로서 생기한다. 그런데 이렇게 하나의 전체로서 획기적으로 생기하는 인식이 우리의 개념적 인식 작용에 의해서 대상형상은 추상되어 객체적으로 실재하는 '대상'으로, 인식형상은 주체적으로 실재하는 인식 '주체'로 분리된다. 하지만 실제로 있는 것은 '형상'뿐, 대상이나 주체는 개념적으로 존재하는 것이다. '아견에 근거한 인식론'에 의하면 대상과 주체는 실제로 '있는 것'이지만, '무아견에 근거한 인식론'은 대상과 주체를 개념적으로만 존재한다고 주장한다.

인식이 대상형상과 인식형상으로 구성된다고 하는 것은 형상을 매개로 대상과 인식이 연결된다고 할 수 있다. 즉 우리는 대상형상을 통해 밖에서 진입하는 정보를 알게 되며 인식형상을 통해 안에서 제약하는 정보를 이해하게 된다는 것이다. 형상은 존재와 인식의 연기적 관계를 설명하기 위해서 필연적으로 등장하는 관념이다. 형상은 한정의 형식이다. 대상을 한정함과 동시에 주체도 한정한다는 두 가지 기능에서 관계적이다. 대상형상은 대상을 한정하고 인식형상은 주체를 결정한다. 이런 의미에서 형상은 관계적이다. 결국 다르마키르티가 인식에는 대상형상과 인식형상이 있다고 하는 사실을 강조하기 위해서 상당히 많은 지면을 할애한 까닭은, 첫째 대상과 무관한 인식이란 존재하지 않으며 오직 대상에 의해서만 인식이 생기한다고 하는 것, 즉 존재와 인식의 연기적 관계성을 드러내기 위한 것, 둘째 수정과도 같은 순수한 정신인 아트만이 인식의 궁극적 주체일 수 없다는 것, 존재와 인식을 질적으로 다른 것으로 이분하는 인도의 실재론자들의 '아견에 근거한 인식론'을 비판하기 위한 것이라 할 수 있다.

8장_인식의 본질

앞에서 우리는 인간의 지각적 경험을 논리적(개념적)으로 분리 가능하지만 실제로는 분리 불가능하다는 것을 논하였다. 하지만 지각적 경험의 내용을 어떻게 분석하여 기술할 것인가 하는 것은 철학에서 대단히 중요하며 유효한 작업이다. 이것을 어떻게 파악하고 분석하며 그러한 분석의 결과를 어떻게 기술할 것인가 하는 것은 인식의 본질이 무엇인가, 인식은 어떻게 전개되는가, 인식의 결과는 어떤 내용을 갖고 있는가, 우리의 추상적 개념은 어떻게 형성되며 아울러 언어의 대상과 내용을 어떻게 이해할 것인가에 있어 대단히 중요하다.

'무아견에 근거한 인식론'에 의하면 우리의 지각적 경험은 논리적으로 분리 가능하지만 실제로는 분리 불가능하다. 다시 말해 과정이자 획기적 전체로서 생기하자마자 소멸하는 것을 본질로 하는 지각적 경험에 사유와 언어가 개입하게 되면 불가피하게 시간과 과정으로서 존재하는 것을 공간화한다는 것을 그들은 알고 있었던 것이다. 이러한 근본적인 한계를 직시하면서 연기적 인식론자들도 우리의 지각적 경험을 분석한다. 그런데 그들은 지각적 경험, 즉 인식을 인식되는 것·인식하는 것·인식의 결과, 즉 인식대상[所量]·인식근거[量]·인식결과[量果]로 분석하지만 이것을 객관적으로 실재하는 것이라 하지 않는다. 단지 개념적으로 존재한다고 이해한다. 즉 인식대상은 객관적으로 단순하게 정위定位하는 존재가 아니라 하나의 전체로 존재하는 지각적 경험을 논리적으로 분석한 개념에 지나지 않으며 마찬가지로 인식주체로 이해되는 인식근거와 인식결과 또한 인식대상과의 의존적 관계에 있는 비자립적 존재이다. 전체적으로 인식대상·인식근거·인식결과로 분석되는 지각적 경험, 즉 인식도 자립적으로 존재하는 것이 아니라 대상에 의해 생기하는 연기적·의존적 존재라고 하는 것이 '무아견에 근거한 인식론'의 기본 전제이다. 이러한 전제하에 '무아견에 근거한 인식론'은 인식의 구조를 분석하였던 것이다. 하지만 같은 '무아견에 근거한 인식론'을 표방한다고 해도 경량부와 유식파는 인식의 내용과 구조를 설명하는 데 차이를 드러낸다. 차이의 핵심은 인식의 본질과 구조가

대상인식인가
자기인식인가

에 있다. 경량부는 전자를, 유식학파는 후자를 택한다.

반면 '아견에 근거한 인식론'에 의하면 우리의 지각적 경험은 인식을 본질로 하는 인식주체, 인식되는 여건으로서 기능하는 인식대상, 인식주체의 인식대상에 대한 작용인 인식작용으로 나눈다. 그런데 그들은 우리의 지각적 경험을 구성하는 요소인 인식주체와 인식대상 그리고 인식작용을 자기동일성을 갖고 객관적으로 실재한다고 기술하고 있다는 것에 문제의 심각성이 있다. 왜냐하면 선재先在하는 인식주체와 단순하게 정위하는 인식대상을 실재한다고 한다면 인식의 시간적·인과적·본질적 과정을 정합

적으로 설명하지 못하기 때문이다. 결국 대상과 무관하게 이미 선재해 있는 인식을 인정하는 '아견에 근거한 인식론'에는 자기인식은 전혀 용인될 수 없는 것이다. 오직 인식주체가 외부대상의 형상만을 파악하는 대상인식만 있을 뿐이다.

인식의 본질을 아견에 근거하여 대상인식이라고 하는 입장과 무아견에 근거하여 대상인식이라고 하는 입장을 1절 대상인식에서 살펴볼 것이며, 인식의 본질을 무아견에 근거하여 자기인식이라고 하는 입장을 2절 자기인식에서 살펴볼 것이다.

1. 대상인식

아견에 근거한 인식론의 대상인식

인식론의 측면에서 인도철학은 두 가지 흐름이 있다. 하나의 흐름은 무형상인식론(혹은 무형상지식론)이며, 또 하나의 흐름은 유형상인식론(유형상지식론)이다. 전자는 우리에게 알려진 형상은 외부세계에 속하기 때문에 그것을 비추는 인식작용은 형상을 가지지 않는다고 설명하는 이론이며, 후자는 외부세계의 실재는 그것이 인식에 부여한 지각상과의 유사성에 의해서 지각된다고 설명하는 이론이다.

인도철학에서 무형상인식론에 속하는 학파는 불교 밖에는 바이세시카·니야야·미망사 학파 등이며 불교 안에는 설일체유부(이하 '유부')이다. 바이세시카·니야야 학파에서는 아트만·마나스·감각기관과 자신의 고유의 본질을 가진 실재^{artha}가 접촉하여 인식이 생긴다고 하며, 유부는 감각기관과 대상의 접촉에 의해 지각이 생긴다고 한다. 이러한 인식 과정의 설명에 의하면 외부대상의 형상을 무색투명한 인식이 감관을 매개로 이해한다는 이론으로 귀착된다. 여기에는 대상 자체가 온전하게 인식에게 투영된다고 하는 신념이 깔려 있으며 또한 인식 자체는 대상이 될 수 없다는 전제도 깔려 있다. 따라서 무형상인식론에 따르면 인식은 대상을 인식할 뿐 자기를 인식할 수는 없다.

그런데 니야야·바이세시카 학파와 달리 미망사 학파는 인식주체인 자아(아트만)는 대상이 인식될 때 인식된다고 주장한다. 이에 대해 미망사 학파는 다음과 같이 말한다.

①실로 '대상'이 인식되지 않을 때, 누구도 '인식'을 인식하지 못한다. ②그러나 [대상이] 인식되었을 때, [사람은 '인식'을] 추리에 의해서 인식한다. ③그 경우 [대상의 인식과 인식 자신의 인식 등이] 동시인 것은 아니다. ④인식은 [대상의 인식보다] 이전에 생기지만, 그러나 앞서 인식되지는 않는다.[1]

이것은 5세기에 활동한 미망사 학파의 논사 사바라스와민Śabarasvāmin의 진술이다. '대상이 인식되지 않을 때 누구도 인식buddhi을 인식하지 못한다'라는 ①의 진술은 역으로 말하면 대상이 인식될 때 인식이 인식된다는 것을 의미한다. 여기서 '대상이 인식된다'라는 것은 '대상인식'이며, '인식이 인식된다'라는 것은 '자기인식', 즉 인식 자신이 자신을 인식하는 것이다. 그런데 이 미망사 학파가 말하는 자기인식은 유식학파를 비롯한 유형상인식론에서 말하는 자기인식과는 내용이 전혀 다르다. '인식이 인식된다'고 했을 때 미망사 학파가 말하는 '인식'은 자아를 특징짓는 8가지 특수

---

1) 戶崎宏正,『佛教認識論の研究』下, 129쪽.

한 속성들 가운데 하나이다. 자아가 지닌 8가지 속성은 다르마dharma(법)·아다르마adharma(비법)·인식·욕구·비움·기쁨·고통·의지이다. 그런데 다르마와 아다르마를 제외한 인식·욕구·비움·기쁨·고통·의지 가운데 뒤의 다섯 가지는 니야야·바이세시카 학파와 마찬가지로 내적으로 지각될 수 있는 대상이지만, '인식'은 니야야·바이세시카 학파와 달리 추리의 대상이라고 한다.[2] 이러한 내용을 언급한 것이 위의 게송 ②이다.

그런데 유식학파를 비롯한 유형상인식론에서 말하는 자기인식은 지각에 의해서 직접적으로 인식되지만, 미망사 학파의 자기인식은 추리에 의해서 간접적으로 인식된다는 것을 위의 게송 ②를 통해서 우리는 알 수 있다. 이 '인식'이 추리되는 과정을 히리야나는 다음과 같이 기술한다. "인식의 과정은 자아와 같은 미세한 실체 속에서 발생하기 때문에 자연적으로 감각을 넘어서 있다. 그러나 그의 존재는 그가 이끌고 있는 대상의 계시라는 사실로부터 추리될 수 있다. 이러한 이유 때문에 여기서는 과정으로서의 인식이 추리될 수 있다고 말한다. 인식이 이끄는 결과, 즉 구체성은 직접적으로 그러나 구체화한 대상을 특징짓고 있는 것으로 알려진다. '주체'라는 단어는 아는 자 또는 인식을 소유한 자를 의미하므로 아는 행위 속에서의 동인 또는 '나'는 인식이 알려진 이후에만이 명백하게 알려질 수 있다. 따라서 그러한 모습으로서의 주체 또한 니야야·바이세시카 학파에서처럼 내성內省을 통해서가 아니라 추리를 통해서 알려진다. 따라서 직접적으로 파악되는 것은 주체 또는 인식이 아니라 오직 대상뿐이다."[3] 이상의 논의에서 우리는 미망사 학파에 의하는 한 직접적으로 인식되는 것은 '대

---

2) M.히리야나, 『강좌 인도철학』, 김형준 옮김, 예문서원, 1993, 141쪽.
3) 같은 책, 141~142쪽.

상'뿐, '인식'은 직접적으로 인식되지 않는다고 하여 지각에 의한 자기인식을 부정하고 있음을 확인할 수 있다.

그렇다면 미망사 학파가 말하는 대상인식과 자기인식은 동시에 생기는가 아니면 계기적으로 생기는가? 하는 물음이 제기될 수도 있을 것이다. 유식학파나 불교인식논리학파에 따르면 대상인식과 자기인식은 동시에 생기지만, 미망사 학파는 대상인식과 자기인식이 계기적으로 생긴다고 본다. 왜냐하면 그들이 말하는 자기인식이란 인식 자신이 직접 인식하는 것이 아니라 추리에 의해서 간접적으로 인식하는 것이기 때문이다. 다시 말하면 추리는 지각에 이어서 생기는 인식수단이기 때문에 대상인식과 자기인식은 동시일 수 없다는 것이다.

그런데 미망사 학파 내지 '아견에 근거한 인식론'의 전형을 보여 주는 것은 바로 ④의 진술이다. 이 진술이 의미하는 것은, 자아의 속성인 '인식'과 대상인식과의 관계를 설명한 것으로 존재론적 차원에서는 자아의 속성인 '인식'이 대상인식보다 이전에 존재하지만, 인식론적 차원에서는 대상인식보다 앞서 인식되지 않는다는 것이다. 인식론적 차원의 논의를 예외로 두고 존재론적 차원에서 생각한다면 (자아의 속성인) 인식→대상인식→(추리에 의한) 자기인식의 순서이다. 유식학파나 불교인식논리학파에 의하면 인식이란 자아의 속성도, 대상보다 이전에 선재하는 것도 아니며, 언제나 대상인식 혹은 자기인식으로 생겨나는 것으로 보는 데 반해 미망사 학파의 인식→대상인식→(추리에 의한) 자기인식에서 '인식'이 대상인식과 자기인식보다 앞서 존재한다고 하는 것, 이것은 이미 선재하는 자아의 속성이기 때문이다. 만약 이 속성이 선재하지 아니하고 대상인식 혹은 자기인식과 동시거나 계기적으로 생긴다고 한다면 자아의 절대성·독존성을 확보할 수 없다는 난점이 생기게 될 것이다. 그래서 자아의 속성을 대상인식과 자기인식보다 존재론적으로 선재한다고 했던 것이다. 이 사바라스와민의 견해는 쿠마릴라에게 전달된다.

①또한 이 경우 그것[인식]은 [대상을 인식하는] 수단이기 때문에 [대상인식보다] 앞서 인식된다[라고 생각한다면]는 그 견해도 부정된다. 눈 등의 감관[이 색 등의 인식보다 앞서 인식되지 않기] 때문이다.[4]

'인식은 대상을 인식하는 수단이기 때문에 대상인식보다 앞서 인식된다'라고 한다면, 이때 인식은 추리에 의해 간접적으로 파악되는 대상이 아니라 지각에 의해 직접적으로 파악되는 대상이어야 할 것이다. 그런데 지각에 의한 직접적 파악이란 자기인식을 의미한다. 그래서 이러한 지각에 의한 자기인식을 인정하지 않았기 때문에 인식은 대상인식보다 앞서 파악되지 않는다고 하였던 것이다. 이어서 그는 말한다.

또한 [인식이] 생기할 때, [인식의 파악에 대해서] 장애가 없기 때문에 [인식은] 파악되어야 한다[라고 그대가 말하지만, 그러나]. 그때 그것[인식]은 [인식] 자신에 의해서는 [파악될 수] 없고, 또한 다른 것[인식]은 그때 생기하지 않는다. 그러므로 그 경우에는 [인식을 직접 경험하는] 원인은 없기 때문에 그것[인식]은 직접적으로 경험되지 않는다.[5]

인식이 생기할 때 인식의 파악에 대해서 장애가 없기 때문에 인식은 파악된다고 하여 자기인식을 주장하는 불교인식논리학파에 대하여,

---

4) 戶崎宏正, 『佛敎認識論の硏究』 下, 大同出版社, 1985, 129쪽.

그렇지 않다. [즉] 인식이 없다면 대상의 존재가 알려지는 것도 있을 수 없다[라는 것에 근거해서 인식은 인식된다]. 따라서 [인식을 인식하는] 인식수단은 그것[대상인식]보다 뒤에 생긴다. 실로 바로 그때 그것[인식]의 인식은 의준량依準量에 의해서 생긴다.[6]

즉 불교에서 말하는 자기인식이란 '인식이 없다면 대상의 존재가 알려지는 것도 없다'라는 의준량에 근거해서 말한 것일 뿐 인식은 자기 자신을 인식할 수 없다는 것이 쿠마릴라의 결론이다.

그렇다면 왜 미망사 학파는 지각에 의한 자기인식을 강하게 부정했던 것일까? 그 이유는, 인식주체인 자아를 인정하지 않는 불교의 무아, 특히 유식唯識을 비판하기 위한 것이다. 『인도철학의 자아사상』의 저자인 가네쿠라 엔조金倉圓照는 "그러나 무아설에서는 '다음 순간에는 자기가 없어지기 때문에, 결과는 자기에게 생겨나지 않든가 아니면 다른 사람에게 생긴다'고 미리 자각함으로써 발전할 수도 없고, 베다의 권위도 잃게 된다. '오직 식'[唯識]만을 본질로 한다고 주장하는 사람들(유식학파)이 다음 삶을 인정한다고 할지라도 식은 찰나멸성이므로 행위자와 결과를 향수하는 자는 다르다고 할 것이다. 또한 식은 무작無作, akṛtya이며 편재하지 않기 때문에 다른 몸에 의한 것은 불가능하다. 즉 다음 삶에서 받는 자가 될 수 없을 것이다."[7] 이에 대해서 유식학파는 다음과 같이 비판한다. "우리들(유식학파)은 식의 상속을 행위자라 하고 또 결과의 향수자라고 한다. 식의 찰나적 차이가 당신들이 말하는 상태의 차이와 같다"[8]라고 응수한다. 이에 대해서 쿠

---

5) 같은 책, 130쪽.

6) 같은 책, 130쪽.

7) 가네쿠라 엔조, 『인도철학의 자아사상』, 문을식 옮김, 여래, 1994, 92쪽.

마릴라는 계속해서 다음과 같이 논박한다. "찰나적 식이 장기간에 걸쳐 작자라고 함은 증명하기 곤란하다. 상속相續은 개개의 식과 다르지 않으면 상속을 만드는 식은 무상하기 때문에 작자는 알 수 없다거나 알 수 있다고 하더라도 받는 자는 전혀 다른 것일 것이다. 상속과 식이 동일하다면 상속은 단순히 식을 되풀이해 말했을 뿐이므로 앞에서 말한 비난을 피할 수 없을 것이다. 또 상속은 실체dravya가 아니므로 행위자일 수 없다. 상속을 찰나라고 하면 전과 같은 비난이 있고, 찰나가 아니라면 당신은 당신의 주장을 포기하지 않으면 안 된다. 결국 식은 상속을 본질로 한다고 주장하는 사람들도 유일한 영원한 자아를 인정하지 않으면 인과응보를 설명할 수 없다."[9]

결국 미망사 학파가 지각에 의한 자기인식을 인정하지 않고 대상인식만을 인정할 수밖에 없었던 것은, 인식을 속성으로 하는 영원한 자아를 전제했기 때문이다. 이러한 쿠마릴라의 자기인식 부정은 불교인식논리학파와의 대립과 갈등을 야기시킨다.

불교인식논리학파에서 자기인식의 강력한 증거인 즐거움[樂] 등의 느낌은, 미망사 학파에 의하면 다른 인식에 의해서 인식되는 대상이다. 그런데 미망사 학파뿐만 아니라 바이세시카·니야야·상키야 학파 등의 인도정통학파들은 모두 즐거움 등을 인식이 아니라 인식의 대상이라 생각한다. 가령,

어떤 자들은 말한다. 그것들[즐거움 등의 느낌]은 다른 것을 인식할 수조차 없는데도 어떻게 해서 자기의 형상을 인식할 수 있을까? [그것들은] 같

---

8) 가네쿠라 엔조, 『인도철학의 자아사상』, 92쪽.
9) 같은 책, 92쪽.

은 근거[자아]를 가진 인식에 의해서 인식되는 것이라고 한다.(『프라마나바르티카』, 3장 250게송)

데벤드라붓디, 라비굽타에 의하면 '어떤 자'는 바이세시카 학파이며, 마노라타난딘에 의하면 니야야 학파이다.[10] 즐거움[樂] 등의 느낌은 감관지각과 달리 지각이 아니라 지각의 대상이라는 것이 그들의 주장이다. 왜냐하면 그 즐거움 등의 느낌은 자아에 의지하고 그리고 같은 자아에만 의지하고 있는 인식에 의해서 파악되기 때문이다. 순수한 빛으로서의 영원히 존재하는 자아와 그것에 의지하여 이미 선재해 있는 인식이 대상인 즐거움 등의 느낌을 느끼기 때문에 불교인식논리학에서 자기인식의 강력한 증거로 제시되고 있는 즐거움 등의 느낌은 자기인식도 아니고 또한 대상인식도 아닌 '대상'으로 전락해 버려 논쟁의 여지를 없애고 말았다.

결국 대상과 무관하게 이미 선재해 있는 인식을 인정하는 아견에 근거한 인식론에는 자기인식은 전혀 용인될 수 없는 것이다. 오직 인식주체가 대상을 파악하는 대상인식만 있을 뿐이다.

무아견에 근거한 인식론의 대상인식

다르마키르티는 인식 과정을 인과적 과정으로 파악한다. 원인이 되는 객체적 여건이 우리의 인식을 생기게 한다. 하지만 이때 우리의 인식은 동시에 존재하는 대상을 직접적으로 인식하는가 하면 그렇지 않다. 그에 의하면 대상은 생기하자마자 소멸하기 때문에 대상 그 자체를 직접적으로 안다는 것은 불가능하다. 그렇다고 그들이 불가지론不可知論을 주장하는 것은

---

10) 戶崎宏正, 『佛教認識論の硏究』上, 350쪽.

아니다. 불가지론자들에 의하면 대상 그 자체는 우리의 지각적 경험을 넘어서 있기 때문에 그것을 알 수 있는 수단은 없다는 것이다. 이것은 대상과 인식의 관계를 내재적·본질적 관계로 파악하지 않고 외재적·현상적 관계로 파악했기 때문이다.

다르마키르티는 대상과 인식을 내재적·본질적 '관계'로 파악한다. 대상 그 자체, 다른 존재와 무관한 대상 그 자체, 인식과 무관한 대상 그 자체란 없다. 다만 다른 존재에 의해서 한정되는 한에서의 존재이며 또한 인식에게 자기의 본질인 형상을 부여하는 한에서의 존재이다. 앞에서도 자주 언급한 것처럼 다르마키르티는 존재를 '있음'으로 파악하지 않고 '힘' 혹은 '작용'으로 파악한다. 즉 효과적 작용을 낳는 힘으로서의 존재만이 '실재'이다. 이러한 존재와 인식의 연기적 관계를 다르마키르티는 다음과 같이 기술한다.

> 원인인 존재를 떠나서 다른 파악대상은 결코 존재하지 않는다. 그들[원인들] 가운데 인식에 [진입한] 어떤 대상의 형상, 그것[대상의 형상]이 그것[인식]의 파악 대상이라 말한다.(『프라마나바르티카』, 3장 224게송)

'원인인 존재를 떠나서'라는 것은 결과의 원인을 의미한다. 여기서 결과는 인식이다. 따라서 인식대상이라고 할 때 인식과는 무관한 선재하는 대상이 있는 것이 아니라 인식이라는 결과를 낳는 대상만이 의미가 있다는 의미에서 '원인인 존재를 떠나서 다른 인식대상은 결코 존재하지 않는다'고 했던 것이다. 이 진술에서 인식대상이 되기 위한 하나의 조건을 발견할 수 있다. 즉 대상이란 인식을 낳는 원인, 대상생기성을 본질로 한다. 그런데 그 대상은 인식을 낳을 뿐만 아니라 형상을 인식에 부여하는 존재이다. 이 인식에 진입한 대상형상을 인식대상이라고 할 때 여기서 인식대상이 되기 위한 또 하나의 조건을 발견하게 된다. 즉 대상이란 인식에 형상을 부여할 수 있는 능력, 대상형상성을 본질로 한다. 따라서 대상은 대상생기성과 인식형상을 본질로 하는 존재이다.

그렇다면 인식대상과 인식이 동시적으로 존재하는가 아니면 이시적으로 존재하는가 하는 반론이 제기될 수도 있을 것이다. 다르마키르티는 이것에 대해 다음과 같이 말한다.

만약 시간을 달리하는 것이 어떻게 파악될 수 있는가, 라고 한다면 이치에 통한 지혜로운 사람은 실로 인식에 형상을 부여할 수 있는 능력이 있는 원인인 것만이 인식대상이라 한다.(『프라마나바르티카』, 3장 247게송)

인식을 생기게 하는 원인은 인식보다 앞서 존재한다. 그런데 다르마키르티에 의하면 존재는 찰나멸하는 존재이다. 이렇게 되면 인식이 생기는 순간 대상은 소멸하였기 때문에 대상을 파악할 수 없다고 해야 할 것이다. 다르마키르티는 여기서 형상이라는 개념을 도입한다. 존재가 인식을 낳는 순간 소멸하지만 동시에 자신의 형상을 인식에 부여하기 때문에 그 형상을 통해서 대상을 파악할 수 있는 것이다. 이에 대해 다르마키르티는 다음과 같이 말한다.

실로 결과[인 인식]는 다수의 [최초의] 원인을 갖지만, [그러한 원인 중] 어떤 것[을 객체적 원인으로 하여 그것]에 의해 생기할 때, '그것[인식]이 그것[객체적 원인]에 의해 주어진 그것의 형상을 갖는다'라든가 '그것[객체적 원인]은 그것[인식]에 의해서 파악된다'라고 말한다.(248게송)

‘최초의 원인’이란 대상과 감관 그리고 정신집중manaskara(주의력) 등이다. 이러한 원인들이 갖추어질 때 비로소 인식이 생길 수 있다. 그렇지만 최초의 원인들이 인식을 생기게 하는 요인이 되지만 ‘객체적(직접적) 원인’은 아니다. 그 객체적 원인은 대상의 형상이다. 따라서 인식은 직접적으로 외부대상을 파악하는 것이 아니라 인식 속에 있는 대상형상을 파악하는 것이다. 이러한 논리에 의하면 외부대상은 직접적으로 지각되지는 않는다. 하지만 인식에 진입한 대상의 형상을 통해서 대상이 전 찰나에 존재했음을 추리할 수 있다는 것이 경량부의 외부대상 실재론이다.

지각이 파악하는 것은 대상 그 자체가 아니라 대상의 형상이라는 경량부의 주장이 시사하는 것은, 형상이라는 본질을 매개로 대상과 지각이 연기적 관계 혹은 본질을 매개로 한 관계를 맺고 있다는 사실이다. 형상을 매개로 한 대상과 지각의 연기적 관계는 ‘존재는 존재’, ‘인식은 인식’이 아니라 ‘존재는 인식을 한정’하며 ‘인식은 존재를 파악’한다는 상호 연기적 관계를 말하는 것이다.

그렇다면 ‘무아견에 근거한 인식론’에서 대상인식과 ‘아견에 근거한 인식론’에서 말하는 대상인식은 어떠한 차이가 있는가? ‘아견에 근거한 인식론’에서 말하는 대상인식이란 선재하는 인식주체인 자아의 속성인 인식이 동시에 존재하는 대상을 파악하는 것이다. 여기에는 대상과 인식의 본질적·내적 연관이 결여되어 있다. 반면 ‘무아견에 근거한 인식론’에서 말하는 대상인식이란 인식 속에 진입한 대상의 형상을 통해 대상을 파악하는 것이다. 즉 형상을 매개로 대상과 인식이 하나의 전체로서 관계를 맺는다는 것이다.

2. 자기인식

다르마키르티는 '외부대상의 형상이 인식에 진입하고 인식은 그 형상을 파악한다'고 하는 경량부의 인식론을 수용한다. 하지만 인식의 본질이 대상인식이 아니라 자기인식이라는 디그나가의 다음과 같은 주장을 수용한다. 디그나가는 다음과 같이 말한다.

> 또한 [기억에 근거하여] 자기인식도 확립된다. 어떻게 해서 그러한가? 라고 묻는다면, [이전에] 인식되지 않았다고 한다면, 그것[기억]은 있을 수 없기 때문이다(『프라마나삼웃차야』, 1장 11^{d}게송). [이전에] 파악한 적이 없는데 대상을 기억하는 것은 경험적으로 알려져 있지 않다. 가령, [이전에 지각되지 않았던] 색 등의 기억[은 없는 것]과 같이.
>
> 만약 ①인식(A)도 색 등과 같이 다른 인식(B)에 의해서 인식된다고 한다면, 그것도 이치에 맞지 않다. 왜냐하면 다른 인식(B)에 의해서 파악되었다면, 무한소급의 오류를 범하는 것이 되기 때문이다(12^{ab}게송). 무한소급의 오류를 범한다는 것은 인식(A)이 다른 인식(B)에 의해서 파악된 경우이다. 왜냐하면 그것(B)에 대해서도 기억이 있기 때문이다(12^{b}게송). 즉 그 인식(A)이 어떤 다른 인식(B)에 의해서 파악된다면, 그러나 그것(B)에 대해서도 뒤에 기억이 있다는 것이 알려져야 하기 때문이다. 그러므로 그것(B)에 대해서도 다른 인식(C)에 의한 파악[이 있다라고 인정하지 않으면 안 되기] 때문에 무한소급의 오류를 범하는 것이 될 것이다. 이리하여 [인식이] 다른 대상으로 이행하는 것도 있을 수 없을 것이다. 그런데 그것[인식의 이행]은 인정된다(12^{cd}게송). 그러므로 반드시 자신을 인식하는 인식[자기인식]이 인정되지 않으면 안 된다.

그리고 그것이 바로 [인식수단의] 결과이다. 이와 같이 지각은 분별을 떠난 것임이 확립된다.[11]

'인식이 다른 인식에 의해서 파악된다'고 하는 ①을 보다 구체적으로 논의해 보면, 제1찰나에 생기하는 인식이 제2찰나에 생기하는 다른 인식에 의해서 인식된다는 주장일 것이다. 그렇게 되면 대상에 대한 파악이 불가능할 것이다. 이에 대해서 다르마키르티는 다음과 같이 언급한다.

①인식이 소멸해 버리면, 어떻게 해서 그것[인식]의 형상을 가진 [다음 순간의] 인식에 의해 직접적으로 인식된다고 할 수 있는가? 그리고 [당신의 주장에 의하면] ②그것[다음 순간의 인식]은 자신의 [자신 속에 진입한] 형상을 인식하지 못하기 때문에 [결국 대상에 대해서나 인식 자신에 대해서도] 인식은 전혀 없을 것이다.(『프라마나바르티카』, 3장 426게송)

여기서 반대 논사는 다음의 두 가지 주장을 전제하고 있다. 하나는 인식의 여건이 되는 대상과 인식하는 주체는 지속하는 존재라는 주장과 또 하나는 인식은 결코 자신을 인식하지 못한다는 주장이다. 첫번째 전제에 의해 초래되는 오류를 지적한 것이 ①의 반론이다. 다르마키르티는 인식의 대상이 되는, 선행하는 인식(A)은 지속하는 것이 아니라 찰나멸하기 때문에 후행하는 다른 인식(B)이 생기하는 순간 소멸하여 존재하지 않으므로 다른 인식(B)은 전혀 파악하는 작용을 할 수가 없을 것이라고 반론한다. 또한 두번째 전제에 의해 초래되는 오류를 지적한 것이 ②의 반론이다.

---

11) 戸崎宏正, 『佛教認識論の研究』 下, 104~105쪽. 고딕은 도사키.

즉 ‘그 다음 순간의 인식은 자신 속에 진입한 형상을 인식하지 못하기 때문에 결국 대상에 대해서 인식 자신에 대해서도 인식은 전혀 없을 것이다’라고 하여 우리의 직접적 경험이 전혀 불가능할 수 있다는 오류를 지적한 것이다.

　이것은 보다 자세한 설명이 필요하다. 우리가 꽃을 지각한다고 하자. 우리가 꽃을 지각할 때 꽃은 지각을 생기할 뿐만 아니라 지각에 자신의 형상도 부여한다. 꽃에 의해 지각이 생기한다는 것은 지각이 단독적으로 생기하는 것이 아니라 대상에 의해 연기적으로 생성한다고 하는 지각 발생의 의존성을 의미한다. 그런데 지각은 형상을 매개로 꽃을 파악하는 능동적 힘을 지니고 있다. 사실 꽃이라는 인식대상이 순간적으로 찰나멸한다고 하더라도 지각 속에 진입한 꽃의 형상을 통해 지각은 꽃을 계속해서 파악하고 있다. 그런데 문제는 꽃이라는 인식대상이 인식을 생기함과 동시에 인식에 자신의 형상을 부여하고 찰나멸한다는 것과 꽃에 의해 생기하고 꽃이 부여한 형상을 가진 인식도 마찬가지로 찰나멸한다는 것이 다르마키르티 인식론의 기본 전제이다. 여기서 꽃의 형상을 가진 인식은 대상인식을 본질로 한다. 그런데 단지 대상인식만을 주장한다면 우리의 구체적 경험, 즉 꽃에 대한 연속적 경험은 불가능할 것이다. 다시 말하면 인식이 대상만을 인식하는 구조를 취한다면 인식의 연속적 과정을 설명할 수가 없을 것이다. 따라서 인식의 연속적 과정을 정합적으로 설명하기 위해서는 대상의 형상을 지닌 인식을 인식 자신이 인식해야만 한다는 것이다. 이 대상의 형상을 가진 인식을 인식하는 것, 이것이 바로 자기인식^{svasaṃvedana}인 것이다. 이 인식의 자기인식이 전제되지 않고서는 기억 문제와 우리의 의식과 개념지의 출현을 설명할 수 없게 된다.

　대상인식과 자기인식을 다르마키르티는 다음과 같이 기술한다.

①또한 대상현현을 지닌 그 인식은 외부를 향해 드러난다. 그러나 ②인식
[자신]을 파악하는 인식은 언제나 자신 속에서 안으로 향해 드러난다.(『프
라마나바르티카』, 3장 427게송)

①은 대상인식을, ②는 자기인식을 의미한다. 대상인식이 밖으로 향
해서 현현한다는 것에 대해서 도사키 히로마사는 "자신 속에 대상형상을
가진 인식은 밖으로 향해서 현현한다. 가령, 청색의 형상을 자신 속에 가진
인식은 청색(=외경)의 인식으로서 현현한다. 환언하면 인식 자신 속에 있
는 대상형상이 마치 외경에 있는 인식대상[所取]과 같이 현현한다"[12]라고
해설한다. 외부대상 실재론자(니야야 학파)들은 인식대상이 개념적으로
존재하는 것이 아니라 인식과는 무관하게 객관적으로 존재한다고 주장하
지만, 사실 외부대상은 객관적으로 실재하는 것이 아니라 인식 속에 진입
한 형상을 마치 객관적으로 존재한다고 집착할 뿐이다. 따라서 ①의 대상
인식은 이러한 외부대상 실재론자의 주장, 인식대상이 객관적으로 실재한
다고 하는 주장에 대한 비판이라고 보인다.

또한 '인식을 파악하는 인식은 항상 안으로 향해서 현현한다'는 것에
대해서 도사키 히로마사는 "반면 인식을 파악하는 인식은 항상 안으로 향
해 현현한다. 결국 파악되는 인식은 인식 자신 속에 내재적으로 현현한다.
결코 인식 자신 이외의 것으로서 경험되지 않는다. 이것은 우리들이 직접
경험하는 명석한 사실이다"[13]라고 설명한다. 그런데 아견에 근거한 무형상
인식론을 채택하는 니야야·바이세시카 학파의 인식론에서는 인식 자신이

---

12) 戶崎宏正, 『佛教認識論の研究』 下, 108쪽.
13) 같은 책, 108쪽.

자신을 비추는 자기인식은 인정되지 않는다. 오직 수정과도 같은, 청정한 순수의식인 자아만이 대상과 인식을 비춘다(인식한다)는 것이 그들의 주장이다. 하지만 이것은 우리의 인식적 경험에 대한 내재적·정합적 설명이 아니다. 앞에서 언급한 바와 같이 우리의 경험에 대한 정합적 설명이란 경험 내에서 설명해야 한다. 우리의 경험 외부에 있는 추상적인 순수의식과도 같은 자아가 대상과 인식을 비추는 것이 아니라 우리 속에 있는 인식 자신이 자신을 비춘다고 해야 할 것이다. 이러한 측면에서 ②의 자기인식은 아견에 입각한 니야야·바이세시카 학파의 주장에 대한 비판으로 보인다.

하지만 위의 게송에 대해서 외부대상 실재론이라는 측면에서는 외도外道와 같은 입장이지만 외도와는 달리 유형상인식론을 주장하는 경량부는 대상인식을 가진 인식의 자기인식을 인정하지 않는다. 이에 대해 다르마키르티는 유식의 자기인식의 관점에 서서 우리의 인식의 구조를 설명하지 않는다면 진정으로 대상에 대한 인식도 불가능하다는 것을 다음과 같이 기술한다.

그[인식 자신 속에 있는] 대상현현을 가진 그것[인식]이 [자신을 인식하지 않는다고 한다면, 그것은] 그것[대상]을 인식하지 않는다는 [결론에] 데 이르게 될 것이다. 만약 그것[대상]의 유사성과 다른 어떤 인식작용이 있는가라는 견해를 제시한다면.(『프라마나바르티카』, 3장 428게송)

위의 게송에서 기술한 바와 같이 인식 자신 속에 대상현현이 인식대상으로서 외재적으로 현현한다. 그것은 달리 말하면 인식 자신 속의 대상형상이 외부의 존재로서 집착되는 것이다. 그리고 실은 그것이야말로 대상의 인식이라 표현된다. 따라서 만약 인식이 인식되지 않는다면 자신 속에 있는 대상형상도 인식되지 않을 것이다.[14] 만약 그렇다고 한다면 그 대상형상을 외부의 존재로서 집착하는 것도 있을 수 없을 것이다. 그러므로 인식은 자기 자신에 의해 인식되지 않으면 안 된다. 게다가 다른 인식에 의해서 인식된다고 한다면 앞에서 지적한 것과 같은 오류를 범하기 때문에 인식은 인식 자신에 의해서 인식된다고 해야 한다.

하지만 경량부는 인식작용은 대상에 기인하는 것이지 인식 자신에 기인하는 것은 아니라는 주장을 고수한다. 이에 대해 다르마키르티는 다음과 같이 언명한다.

그것[인식]에 대한 직접적 경험은 그 [인식] 자신으로부터 [생기는 것]이지 그것[인식]은 [대상과의] 유사성을 원인으로 [생기]하는 것이 아니다.(『프라마나바르티카』, 3장 430ª게송)
일상[언어 차원]에서는 그것[대상과의 유사성]이 [인식]행위의 결과를 판단하는 요인일 것이다.(430ᵇ게송)
[인식의] 본질에 내재하는 그 형상을 인식하는 것이 '청색 등이 직접적으로 경험되었다'라고 말하는 것은, [그것을 외부대상의 인식과] 동일시하는 착각 때문이지, 다른 것 자체[외부의 청색 등]를 실제로 인식하기 때문은 아니다.(431게송)

도사키 히로마사는 "외경대상의 인식이라고 말하지만 그것은 인식이 외경대상을 실제로 파악하기 때문이 아니다. 인식이 외경대상을 파악한다고 하는 것은 실제로는 없는 것이다. 실제로 일어나는 사태는 인식 자신 속

---

14) 桂紹隆, 「ダルマキルティにおける'自己認識'の理論」, 『南都佛教』 23호, 1969, 1~2쪽.

에 있는 대상형상을 그 인식 자신이 인식하는 것이다. 그러나 사람들은 그 것을 마치 외경대상의 인식인 것처럼 생각한다. 그 잘못된 생각 때문에 외 경대상의 인식이라고 말하는 것이다. 그러므로 인식은 승의勝義에는 바로 자기인식이며 외경대상의 인식은 없다"[15]라고 해설한다.

다르마키르티는 '인식은 자기를 인식하는 구조를 취한다'고 하는 자 신의 주장을 위에서 기술한 것과 다른 방식으로 논증한다. 그것은 다음과 같은 진술로 시작한다.

혹은 인식은 존재하는 원인이 있음에도 불구하고 무슨 까닭으로 ['인식 이 인식되었다'라는 판단이] 없다고 하는가? ①또한 흰색 등이 지금 지각될 때 ②사람에게는 흰색 등의 현현을 형상으로 하는 느낌이 선명하게 드러 나는 것, 그것이 '흰색 등의 현현'과 다른 것인가? 그렇지 않으면 [그것]자 체인가?(『프라마나바르티카』, 3장 437~438게송)

"어떤 사람이 흰색 등을 지각할 때, 그에게는 흰색 등의 현현을 본질로 하는 느낌samvedana, 受이 선명하게 드러난다. 이것은 의심할 수 없는 경험이 다. 그런데 그 느낌은 흰색 등의 현현이라 말하는 것과는 다른 것인가 아니 면 그 느낌이야말로 흰색 등의 현현이라 말하는 그것인가?"[16] 이것이 논쟁 의 핵심이다. ①에서 '흰색 등이 지금 지각될 때'의 등은 지각의 대상인 색 뿐만 아니라 성·향·미·촉·법 등의 지각의 대상이다. 그런데 여기서의 지 각은 '대상의 형상에 관한 인식'이지만, ②에서 '흰색 등의 현현을 형상으

---

15) 戶崎宏正, 『佛教認識論の研究』 下, 113~114쪽.
16) 같은 책, 120쪽.

로 하는 느낌'에서 느낌은 '대상의 형상을 지닌 인식'과 같은 인식인가 아니면 그것과 다른 것인가 하는 것이 논쟁의 핵심이 되고 있다. ①에서 '흰색 등이 지금 지각될 때'의 지각을 분석해 보자. 우선 어떤 대상 X는 존재한다. 그리고 그 X는 지각에게 두 가지 힘을 부여한다. 하나는 물리적 힘이며, 하나는 정신적(개념적·심리적) 힘이다. 어떤 대상 X의 물리적 힘에 의해 지각은 생기하며, 어떤 대상 X의 정신적 힘은 지각의 대상형상을 형성한다. 가령, 어떤 사람이 단단한 돌멩이로 머리를 맞게 되면 아픔과 함께 화가 치밀어 오를 것이다. 여기서 아픔은 대상의 물리적 힘을 우리가 느낀 것이며, 화는 대상에 대한 우리의 주체적 형식, 즉 형상이 형성된 것이다. 이것은 다시 말하면 화라는 형상을 통해 대상을 파악한 것이라 할 수 있을 것이다. 이것은 촉에 의한 지각을 설명한 것이다. 그런데 감촉뿐만 아니라 다른 감관에 의한 지각도 마찬가지로 이와 같은 구조를 지닌다. 다시 '흰색 등의 지각'으로 돌아가자. 흰색은 대상의 형상이다. 이 형상을 통해 대상을 파악한다. 그런데 대상은 흰색이라는 형상과 함께 괴로움[苦]과 즐거움[樂] 등의 느낌[受]을 생기게 한다. 이 고·락 등의 느낌은 흰색이라는 대상의 형상을 계기로 형성된 느낌이다. 그렇다면 이 느낌이 대상의 인식과 다른 것인가 아니면 같은 것인가라고 하는 것이 위 게송의 문제의식이다.

먼저 다르마키르티는 대상의 지각과 느낌이 다르다고 주장하는 반대 논사의 견해를 다음과 같이 논박한다.

만약 다른 것이라고 한다면 현현은 드러나지 않음에도 불구하고, 어떻게 흰색이 [인식자 당사자에게] 현현할 수 있는가? 현현은 인식이다. [당신의 주장에 의하면] 그것은 [인식자에게는] 현현하지 않는다. 따라서 세계는 [그에게] 전혀 현현하지 않을 것이다.(『프라마나바르티카』, 3장 439게송)

여기서 현현은 대상형상을 지닌 지각이며, 현현의 내용은 흰색을 파악하는 지각이다. 그런데 형상의 관점에서 보면 '흰색을 파악하는 지각'은 대상형상이며 '흰색이라는 형상을 지닌 지각을 본질로 하는 느낌'은 인식형상이다. 이 대상형상과 인식형상이 다르다고 한다면 대상형상을 생기하게 하는 대상과 인식형상을 생기하게 하는 대상이 달라야 한다. 형상이 다르다고 하는 것은 그 형상을 생기하게 하는 대상의 차이에 기인하기 때문이다. 예를 들면 색깔이라는 형상과 냄새라는 형상이 다른 까닭은 냄새라는 형상을 부여하는 대상과 색깔이라는 형상을 부여하는 대상이 다르기 때문이다. 그럼에도 불구하고 '흰색을 파악하는 지각'과 '흰색이라는 형상을 지닌 지각을 본질로 하는 느낌'이 다르다고 한다면 지각과 느낌의 대상이 달라야 한다. 하지만 이것은 우리의 경험을 위반한다. 우리는 대상을 지각함과 동시에 대상을 느끼기 때문이다. 또한 지각과 느낌이 다르다고 한다면 인식하는 당사자에게 지각은 없어야 할 것이다. 다시 말하면 우리의 느낌은 지각이 없이 발생한다는 과실이 발생한다는 의미이다. 이러한 지각이 없다면 아무것도 없는 것을 보고서 아름답다고 이야기하는 것처럼, 흰색이라는 형상은 우리에게 현현하지 않을 것이다. 만약 현현, 즉 인식이 현전하지 않는다면 흰색뿐만 아니라 이 세계에 존재하는 모든 것이 그에게는 현현하지 않을 것이다.

다음으로 다르마키르티는 대상에 대한 지각과, 느낌인 수受가 모두 같은 인식이라고 주장한다. 그리고 이러한 주장이 논증된다면 결국 인식은 자기 자신을 인식하는 구조를 취한다는 자신의 주장이 입증된다고 한다.

만약 [인식자 당사자에게 선명하게 드러나는 '흰색 등의 현현을 형상으로 한 느낌'만이 인식의] 자기형상이라고 한다면 그 경우 그것은 바로 스스로 현현한 것이다. 왜냐하면 그것이 [스스로] 현현한 것이 아니라면, 대상도 현현하지 않을 것이기 때문이다.(『프라마나바르티카』, 3장 446게송)

사실 대상을 파악하는 지각과 대상의 형상을 지닌 지각을 본질로 하는 느낌[受]은 다른 것일 수 없다. 왜냐하면 앞에서도 언급한 바와 같이 우리는 대상을 파악함과 동시에 대상에 대한 느낌도 동시에 생기한다는 것을 선명하게 경험하기 때문이다. 다시 예를 들면, 돌에 머리를 맞았을 때 우리는 아픔과 동시에 화가 난다는 사실을 경험한다. 이때 우리가 지각했다는 것은 아픔을 느꼈다는 것이다. 만약 돌에 맞았다고 하더라도 아픔을 느끼지 못했다면 돌에 대한 지각은 생기하지 않았다고 해야 할 것이다. 이때 '아프다'라고 하는 것은 대상에 대한 형상이다. '아프다'라는 형상은 돌과 나의 지각을 한정한다. 그런데 동시에 우리는 화가 치솟는다. 그렇다면 이 화는 어떻게 해서 생기하는가? 이것은 돌에 맞고 아프게 느낀 지각이 여건이 되어 화라는 형상이 생기하는 것이다. 따라서 화라는 형상은 돌에 대한 형상이 아니라 인식 속에 있는 대상형상, 즉 '아프다'라는 형상에 대한 인식이기 때문에 인식형상인 느낌은 자기인식이라 할 수 있는 것이다.

이에 대해서 도사키는 "'만약 인식 당사자에게 선명하게 현현한 느낌이야말로 현현(인식)에 다름 아니다'라고 한다면, 그 현현(인식)은 스스로 현현한 것이다. 흰색 등을 지각할 때, '흰색'이 인식 당사자에게 현현함과 동시에 수, 즉 현현(인식)도 현현하는 것이다. 왜냐하면 수, 즉 인식이 현현하지 않으면 흰색 등도 현현할 수가 없을 것이다. 게다가 그것은 스스로 현현한 것이며, 다른 것에 의해서 현현한 것이 아니다. 그리고 '인식이 현현을 본성으로 하여 스스로 현현한다'라는 것이야말로 인식의 자기인식에 다름 아닌 것"[17]이라고 설명하고 있다.

　　그렇다면 두 학파가 인식의 본질과 구조를 설명하는 데 근본적으로 다른 것을 주장한 것인가? 그렇지 않다. 다만 존재[대상]와 인식의 연기적 관계를 어디에 입각점standpoint을 두고 설명하는가의 차이일 뿐이다. 경량부는 대상과 인식의 관계에 있어 대상→식의 관점에서, 유식파는 대상(인식의 현현)←인식의 관점에서 인식의 본질과 구조를 설명하는 것이다. 그런데 대상과 인식은 대상⇄인식의 관계이다. 그들도 이 점을 전제로 하지만 기술을 할 때 어디에 입각점을 두는가에 따라 다를 뿐이다.

　　다르마키르티가 경량부의 대상인식을 수용한 것은 두 가지 이유 때문이다. 하나는 우리의 인식은 마치 수정과 같이 대상과 무관하게 독존하는 무형상의 존재가 아니라[18] 대상에 의해서 생기하고 대상의 형상을 수용하는 연기적 존재라는 것을 강조하기 위해서 경량부의 대상인식을 수용했다고 볼 수 있다. 또 하나는 외부대상에 대한 인식은 우리의 일상적 차원(세속제)에서의 경험이다. 이 일상적 차원에서 경험되는 대상인식을 정합적으로 설명하기 위해 경량부의 대상인식을 수용했다고 볼 수 있다.

---

17) 戶崎宏正, 『佛敎認識論の硏究』下, 129쪽.

18) 이에 대해 가쓰라 쇼류는 다음과 같이 말한다. "무형상지식론은 니야야·바이세시카 학파, 밧타 미망사 학파, 바이바시카에 의해서 지지된다. 그들은 '지식은 투명한 수정과 같이 청정한 것이며, 그 자신의 어떠한 형상도 갖지 않는다. 가령 다양한 외계의 사물을 인식할 때에도 그와 같은 본질을 상실하지 않고 변화하는 것이 아니다'라고 생각한다. 이것에 대해서 유형상지식론은 상키야 학파, 베단타 학파, 경량부, 유가행파에 의해서 지지된다. 그들은 '외계의 사물의 인식이라고 하는 것은 그것이 지식에 자기의 형상을 투사하고 인상을 부여한 결과이며, 이 의미에서 지식은 대상의 형상을 갖는 것이다. 따라서 지식은 그 순간순간의 대상에 응해서 변화한다'라고 생각한다. 이 유형상지식론을 더욱 밀고 나가면 '자기인식'의 이론으로 발전한다. 그것은 '우리들이 외부의 대상이라고 보는 것은 실은 지식에 투사된 대상의 형상이며, 지식 그것이다. 따라서 모든 인식작용은 자기인식이다. 외부의 사물이라고 하는 것은 그 지식의 형상에 의해서 그 실재가 추론된 것에 지나지 않는다'라고 말하는 것이다. 한편 무형상지식론자는 지식이 자기인식이라는 것을 결코 인정하지 않고 '외부의 사물이 그것과는 별도로 지식에 의해서 파악되는 것처럼 지식도 또한 제2의 지식에 의해서 파악된다'라는 주장을 펴고 있다." 桂紹隆, 「ダルマキルティにおける'自己認識'の理論」, 『南都佛敎』23호, 7쪽.

또한 다르마키르티가 유식의 자기인식을 수용한 것은 다음과 같은 두 가지 이유 때문이다. 하나는 인식작용의 궁극적 근거를 인식 그 자체 속에서 구하고자 했던 것이다. 인식이 그 자신을 인식하지 않는다면 우리의 지각적 경험 특히 감관에 의한 지각이나 즐거움 등의 느낌, 요가수행자의 명상에 의한 지각, 그리고 기억과도 같은 우리의 인식작용을 정합적으로 설명하기가 어려웠을 것이다. 만약 인식의 궁극적 본질을 인식 자신 속에서 구하지 않는다면 다른 것을 요청할 수밖에 없다. 다시 말하면 인식의 내적 과정에서 직접적으로 발생하는 요소가 아닌 추상적이며 개념적인 것을 요청하여 인식을 설명한다면 우리의 구체적이며 과정적이며 인과적인 인식적 경험을 전혀 설명할 수 없다는 한계를 벗어나기 위해서 유식의 자기인식을 수용했다고 볼 수 있다. 또 하나는, 인식 자신이 자신을 인식하는 자기인식은 우리의 궁극적 차원(승의제)에서의 경험이다. 이 궁극적 차원에서 경험되는 자기인식을 정합적으로 설명하기 위해 유식의 자기인식을 수용했다고 볼 수 있다.

9장_인식의 과정

우리는 앞에서 인식이란 자연과 인간, 대상과 주체의 연관성을 가장 구체적으로 보여 주는 술어이며, 그 인식의 수단으로는 지각과 사유를 본질로 하는 추리가 있음을 기술하였다. 또한 인식은 이미 선재先在하는 것이 아니라 대상에 의해 생성된다는 것, 다시 말하면 지각은 자상에 의해 생성되는 직접적 인식이라는 것, 추리는 공상에 의해 생성되는 간접적 인식이라는 것도 앞서 기술했다. 그런데 이번 장에서 지각과 추리가 어떤 내적인 연관을 가지면서 전개되는가, 즉 우리의 인식의 전개 과정을 다르마키르티는 어떻게 설명하고 있는가를 밝히고자 한다.

인식의 과정은 다음의 4가지 과정을 거친다. 첫째 감관지각의 과정, 둘째 의근지각의 과정, 셋째 개념적 인식(분별)의 과정, 넷째 추리의 과정이다. 1절 지각의 과정에서는 감관지각과 의근지각의 과정을, 2절에서는 개념적 인식(분별)의 과정을, 3절 추리의 과정에서는 결과로서의 논리적 이유에 근거한 추리 과정과 본질로서의 논리적 이유에 근거한 추리 과정 및 비인식으로서의 논리적 이유에 근거한 추리 과정을 기술할 것이다.

1. 지각의 과정

감관지각의 과정

'아견에 근거한 인식론'에 의하면, 지각은 동시적으로 존재하는 감관과 대상의 접촉이다. 이것을 간략하게 나타내면 다음과 같다.

제1찰나   대상 — 감관 → 지각(감관지각)

이 인식론에는 인식의 대상과 인식의 주체가 이미 전제되어 있고, 인식작용이란 인식주체에게 속한 성질(작용)에 지나지 않는다. 그리고 대상과 감관, 지각은 동시적 사태이다. 그런데 동시에 존재하는 대상과 감관의 접촉으로 지각이 생기한다면 생기의 원인[因]이 되는 대상과 감관, 그리고 생기의 결과[果]인 지각은 엄밀한 의미에서 본질을 달리한다. 왜냐하면 전자는 물리적 존재이며 후자는 정신적 존재이기 때문이다. 이렇게 본질을 달리하는 것이 원인과 결과의 관계를 맺을 수 있는가? 또한 물리적 존재로부터 정신적 존재가 생기하는 것이 가능한가? '아견에 근거한 인식론'에 의하면 대상과 감관의 접촉으로 생긴 인식이 감관지각이다. 이것은 우리의 경험과 부합되는 것처럼 보인다. 하지만 대상과 감관의 접촉설은 여러 가지 난점을 낳는다. 가령, 지각이 대상과 감관의 접촉에 의해 생긴다면 대상의 부분과 감관이 접촉하는가 아니면 대상의 전체와 감관이 접촉하는가 하는 것이 문제가 된다.

이에 반해 경량부의 '무아견에 근거한 인식론'에 의하면, 지각(인식)은 대상과 우리의 신체(감관)가 연기적 관계를 맺을 때, 다음 찰나에 '생성'하는 것이다. 이것을 그림으로 나타내면 다음과 같다.

'무아견에 근거한 인식론'에 의하면 인식주체인 내적인 자아^{ātman}는 존재하지 않는다. 자아가 존재하지 않기 때문에 지각과 추리는 자아의 작용일 수 없다. 단지 현실적 존재^{vastu}에 의해 인식이 생기하는 것이다.

위의 그림에서 지각은 결과이며, 대상과 감관은 원인이다. 마찬가지로 지각을 생기시키는 원인인 대상과 감관도 지각에 선행하지만 그것들은 존속하는 것이 아니라 타자를 여건으로 하여 순간적으로 생성하고 지각을 생기시키는 순간 소멸하는 순간적 존재에 지나지 않는다. 아견에 근거한 인식론에서는 대상과 지각은 동시적 사태지만 무아견에 근거한 인식론에서는 대상과 지각은 이시적 사태이다. 가령 캄캄한 밤 우리의 손끝에 만져지는 물체의 딱딱한 느낌이 우리에게 전달된다. 우리가 대상을 만지기 전에는 감촉에 의한 지각이 발생하지 않는다. 그런데 만지는 순간 우리에게는 감촉이라는 지각이 발생한 것이다. 이 예에서 우리는 지각은 어떤 것을 원인으로 하여 생기한 결과라고 하는 것을 확인할 수 있다.

그렇다면 그러한 감촉이라는 지각은 과연 손과 대상과 동시에 있다고 할 수 있는가? 이것은 우리의 경험에 위배된다. 왜냐하면 이미 지각 이전에 선재하는 대상과 앞서 존재하는 감관이 여건이 되어 손끝을 타고 우리에게 전달된 결과, 바로 감촉이라는 지각이 발생하기 때문이다. 그 전달의 과정은 논리적 과정도 아니고 개념적 과정도 아닌 시간적 과정이다. 분명 감촉이 생기기까지에는 아주 짧지만 시간이 경과되었던 것이다. 촉감뿐만 아니라 다른 감관에 의한 지각도 마찬가지이다. 따라서 지각이란 앞 찰나에 존재하는 대상과 감관이 여건이 되어 다음 찰나에 생기하는 인식임을 알 수 있다.

의근지각의 과정

앞에서 지각이라 했을 때 감관에 의한 지각에 국한된다. 그러나 인도인들은 안·이·비·설·신과 같은 다섯 감관 이외에 의(意)라고 하는 여섯번째 감각기관을 설정하고 있다. 그 여섯번째의 감관을 의근(意根)이라 부른다. 이 감관에 의해서는 직접적으로 대상을 파악하는 직접적 인식과 간접적으로 대상을 파악하는 간접적 인식이 발생한다. 보통 우리가 의식이라고 하면 후자를 말하지만 다르마키르티는 의근에 의한 직접적 인식을 지각이라 파악하고 있다. 여기서 논하고자 하는 것은, 의근에 의한 직접적 인식, 즉 의근에 의한 지각이다. 그런데 의근에 의한 지각은 어떻게 생성되는가? 이러한 물음과 관련해서 상세하게 논의를 진행한 것이 『프라마나바르티카』 3장 지각론 239~248게송까지이다.

　우리는 앞에서 감관지각의 대상과 의근지각의 대상이 동일하기 때문에 '미지의 대상에 대한 인식'이라는 인식 정의에 위반되며, 따라서 의근지각은 인식수단이 아니라는 '아견에 근거한 인식론'의 반론을, 인식대상의 '찰나멸성'으로 논박하여 의근지각이 인식수단임을 다르마키르티가 논증하고 있음을 살펴보았다. 그런데 의근지각의 대상과 감관지각의 대상이 다르다고 인정하더라도 의근지각과 그 대상과의 시간적 관계, 즉 의근지각과 그 대상은 동시인가 아니면 이시인가가 문제가 된다.

　'아견에 근거한 인식론'에 의하면 인식과 대상은 동시라고 주장한다. 이러한 사고에 의하면 의근지각 생기의 구조는 다음과 같다.[1]

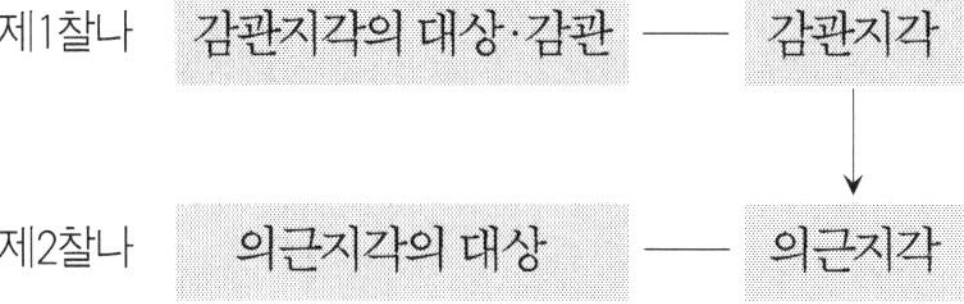

이 경우 그림과 같이 의근지각의 대상과 감관지각은 시간을 달리하게 된다. 그런데 시간을 달리하는 두 개의 존재가 어떤 목적을 위해서 함께 작동한다는 것은 있을 수 없다. 다르마키르티는 이것을 다음과 같이 간략하게 요약한다.

'[의식의] 대상은 자기의 인식[의식]과 동시[적 존재]이며, 그것[감관지각]과 작용의 시간을 달리하는데, 어떻게 [의식의 대상은] 감관지각의 공동[인이 되어 의식을 생기게] 할 수 있는가'라고 한다면.(『프라마나바르티카』, 3장 245게송)

다르마키르티는 인식 대상 동시설에 대한 반대 논사의 반론을 비판하고 인식 대상 이시설을 주장한다.[2]

① 모든 원인들은 [결과의 생기보다] 이전에 존재한다. 왜냐하면 [결과의 생기보다] 이전에 존재하지 않는 것은 [결과의 생기에 대해서 인과적 효과의] 능력이 없기 때문이며, 또한 [결과의 생기와 동시에 있는 것은 자기의 생기와 동시에 결과도 생기하기 때문에 그것이] 뒤에 작용할 여지는 없기 때문

---

1) 戸崎宏正, 『佛教認識論の硏究』上, 大同出版社, 1979, 37~41쪽.
2) 같은 책, 344쪽.

이다. 따라서 [의식의] 대상[원인]은 자기의 인식[의식, 결과]과 동시에 존재하지 않는다.(『프라마나바르티카』, 3장 246게송)

원인이 결과 이전에 있었다면 그것은 이미 있었고 지금은 없기 때문에 비실재다. 비실재인 것은 결과를 낳을 수 있는 능력이 없는 것이다. 또한 원인이 결과와 동시라면 동시적 사태인 원인이 결과를 낳을 수도 없다. 왜냐하면 동시적 사태는 동시적으로 존재하는 다른 사태에 직접적 영향력을 미칠 수가 없기 때문이다.[3] 따라서 원인과 결과는 동시적으로 존재해서는 안 되며 반드시 모든 원인은 결과보다 앞서 존재해야만 한다. 그러므로 원인인 감관지각과 의근지각의 대상은 결과인 의근지각(의식) 이전에 존재해야 한다. 그런데 ①에서 원인들이 결과의 생기보다 이전에 존재한다면 이미 찰나멸하여 존재하지 않을 것이다. 그렇다면 존재하지도 않는 것이 어떻게 결과를 낳을 수 있는가? 하지만 여기서 다르마키르티가 말하고자 하는 것은 결과와 무관한 원인이 이미 존재하고 있다는 '아견에 근거한 인식론'의 논리에 의하면 모순되지만, 원인과 결과가 상호 연기적 관계에서 존재하고, 또한 그 원인은 타자를 위한 인과적 효과성을 지닌 존재이기 때문에 결과를 생기하자마자 과거로 사라진다고 해도 전혀 문제가 되지는 않는 것이다.

대상이 원인이 되어 다음 순간에 인식이 생기한다면 의근지각은 어떤

---

3) 동시적 존재는 상호 간에 직접적인 영향을 끼치지 않는다. 이에 대한 화이트헤드의 동시성에 대한 언급은 동시적 존재 간에 상호 영향을 주지 않음을 명료하게 시사한다. "시간을 단일 계열로 보는 고전적인 견해에 따르면, 두 개의 동시적인 현실적 존재는 동일한 현실세계를 한정한다. 그러나 현대의 견해에 의하면 어떠한 두 현실적 존재도 동일한 현실세계를 한정하지 않는다. 현실적 존재들 가운데 그 어느 것도 다른 것에 의해 한정되는 '주어진' 현실세계에 속하지 않을 때, 그 현실적 존재들은 '동시적'이라고 불린다." 화이트헤드, 『과정과 실재』, 오영환 옮김, 민음사, 1991, 155쪽.

인과적 과정을 거쳐 생기하는가? 라는 의근지각의 생기 과정에 대한 적절한 해답은 다르마키르티의 다음의 기술이다.

①그러한 이유로 의[식]는 [감관지각의 대상이었던 것과는] 다른 대상만을 파악하며, ②또한 감관지각을 등무간연等無間緣으로 하여 생기한다. 따라서 맹인은 [외부] 대상을 직접 인식할 수는 없다.(『프라마나바르티카』, 3장 243게송)

위의 게송 ①에서 의근지각은 감관지각의 대상과 다르다는 것을 기술하고, ②에서 감관지각과 의근지각의 관계를 등무간연[因]→의근지각[果]이라고 분명하고 기술하고 있다.

이 다르마키르티의 인과이시설因果異時說의 관점에서 '감관지각과 대상'을 원인으로 의근지각이 이시적으로 생기하는 과정을 명석하게 설명한 사상가는 11세기의 목샤카라굽타이다. 그는 그의 주저 『논리개설』論理概說에서 다음과 같이 말한다.

의근지각이란 자신의 대상(A$_1$), 다음 순간인 대상(A$_2$)과 공동하여 작용하는 감관지각(J$_1$)을 직전의 원인으로 하여 거기서 생기는 의식(J$_2$)이다(의근지각의 정의). [이 정의에서] '자신'이라고 하는 말은 감관지를 의미한다. 그 [감관지각] 자신의 대상이란 외계의 항아리 등을 의미한다. [그러나 감관지각은 그 자신의 대상(A$_1$)과 동일한 순간에 생기는 것이 아니라 다음 순간에 비로소 생긴다. 따라서 그것과 동일한 순간에 있는 대상(A$_2$)은] 처음 대상(A$_1$)의 두번째 순간의 대상이며 이것을 '자신의 대상 다음 순간'이라고 한다. 결국 감관지각의 본래 대상[인 항아리의 순간(A$_1$)]과는 다른 그

항아리의 두번째 순간(A_2)인 것이다. 감관지각은 그것(A_2)과 공동하여 작용한다. 다시 말해 [감관지각은 자신이 파악(획득)한 대상(A_1)의 다음 순간의 대상(A_2)과] 동시에 존재하는 것이다. 이 감관지각을 '직전의 원인'[等無間緣]이라 불리는 질료인으로 하여 생겨나는 [다음 순간의] 지식을 의근지각manasa이라고 하는 것이다.[4]

이상의 논의를 근거로 의근지각의 생기 과정을 감관지각의 생기 과정과 결합하여 그림으로 나타내면 다음과 같다.

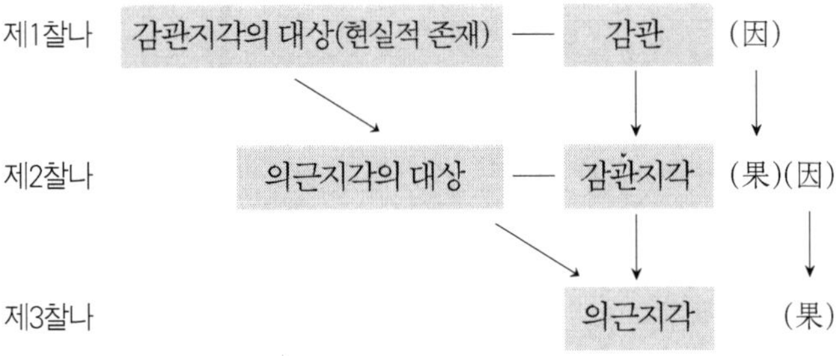

감관지각과 의근지각은 지각이라는 점에서 동류의 인식이다. 따라서 두 지각은 개념구성을 떠난 인식[無分別]이다. 이 개념구성을 떠난 인식의 생기 과정을 우리는 위에서 살펴보았다. 그렇다면 개념구성의 인식, 즉 개념적 인식(분별)은 어떻게 생기하는가?

2. 개념적 인식(분별)의 과정

이상에서 우리는 감관지각과 의근지각의 생기 과정을 확인하였다. 또한 우리는 다르마키르티가 지각을 '개념구성을 떠난 인식'이라 정의하고 있음을 기억하고 있다. 이러한 정의에 의하면 감관지각과 의근지각은 모두 개념구성을 떠난 인식이다. 그리고 다르마키르티는 개념구성에 대해서 '언어와 결합할 가능성이 있는 형상을 대상으로 한 인식'이라 규정하였기 때문에 개념구성을 떠난 인식인 지각은 동시에 언어가 개입되기 이전, 사유가 개입되기 이전의 인식임을 알 수 있다. 그런데 인식은 지각에서 개념적 인식(추리)으로 진행한다. 모든 지각이 개념적 인식으로 전환하는 것은 아니지만 대부분의 지각은 개념적 인식으로 전환한다.

이 개념적 인식과 지각과의 차이 및 두 인식의 구조의 차이를 다음과 같이 다르마키르티는 명료하게 설명하고 있다. 다르마키르티의 말을 들어보자.

그것[다만 하나의 자상]을 그 자신의 존재 방식으로 인식하는 경우와 ①그 이외의 존재 방식으로 인식하는 경우가 있기 때문에 [인식] 수단의 대상은 [자상과 공상의] 두 가지가 있다고 생각된다.(『프라마나바르티카』, 3장 54게송)

실제로 현존하는 것은 인과적 효과성을 본질로 하는 자상뿐이다. 이 자상을 직접적으로 인식하는 것은 지각이다. 역으로 말하면 자상은 지각에 의해 파악된다. 이에 대해 도사키 히로마사는 "'자상을 그 자신의 존재 방식에 의해서 인식한다'라고 말하는 인식과 '자상을 그 이외의 다른 존재 방식으로 인식한다'라고 말하는 인식은 모두 자상을 인식하지만 그 인식 구조의 측면에서 보면 본질적인 차이가 있다. '자상을 그 자신의 존재 방식

---

4) 목샤카라굽타, 『論理のことば』, 梶山雄一 옮김, 中央公論社, 1975, 32~33쪽.

으로 인식한다'라고 말하는 인식은 지각이 그것이지만, 그 지각은 '자상 그 자신의 존재 방식을 가지고 생기한다, 역으로 말하면 자상이 자신의 존재 방식을 지각에 부여한다고 말하는 인식 구조를 갖는다. 이와 같은 인식 구조를 지각이 가질 때, 그 인식은 자상을 파악한다, 역으로 말하면 자상은 그 인식의 대상이라고 하는 것이다."[5] 지각의 구조에 대한 명석한 설명이라 여겨진다. 반면 ①에서 말하는 '그 이외의 존재 방식으로 인식하는 경우'란 추리, 즉 개념적 인식을 의미한다. 그리고 개념적 인식의 대상은 공상이다.

그런데 위의 게송에서도 알 수 있는 바와 같이 현실적으로 존재하는 것은 자상이며, 그 자상을 그 자신의 존재 방식 이외의 방식으로 인식하려고 할 때 비로소 공상이 형성된다는 의미에서 공상은 비실재이다. 이 비실재인 공상에 대해서 '아견에 근거한 인식론'은 실재라고 간주한다는 점에서 다르마키르티의 '무아견에 근거한 인식론'과의 괴리는 현격하다. 도사키는 공상에 의한 인식인 개념적 인식의 구조를 다음과 같이 해설한다. "한편 '자상을 공상(일반개념)에 의해서 인식한다'라고 말하는 인식은 추리가 그것이지만, 그 추리(개념적 인식)는 '자기의 본래적 착각 때문에 자기의 내적인 형상을 자상이라고 판단한다'라고 하는 인식 구조를 갖는다. 따라서 추리(개념적 인식)의 자상 인식은 지각의 경우와 같이 '자상을 파악한다'는 것이 아니라 '착각하여 자상이라고 판단한다'는 것이다. 따라서 추리의 자상의 인식은 착각적 인식이라고 말해야 한다."[6] 그런데 개념적 인식이 비실재인 공상을 파악하는 착각적 인식이기 때문에 올바른 인식수단이 될 수 없다고 반대 논사들은 반론을 제기할 수도 있을 것이다.

---

5) 戸崎宏正, 『佛教認識論の研究』 上, 125~126쪽.
6) 같은 책, 126쪽.

①만약 [당신이 추리는] 다른 존재 방식에 의한 인식[이기 때문에 착각]이
며, 그리고 착각은 인식수단이 아니라고 한다면.(『프라마나바르티카』, 3장
55게송)
②비록 [추리가] 착각이라고 해도 목적하는 것에 대해서 일탈하지 않기
때문에 인식수단이다. 허망한 인식[착각에 의한 인식]이라고 해도 [목적하
는 대상을 일탈하지 않는다는 것이 우리들에게] 경험된다. 그리고 ['추리가
자상을 파악한다'고 하는 당신의 주장은] 이미 논박되었다.(56게송)

①은 개념적 인식은 착각적 인식이기 때문에 인식수단이 아니라고 하
는 반대 논사의 반론이다. 이에 대해 다르마키르티는 ②에서 추리가 착각
적 인식이라고 해도 우리가 목적하는 것을 실현하기 때문에 추리도 올바
른 인식수단이라고 논박하고 있다. 추리가 착각적 인식임에도 불구하고
인식수단임을 보다 구체적으로 설명한 것이 다음의 게송이다.

①'황금의 빛'을 '황금'으로 인식하여 [황금을 손에 넣기 위해서] 달려가는
것과 ②'등불의 빛'을 '황금'으로 인식하여 달려가는 것은 모두 허망 분별
에 근거하고 있다는 점에서 차이는 없지만, ③인과적 효과성과의 관련에
서 차이가 있다.(57게송)

'황금의 빛'을 황금으로 인식하는 것과 '등불의 빛'을 황금으로 인식하
는 것은 모두 착각적 인식이다. 왜냐하면 황색으로 빛나는 어떤 존재는 자
상이며 이것을 직접적으로 파악하는 것은 지각이지만, 이것을 '황금'으로
인식하는 순간 그 자상은 그 자신의 존재 방식으로 파악되는 것이 아니라
'황금'이라는 언어·분별에 의해서 채색된 공상으로 전화하여 그 공상을 파

악하는 개념적 인식의 단계로 전환되었기 때문이다. 따라서 황금의 빛을 황금으로 인식하는 것은 자상에 대한 직접적 인식이 아니라 공상에 의한 간접적인 인식이라는 측면에서 그것은 개념적 인식이며 또한 착각적 인식인 것이다. 이러한 인식은 등불의 빛을 황금으로 인식하는 착각적 인식과 전혀 다른 것이 아니다. 그런데 문제는 착각적 인식인 두 인식, 즉 ①과 ②에는 본질적 차이가 있다. 그 차이의 근거는 '인과적 효과성의 관련에서 차이'라는 ③의 진술이다. ①, 즉 황금의 빛에 대한 인식은 착각적 인식임에도 불구하고 자상을 간접적인 방식으로 인식하는 것이기 때문에 인과적 효과성인 자상과 관계를 맺는다고 볼 수 있지만 ②, 즉 등불의 빛에 대한 인식은 착각적 인식이라는 점에서는 동일하지만 등불의 빛을 황금으로 인식할 때 공상인 황금은 등불의 빛과는 전혀 인과적 관련을 갖지 않는, 말 그대로 착각에 의한 인식에 지나지 않는다.

이에 대해 아카마쓰 아키히코赤松明彦는 "황금의 빛이라고 하는 것은 지식 내에 현현한 형상——지각표상——이다. 그것을 우리들은 마치 황금이라는 실재, 그것(개념적 인식의 형상)과 같이 이해하기 때문에 그것은 착각적 인식에 다름 아니다. 그러나 결과적으로 달려가 손에 쥐는 순간 그것은 황금과 다르기 때문에 현실적 존재와의 정합성을 가진 착각적 인식=확실성을 가진 개념적 인식인 것이다. 다른 한편, 현실적 존재에 근거하지 않는 사유작용의 결과로서의 지식을 그는 등불의 빛의 비유에 의해서 설명한다. 등불의 빛이라는 지각표상을 우리들은 사유에 의해서 황금이라고 판단했을 때는 그것은 본래적으로도, 실제적인 결과에서도 착각하고 있는 것이다. 왜 그와 같은 것이 일어날 수 있는가라고 한다면, 우리들은 대상(지각표상)을 지각된 그대로 그 특징을 결정하는 것을 방기하고 무엇인가 어떤 다른 보편 등과 같은 것을 망상하고 그것을 인식하는 것에 의해서 그 지각표상에 대해서 완전히 다른 특징을 귀속시키기 때문에 그와 같은 착각이 일어나는 것이라 설명한다"[7]라고 해설한다. 따라서 인과적 효과성과의 관련성이 있는 ①, 즉 황금의 빛을 황금으로 인식하는 개념적 인식(추리)은 올바른 인식수단이라고 할 수 있다. 그렇다면 이 개념적 인식은 어떤 과정을 거치면서 생성되는가, 그 생성의 내적인 과정을 설명하지 않으면 안 된다. 다르마키르티는 다음과 같이 개념적 인식의 생성 과정을 설명하고 있다.

> 언어로부터 [생기는 분별적] 인식의 경우 [그 분별적 인식에 드러나는] 대상의 상은 마치 [타자를] 배제하는 것[현실적 존재]처럼 현현하지만, 그것은 [어디까지나 상이지 외적인 현실적 존재인] 대상의 본질이 아니다. 그 착각은 [무시이래의] ①습기[vāsanā]에 의해서 생긴다.(『프라마나바르티카』, 3장 165게송)

언어를 듣고서 개념적 인식이 생기한다. 우리는 앞에서 개념적 인식을 분별적 인식의 다른 이름이라는 것을 확인하였다. 분별이란 나누어서, 쪼개어서 구별한다는 것을 의미한다. 따라서 '꽃'이라는 언어를 듣고서 생기는 분별적 인식의 형상은 마치 실재하는 '비非꽃'을 배제하는 것처럼 생각되지만 사실은 분별적 인식에 의해서 꽃과 비꽃이 실제적으로 나누어지는 것이 아니다. 이것은 다르게 설명할 수도 있다. 가령 '장미는 붉다'는 문장은 '붉은 장미꽃'으로 바꿀 수 있다. 붉은 장미꽃이라는 언어를 들었을 때 우리는 '붉은'이라는 속성이 '장미꽃'이라고 이름하는 어떤 실체에 귀

---

7) 赤松明彦,「ダルマキルテイのアポーハ論」,『哲學研究』540, 1980, 105쪽.

속한다고 생각할 것이다. 그리고 장미꽃이 가지고 있는 '붉은' 이라는 속성은 다른 '노란' 제비꽃의 색깔과는 다른 장미꽃 고유의 색깔이 있어서 제비꽃의 노란색과 차이화한다고 할 수 있을 것이다. 이렇게 생각하면 붉은 장미꽃과 노란 제비꽃을 '붉다'와 '노랗다'라고 나누는 것은 객관적으로 붉은 장미꽃과 노란 제비꽃 그 자체 속에 차이의 능력이 있다고 하는 주장이 일견 타당한 것처럼 보일 것이다. 하지만 다르마키르티는 개념적 인식에 현현하는 형상이 외부대상에 존재하며 이 대상에 존재하는 형상이 타자와의 차이성을 가져온다고 하는 개념 실재론자 혹은 '아견에 근거한 인식론' 주장에 대해서 그러한 것은 습기에 의한 착각에 지나지 않는다고 반박한다. 위의 게송에서 개념적 인식이 자상에 대한 착각을 가져오는 직접적 원인을 '습기'라 하는 것이 주목할 만하다. '아견에 근거한 인식론' 내지 개념실재론에 의하면, 개념적 인식의 원인은 객관적으로 존재하는 대상인 공상(일반 개념, 보편상)이다. 하지만 다르마키르티는 그 직접적 원인을 인식주체 속에 있는 시작도 없는 시간으로부터 상속된 '습기'라고 보는 데서 개념실재론자와 견해를 달리한다.

다르마키르티가 개념적 인식의 직접적 원인이 외부에 실재하는 공상이 아니라 인식 내부에 있는 습기라고 하는 것을 기술하면서 개념적 인식의 생성 과정을 보다 구체적으로 설명한 것이, 『프라마나바르티카』 1장 76~91게송까지이다. "개념적 인식은 이류異類로부터 구별된 여러 현실적 존재에 의존해서 생기하는 개념적 사유작용에 기반한 것이다. 이 개념적 인식은 어떤 하나의 형상을 가지고 현현한 것이며, 이 형상은 동류同類의 여러 현실적 존재의 본성에 근거하여 생기하지만, 그 발생의 직접적·본래적인 원인은 그 순간순간의 지각에 의해서 각성된 잠재인상vāsanā이다. 즉 그 순간의 지각을 계기로 하여 각성된 결과, 현현한 형상인 것이다."[8] 이어서 아카마쓰 아키히코는 다음과 같이 언급한다. "다르마키르티는 개념적 인식의 발생의 간접적 원인으로서는 실재하는 현실적 존재의 본성을, 직접적 원인으로서는 무한의 과거로부터의 잠재인상[습기, 종자]임을 인정한다."[9] 그렇다면 개념적 인식의 간접적 근거는 무엇인가? 이 '개념적 인식과 인과적 효과성을 본질로 하는 현실적 존재와 어떤 관계를 가지는가?'에 대해서 아카마쓰는 계속해서 다음과 같이 해설한다. "다르마키르티는 무한의 과거로부터의 잠재인상에 의해서 생기한 심상心像·사유형상에 세 종류가 있다는 것을 다음과 같이 기술하고 있다. '언어의 지시대상(개념)은 무한의 과거로부터의 잠재인상에 의해서 초래된 사유의 내용이다. 그것은 속성으로서 세 종류로 구별된다. 첫째 외계의 실재에 근거한 것, 둘째 비실재에 근거한 것, 셋째 그 양자에 근거한 것이 있다.' 그리고 이들 잠재인상에 근거하여 형성된 사유작용의 결과인 지식은 모두 착각적 인식viplava=bhrānti이라고 말하고 있다. 그러나 착각적 인식이지만 그 세 가지 종류 중에 외부 현실적 존재에 근거하여 생기하는 것은 결과적으로 외부의 현실적 존재에 대해서 정합성을 가진 것이기 때문에, 그 지식은 확실성을 가진 것이라 할 수 있다. 이것이 개념적 인식의 형성으로서 설명된 것이다. 그리고 현실적 존재에 간접적으로 근거하여 생기하는 개념적 인식의 형상=개념만이 진리성을 가질 수 있다."[10]

다르마키르티는 디그나가와 달리 개념적 인식의 존재론적 근거를 탐색한다. 즉 개념적 인식의 근거는 사유에 있는 것이 아니라 현실적 존재에 있다. 다만 지각이 현실적 존재가 직접적으로 근거하고 있는 반면 개념적

---

8) 赤松明彦, 「ダルマキルテイのアポーハ論」, 『哲學研究』 540, 102쪽.
9) 같은 책, 102쪽.
10) 같은 책, 105쪽.

인식은 간접적으로 근거하고 있다. 이에 대해 아카마쓰 아키히코는 "이것은 디그나가에게는 보이지 않았던 주장이며, 다르마키르티가 개념적 인식, 나아가서는 개념 그것을 어떤 형상을 가진 관념상으로서 적극적으로 긍정한 것을 의미한다. 그리고 이 잠재인상(습기)의 본성에 의해서 생기한 형상을 가진 개념적 인식은 그 자신의 형상을 지각표상에 가탁하여 그 지각표상 자체가 가진 상호 간에 다른 본래의 형상을 덮어 가리고, 지각표상과 개념적 인식 자신의 형상을 하나로 혼합하여 하나의 인식의 대상으로서 우리들의 관념 속에 나타난다. 그러므로 우리들은 어떤 여러 현실적 존재들을 공통하는 상相을 기반으로 인식하는 것"[11]이라고 해설한다.

이상을 근거로 개념적 인식의 생성 과정을 그림으로 나타내면 다음과 같다.

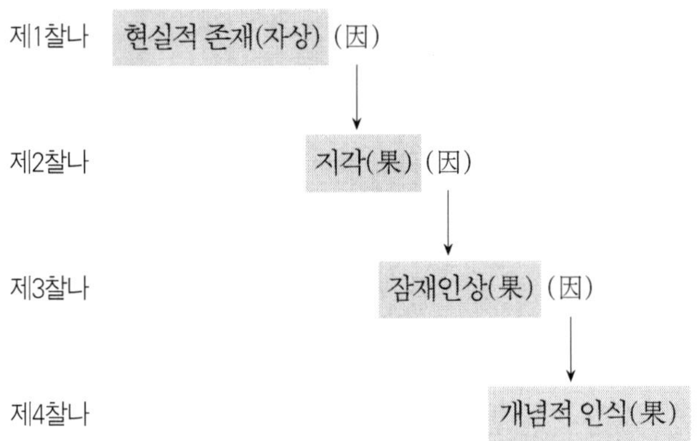

현실적 존재의 본질을 대상으로 지각이 생기하며, 이 지각을 근거로 개념적 인식이 생기한다. 따라서 개념적 인식은 지각을 매개로 실재하는

---

11) 赤松明彦, 「ダルマキルテイのアポーハ論」, 『哲學研究』 540, 102쪽.

현실적 존재의 본질과 간접적으로 결합하며 잠재인상과 직접적으로 결합하여 생기한다.

다르마키르티는 개념적 인식의 형성에 의해서 개념적 인식의 내용과 이 개념적 인식이 어떻게 언어와 결합하는가를 다음과 같이 설명한다. 다르마키르티의 말을 들어 보자.

현실적 존재의 본질을 직접 지각하는 것에 근거하여 개념적 인식이 생기한다. 그 인식은 실제로는 대상을 가지고 있지 않음에도 불구하고 마치 현실적 존재를 대상으로 하는 것처럼 존재하며, 같은 결과를 초래하지 않는 여러 현실적 존재들로부터의 차이에 근거를 두고 있다.[12]

만약 실재하는 개체가 연꽃이라고 한다면 지각의 대상은 연꽃을 구성하는 여러 계기들의 모임일 것이다. 이 계기들의 모임은 인과적 효과성을 그 본질로 한다. 그런데 연꽃에는 청색도 있고 흰색도 있다. 색깔뿐만 아니라 모양도 꼭 같은 것은 하나도 없다. 그래서 우리의 연꽃에 대한 지각은 순간순간 다른 것이다. 그런데 이 지각을 근거로 개념적 인식이 형성될 때 개념적 인식의 간접적 대상이 되는 연꽃은 지각에 의해 파악된 연꽃과는 다르다. 지각에 의해 파악된 것은 각기 다른 색깔과 모양이지만, 개념 내지 사유에 의해 파악되는 것은 색깔과 모양의 차이성이 배제된 공상이다. 개념적 인식은 공상을 대상으로 하는 것이다. 그런데 인도실재론자들은 공상을 실재라고 간주하지만 디그나가나 다르마키르티는 그것을 비실재라 간주한다.

그런데 개별자의 차원에서 보면 모든 존재는 다른 존재와의 차이성을 지향하지만 유^類의 차원에서 보면 개별자는 두 가지 방식으로 기능하는데 하나는 유와 유의 관계에서는 '차이'를 유 속의 개별자 간에는 다른 유에 속하는 개별자를 부정하는 공통적 성향이 있다. 앞의 연꽃을 통해 설명한다면 연꽃은 나무를 배제하지만 색깔과 모양이 다른 각각의 연꽃은 다른 유에 속한 개체와 유를 부정하고 배제하는 공통적 성향이 있음을 알 수 있다. 다르마키르티는 개념적 인식의 형성에서 디그나가와는 달리 개념적 인식의 확실성의 근거를 실재하는 현실적 존재에서 구했던 것이다. 사실 디그나가는 언어나 사유, 추리의 본질이 타자의 배제 내지 부정이라고 규정했을 뿐, 개념 형성의 존재론적 근거에 대해서 전혀 언급이 없다. 이렇게 되면 개념적 인식의 진리성은 개념의 형식적 정합성에만 호소할 수밖에 없다. 반면 다르나키르티는 위에서 언급한 것과 같이 개념적 인식의 존재론적 근거를 모색하여 개념적 인식의 진리성의 문제를 존재론적 정합성으로 해결하였던 것이다.

그런데 개념적 인식 대상은 외계에 실재하는 것이 아니라 개념적 인식 자신 속에 있는 형상, 즉 공상을 대상으로 하며, 또한 개체의 차원에서의 '차이성'과 유의 차원에서의 '차이성'과 '동일성'은 객관적으로 실재하는 것이 아니라 우리의 관념 속에 현현한 지각표상에 간접적으로 근거한 것임을 다음과 같이 말한다.

그와 같은 지식 내에 있는 어떤 개념의 형상이 현현한다. 그것은 지각표상과 개념적 인식을 하나로 하기 때문에 마치 외계에 실재하는 개체와 같이 존재하며 동류의 여러 개체에 공통하여 현현하는 동일한 하나의 형상과 같은 것이며, 그것 이외의 이류^{異類}의 존재로부터 구별되는 것과 같이 존재하지만 실제로는 비실재에 다름 아니다. 왜냐하면 고찰의 원인이 되지 않기 때문이다. 그들 지식 내에 현현한 여러 대상들은 이류의 존재로부터 의 구별이라는 형상을 가진 것이며(예를 들면 비연꽃으로부터의 구별이라 는 형상을 가진 연꽃이라는 언어의 대상과 같이) 그와 같은 구별[蓮性]에 의 해서 마치 동일한 것처럼 각각이 현현하는 것이다. 그리고 다름 아닌 그것 들은 동시에 다른 것[예를 들면 연성蓮性을 가진 점에서 동류同類라고 여겨진 다고 해도 청색은 아닌 것]으로부터도 구별되는 것으로서 현현하는 것이 다. 그러므로 이 두 가지의 구별이라는 것에 의해서 이해된 하나의 대상, 즉 청색의 연꽃이 관념 속에 현현한다. 그리고 공통성[보편]이나 동일 기 체성을 대상영역으로 하는 지식[개념]과 언어에 의해서 그들[지식 내에 현현하는 여러 대상]을 표현하려고 하는 [공통성이나 동일기체성이라고 한 실재가 아닌] 착각을 한 대상을 가진 표현활동이 전개되는 것이다.[13]

아카마쓰 아키히코는 "우리들의 개념적 사유작용(개념적 인식)은 외 부의 현실적 존재에 직접 근거하여 생기하는 것이 아니다. 그것은 모두 지 각에 의해 우리의 관념 속에 현현한 지각표상에 직접적으로 근거한 것이 며, 일체의 인식작용은 그 지각표상을 자기의 대상으로 하는 것이다. 그때 지각표상에 대해서는 어떠한 개념적 사유작용도 작동하지 않는다. 따라서 지각표상 그것은 외부에 실재하는 현실적 존재와 마찬가지로 각각은 전혀 다른 형상을 가지고 관념 속에 현현하는 것이다. 역으로 그것들은 상호 간 에 서로 다른 것이기 때문에 우리들은 그 지각표상을 대상으로 하여 이것 (a_1)과 저것(a_2)이 서로 유사하다고 판단한다"[14]라고 해설하고 있다. 이것은

---

13) 赤松明彦,「ダルマキルテイのアポ—ハ論」,『哲學研究』540, 95쪽.

개념적 인식의 대상은 외계에 실재한다고 하는 개념실재론자에 대한 비판이다. 다시 말하면 지각과 사유(=개념적 인식)는 동일한 대상에서 발생하며 지각보다는 사유에 보다 인식의 중요성을 부여하는 인도의 실재론자들에 대한 다르마키르티의 비판이라 볼 수 있다.

이상은 지각의 과정과 개념적 인식의 과정이다. 이 개념적 인식의 과정은 사유(의식)의 생성 과정이다. 끝으로 인식의 전체 생기 과정을 정리하면 오른쪽의 그림과 같다.

다음 절에서는 긍정추리와 부정추리의 과정을 살펴보고자 한다.

3. 추리의 과정

추리에는 결과로서의 논리적 이유^{kārya hetu}에 근거한 추리, 본질로서의 논리적 이유^{svabhāva hetu}에 근거한 추리, 비존재로서의 논리적 이유^{anupalabdhi hetu}에 근거한 추리 등 3종이 있다.

결과로서의 논리적 이유에 근거한 추리 과정

결과로서의 논리적 이유를 근거로 논리적 귀결을 추리하는 경우, 논리적 이유와 논리적 귀결 간의 논리적 필연성을 보증하는 존재론적 근거는 인과관계^{tadutpatti}이다. 이것은 현실적 존재로서는 별개의 대상이 추리되어야 할 경우, 결과가 그 추리에 있어서 논리적 이유가 되는 것이다.

엄밀한 의미에서 추리는 추리 대상 A를 B로 인식하는 착각적 인식지이다. 즉 사람을 기만하는 인식이라는 의미이다. 그렇다고 해서 반대 논사

---

14) 赤松明彦, 「ダルマキルテイのアポーハ論」, 『哲學研究』 540, 100쪽.

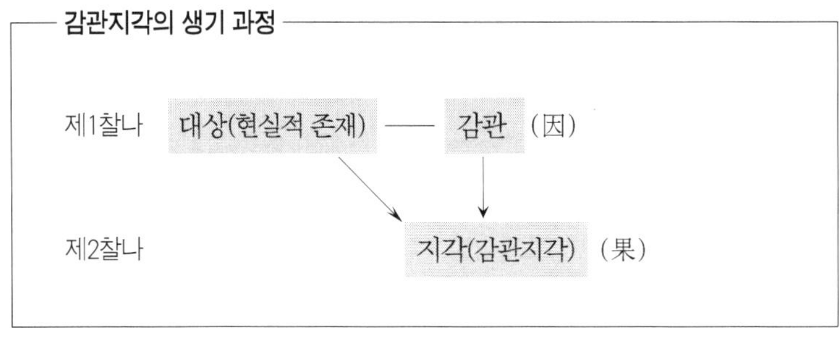
감관지각의 생기 과정
제1찰나   대상(현실적 존재) ── 감관 (因)
제2찰나   지각(감관지각) (果)

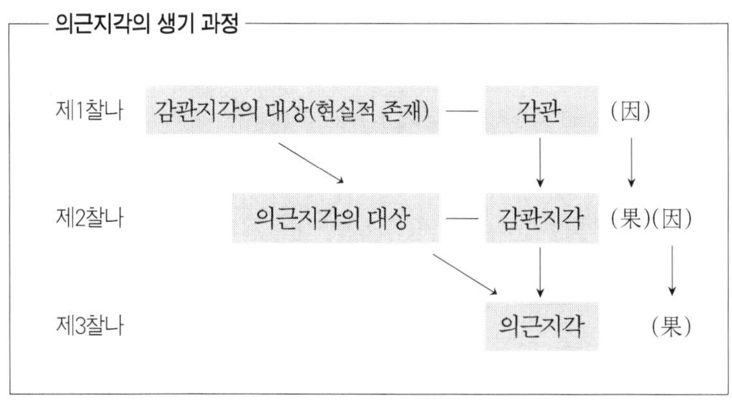
의근지각의 생기 과정
제1찰나   감관지각의 대상(현실적 존재) ── 감관 (因)
제2찰나   의근지각의 대상 ── 감관지각 (果)(因)
제3찰나   의근지각 (果)

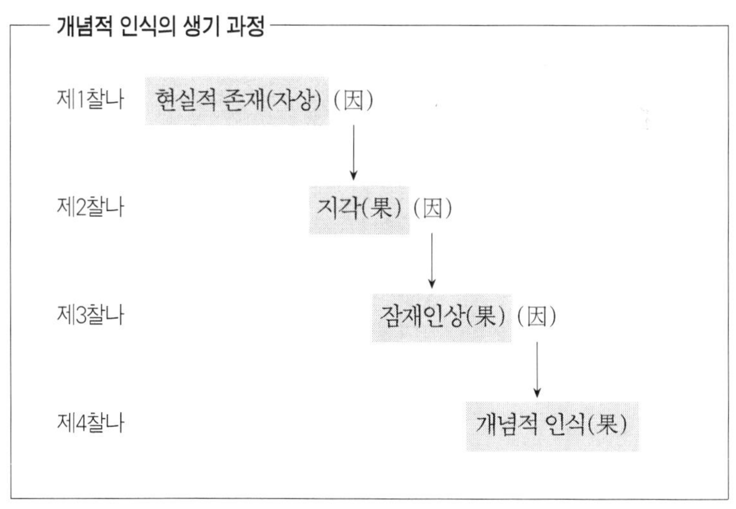
개념적 인식의 생기 과정
제1찰나   현실적 존재(자상) (因)
제2찰나   지각(果) (因)
제3찰나   잠재인상(果) (因)
제4찰나   개념적 인식(果)

들이 말하는 것처럼 착각적 인식이기 때문에 올바른 인식이 아니라고 할 수는 없다. 이에 대해 다르마키르티는 추리가 비록 착각적 인식이기는 하나 궁극적으로 대상의 인식에 이르게 하는 것이라는 것을 다음과 같이 언급한다.

①실로 어떤 존재가 어떤 상태에 있을 때, 그것[어떤 존재]은 그와 같은 [어떤 상태에 상응하는 것과 같은] 논리적 이유의 인식의 원인이다. 그러므로 그것[논리적 이유의 인식]으로부터 생기는 논리적 귀결의 인식은 그와 같은 상태에 있는 현실적 존재에 근거하는 것이다.
이와 같이 그것의 [직접적] 현현이 아닌 논리적 이유에 대한 인식과 논리적 귀결에 대한 인식은 ②간접적으로 현실적 존재와 결합하기 때문에 [현실적 존재를] 기만하지 않는다.(『프라마나바르티카』, 3장 81~82게송)

연기 →불의 사례를 들어 추리가 왜 올바른 인식수단인가를 살펴보고자 한다. 우선 연기 →불의 추리를 3지작법으로 온전하게 복원하면 다음과 같다.

주장　저 산에 불이 있다.
이유　왜냐하면 연기가 있기 때문이다.
동류　무릇 연기가 있는 곳에는 불이 있다. 가령, 아궁이와 같이.
이류　무릇 불이 없는 곳에는 연기는 없다. 가령, 호수와 같이.

게송 ①에서 어떤 존재(y)는 불 그 자체이며 논리적 귀결이다. 또한 그 y의 상태와 상응한 논리적 이유(X)는 연기 일반이며, 이 X로부터 생기한 논리적 귀결(Y)은 불 일반이다. 그리고 논리적 이유(X), 즉 연기 일반의 원인인 연기 자체를 x라 할 수 있다. 위의 추리 과정을 그림으로 나타내면 다음과 같다.[15]

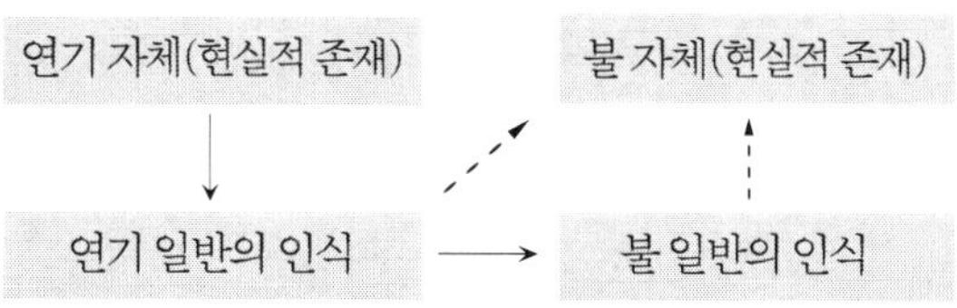

이 그림에서 우리는 추리 과정의 내용적 측면과 구조적 측면을 확인해 두어야 한다.

먼저 추리 과정의 내용적 측면에서 확인해 두어야 할 것은, 연기를 원인으로 불을 추리할 때 논리적 귀결인 불은 불 자체가 아니라 불 일반이 되어 '대상과 인식의 정합성'(비기만성)이라는 인식의 제1정의를 위반할 수도 있다는 것이다. 이것은 충분히 제기될 수 있는 물음이기도 하다. 이에 대해 다르마키르티는 "간접적으로 현실적 존재와 결합하기 때문에 기만하지 않는다"라고 답한다. 여기서 "간접적으로 현실적 존재와 결합하는 것"에는 두 가지가 있다. 하나는 연기 일반의 인식으로, 그것은 현실적 존재인 연기 자체의 결과이며 또한 그 연기 자체는 현실적 존재인 불 자체의 결과이다. 따라서 연기 일반의 인식은 현실적 존재인 불 자체와 간접적 관계를 맺고 있다. 또 하나는 불 일반의 인식으로, 그것은 현실적 존재인 불 자체의 결과인 연기 일반을 원인으로 귀결된 결과이다. 따라서 불 일반의 인식은 현실적 존재인 불 자체와 간접적 관계를 맺고 있다. 그러므로 연기를 원인

---

15) 戶崎宏正, 『佛教認識論の研究』上, 151쪽.

으로 불을 추리할 때 불 자체와 직접적으로 결합하지 않지만 간접적으로
현실적 존재인 불 자체와 관계를 맺기 때문에 기만하는 인식이 아니라는
것을 알 수 있다.

　다음으로 추리 과정의 구조적 측면에서 확인해 두어야 할 것은, 위의
인식 과정은 연기 일반의 인식(논증因) → 불 일반(논증果)이라는 개념형
성의 추리 과정과 현실적 존재인 불 자체(因) → 현실적 존재인 연기 자체
(果)라는 존재 형성의 생성 과정이, 중층적 구조를 이루고 있다는 것, 즉 개
념의 원인 → 결과는 생성의 결과 → 원인에 기반하고 있다는 것이다. 다시
말하면 추리 과정의 타당성은 근본적으로 현실적 존재의 생성 과정을 근
거로 하고 있다는 점이다. 따라서 앞의 그림을 다시 그려 보면 다음과 같다.

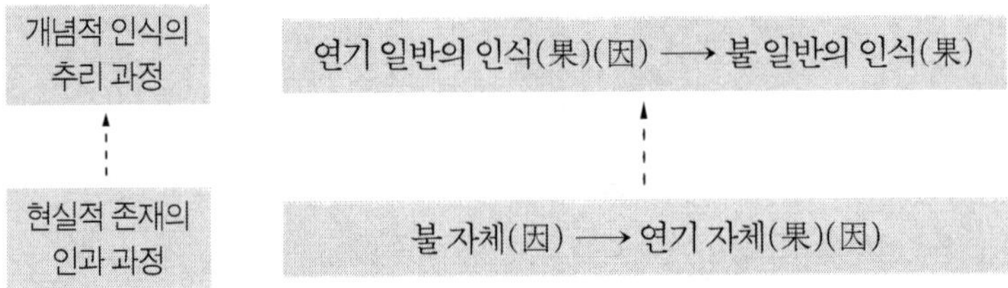

　이상에서 알 수 있는 것은 첫째, 현실적 존재의 인과 과정이 근거가 되
어 추상적 존재(개념적 인식)의 인과 과정이 파생된다는 것, 다시 말하면 개
념의 세계가 신이나 제1원인과 같은 추상적 개념에 의해 파생되는 것이 아
니라 구체적인 현실적 존재에 의해 파생된다는 존재론적 원리에 입각해
설명하고 있다는 것, 둘째 존재에서 인식에로의 생성의 과정이 불 자체(현
실적 존재, 因) → 연기 자체(果인 현실적 존재, 因) → 연기 일반(果인 개념적
인식, 因) → 불 일반(果인 개념적 인식)의 시간적 과정을 거치고 있다는 것,
셋째 역으로 인식에서 존재에로의 파악의 과정은 불 일반(果인 개념적 인

식, 因)…▸연기 일반(果인 개념적 인식, 因)…▸연기 자체(果인 현실적 존재, 因)…▸불 자체(果인 현실적 존재)의 추리의 과정을 거치고 있다는 것이다.

본질로서의 논리적 이유에 근거한 추리 과정

본질로서의 논리적 이유를 근거로 논리적 귀결을 추리하는 경우, 논리적 이유와 논리적 귀결 간의 논리적 필연성을 보증하는 존재론적 원리(근거)는 동일관계[tādātmya]이다. 이것은 '그것을 본질[自性]로 하는 것'이라는 의미로서 '논리적 이유로서의 속성이 논리적 귀결로서의 속성의 본질, 그것 자체인 것'이다. 이 본질로서의 논리적 이유를 근거로 한 추리 사례로 유명한 것은 다음과 같은 추리이다.

주장 음성은 무상이다.
이유 왜냐하면 존재하는 것이기 때문이다.

게송 ①, 즉 81게송과 위의 추리를 연관 지어 기술하면 어떤 존재(y)는 '소리의 자상과 결합한 무상성'(y) 그 자체이며 논리적 귀결이다. 또한 그 y의 상태와 상응한 논리적 이유(X)는 '무상성의 소변[所遍]으로서의 존재성' 일반이며 이 X로부터 생기한 논리적 귀결(Y)은 존재성의 능변[能遍]으로서의 무상성(Y) 일반이다. 그리고 논리적 이유(X)의 존재성 일반의 원인인 존재성 그 자체는 x라 할 수 있다. 위의 추리 과정을 그림으로 나타내면 다음과 같다.[16]

---

16) 戸崎宏正, 『佛教認識論の研究』上, 156쪽.

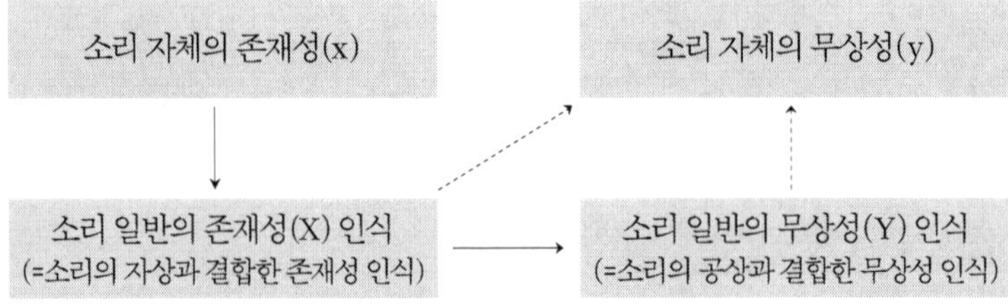

이 '본질로서의 논리적 이유에 근거한 추리 과정'은 앞의 '결과로서의 논리적 이유에 근거한 추리 과정'과 동일한 구조이다. 다만 다른 것은, 전자는 연기→불의 추리 과정으로 두 개의 다른 현실적 존재의 '인과관계'인데 반해 후자는 소리의 존재성→소리의 무상성의 추리 과정으로 하나의 현실적 존재의 본질적 관계라는 것이다. 하지만 이 추리 과정에서도 다음과 같은 내용적 측면과 구조적 측면을 확인할 수 있겠다.

먼저 추리 과정의 내용적 측면에서 제기되는 문제는, 소리의 존재성을 원인으로 소리의 무상성을 추리할 경우 논리적 귀결인 소리의 무상성은 소리의 공통상과 결합한 공상으로서의 무상성이지 소리의 자상과 결합한 무상성이 아니기 때문에 '대상과 인식의 정합성(비기만성)'이라는 인식의 제1정의를 위반할 수도 있다는 것이다. 이에 대해 우리는 결과로서의 논리적 이유에 근거한 추리 과정에서와 마찬가지로 답할 수 있다. 즉 연기→불과 같이 소리의 자상과 결합한 존재성이 무상성의 소변으로서의 존재성으로 개념구성될 때 소리의 자상과 결합한 무상성이 그 간접적으로 관계를 맺기 때문에 존재성의 능변으로서의 무상성이라는 추리의 인식은 소리의 자상과 결합한 무상성이라는 대상을 기만하지 않는다.

다음으로 추리 과정의 구조적 측면에서 알 수 있는 것은 위의 추리 과정과 마찬가지로 추리 과정과 현실적 존재의 생성 과정이라는 중층적 구조를 이룬다는 것이다. 다만 다른 것은 위의 추리는 두 개의 현실적 존재의 이행 과정이 근거가 되고 두 개의 개념적 인식 과정이 파생되는 중층적 구조를 이루는 반면, 이 추리는 하나의 현실적 존재의 본질의 생성 과정이 근거가 되고 두 개의 개념적 인식 과정이 파생되는 중층적 구조를 이룬다는 것이다. 그림을 그리면 다음과 같다.

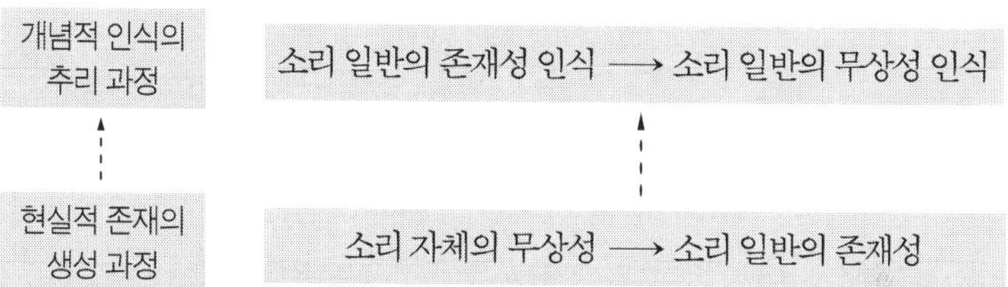

이상에서 알 수 있는 것은 다음과 같다.

우선, 여기서 소리 자체의 무상성은 현실적 존재의 본질인 '찰나멸성'이며, 소리 자체의 존재성은 현실적 존재의 '인과적 효과성'이다. 왜냐하면 다르마키르티에 의하면 존재＝인과적 효과성이기 때문이다. 따라서 인과적 효과성과 찰나멸성이 현실적 존재의 본질이라는 점에서 동일하지만 보다 존재론적 근거가 되는 것은 찰나멸성＝무상성임을 알 수 있다. 즉 무상＝찰나멸하기 때문에 존재하는 것이지 존재하기 때문에 찰나멸하는 것은 아닌 것이다.

다음으로, 현실적 존재의 본질의 생성 과정이 근거가 되어 개념적 인식의 추리 과정이 파생된다는 것, 즉 개념적 인식이 추상적 존재에서 파생되는 것이 아니라 소리 자체의 무상성이라는 구체적인 현실적 존재에 의해 파생된다는 존재론적 원리에 입각해 설명하고 있다는 것이다.

마지막으로 '존재에서 인식에로의 생성 과정'은 소리 자체의 무상성

(능변으로서의 현실적 존재, 능변본질)→소리 자체의 존재성(소변으로서의 현실적 존재, 소변본질, 因)→소리 일반의 존재성 인식(果인 개념적 인식, 因)→소리 일반의 무상성 인식(果인 개념적 인식)의 시간적 과정을 거치고 있다는 것, 역으로 '인식에서 존재로의 파악 과정'은 소리 일반의 무상성 인식(개념적 인식)···소리 일반의 존재성 인식(개념적 인식)···소리 자체의 존재성(소변으로서의 현실적 존재)···소리 자체의 무상성(능변으로서의 현실적 존재)의 과정을 거치고 있다는 것이다.

비인식으로서의 논리적 이유에 근거한 추리 과정

비인식을 논리적 이유로 논리적 귀결을 추리하는 경우, 논리적 이유와 논리적 귀결 간의 논리적 필연성을 보증하는 존재론적 원리(근거)는 긍정추리와 마찬가지로 동일관계^{tādātmya}와 인과관계^{tadutpatti}가 있다. 가장 기본적인 비인식에 근거한 추리는 다음과 같다.

이 장소에는 항아리가 없다(주장).
①인식되기 위한 제 조건을 구비하고 있으면서도 항아리가 현재 인식되지 않기 때문이다(이유). 만약 그것이 존재한다면 그 존재는 인식될 수 있을 것이다. 그 이외에는 있을 수 없다.

여기서 이 장소는 추리의 대상이며, '항아리가 없다'는 것은 논리적 귀결이다. 또한 '항아리가 인식되지 않는다'는 것은 논리적 이유이며 비인식인이기도 하다. 이 추리는 항아리가 인식되지 않는 것이라는 비인식으로서의 논리적 이유를 근거로 항아리가 이 장소에 없음을 밝히는 것이다.

그런데 가지야마 유이치는 긍정적 추리에는 보이지 않는 ①의 '인식되기 위한 제 조건을 구비하고 있다'라는 한정 구문을 주목한다. 그에 의하면 이 한정 구문에는 두 가지 상황이 함의되어 있다. 가지야마는 다음과 같이 주장한다. "만약 거기에 항아리가 있다면 반드시 보인다는 가정을 의미하지만 거기에는 두 가지 상황이 함의되어 있다. ②하나는 보는 사람의 시감관視感官이 완전하고 빛이나 그 밖의 조건이 갖추어져 있어서 눈앞에 지면이나 그 위에 있는 돗자리나 식기 등 그 밖의 것은 보이지만, 항아리만은 보이지 않는다는 상황이다. ③다른 하나는 항아리 자체는 본래 보이는 것이며 지각될 수 있는 것이다."[17] ②에서 알 수 있는 것은, 가지야마에 의하면, "'항아리가 보이지 않는다'는 것은 항아리 이외의 특정한 것이 보이는 것에 의해서 확인된다. 즉 항아리의 비인식이란 소극적인 결여를 의미하는 것이 아니라 그것 이외의 특정한 것의 인식이라는 것이다."[18] ③에서 알 수 있는 것은, 가지야마에 의하면, "항아리가 본래 보이는 것이라는 것은 본래 지각할 수 없는 것, 수메르 산처럼 공간적으로 접근할 수 없는 것, 미래 세계의 황제 상캬처럼 시간적으로 접근할 수 없는 것, 신이나 귀신처럼 그 본성이 이해될 수 없는 것은 본질적으로 부정의 대상이 되지 않는다. 항아리처럼 경험될 수 있는 것의 존재만이 실질적으로 부정될 수 있는 것이며, 경험을 넘어선 것에 관해서는 우리들은 그것이 인식될 수 없다고 말할 수는 있을지라도 그것이 절대적으로 존재하지 않는다고 증명할 수는 없다. 물론 그것이 존재한다고 말할 수도 있다. 이러한 점은 불교논리학 내지 불교인식론은 초경험적인 것에 관여하지 않음을 보여 주는 것이다. 또 동시에 비인식은 현재의 시점에 속하는 것, 그리고 명료한 기억이 존재하는

---

17) 가지야마 유이치, 「후기 인도불교의 논리학」, 『인식론 · 논리학』, 심봉섭 옮김, 불교시대사, 1996, 264쪽.
18) 같은 책, 264쪽.

과거의 시점에 있었던 것에 관해서만 확실한 인식방법이 된다는 한정도 함의한다."[19]

그런데 항아리의 비인식이라고 했을 때, 여기에는 두 가지 양상으로 나누어서 생각해야 한다. 가지야마는 이에 대해 "하나는 지면이라는 대상이 그 영역 속에 귀속하는 것과 또 하나는 그 지면의 인식이 그 영역 속에 속하는 것이다. 항아리의 비인식이란 동일한 인식 영역에 속하는 다른 어떤 것, 예를 들면 지면이라는 대상이든가 그 지면의 지식이든가이다. 항아리의 비인식이라는 논리적 이유가 지면 등의 대상이라고 생각될 때는 그 논리적 이유는 항아리의 비존재라는 논리적 귀결[所證]과의 사이에 동일관계를 갖는다. 그러나 그것이 지면 등의 인식이라고 생각될 때는 그것은 논리적 귀결[所證]에 대해서 결과로서 관계한다. 인식은 그 대상을 원인으로 하여 생기는 결과이기 때문이다. 즉 항아리의 비인식은 항아리가 없는 장소일 때는 본질로서의 논리적 이유[證因]이며, 그 장소의 지식일 때는 결과로서의 논리적 이유가 된다"[20]라고 한다.

먼저 항아리의 비인식이라는 논리적 이유가 공간 등의 대상이라고 생각될 때 그 논리적 이유는 항아리의 비존재라는 논리적 귀결과의 동일관계를 갖는 추리를 그림으로 나타내면 다음과 같다.

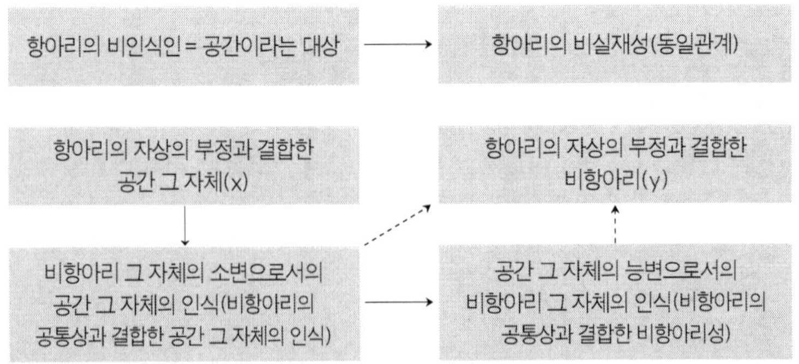

다음으로 항아리의 비인식으로서의 논리적 이유가 그 공간 등의 인식이라고 생각될 때 그 논리적 이유는 항아리의 비존재라는 소증에 대해서 인과관계의 관계를 갖는 추리를 그림으로 나타내면 다음과 같다.

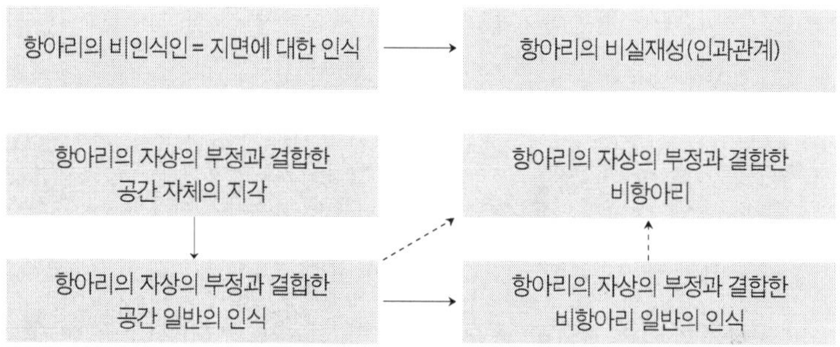

여기서도 위의 존재와 인식의 생성 과정과 인식에서 존재로의 파악 과정은 동일한 구조를 가지고 있다. 즉 '존재에서 인식에로의 생성 과정'에 대해 전자는 항아리의 독자상의 부정과 결합한 비항아리(비항아리라는 현실적 존재의 부정으로서의 공간, 능변 본질) → 항아리의 자상의 부정과 결합한 공간 그 자체(소변으로서의 현실적 존재의 부정으로서의 공간, 소변본질, 因) → 비항아리 그 자체의 소변으로서의 공간 그 자체의 인식(果인 개념적 인식, 因) → 공간 그 자체의 능변으로서의 비항아리 그 자체의 인식(果인 개념적 인식)의 시간적 과정을, 후자는 항아리의 자상의 부정과 결합한 비항아리(현실적 존재의 부정, 因) → 항아리의 자상의 부정과 결합한 공간 그 자체의 지각(果인 현실적 존재의 부정, 果) → 항아리의 자상의 부정과 결합

---

19) 가지야마 유이치, 「후기 인도불교의 논리학」, 『인식론 · 논리학』, 265쪽.
20) 같은 쪽, 266쪽.

한 공간 일반의 인식(果인 개념적 인식, 因) → 항아리의 자상의 부정과 결합
한 비항아리 일반의 인식(果인 개념적 인식)을 거치고 있다는 것이다.

그리고 '인식에서 존재로의 파악의 과정'에 대해 전자는 공간 그 자
체의 능변으로서의 비항아리 그 자체의 인식(果인 개념적 인식, 因) ···→ 비
항아리 그 자체의 소변으로서의 공간 그 자체의 인식(果인 개념적 인식,
因) ···→ 항아리의 자상의 부정과 결합한 공간 그 자체(소변으로서의 현실적
존재의 부정으로서의 공간) ···→ 항아리의 자상의 부정과 결합한 비항아리(능
변으로서의 현실적 존재의 부정으로서의 공간)의 과정을, 후자는 항아리의
자상의 부정과 결합한 비항아리 일반의 인식(果인 개념적 인식, 因) ···→ 항아
리의 자상의 부정과 결합한 공간 일반의 인식(果인 개념적 인식, 因) ···→ 항
아리의 자상의 부정과 결합한 공간 그 자체의 지각(果인 현실적 존재의 부
정, 因) ···→ 항아리의 자상의 부정과 결합한 비항아리(果인 현실적 존재의 부
정)의 추리의 과정을 거치고 있다.

또한 모든 것은 현실적 존재에 근거한다는 것, 존재와 인식은 연기적
관계 위에 구축되어 있다는 것도 알 수 있다. 위의 그림에서 비실재인 논리
적 귀결은 '무'無로서의 비실재가 아니라 언제나 '있는 것'의 부정이라는 한
정에 의해서 존재하는 것이다. 이런 의미에서 부정추리의 궁극적 근거도
'현실적 존재'임을 다시 확인할 수 있다. 다르마키르티는 이것을 다음과 같
이 언명한다.

현실적 존재를 논증하는 [긍정추리의] 경우 현실적 존재들만이 [현실적 존
재를] 논증하는 것과 같이, [현실적 존재] 자신의 부정[을 논증하는 부정추
리]의 경우 현실적 존재들만이 현실적 존재를 부정하는 것이라 인정된다.
(『프라마나바르티카』, 3장 96게송)

연기 → 불이라는 긍정추리가 현실적 존재인 연기를 근거로 현실적 존재인 불을 긍정적으로 추리하는 것처럼, 비불 → 비연기, 비인식 → 비항아리라는 부정추리도 현실적 존재인 불 자체와 항아리가 자기 부정에 있어서 연기와 항아리의 비실재성을 성취하는 것이다. 다시 말하면 긍정추리와 마찬가지로 부정추리도 현실적 존재에 근거한 것 – 객관적인 것이며 따라서 현실적 존재야말로 비실재를 성취하여 사람을 기만하지 않는다.

결국 '존재에서 인식의 생성 과정'과 '인식에서 존재의 파악 과정'이 마치 자기 꼬리를 물고 있는 두 마리의 뱀처럼 상호 긴밀하게 연관되어 있다는 것을 알 수 있다. 이것은 앞에서도 언급한 바와 같이 '존재는 있는 것이 아니라 생성된다'는 비실체론적 사유, 그리고 이러한 사유에 의해 필연적으로 귀결되는 '무아견에 근거한 인식론'에 입각하여 존재와 인식, 인식과 존재를 연속적·정합적으로 설명하고자 하는 다르마키르티 사유체계의 특징이기도 하다.

결론적으로 감관지각·의근지각의 과정, 개념적 인식 과정, 추리 과정의 궁극적 근거는 현실적 존재에 있다는 존재론적 원리와 존재는 다른 존재와 상호 연관되어 생기한다는 '무아론에 근거한 인식론'이 일관되게 관철되고 있음을 다시 한번 확인할 수 있다.

10장_결론

불교인식논리학을 포함한 인도육파사상은 종교이면서 동시에 철학이다. 다시 말하면 이들 학파는 종교와 철학을 이분하지 않는다. 그들은 인식론과 논리학을 해탈을 위한 방편이라 여기고 있다. 다만 다른 것은, 인도육파사상의 인식론과 논리학이 아견我見, ātmadṛṣṭi을 기반으로 한 반면 불교인식논리학파의 인식론과 논리학이 무아견無我見, nirātmadṛṣṭi · 공견空見, śūnyatadṛṣṭi을 근간으로 하고 있다는 것이다.

다르마키르티의 사상이 입각해 있는 지점도 바로 여기에 있다. 다르마키르티에게 있어서도 종교와 철학은 이분되지 않는다. 왜 철학하면서 성스럽게 되지 못하고, 종교를 수행하면서 합리적·논리적 사유를 하지 못하는가? 왜 종교인이면서 합리적 인간을 동시에 구현할 수 없는가? 이것이 다르마키르티의 문제의식이라 생각한다. 다시 말하면 다르마키르티에 의하면 해탈이라는 종교적 목적이 영원한 절대자인 신에 대한 신앙이나 나 속에 있는 순수 자아ātman를 보는 것을 통하여 획득되는 것이 아니라 무아견·공견이라는 '바른 인식'을 통하여 획득되는 것이라 설파한다. 다르마키르티는 다음과 같이 말한다.

인간의 모든 목적 성취에는 바른 인식이 선행한다.
(『니야야빈두』, 1장 1게송)

이때 '바른 인식'은 위에서도 말한 바와 같이 무아견·공견에 의해 도달되는 것이다. 다르마키르티는 다음과 같이 말한다.

그런데 공견을 통해 해탈이 가능하다. 나머지 수습修習은 그것을 목적으로 한다. 그러므로 [붓다는] 무상無常으로부터 고苦를, 고로부터 무아無我를 설하였던 것이다.(『프라마나바르티카』, 2장 253^b~254^{a}게송)

여기서 해탈이란 생사윤회의 고로부터 벗어나는 것을 의미한다. 그 해탈이라는 목적을 성취하기 위해서 '바른 인식'이 선행한다. 또한 그 '바른 인식'이 바로 공견이다. 따라서 공견에 의해서 인생의 궁극적 목적인 해탈을 성취할 수 있다는 것이다. 여기서 공견은 무아견이다. 이 무아견의 근거는 '이것이 있을 때 저것이 있다. 이것이 생기는 것에 의해, 저것이 생긴다'라는 인연생기因緣生起, 緣起이다. 따라서 연기를 인식하는 것은 무아를 인식하는 것이며, 무아를 인식하는 것은 공을 인식하는 것이다.

이러한 '바른 인식'인 무아견·공견을 토대로 다르마키르티는 '바른 인식'을 획득하기 위한 중요한 인식수단pramāṇa으로 지각과 추리를 제시하였다.

먼저 지각은 개념구성을 떠난 인식이다. 이것은 현실적 존재vastu의 자상에 의해 생기하는 것이다. 역으로 말하면 지각에 의해 자상이 파악된다고 할 수 있다. 자상은 언어나 분별적 사유가 개입하기 이전의 대상이라는 점에서 다른 것과 공통적인 성질을 공유하지 않는다. 이 지각의 단계에서 우리는 존재와 인식의 연기적 관계를 경험한다.

다음으로 추리는 언어와 결합한 개념구성(분별)에 의한 인식이다. 우리의 삶에서 언어와 분별이 차지하는 비중은 크다. 어떤 행동을 할 때 반드시 분별적 판단이 개입된다. 다르마키르티는 언어와 개념구성적 인식의 의의를 간과하지 않는다. 다만 언어의 대상과 개념구성의 대상인 공통상이 실재한다고 잘못 생각하게 되면 존재와 인식, 인식과 행동의 연기적 관계를 단절하게 된다는 것을 지적하고 있다.

또한 다르마키르티는 붓다가 인식수단이라고 주장한다. 앞의 지각과 추리는 인식론적 차원의 인식수단인 반면 붓다가 인식수단이라고 한 것은 종교론적 차원에서 제시된 것이다. 다르마키르티는 붓다가 인식수단임을 두 가지로 논증한다. 하나는 붓다가 무상의 존재라고 하는 것, 또 하나는 붓다가 자비의 체현자라는 것이다. 붓다도 인식수단인 한 무상의 시간을 벗어날 수 없다. 여기서 절대자에 대한 맹목적 신앙을 강조하는 관념은 무너질 수밖에 없다. 또한 붓다는 한 사람이라도 더 구제하기 위해 평생을 중생과 함께 여락與樂·발고拔苦한 자비의 마음이 곧 우리로 하여금 해탈로 나아가게 하는 인식수단이 된다는 것을 보여 준다.

무아견을 근간으로 하는 다르마키르티는 존재와 인식의 내재적·본질적 관계를 인식하는 우리의 직접적 경험인 지각을 539개의 게송을 통하여 설명한다. 존재와 인식의 내재적·본질적 관계란 연기적 관계이다. 다르마키르티는 『프라마나바르티카』 3장 지각론에서 존재와 인식이 연기적 관계를 맺는 직접적 경험임을 다음과 같이 논증하고 있다.

첫째, 현실적 존재와 인식이 분할되어 객관적으로 실재하는 것이 아니라 서로 내재적·본질적 관계를 맺으면서 현실적 존재는 지각에 진입하고 지각은 현실적 존재를 파악하는 일련의 연기적 과정이라는 것을 논증하고 있다. 현실적 존재가 지각을 낳기 위해서는 현실적 존재 자신이 지속하는 존재, 불변의 존재이어서는 안 된다. 다르마키르티에 의하면 "찰나멸이 아닌 것에는 인과적 효과를 낳는 능력이 없다." 현실적 존재의 본질이 찰나멸성이 아니라면 그것은 지각을 생기게 할 수 없을 것이다. 이 현실적 존재가 지각을 생기게 할 뿐만 아니라 지각에 자신의 형상을 부여하는 것이다. 이 형상을 매개로 현실적 존재는 지각에 진입하며 지각은 현실적 존재를 파악하는 것이다.

둘째, 지각은 개념구성을 떠난 인식이기 때문에 존재와 인식은 연기적 관계에 있음을 논증하고 있다. 개념구성(분별)이란 언어가 개입된 공상에 대한 인식이다. 공상은 언어의 대상이자 개념구성의 대상이다. 공상의 본질은 타자의 배제이다. '꽃'이라는 공상은 '꽃이 아닌 것'을 배제하는 것을 본질로 한다. 이러한 공상을 대상으로 형성되는 언어나 개념구성도 그 본질은 '타자의 배제'anyāpoha이다. 따라서 언어나 개념구성은 존재에 대한 우리의 직접적 경험을 분할하여 인식하는 수단들이다. 이렇게 언어나 개념구성에 의한 인식이 과도하게 강조될 때 존재와 인식의 연기적 관계에 대한 우리의 직접적 경험은 별로 중요하지 않은 것으로 폄하되게 된다.

셋째, 인식이란 외부대상에 대한 파악이 아니라 인식 자신 속에 있는 형상ākāra을 파악한다는 유형상有形相의 인식이라는 것을 기술함으로써 인식의 본질이 대상인식이 아니라 자기인식임으로 논증하고 있다. 자기인식이란 언어나 개념구성을 통해 대상을 간접적으로 인식하는 것이 아니라 직접적으로 대상을 인식하는 것이다. 외부대상이 존재하고 인식이 이것을 파악하는 구조가 아니라 인식 속에 진입한 형상을 파악하는 구조를 기술함으로써 존재와 인식이 연기적 관계에 있음을 논증하려고 했던 것이다.

결론적으로 다르마키르티는 인식론의 차원에서 지각은 현실적 존재에 의해 생기한다는 것, 지각은 개념구성을 떠난 인식이라는 것, 지각 나아가 추리의 본질은 대상인식이 아니라 자기인식이라는 것을 기술하여 존재와 인식이 상호 내재적·본질적 관계에 있다는 것을 논증하고자 했던 것이다. 이 존재와 인식이 서로 내재적·본질적 관계에 있다는 것을 아는 것, 이것이 바로 무아견이며 공견이다. 이 무아견·공견이라는 바른 인식을 통해서만이 진정으로 해탈이 가능하다는 것을 밝히고자 하는 것이 이 책의 결론이다.

21세기는 지금 새로운 전환의 시대를 맞고 있다. 낡은 것은 이미 무너지고 있다. 수천 년 동안 우리 삶을 지배해 왔던 것은, 궁극적 존재(ātman, prakṛti, 神 등등)는 어떤 형태로든 영원하게 존재한다고 하는 아견ātmyadṛṣṭi이었다. 이 관념은 우리의 정신사에서 주류를 형성했으며 문화와 정치와 종교 등 모든 상부구조를 지탱하는 강고한 관념이었다. 이것은 붓다가 살았던 당대에도 마찬가지였고 다르마키르티가 살았던 7세기에는 오히려 강화되었으며 21세기에도 여전히 유령처럼 우리 머리 위를 배회하고 있다. 이러한 불변의 자아에 대한 사견邪見은 우리의 사고를 비합리적으로 몰고 갈 뿐만 아니라 비합리적 종교를 끊임없이 양산해 내어, 우리의 구원과 자유와 해탈을 위해 복무해야 할 종교가 오히려 우리를 억압하는 기제機制로 작용하고 있는 비극이 되풀이되고 있다. 자아나 신은 우리의 일상적 경험의 과정에서 추상된 관념에 지나지 않는다. 실제로 있는 것은 '인식한다'는 경험만 있을 뿐 순수정신이나 절대자란 없다. 아니 추상적으로 우리에게 경험될 뿐이다. 다르마키르티가 『프라마나바르티카』에서 우리에게 던져 주고자 하는 메시지는, 우리의 일상적 삶이 사견에 의해 잘못 해석될 때 바로 거기서 비합리적 사상과 비합리적 종교가 배태되며 그러한 사상과 종교는 다시 우리를 억압할 것이라는 것이다.

후기

2006년 2월 필자는 24년의 대학 생활을 끝냈다. 1990년에 대학원을 들어 갔기 때문에 대학원 생활은 16년이다. 동기와 후배들은 학위를 끝내고 학문의 장에서 이름을 내고 있을 때, 필자는 여전히 안개 속을 헤매고 있었다. 대학원 들어갔을 때 불교 공부보다는 중국철학, 특히 사서삼경四書三經과 『노자도덕경』老子道德經 그리고 『장자』莊子 등이 그렇게 좋을 수가 없었다. 1990년 『주역』周易 선생님을 만났다. 장병호 선생님이다. 선생님 댁이 초량이었는데 매주 빠지지 않고 『주역』을 배웠다. 3년을 배웠지만 도대체 『주역』이 뭔지 감이 잡히지 않았다. 그런데 정말 3년이 지나자 어렴풋이 『주역』에 대해서 감을 잡을 수 있었다. 참 어려운 시절이었지만 가장 행복한 시절이기도 하였다. 선생님으로부터 『주역』뿐만 아니라 『시경』詩經·『대학』大學·『중용』中庸·『맹자』孟子·『논어』論語 등을 배웠다. 몇 년 뒤에 부산의 한의대에서 『주역』 강의를 의뢰받고 5~6년을 강의하고 난 뒤, 다시 인도불교철학으로 돌아왔다. 동양철학을 공부하는 데 큰 힘이 되어 주신 또 한 분은 도올 김용옥 선생님이다. 선생님이 연 도올서원에서 『중용』과 『금강경』金剛經을 배웠다. 지금도 그 분의 학문에 대한 열정과 성실함은 잊을 수 없다.

필자는 불교를 종교로 시작한 것이 아니라 철학으로 출발했다. 철학의 핵심은 인식론이다. 이 인식론에 대한 관심으로 인해 두 사람의 사상가를 만나게 되었다. 한 사람은 7세기 인도불교인식논리학의 대성자인 다르마키르티이다. 또 한 사람은 과정의 철학자, 수학과 물리학과 철학의 분야에서 방대한 사상을 구축한 미래의 철학자 화이트헤드이다. 화이트헤드를 공부하기 위해 당시 전공을 하고 있었던 고등학교 동기이자 대학교 동기이기도 한 친구 이상돈을 따라 대구에서 열리는 화이트헤드 스터디에 참여하였다. 그렇게 화이트헤드의 『과정과 실재』, 『과학과 근대세계』, 『관념의 모험』, 『상징작용』, 『형성과정에 있는 종교』 등을 공부했다. 특히 화이트헤드 철학에서 인상 깊게 배운 것은 인식론에 대한 그의 독특한 기술이었다. '과정'에 입각한 그의 인식론 기술은 탁월했다. 감동적이었다.

다르마키르티는 나가르주나의 공空, 바수반두의 찰나멸刹那滅, 디그나가의 인식논리와 언어이론을 근간으로 방대한 불교인식 논리학의 사유체계를 완성했다. 그의 주저라고 할 수 있는 『프라마나바르티카』는 약 1453개의 게송으로 구성된다. 그 가운데 5분의 3 정도가 인식론에 대한 언급이며 인식론 중에서도 특히 지각론은 539개의 게송이다. 그의 인식론의 핵심이 되는 것이 바로 지각론이다. 이 책은 다르마키르티의 지각론을 연구한 필자의 학위논문을 근간으로 한 것이다. 이 지각론을 이해하는 데 결정적으로 도움을 받은 책은 도사키 히로마사의 『불교인식론의 연구』이다. 이 책을 얼마나 읽었는지 모른다. 아마 수십 번 읽은 것 같다. 책에는 온통 메모로 인해 여백을 찾아볼 수가 없을 정도이다. 이 책에 기술된 원전해석은 도사키 선생님의 해석에 크게 빚지고 있다. 일본에 갈 기회가 있다면 도사키 선생님께 절을 올리고 싶다. 진심으로 감사한다.

다르마키르티에게는 7권의 저서가 있다. 이를 모두 완역하는 것이 필자의 꿈이다. 지각론 539개의 게송은 상세한 문법 해설과 함께 번역을 거의 끝냈다. 시작이 반이다. 이 책은 필자의 다르마키르티 사상 연구의 첫걸음에 불과하다. 필자가 아는 것만 기술한 것이기 때문이다. 아직도 다르마키르티의 인식론에서 모르는 부분이 너무나 많다. 배우고 또 배우고 싶다.

끝으로 이 책의 출판을 결정해 준 그린비 출판사에 감사의 인사를 드린다. 아울러 오늘날 우리 시대, 가장 역동적이며 창조적인 출판사의 생산 활동에 참여하고 있다는 사실이 필자로 하여금 약간의 자부심을 느끼게 한다. 고마울 따름이다.

2010년 4월 26일

권서용

참고문헌

『니야야빈두』(Nyāyabindu)

『니야야빈두티카』(Nyāyabinduṭīkā)

『성실론』(成實論)

『아비달마구사론』(阿毘達摩俱舍論)

『아비달마대비바사론』(阿毘達摩大毘婆沙論)

『아비달마발지론』(阿毘達摩發智論)

『아비달마순정리론』(阿毘達摩順正理論)

『잡아함경』(雜阿含經)

『중론』(中論)

『프라마나바르티카』(Pramāṇavārttika)

『프라마나바르티카바샤』(Pramāṇavārttikabhāṣya)

『프라마나비니쉬차야』(Pramāṇaviniścaya)

『프라마나삼웃차야』(Pramāṇasamuccaya)

다르마키르티·다르못타라, 『니야야빈두·니야야빈두띠까』, 박인성 옮김, 경서원, 2000.

목샤카라굽타, 『타르카바샤』; モークシャーカラグプタ, 『論理のことば』, 梶山雄一 譯, 中央公論社, 1975.

권오민, 「근견·식견에 대한 경량부의 비판」, 『경상대논문집』 29-1, 1990.

______, 『유부아비달마와 경량부철학의 연구』, 경서원, 1994.

______, 「소승불교一考」, 『哲學論叢』 제31집, 새한철학회, 2003.

______, 『아비달마불교』, 민족사, 2003.

______, 『인도철학과 불교』, 민족사, 2004.

______, 「오종성론에 대하여」, 『천태학연구』 제7집, 2005.

김봉래, 「법칭의 타심존재증명」, 동국대학교 석사학위 논문, 1991.

김성철, 「용수의 중관논리의 기원」, 동국대학교 박사학위 논문, 1996.

김용환, 「원시불교에 있어서 법(Dharma)사상의 전개 ─ 成道와 法」, 『부산대학교 인문논총』 제33집, 1988.

______, 「무기설(Avyakāta)에 대하여」, 『부산대학교 인문논총』 제37집, 1990.

김치온, 「불교논리학의 성립과 전용 연구」, 동국대학교 석사학위 논문, 1998.

문창옥, 『화이트헤드 과정철학의 이해』, 통나무, 1999.

박기열, 「불교지식론에서 Arthakriyā 개념의 의의」, 동국대학교 석사학위 논문, 1994.

배재형, 「디그나가의 직접지각과 자기인식에 대한 연구」, 동국대학교 석사학위 논문, 1999.

성청환, 「불교지식론의 Yogipratyakṣa연구」, 동국대학교 석사학위 논문, 2001.

우제선, 「불교프라마나 학파에서의 요가수행자의 증지」, 『불교원전연구』 제1호, 불교문화연구원, 2001.

______, 「니야야카니카에 나타난 요가수행자의 증지」, 『한국불교학』, 한국불교학회, 2002.

______, 「증득과 논증」, 『한국선학』 제3호, 2003.

______, 「인식의 전환」, 『보조사상』 22집, 2004.

원의범, 「인식의 정과 오의 기준」, 『불교학보』 제8집, 동국대학교 불교문화연구원, 1971.

______, 「인명에서의 언어와 현량과 실상」, 『불교학보』 제14집, 동국대학교 불교문화연구원, 1977.

원혜영, 「다르마키르티의 인식론에 대한 연구」, 동국대학교 석사학위 논문, 1998.

윤종갑, 「용수의 연기설에 대한 연구」, 부산대학교 박사학위 논문, 2001.

이재창, 「불교인식론리학의 현량론 소고」, 동국대학교 석사학위 논문, 1986.

이종철, 「연기와 고 ─ 불교와 형이상학」, 『형이상에 대한 동서양의 철학적 접근』, 한국정신문화연구원, 1998.

이지수, 「지각의 본성에 대한 불교논리학파와 정리학파의 논쟁」, 『가산학보』 1, 가산불교문화진흥원, 1991.

______, 「니야야 학파(정리)의 인식론·논리학」, 『인도철학』 2집, 민족사, 1992.

______,「다르마키르티(법칭)의 지각론」,『한국불교문화사상사』下, 가산문고, 1992.

______,「불교논리학파의 추리(비량)론」,『불교학보』제29집, 동국대학교 불교문화연구
소, 1992.

______,「불교논리학파의 지각(현량)론」,『불교학보』제30집, 동국대학교 불교문화연구
소, 1993.

______,「다르마키르티(법칭)의 관계비판」,『불교학보』제34집, 동국대학교 불교문화연
구소, 1997.

이태승,「『이제분별론소』의 연구」;「『二諦分別論細梳』の硏究」, 駒澤大學博士學位論文,
1993.

______,「무아에 관한 중관파의 해석」,『밀교학보』창간호, 밀교문화연구원, 1999.

______,「청변의 연기어의해석고」,『인도철학』제11집, 2002.

전치수,「양평석의 이해를 위하여」,『한국불교학』제14집, 1989.

______,「4종의 지각에 관한 상관성 고찰」,『한국불교학』제15집, 1990.

______,「법칭의 타상속의 존재증명」,『백련불교논집』제1집, 1991.

정승석,『인도의 이원론과 불교』, 민족사, 1992.

최은이,「다르마키르티 인식론의 이원적 구조 연구 ― 지각을 중심으로」, 동국대학교 석
사학위 논문, 1990.

한도연,「법칭 아포하론의 연원과 그 경향에 관한 연구」, 원광대학교 박사학위 논문,
2001.

가쓰라 쇼류,「다르마키르티에 있어 '자기인식'의 논리」; 桂紹隆,「ダルマキールティにお
ける'自己認ヲ識'の理論」,『南都佛敎』第23號, 1969.

______,「디그나가의 아포하 이론」;「The Apoha Theory of Dignāga」,『印佛硏』28-1,
1979.

______,「다르마키르티의 인과론」;「ダルマキールティの因果論」,『南都佛敎』第50號,
1983.

______,「디그나가의 인식론과 논리학」;「ディグナーガの認識論と論理學」,『講座大乘佛
敎』, 春秋社, 1984.

가와사키 신조,「일체지자의 존재증명」; 川崎信定,「一切智者の存在論證」,『講座大乘佛
敎』9, 春秋社, 1984.

______,『일체지사상의 연구』;『一切智思想の硏究』, 春秋社, 1992.

가지야마 유이치, 「목샤카라굽타의 논리학」; 梶山雄一, 「Mokṣkaraguptaの論理學」, 『印佛研』6-1, 1958.

______, 「라트나카라샨티의 아포하론」; 「ラトナーカラシセーンティのapoha論」, 『印佛研』8-1, 1960.

______, 「후기 인도불교의 논리학」; 「後期印度佛教の論理學」, 『講座佛教思想』第2卷, 理想社, 1974.

______, 『인도불교사』; 『印度佛教社』, 春秋社, 1979.

______, 『인도불교철학』(권오민 옮김, 민족사, 1990); 『佛教における存在と知識』, 紀伊國屋書店, 1983.

______, 「불교지식론의 형성」; 「佛教知識論の形成」, 『講座大乘佛教』9, 春秋社, 1984.

______, 『유식의 철학』; 『唯識の哲學』, 平樂社書店, 1984.

가지야마 유이치·슌페이, 『공의 논리』(정호영 옮김, 민족사, 1989); 梶山雄一·上山春平, 『空の論理 中観』, 角川書店, 1969.

가토 준쇼, 『경량부의 연구』; 加藤純章, 『經量部の研究』, 春秋社, 1987.

기무라 도시히코, 「양평석·프라마나싯디 장의 종교론과 해탈론」; 木村俊彦, 「量評釋·プラマーナシッディ章の宗教論と解脱論」, 『印佛研』20-1, 1971.

______, 『다르마키르티 종교철학의 원전연구』; 『ダルマキールティ宗教哲學の原典研究』, 木耳社, 1980.

______, 「프라마나바르티카·프라마나싯디 장에 대하여」; 「プラマーナヴルッティカ·プラマーナシッディ章について」, 『東北印度學宗學會論集』第2號, 1980.

______, 「다르마키르티에 있어 인식과 존재의 문제」; 「ダルマキールティにおける認識と存在の問題」, 『南都佛教』第50號, 南都佛教研究會, 1983.

기무라 세이지, 「프라즈냐카라굽타의 다르마키르티 이해」; 木村誠司, 「Prajñākaraguptaのダルマキールティ理解」, 『印佛研』37-1, 1988.

나마이 치쇼, 『윤회의 논증』; 生井智紹, 『輪廻の論證』, 東方出版, 1996.

나카무라 하지메, 『인도사상의 제문제』; 中村元, 『印度思想の諸問題』(中村元選集 第10卷), 春秋社, 1967.

______, 『인도사상사』(김용식 옮김, 서광사, 1983); 『印度思想史』, 岩波書店, 1968.

니시카와 다카후미, 「다르마키르티에 있어 현량의 정의」; 西川高史, 「Dharmakīrtiにおける現量の定義」, 『曹洞宗研究員研究生研究紀要』第16號, 1984.

다니 다다시, 「역행하는 인식론과 논리 — 다르마키르티에 있어 프라마나(인식론 및 논

리적 진리 결정 기준)의 구조」; 谷貞志, 「逆行する認識論と論理 — ダルマキールティ における pramāṇa(認識論および論理的眞理決定基準)の構造」, 『佛敎思想の諸問題』, 平 川彰博士古稀記念論集, 1985.

______, 「다르마키르티에 있어 자기차이성으로서의 SVABHAVA(순간적 존재성), 그 경 계선상의 시점」; 「ダルマキールティにおける自己差異性としてのSVABHAVA(瞬 間的存在性), その境界線上の視點」, 『印佛研』39-1, 1989.

______, 「다르마키르티 'SVALAKSANA'(獨自相)의 문제 — 자기차이화하는 현전부재 의 대상」; 「ダルマキールティ 'SVALAKSANA'(獨自相)の問題 — 自己差異化する 現前不在の對象」, 『宮坂宥勝博士古稀記念論文集』, 1993.

______, 『무상의 철학 — 다르마끼르띠와 찰나멸』(권서용 옮김, 산지니, 2008) ; 『無常の哲 學』, 春秋社, 1996.

______, 『찰나멸의 연구』; 『刹那滅の研究』, 春秋社, 1999.

______, 「다르마키르티 '지각에 있어 순간적 존재성 증명'의 전개」; 「ダルマキールティ '知覺による瞬間的存在性論證'の展開」, 『インドの文化と論理』, 戶崎宏正博士古稀記 念論文集, 九州大學出版會, 2000.

다카사키 지키도, 『유식입문』(이지수 옮김, 시공사, 1997) ; 高崎直道, 『唯識入門』, 春秋社, 1992.

다케무라 쇼호, 『불교인식론의 연구 — 지식의 확실성의 논구』; 武邑尙邦, 『佛敎論理學 の研究 — 知識の確實性の論究』, 百華苑, 1968.

도사키 히로마사, 「『프라마나삼웃차야』와 『프라마나바르티카』 — 현량장의 구성」; 戶 崎宏正, 「'プラマーナ・サムッチャヤ'と'プラマーナ・ヴールティカ' — 現量章の構成」, 『印佛研』10-1, 1962.

______, 「불교논리학설과 경량부설」1~5 ; 「佛敎論理學說と經量部說」1~5, 『印佛研』, 1964~1968.

______, 「후기대승불교의 인식론」; 「後期大乘佛敎の認識論」, 『講座佛敎思想』第2卷, 理 想社, 1974.

______, 「불교에 있어 현량론의 계보」; 「佛敎における現量論の系譜」, 『理想』第539號, 1979.

______, 『불교인식론의 연구』상·하 ; 『佛敎認識論の研究』上·下, 大同出版社, 1979· 1985.

마쓰모토 시로, 「라트나카라샨티의 중관파 비판」상·하 ; 松本史朗, 「Ratnākaraśānthiの

中觀派批判」, 『東洋學術研究』, 1980.

______, 「불교논리학파의 이제설」상·중·하 ; 「佛敎論理學派の二諦說」上·中·下, 『南道佛敎』45~47, 1980.

______, 「스바브하바 프라티반디」 ; 「Svabhāva pratibandha」, JIBS 30-1, 1981.

______, 『연기와 공 — 여래장사상은 불교가 아니다』(혜원 옮김, 운주사, 1994) ; 『緣起と空 — 如來藏思想批判』, 大藏出版社, 1989.

______, 『티베트 불교철학 — 티베트 불교철학의 의의와 가치』(이태승·권서용 외 옮김, 불교시대사, 2008) ; 『チベット佛敎哲學』, 大藏出版社, 1997.

모리야마 세이테쓰, 「후기 중관학파의 학계와 다르마키르티의 인과론」 ; 森山淸徹, 「後期中觀派の學系とダルマキールティの因果論」, 『佛敎大學硏究紀要』第73號, 1989.

______, 「후기 중관학파와 다르마키르티」 ; 「後期中觀派とダルマキールティ」, 『佛敎大學硏究紀要』第74號, 1990.

무라카미 신칸, 『인도철학개론』 ; 村上眞完, 『印度哲學槪論』, 平樂社書店, 1991.

______, 『인도의 실재론』 ; 『印度の實在論』, 平樂社書店, 1997.

미야사카 유쇼, 「양평석에 있어 법칭의 현량론의 일고찰」 ; 宮坂有勝, 「量評釋に於ける法稱の現量論の一考察」, 『印佛硏』3-1, 1955.

______, 「양평석의 논리와 저작적 입장」 ; 「量評釋の論理と著作的 立場」, 『印佛硏』5-2, 1957.

______, 「양평석에 있어 프라마나 싯디에 관하여」 ; 「量評釋におけるpramāṇa siddhiについて」, 『印佛硏』7-2, 1959.

______, 「pramāṇa-phala-vyavastha와 다르마키르티의 입장」 ; 「pramāṇa-phala-vyavastha とダルマキールティの立場」, 『印佛硏』8-1, 1960.

______, 「다르마키르티의 인식론 소고」 ; 「ダルマキールティの認識論小考」, 『智山學報』第11輯, 1963.

______, 「다르마키르티의 생애와 작품」상·하 ; 「ダルマキールティの生涯と作品」上·下, 『密敎文化』94, 1971.

______, 『인도고전론』상·하 ; 『印度古典論』上·下, 筑摩書房, 1984.

미즈노 고겐, 「팔리 불교를 중심으로 한 불교의 심식론」 ; 水野弘元, 『パーリ仏敎を中心とした仏敎の心識論』, 山喜房仏書林, 1964.

______, 『불교교리연구』 ; 『佛敎敎理硏究』, 春秋社, 1997.

불교사상연구회 편, 『인과』 ; 佛敎思想硏究會 編, 『因果』, 平樂社書店, 1978.

사사키 겐준,『아비달마사상연구』; 佐佐木現順,『阿毘達摩思想研究』, 淸水弘文堂, 1960.

사이구사 미쓰요시 편,『인식론·논리학』(심봉섭 옮김, 불교시대사, 1996) ; 三枝充悳,『講座仏教思想 2. 認識論·論理学』, 理想社, 1975.

사쿠라베 하지메,『구사론의 연구』; 櫻部建,『俱舍論の研究』, 法藏館, 1969.

아카마쓰 아키히코,「다르마키르티 이후의 아포하론의 전개 — 다르못타라의 장합」; 赤松明彦,「Dharmakīrti以降のApoha論の展開 — Dharmottaraの場合」,『印佛研』28-1, 1979.

______,「다르마키르티의 아포하론」;「ダルマキールティのアポーハ論」,『哲學研究』540, 1980.

______,「니야야 학파의 아포하론 비판」;「Nyaya學派のアポーハ論批判」,『印佛研』30-2, 1982.

야마구치 즈이호,「찰나멸과 연기생의 상위 — 우리나라 중관철학의 상식에 묻는다」; 山口瑞鳳,「刹那滅と緣起生の相違 — わが國中觀哲學の常識に問う」,『思想』, 1989.

______,「연기생의 복권 — 적호에 의한 청변·법칭의 찰나멸론 비판」;「緣起生の復權 — 寂護による淸辨·法稱の刹那滅論批判」,『成田山佛敎硏究所紀要』, 1991.

야스모토 도루,『동양논리학의 구조 — 니야야학설의 연구』; 泰本融,『東洋論理の構造 — ニヤヤ學說の硏究』, 法政大學出版局, 1976.

______,『공사상과 논리』;『空思想と論理』, 山喜房佛書林, 1987.

야이타 히데오미,「Tarkarahasya에 있어『삼반다파리크사』」; 矢板秀臣,「TarkarahasyaにおけるSambandhaparīkṣā」,『印佛研』38-1, 1989.

______,「Tarkarahasya 연구」;「Tarkarahasya 研究」I·II·III·VII·IX,『成田山佛敎硏究所紀要』, 1989~1996.

에지마 야스노리,「대승불교에 있어 시간론」; 江島惠敎,「大乘佛敎における時間論」,『講座佛敎思想』第一卷, 1974.

______,『중관사상의 전개 — Bhavaviveka 연구』;『中觀思想の展開 — Bhavaviveka 研究』, 春秋社, 1980.

오키 가즈후미,「다르마키르티의 citrādvaita 이론」; 沖和史,「ダルマキールティのcitrādvaita 理論」,『印佛研』21-2, 1974.

______,「'citrādvaita' 이론의 전개 — 프라즈냐카라굽타의 논술」;「'citrādvaita' 理論の展開 — Prajñākaraguptaの論述」,『東海佛敎』第20輯, 1975.

______,「무상유식과 유상유식」;「無常唯識と有相唯識」,『講座大乘佛敎』8, 春秋社, 1982.

와타나베 조코,「불교논리학파와 찰나멸론의 논증」; 渡邊照宏,「佛敎論理學派と刹那滅
　　論の論證」,『哲學年譜』第14號, 1953.

요시모토 신교,『아비달마사상』; 吉元信行,『阿毘達摩思想』, 法藏館, 1982.

우에다 요시후미,『유식삼십송의 해명』; 上田義文,『唯識三十頌の解明』, 第三文明社,
　　1987.

우이 하쿠주,「인명정리문론해설」; 宇井伯壽,「因明正理門論解說」,『印度哲學研究』第5,
　　岩波書店, 1929.

이나미 마사히로,「다르마키르티에 있어 인과관계의 결정」; 稻見正浩,「ダルマキールテ
　　ィにおける因果關係の決定」,『哲學』39, 1984.

＿＿＿＿,「다르마키르티의 자비 수습의 의론」;「ダルマキールティの慈悲の修習の議論」,
　　『印佛研』35-1, 1986.

＿＿＿＿,「다르마키르티에 있어 불도」;「ダルマキールティにおいて佛道」,『日本佛敎學會
　　年譜』54, 1989.

＿＿＿＿,「다르마키르티에 의한 윤회의 논증」上;「ダルマキールティによる輪廻の論證」
　　上,『南都佛敎』56, 1992.

＿＿＿＿,「『프라마나바르티카』 프라마나싯디 장 연구」1;「『プラマーナ·ヴァールティカ』
　　プラマーナシッディ章の研究」1,『廣島大學文學部紀要』51, 1992.

＿＿＿＿,「불교논리학파의 인과관계의 결정방법에 관하여」;「佛敎論理學派の因果關係の
　　決定方法について」,『印佛研』47-1, 1998.

이와타 다카시,「Pratyaksa의 장의 구조에 의한 해명」1; 岩田孝,「Pratyaksaの場の構造に
　　よる解明」1,『Philosophia』第61號, 1973.

＿＿＿＿,「동시인식에 관하여」;「同時認識について」,『東洋の思想を宗敎』創刊號, 1984.

＿＿＿＿,「불교논리학파의 현량제분별성의 증명에 있어 시간요소」;「佛敎論理學派の現
　　量除分別性の證明における時間要素」,『佛敎における時機觀』, 平樂寺書店, 1984.

＿＿＿＿,「법칭의 samvedana에 의한 유형상 논증과 그 전개」;「法稱のsamvedanaによる有
　　形相說論證とその展開」,『佛敎思想の諸問題』平川彰博士古稀記念論文集, 1985.

＿＿＿＿,「요가행자의 지의 정합성에 관하여 ― 법칭설을 중심으로」;「ヨーガ行者の知の
　　整合性について ―法稱說を中心にして」,『比較思想の世界』, 學文社, 1987.

＿＿＿＿,「프라즈냐카라굽타에 의한 요가행자의 지의 무산란성 증명의 일시점」;
　　「Prajñākaraguptaによるヨーガ行者の知の無散亂性證明の一時點」,『印度佛敎學研究』
　　35-1, 1993.

하카마야 노리아키,『본각사상비판』,；袴谷憲昭,『本覺思想批判』, 大藏出版社, 1989.

______,『유식사상론고』；『唯識思想論考』, 大藏出版社, 2001.

핫토리 마사키,「불교논리학파의 현량설으로 하는 일고찰」；服部正明,「佛敎論理學派の 現量說にする一考察」,『印佛硏』3(2-1), 1953.

______,「디그나가의 지식론」상·하；「ディグナーガの知識論」上·下,『哲學硏究』462· 463號, 1959.

______,「중기 대승불교의 인식론」；「中期大乘佛敎の認識論」,『講座佛敎思想』第2卷, 理 想社, 1974.

후쿠야마 도루,「가라마시라의 직접지각에 있어 '의에 의한 인식'」；船山徹,「カマラシー ラの直接知覺における'意による認識',『哲學硏究』第569號, 2000.

______,「다르마키르티의 육식구기설」；「ダルマキールティの六識俱起說」,『インドの文 化と歷史』, 九州大學出版會, 2000.

히라카와 아키라,「유찰나와 찰나멸」；平川彰,「有刹那と刹那滅」金倉博士古稀記念論文 集, 1966.

______,『인도불교의 역사』상·하(이호근 옮김, 민족사, 1989·1991)；『インド佛敎史』上· 下, 春秋社, 1979.

______,『불교사상의 제 문제』；『佛敎思想の諸問題』, 春秋社, 1985.

______,『법과 연기』；『法と緣起』, 春秋社, 1988.

듄, 존 다울링,『다르마키르티 철학의 기초』；Dunne, John Dowling, *Foundation of Dharmakīrti's Philosophy*, Wisdom Publications, 2004.

드레이퍼스, 조지,『실재 인식』；Dreyfus, Georges. B. J., *Recognising reality : Dharmakīrti's Philosophy and Its Tibetan Interpretations*, State University of New York Press, 1996.

마티랄, 비말 크리슈나,『지각』；Matilal, B. K., *Perception*, Clarendon Press Oxford, 1986.

바트, S. R.·A.메로트라,『불교인식론』；Bhatt, S. R. and A. Mehrotra, *Buddhist Epistemology*, Greenwood Press, 2000.

베르그손, 앙리,『창조적 진화』(황수영 옮김, 아카넷, 2005)；Bergson, Henri, *L'évolution créatrice*, 1907.

제임스, 윌리엄,『근본적 경험론』；James, William, *Essays in Radical Empiricism*,

Harvard University Press, 1977.

체르바츠키, 테어도르, 『불교논리학』 I · II(임옥균 옮김, 경서원, 1995) ; Stcherbatsky, Theodore, *Buddhist Logic*, Motilal Barnasidass, 1962.

풀리간들라, 라마크리슈나, 『인도철학』(이지수 옮김, 민족사, 1991) ; Puligandla, Ramakrishna, *Fundamentals of Indian Philosophy*, Abingdon Press, 1975.

프랑코, 엘리, 『다르마키르티에 있어 자비와 환생』; Franco, Eli, *Dharmakirti on Compassion and Rebirth*, Universität, 1997.

화이트헤드, 앨프리드 노스, 『과학과 근대세계』(오영환 옮김, 서광사, 1989) ; Whitehead, Alfred North, *Science and the Modern World*, 1925.

______, 『형성과정에 있는 종교』(정강길 옮김, 동과서, 2007) ; *Religion in the Making*, 1926.

______, 『상징작용 — 그 의미와 효과』(정연홍 옮김, 서광사, 1989) ; *Symbolism*, 1927.

______, 『과정과 실재』(오영환 옮김, 민음사, 1991) ; *Process and Reality*, 1929.

______, 『관념의 모험』(오영환 옮김, 한길사, 1996) ; *Adventures of Ideas*, 1933.

찾아보기